해심밀경소 제8 여래성소작사품
解深密經疏 如來成所作事品第八

▤ **동국대학교 불교기록문화유산아카이브사업단(ABC)**
본서는 문화체육관광부 지원으로 동국대학교 불교학술원에서 간행하였습니다.

한글본 한국불교전서 신라 11
해심밀경소 제8 여래성소작사품

2022년 2월 1일 초판 1쇄 인쇄
2022년 2월 10일 초판 1쇄 발행

지은이 원측
옮긴이 백진순
발행인 박기련
발행처 동국대학교출판부

출판등록 제2020-000110호(2020. 7. 9)
주소 04626 서울시 중구 퇴계로36길2 신관1층 105호
전화 02-2264-4714
팩스 02-2268-7851
Homepage http://dgpress.dongguk.edu
E-mail abook@jeongjincorp.com

편집디자인 꽃살무늬
인쇄처 네오프린텍(주)

ⓒ 2022, 동국대학교(불교학술원)

ISBN 978-89-7801-017-7 93220

값 24,000원

이 책의 무단 전재나 복제 행위는 저작권법 제98조에 따라 처벌받게 됩니다.

한글본 한국불교전서 신라 11

해심밀경소 제8 여래성소작사품
解深密經疏 如來成所作事品第八

원측圓測
백진순 옮김

동국대학교 불교학술원

동국대학교출판부

해심밀경소 解深密經疏 해제

백 진 순
동국대학교 불교학술원 조교수

1. 원측의 생애와 저서

1) 생애

　원측圓測(613~696) 스님은 7세기 동아시아에서 활동했던 신라 출신의 위대한 유식학자 중 한 사람이다. 어린 나이에 입당入唐해서 일생을 중국에서 보냈는데, 그가 활동했던 시대는 중국과 신라의 정치적 격변기에 해당하고, 또 현장玄奘(600~664)이 가져온 많은 유식학 경론들이 새로 번역됨으로써 법상종法相宗이 형성되었던 중국 유식학의 전성기였다. 그는 규기窺基(632~682)와 더불어 법상종 양대 학파의 시조가 되었는데, 그를 따르던 도증道證·승장勝莊·자선慈善 등 신라 출신의 학자들을 그가 주로 주석하던 서명사西明寺의 이름을 따서 '서명파'라고 부른다.
　원측의 행적을 알 수 있는 자료로는, 최치원崔致遠(857~?)이 찬한 「고번경증의대덕원측화상휘일문故翻經證義大德圓測和尙諱日文」(李能和의 『朝鮮佛敎

通史』에 수록, 이하 「휘일문」이라 약칭), 찬녕贊寧(919~1001)의 『송고승전宋高僧傳』에 실린 「당경사서명사원측법사전唐京師西明寺圓測法師傳」(T50, 727b4), 송복宋復(?~1115?)의 「대주서명사고대덕원측법사불사리탑명병서大周西明寺故大德圓測法師佛舍利塔銘幷序」(『玄奘三藏師資傳叢書』권2(X88, 384b9)에 수록, 이하 「탑명병서」라 약칭), 담악曇噩(1285~1373)의 「신수과분육학승전新脩科分六學僧傳」권23(X77, 274a21) 등이 있다. 이 중에서 찬녕과 담악의 자료에는 '원측이 현장의 강의를 훔쳐 들었다'는 설 외에는 구체적 정보가 없고, 많은 학자들이 여러 이유를 들어 도청설을 비판해 왔으므로 여기서는 더 이상 언급하지 않겠다.[1] 근래에는 주로 송복의 「탑명병서」와 최치원의 「휘일문」에 의거해서 원측의 생애 및 저술·역경 활동 등을 연구하는 추세다.

먼저 비교적 객관적이고 상세한 정보를 담고 있는 송복의 「탑명병서」에 의거해서 원측의 생애를 재구성해 보면 다음과 같다.

스님의 휘諱는 문아文雅, 자字는 원측圓測이며, 신라 왕손이다. 그는 3세에 출가해서 15세(627년)에 중국 유학길에 올랐다. 처음에는 경사京師의 법상法常(567~645)과 승변僧辯(568~642) 두 법사에게 강론을 들으며 구舊유식의 주요 경론을 배웠다.[2] 정관 연간正觀年間(627~649)에 대종문황제大宗文皇帝가 도첩을 내려 승려로 삼았다. 원측은 장안의 원법사元法寺에 머물며 『비담론毗曇論』·『성실론成實論』·『구사론俱舍論』·『대비바사론大毘婆沙論』 및 고금의 장소章疏를 열람하였는데, 모르는 게 없어 명성이 자자했다고 한다. 이후 현장이 인도에서 귀환해 그에게 『유가사지론瑜伽師地論』·『성유식론成唯識論』 등의 논과 이미 번역되었던 대소승의 경론을 주자 이에 대

---

1 조명기趙明基, 『신라불교의 이념과 역사』(서울: 경서원, 1982), p.159; 박종홍朴鍾鴻, 『한국사상사―불교사상편』(서울: 서문당, 1974), p.63 참조.
2 두 법사 중에서 법상은 섭론종攝論宗과 지론종地論宗을 두루 섭렵한 사람으로서, 왕후의 조칙을 받아 공관사空觀寺의 상좌上座가 되어 『華嚴經』·『成實論』·『毗曇論』·『攝大乘論』·『十地經論』 등을 강의하였다. 승변은 『攝大乘論』을 널리 퍼뜨린 사람으로서, 또한 조칙을 받아 홍복사弘福寺에 머물면서 『攝大乘論』·『俱舍論』 등의 주석서를 저술하였다.

해서도 금방 통달하였다. 이처럼 원측은 법상·승변 등에게서 구舊유식을 두루 배웠을 뿐만 아니라 현장의 도움으로 신역 경론에도 통달하였기 때문에 신·구 유식학 경론에 대한 포괄적 지식을 갖게 되었다.

그 뒤에 원측은 왕의 칙명을 받고 서명사의 대덕이 되었다. 이때부터 본격적 저술 활동에 들어가서,『성유식론소成唯識論疏』10권,『해심밀경소解深密經疏』10권,『인왕경소仁王經疏』3권,『금강반야金剛般若』·『관소연론觀所緣論』·『반야심경般若心經』·『무량의경無量義經』등의 소疏를 찬술하였다. 이뿐만 아니라『대인명론기大因明論記』(『인명정리문론因明正理門論』의 주석서)와 같은 논리학(因明) 주석서도 찬술하였다. 원측은 성품이 산수山水를 좋아해서 종남산終南山 운제사雲際寺에 가서 의지하였고, 또 그 절에서 30여 리 떨어진 한적한 곳에서 8년간 은둔하기도 하였다. 이 시기는 나당羅唐 전쟁이 일어났던 시기(671~676)와 거의 일치한다. 전쟁이 끝난 후에 원측은 서명사 승도들의 요청으로 다시 돌아와『성유식론』등을 강의하였다. 당唐 고종高宗 말기(측천무후 초기) 중천축中天竺 출신의 일조 삼장日照三藏(Ⓢ Divākara : 613~687)이 장안에 와서 칙명을 받들어 대덕 다섯 사람을 뽑아 함께『밀엄경密嚴經』등을 번역할 때는 법사가 그 수장이 되었다. 또 무후가 실차난타實叉難陀(Ⓢ Śikṣānanda : 652~710) 삼장을 모셔다 동도東都인 낙양洛陽에서 신역『화엄경』80권을 번역하게 했을 때 증의證義를 맡았는데, 미처 마치지 못한 채 낙양洛陽의 불수기사佛授記寺에서 생을 마감하였다. 이때가 만세통천萬歲通天 원년(696) 7월 22일이었고, 춘추春秋 84세였다.[3]

그런데 이러한 원측의 생애와 학문 활동에 대해 한번 생각해 볼 점이 있다. 원측은 신라 출신 승려이지만 평생을 중국에서 활동하였고, 게다가 중국 불교적 색채가 그다지 강하지 않은 '법상유식法相唯識'이라는 교학을 연구한 사람이다. 우리는 그가 신라 출신의 유식학자라는 이유만으로 그

---

[3] 송복宋復의「大周西明寺故大德圓測法師佛舍利塔銘(幷序)」(X88, 384b12) 참조.

를 '신라 유식학'의 대변자처럼 간주하지만, 이와는 조금 다른 시각을 최치원의 「휘일문」에서 발견할 수 있다. 이 글은 문학적 미사여구가 많고 또 사료로서의 가치에 대해 논란이 있기는 해도 여기에는 원측을 좀 더 넓은 시야에서 바라볼 수 있게 해 주는 중요한 평가가 나온다.

우선 「휘일문」에서 눈에 띄는 대목은 원측의 선조에 대해 "풍향의 사족(馮鄕士族)이고 연국의 왕손(燕國王孫)"이라고 한 것이다. 여기서 말한 '풍향'에 대해 북연北燕의 집권 세력이었던 풍씨馮氏 일가가 모여 살던 지역을 가리킨다고 하는데, 말하자면 원측의 선조는 '연'에서 한반도로 망명해 온 지배층이었다는 것이다.[4] 원측은 마치 원류를 찾아가듯 어린 나이에 당唐으로 유학길에 올랐다. 그는 특히 6개 국어를 통달할 정도로 어학에 소질이 있어 마침내 천축어로 말을 하면 되풀이해서 중국어로 말할 수 있을 정도였다. 그는 측천무후 시대에 왕성하게 활동하면서 무후의 극진한 대접과 존경을 받았다. 측천무후의 수공垂拱 연간(685~688)에 신라 신문왕神文王이 법사를 사모하여 여러 번 표문表文을 올려 환국을 요청하였으나 무후가 정중하게 거절하였으므로 끝내 돌아오지 못하였다.[5] 「휘일문」에서는 이러한 원측의 일생에 대해 평하기를, "그 온 것은 진을 피해 나온 현명한 후손이고(避秦之賢胤) 그 간 것은 한을 돕는 자비로운 영혼(輔漢之慈靈)"이라고 하였다. 말하자면 불법을 선양하면서 평생 이역 땅에서 보낸 원측의 생애에 대해 '중국에서 망명해 왔던 어진 후예가 다시 중국을 돕는 자비로운 영혼이 되어 돌아간 것'이라 평한 것이다. 이러한 평가는 얼핏 사대주의적 발상의 일면으로 여겨질 수도 있지만, 법상학자 원측이 특정 지역

---

4 남무희, 『신라 원측의 유식사상 연구』(서울: 민족사, 2009), pp.42~50 참조.
5 원측의 귀국 여부와 관련해서, 이능화는 『三國遺事』의 "효소왕대孝昭王代(692~702)에 원측 법사는 해동의 고덕이었는데 모량리牟梁里 사람이었기 때문에 승직을 제수하지 않았다."라는 문구에 의거해서 원측이 잠시 귀국했었지만 대우를 받지 못하자 다시 당에 돌아가서 임종했다고 추측하기도 하였다. 이능화李能和, 『朝鮮佛敎通史』 下編(서울: 寶蓮閣, 1972), p.166 참조.

에 한정되지 않고 동아시아라는 넓은 지평에서 활동했던 위대한 사상가였음을 새삼스럽게 일깨워 준다.[6]

2) 저서

원측은 규기와 더불어 법상종의 두 학파를 만들어 낸 장본인인 만큼 그가 찬술한 주석서들도 많다. 영초永超의 『동역전등목록東域傳燈目錄』(1094)과 의천義天(1055~1101)의 『신편제종교장총록新編諸宗教藏總錄』 등에 의거해서 원측이 찬술한 문헌들의 목록을 정리해 보면 다음과 같다.

- ○ 『인왕경소仁王經疏』 3권
- ○ 『반야바라밀다심경찬般若波羅蜜多心經贊』 1권
- ○ 『해심밀경소解深密經疏』 10권
- ○ 『무량의경소無量義經疏』 3권
- ○ 『백법론소百法論疏』 1권
- ○ 『이십유식론소二十唯識論疏』 2권
- ○ 『성유식론소成唯識論疏』 10권과 『별장別章』 3권
- ○ 『육십이견장六十二見章』 1권
- ○ 『아미타경소阿彌陀經疏』 1권
- ○ 『관소연연론소觀所緣緣論疏』 2권
- ○ 『광백론소廣百論疏』 10권
- ○ 『대인명론기大因明論記』 2권(『理門論疏』라고도 함)

---

[6] 이상의 설명은 최치원의 「諱日文」을 참고한 것이다. 이 「諱日文」은 이능화李能和의 『朝鮮佛教通史』下篇(서울: 寶蓮閣, 1972), pp.167~168에 실려 있다.

이 외에도 송복의 「탐명병서」에는 '금강반야金剛般若에 대한 소疏'도 언급되었는데, 현존하는 목록들에는 나오지 않는다.[7] 또 『한국불교찬술문헌목록』에 따르면, 원측에게 『유가론소瑜伽論疏』(권수 미상)가 있었다고 하는데, 이 또한 기존 목록에는 보이지 않는다.[8] 다만 현존하는 둔륜遁倫의 『유가론기瑜伽論記』에 원측의 주석이 많이 인용되는 것으로 보아 『유가론』 전권은 아니더라도 일부에 대한 주석서라도 있었을 것이다.[9]

위 목록에 열거된 문헌 중에 현재 전해지는 것은 『인왕경소』와 『반야심경찬』과 『해심밀경소』이고 모두 『한국불교전서韓國佛敎全書』 제1책에 실려 있다. 그런데 산실된 것으로 알려진 『무량의경소』와 관련해서, 『천태종전서天台宗全書』 제19권에 수록되어 있는 연소憐昭 기記 『무량의경소』 3권이 원측의 저술이라는 주장이 일본 학자들에 의해 제기되었다.[10] 또 『성유식론측소成唯識論測疏』라는 표제가 붙은 집일본이 국내에 유통되고 있는데, 이 집일본은 혜소惠沼의 『성유식론요의등成唯識論了義燈』 등에 인용된 원측의 『성유식론소』 문장들을 뽑아서 엮은 것이다.

---

[7] 원측이 『金剛般若疏』를 찬술했다면, 그것은 아마도 『金剛般若經』이나 무착無著의 『金剛般若論』이나 천친天親(세친)의 『金剛般若波羅蜜經論』에 대한 주석서였을 것이다.

[8] 『韓國佛敎撰述文獻目錄』(동국대학교출판부, 1976, p.13)의 '圓測' 찬술목록에 "19. 瑜伽論疏 卷數未詳 失"이라고 하였다. 이것의 전거가 된 것은 『佛典疏鈔目錄』(大日本佛敎全書 第1冊 p.115)이다.

[9] 당대唐代 『瑜伽師地論』 연구사 안에서 원측이 차지하는 위상에 대해서는 백진순, 「『瑜伽論記』에 나타난 圓測의 위상」, 『東洋哲學』 제50집, 한국동양철학연구회, 2018), pp.273~298 참조.

[10] 이 주장을 맨 처음 제기한 것은 다이라 료쇼(平了照)의 「四祖門下憐昭 記 「無量義經疏」에 대하여」(福井康順 編, 『慈覺大師研究』, 天台學會 發行, 1964年 4月, pp.423~438)이고, 다시 그 논지를 더욱 상세하게 보완해서 기츠카와 도모아키(橘川智昭)가 근래에 「圓測新資料·完本 『無量義經疏』とその思想」(『불교학리뷰』 4, 금강대학교 불교문화연구소, 2008, pp.66~108)이라는 논문을 발표하였다. 필자가 판단하기에도 현담의 내용과 경문 해석의 문제 그리고 인용된 문헌의 종류 등이 『解深密經疏』와 거의 일치하는 점으로 보아 원측의 저술이 분명한 듯한데, 이에 대해 차후에 더 많은 연구가 필요하다.

2. 『해심밀경解深密經』의 이역본과 주석서들

1) 네 종류 이역본

『해심밀경解深密經(⑤ Saṃdhinirmocana-sūtra)』은 유가행파瑜伽行派의 소의경전所依經典으로서 유식唯識 사상의 근간을 이루는 기본 교설들이 설해져 있다. 원측 소에 따르면, 『해심밀경』에는 광본廣本과 약본略本 두 종류가 있었다고 한다. 전자는 십만 송으로 되어 있고, 후자는 천오백 송으로 되어 있다. 이 『해심밀경』은 약본이고, 약본의 범본梵本은 한 종류인데, 중국에서 다른 역자들에 의해 네 차례 번역되었고 그에 따라 경문의 차이가 생겼다.

첫째, 남조南朝 송宋대 원가元嘉 연간(424~453)에 중인도 승려 구나발타라求那跋陀羅(⑤ Guṇabhadra : 394~468)가 윤주潤州 강녕현江寧縣 동안사東安寺에서 번역한 『상속해탈경相續解脫經』 1권이다. 이 한 권에는 두 개의 제목이 있는데, 앞부분은 『상속해탈지바라밀요의경相續解脫地波羅蜜了義經』이라 하고, 뒷부분은 『상속해탈여래소작수순처요의경相續解脫如來所作隨順處了義經』이라 하며, 차례대로 현장 역 『해심밀경』의 일곱 번째 「지바라밀다품」과 여덟 번째 「여래성소작사품」에 해당한다.

둘째, 후위後魏 연창延昌 2년(513)에 북인도 승려 보리유지菩提留支(⑤ Bodhiruci)가 낙양의 숭산嵩山 소림사少林寺에서 번역한 『심밀해탈경深密解脫經』 5권이다. 이 경에는 11품이 있는데, 여기서는 제4품(현장 역 『해심밀경』의 「승의제상품」)을 네 개의 품으로 나누었다.

셋째, 진조陳朝의 보정保定 연간(561~565)에 서인도 우선니국優禪尼國 삼장 법사인 구라나타拘羅那陀(⑤ Kulanātha, 진제眞諦 : 499~569)가 서경의 사천왕사四天王寺에서 번역한 『해절경解節經』 1권이다. 이 경에는 4품이 있는데,

현장 역 『해심밀경』의 「서품」과 「승의제상품」에 해당한다.

넷째, 대당大唐 정관貞觀 21년(647) 삼장 법사 현장玄奘이 서경의 홍복사弘福寺에서 번역한 『해심밀경』 5권이다. 이 경은 8품으로 되어 있는데, 「서품」·「승의제상품」·「심의식상품」·「일체법상품」·「무자성상품」·「분별유가품」·「지바라밀다품」·「여래성소작사품」이다.

이상의 네 본 중에서, 현장 역 『해심밀경』은 「서품」을 제외하고 나머지 7품이 『유가사지론瑜伽師地論』(T30) 제75권~제78권에 수록되어 있다. 또 다른 세 개의 본을 현장 역 『해심밀경』과 비교했을 때, 『해절경』에는 단지 맨 앞의 2품만 있고 뒤의 6품은 빠져 있고,[11] 『상속해탈경』은 맨 뒤의 2품에 해당하고 앞의 6품이 빠져 있으며, 『심밀해탈경』에 나온 11품 중에서 4품은 현장 역 「승의제상품」을 네 개로 세분한 것이다.[12] 다른 이역본에 비해 현장 역 『해심밀경』이 비교적 문의文義가 잘 갖추어져 있기 때문에 중국 법상학자들은 대개 이에 의거해서 주석하였다.

2) 원측의 『해심밀경소』

『해심밀경』의 주석서는 중국에서 여러 스님들에 의해 저술되었다. 앞서 언급되었듯, 진제眞諦(구라나타)는 『해절경』 1권을 번역하고 직접 『의소義疏』

---

[11] 『解節經』의 내용은 현장 역 『解深密經』의 「序品」과 「勝義諦相品」에 해당하는데, '서품'의 명칭을 빼고 그 내용을 '승의제상품' 서두에 배치시킨 다음 다시 「勝義諦相品」을 네 개로 세분한 것이다.
[12] 『深密解脫經』의 제2 「聖者善問菩薩問品」, 제3 「聖者曇無竭菩薩問品」, 제4 「聖者善清淨慧菩薩問品」, 제5 「慧命須菩提問品」은 모두 현장 역 「勝義諦相品」을 네 개로 구분한 것이다. 이 품에서는 승의제의 오상五相을 논하는데, 처음의 두 가지 상(離言·無二의 상)과 나머지 세 가지 상을 설할 때마다 각기 다른 보살들이 등장하여 세존 등에게 청문請問하기 때문에 별도의 네 품으로 나눈 것이다.

4권을 지었는데,[13] 이것은 오래전에 산실되었으며 단지 원측의 인용을 통해 일부의 내용만 간접적으로 확인해 볼 수 있다. 또 현장 역 『해심밀경』에 대한 주석서로는 원측의 『해심밀경소』 10권이 있고, 이외에도 영인靈因의 소疏 11권, 현범玄範의 소 10권, 원효元曉의 소 3권, 그리고 경흥璟興의 소도 있었다고 하는데,[14] 현재는 원측의 소만 전해진다.

원측의 『해심밀경소』는 『한국불교전서』 제1책에 실려 있는데, 이는 『만속장경卍續藏經』 제34책~제35책을 저본으로 하여 편찬된 것이다. 이 책은 총 10권이고 본래 한문으로 찬술된 것인데, 그중에 제8권의 서두 일부와 제10권 전부가 산실되었다. 이 산실된 부분을 법성法成(T Chos grub : 775~849)의 티베트 역(『影印北京版西藏大藏經』 제106책에 수록)에 의거해서 일본 학자 이나바 쇼쥬(稻葉正就)가 다시 한문으로 복원하였고,[15] 이 복원문은 『한국불교전서』 제1책에 함께 수록되어 있다. 또 1980년대 관공觀空이 다시 서장西藏의 『단주장丹珠藏』(T Bstan-ḥgyur)에 실린 법성 역 『해심밀경소』에 의거해서 산실되었던 제10권(金陵刻經處刻本에서는 제35권~제40권에 해당)을 환역還譯하였고,[16] 이 환역본은 『한국불교전서』 제11책에 수록되어 있다.

원측의 『해심밀경소』의 찬술 연대에 대해 측천무후가 주周를 건국한 690년 이전이라는 데는 이견이 없는 듯하다. 그 이유는 『해심밀경소』에서는 '대당 삼장大唐三藏'이라는 칭호를 여전히 쓰고 있는 데 반해 측천무후 시대에는 현장을 대당 삼장이라 하지 않고 '자은 삼장慈恩三藏'이라고 칭하기 때문이다. 따라서 원측의 소는 늦어도 689년까지는 찬술되었어야 한

---

13 앞서 언급되었듯 『解節經』은 현장 역 『解深密經』의 네 번째 「勝義諦相品」만 추려서 번역하여 증의證義를 본 다음 직접 소를 지은 것이다.
14 『法相宗章疏』 권1(T55, 1138b8); 『東域傳燈目錄』 권1(T55, 1153a22) 참조.
15 이나바 쇼쥬(稻葉正就), 「圓測・解深密經疏散逸部分の硏究」, 『大谷大學硏究年報』 第二十四集, 昭和 47.
16 관공觀空 역, 『解深密經疏』, 中國佛敎協會.

다. 그런데 그 상한선에 대해서는, 원측의 소에서 "지파가라(日照三藏)가 신도新都에서 번역할 때……"라는 문구 등을 근거로 해서 지파가라가 장안에 온 681년 이후라고 보는 학자도 있고,[17] 원측의 소에서 동도東都인 낙양을 신도新都라고 칭하고 있음을 근거로 해서 당唐 고종이 죽은 이듬해인 684년 이후라고 보는 학자도 있다.[18] 요컨대 빠르면 681년이나 684년에서 늦게는 689년까지 찬술되었을 것으로 추정된다.

3. 『해심밀경소解深密經疏』의 특징과 내용

1) 원측 소의 주석학적 특징

원측은 경전의 문구를 철저하게 교상敎相 혹은 법상法相에 의거해서 해석하는 전형적 주석가다. 그는 '삼승의 학설이 모두 궁극의 해탈에 이르는 하나의 유가도瑜伽道를 이룬다'는 관점에서 각 학파들의 다양한 교설들에 의거해서 경문을 해석한다.[19] 그의 사상을 흔히 '일승적' 혹은 '융화적'이라고 간주하는 일차적 이유를 여기서 찾을 수 있다. 이러한 원측의 태도는 『해심밀경소』에 가장 두드러지게 나타나는데, 그 특징을 몇 가지로 정리하면 다음과 같다.

---

17 남무희, 앞의 책, p.120 참조.
18 조경철, 「『해심밀경소』 승의제상품의 사상사적 연구」, 이종철 외, 『원측의 『해심밀경소』의 승의제상품 연구』(한국학중앙연구원출판부, 2013), pp.167~168 참조.
19 원측의 경전 주석학에서 나타나는 종합의 원리는 유가행파의 '유가瑜伽의 이념'에 이미 내재되어 있다. 이에 대해서는 졸고 「원측의 『인왕경소』에 나타난 경전 해석의 원리와 방법」, 『불교학보』 제56호(동국대학교 불교문화연구원, 2010), pp.151~153 참조.

먼저 원측의 해석에서 가장 두드러진 특징은 정교하고 세분화된 과목표에 의거해서 경문을 해석한다는 것이다. 경전 해석에서는 과목의 세부적 설계 자체가 그 주석가의 원전에 대한 독창적 해석이라 볼 수 있다. 왜냐하면 어떤 주석가가 경전의 문구를 어떤 단위로 분절하는가에 따라 그 경문의 해석이 달라지기 때문이다. 원측의 과목 설계는 삼분과경三分科經의 학설에 따라 경문 전체를 크게 세 부분으로 나누는 데서 시작된다.[20] 맨 먼저 삼분의 큰 틀 안에서 다시 계속해서 그 하위의 세부 과목들로 나누어 가면 하나의 세밀하게 짜여진 과목표가 만들어진다. 원측이 설계한 『해심밀경소』의 과목표만 따로 재구성해 보면 다른 주석서의 그것과 비교할 때 타의 추종을 불허할 정도로 정교하게 세분화되어 있고, 또한 그 과목들 간의 관계가 매우 정합적이고 체계적이다. 이 과목표에 의거해서 경문들을 읽어 가면, 마치 하나의 경전이 본래부터 그러한 정교한 체계와 구도에 따라 설해진 것처럼 보인다.

원측 소의 또 다른 특징은 그의 주석서가 방대한 백과사전적 형태를 띤다는 점이다. 그는 정교한 과목 설계에 맞춰서 모든 경문을 세분하고 그 각 문구에 대한 축자적 해석을 시도한다. 이러한 해석 방식을 거치면 하나의 주석서는 다양한 불교 개념들의 변천사를 일목요연하게 보여 주는 불교 교리서로 재탄생한다. 이 과정에서 문답의 형식으로 얼핏 상충되는 것처럼 보이는 문구와 주장들의 조화를 모색하는데, 간혹 특정한 설을 지지하거나 비판하기도 하지만 대개는 삼승의 모든 학설들이 각기 일리가 있으므로 상위되는 것이 아니라고 결론짓는다. 그는 언제나 다양한 학파의 해석이 근거하고 있는 나름의 논리를 이해하려고 하였다. 이런 학문적 태도를 갖고, 한편으로 하나의 경문에 대한 대소승의 다양한 해석들

---

20 삼분과경三分科經에 대해서는 뒤의 '2) 경문 해석의 구조 및 주요 내용'(p.17)에서 다시 후술된다.

간의 갈등·긴장 관계를 보여 주고, 다른 한편으로 적절한 원리와 방법을 동원해서 그것들을 체계적 구조 안에 정리하고 종합해 놓는다.

또 마지막으로 언급될 중요한 특징의 하나는 그 주석서의 정교함과 방대함이 수많은 경론의 인용문들에 의해 이루어졌다는 점이다. 원측 소에서 문헌적 전거가 없이 자의적으로 해석하는 경우는 거의 없다고 해도 과언이 아니다. 우선 눈에 띄는 것은 『해심밀경』의 경문을 그 경의 이역본인 『심밀해탈경深密解脫經』·『상속해탈경相續解脫經』·『해절경解節經』의 문구와 일일이 대조해서 그 차이를 밝힌 점이다. 또 그는 유식학자이기는 하지만 '유식唯識'의 교의에 국한하지 않고 대소승의 여러 학파나 경론들의 학설과 정의正義에 의거해서 그 경문의 의미를 총체적으로 보여 주고자 한다. 그는 여러 해석들을 종파별로 혹은 경론별로 나열하기도 하고, 때로는 서방 논사와 중국 논사의 해석을 대비시키기도 하고, 때로는 진제 삼장眞諦三藏의 해석을 길게 인용한 뒤 '지금의 해석(今解)'이나 '대당 삼장' 또는 '호법종護法宗' 등의 해석을 진술함으로써 구舊유식과 신新유식을 대비시키기도 한다.

원측 소에서 인용되는 문헌들의 범위와 수는 매우 광범위하고 방대해서 그 모든 인용 문헌의 명칭을 일일이 열거할 수 없을 정도다. 그러나 원측은 주로 종파별로 해석을 나열하되 그 종을 대표하는 논에서 주요 문장을 발췌하는데, 특히 소승의 살바다종薩婆多宗(설일체유부), 경부經部(경량부), 대승의 용맹종龍猛宗(중관학파), 미륵종彌勒宗(유식학파) 등 네 종파를 중심으로 기술하였다. 원측 소의 인용문을 살펴보면, 거의 대부분 직접 인용의 형태를 띠지만 때로는 원문을 요약·정리해서 인용하기도 하는데, 후자의 경우 간혹 문장을 구분하는 글자나 묻고 답하는 자를 명시하는 문구를 보완하기도 한다.

원측 소에서 각 종파의 견해를 대변하는 논서로 빈번하게 인용된 것은 다음과 같다. 먼저 살바다종의 학설은 『대비바사론大毘婆沙論』·『잡아

비담심론雜阿毘曇心論』·『구사론俱舍論』·『순정리론順正理論』 등에서, 경부종의 학설은 『성실론成實論』에서, 용맹종의 학설은 『대지도론大智度論』에서 주로 인용된다. 이에 비해 미륵종의 견해는 상대적으로 광범위한데, 대표적인 것은 『유가사지론瑜伽師地論』·『현양성교론顯揚聖教論』·『집론集論』·『잡집론雜集論』·『변중변론辨中邊論』·『대승장엄경론大乘莊嚴經論』, 그리고 다섯 종류 『섭론攝論』(무착의 『섭대승론』과 그 밖의 세친·무성의 『섭대승론석』 이역본들)·『유식이십론唯識二十論』·『성유식론成唯識論』·『대승광백론석론大乘廣百論釋論』·『불지경론佛地經論』 등이다. 이 외에도 자주 인용되는 경은 『묘법연화경妙法蓮華經』·『대반열반경大般涅槃經』·『대반야바라밀다경大般若波羅蜜多經』·『대반야경大般若經』·『십지경十地經』 등이다.

2) 경문 해석의 구조 및 주요 내용

원측의 경문 해석은 법상학자들이 일반적으로 수용하는 삼분과경三分科經에서 시작된다. 삼분과경이란 하나의 경전을 서분序分·정종분正宗分·유통분流通分 등으로 나누는 것을 말하는데, 이는 동진東晉의 도안道安 이후로 경전 해석의 기본 원칙이 되었다. 중국 법상종 학자들은 이 삼분을 특히 『불지경론佛地經論』에 의거해서 교기인연분敎起因緣分·성교정설분聖敎正說分·의교봉행분依敎奉行分이라고 칭한다. '교기인연분'은 가르침을 설하게 된 계기와 이유 등을 밝힌 곳으로서 경전 맨 앞의 「서품」에 해당하고, '의교봉행분'은 그 당시 대중들이 부처님의 설법을 듣고 나서 수지하고 봉행했음을 설한 곳으로서 대개 경의 끝부분에 붙은 짧은 문장에 해당하며, 그 밖의 대부분의 경문은 모두 설하고자 했던 교법을 본격적으로 진술한 '성교정설분'에 해당한다.

그런데 이 삼분과경의 관점에 볼 때, 이 경의 구조에 대해 이견들이 있다. 그것은 이 경의 각 품 말미에 따로따로 봉행분들이 달려 있고 이 한 부部 전체에 해당하는 봉행분은 없기 때문이다.[21] 이런 이유로 '이 경에는 교기인연분과 성교정설분만 있고 마지막 의교봉행분은 없다'는 해석이 있고, 마지막의 봉행분을 한 부 전체의 봉행분으로 간주하면 '삼분을 모두 갖춘다'는 해석도 가능하다. 원측은 우선 '두 개의 분만 있다'는 전자의 해석을 더 타당한 설로 받아들였다.

교기인연분은 다시 증신서證信序(통서通序)와 발기서發起序(별서別序)로 구분된다. 증신서에서는 경전의 신빙성을 증명하기 위해 몇 가지 사항을 밝히는데, 이를 흔히 육성취六成就라고 한다. 원측은 『불지경론』에 의거해서 '총현이문總顯已聞·시時·주主·처處·중衆' 등 5사事로 나누어 해석하였다.[22] 발기서란 정설을 일으키기 전에 '여래께서 빛을 놓거나 땅을 진동시키는' 등의 상서를 나타냈음을 기록한 것이다. 『해심밀경』에서 교기인연분은 「서품」에 해당하는데, 이 품에는 증신서만 있고 발기서는 없다.

성교정설분은 「서품」을 제외한 나머지 일곱 개의 품에 해당한다. 원측에 따르면, 이 성교정설분은 경境·행行·과果라는 삼무등三無等을 설하기 때문에 일곱 개의 품도 크게 세 부분으로 나뉜다.[23] 「승의제상품勝義諦相品」·

---

21 이 『解深密經』은 특이하게 「無自性相品」, 「分別瑜伽品」, 「地波羅蜜多品」, 「如來成所作事品」 등의 끝부분에 각각의 봉행분奉行分이 있고, 이에는 "이 승의요의의 가르침(此勝義了義之敎)을 너희들은 받들어 지녀야 한다."라거나 또는 "이 유가요의의 가르침(此瑜伽了義之敎)을 너희들은 받들어 지녀야 한다."는 등의 문구가 진술된다.
22 『佛地經論』 권1(T26, 291c3) 참조. 중국 법상종에서는 흔히 이 논에 의거해 통서通序를 다섯으로 나누어, ① 총현이문總顯已聞, ② 설교시說敎時, ③ 설교주說敎主, ④ 소화처所化處, ⑤ 소피기所被機라고 하는 경우가 있다. 이 중에서 '총현이문'은 육성취 중에서 '여시如是'와 '아문我聞'을 합한 것이다.
23 『解深密經』의 내용을 유식의 경境·행行·과果의 구조로 나누는 것은 유식학파의 전형적인 사고방식이다. 여기서 '경境(S viṣaya)'은 보살들이 배우고 알아야 할 대상·이치 등을 가리키고, '행行(S pratipatti)'은 그 경에 수순해서 실천하고 익히는 것을 말하며, '과果(S phala)'는 앞의 두 가지로 인해 획득되는 결과로서 해탈과 보리를 가리킨다. 이 세 가지는 다른 것과 비교될 수 없을 만큼 수승한 것이므로 삼무등이라 한다.

「심의식상품心意識相品」·「일체법상품一切法相品」·「무자성상품無自性相品」등 네 개의 품은 관해지는 경계(所觀境), 즉 무등의 경계(無等境)를 밝힌 것이다. 다음에 「분별유가품分別瑜伽品」·「지바라밀다품地波羅蜜多品」 등 두 개의 품은 관하는 행(能觀行), 즉 무등의 행(無等行)을 밝힌 것이다. 마지막의 「여래성소작사품如來成所作事品」은 앞의 경·행에 의해 획득되는 과(所得果), 즉 무등의 과(無等果)를 밝힌 것이다.

이상의 세 가지 경·행·과 중에서, 먼저 관찰되는 경계를 설한 네 개의 품은 다시 크게 두 종류로 나뉜다. 앞의 두 품은 진眞·속俗의 경계를 밝힌 것이다. 그중에 「승의제상품」은 진제를 밝힌 것이고, 「심의식상품」은 속제를 밝힌 것이다. 또 뒤의 두 품은 유성有性·무성無性의 경계를 밝힌 것이다. 그중에 「일체법상품」은 삼성三性의 경계를 밝힌 것이고, 「무자성상품」은 삼무성三無性의 경계를 밝힌 것이다.

다음에 관찰하는 행을 설한 두 개의 품도 차별이 있다. 앞의 「분별유가품」은 지止·관觀의 행문行門을 설명한 것이고, 다음의 「지바라밀다품」은 십지十地의 십도十度(십바라밀)를 설명한 것이다. 지·관의 행문은 총괄적이고 간략하기 때문에 먼저 설하고, 십지에서 행하는 십바라밀은 개별적이고 자세하기 때문에 나중에 설하였다.

마지막으로 획득되는 과를 설한 「여래성소작사품」에서는 여래가 짓는 사업에 대해 설명한다. 이치(경境)에 의거해서 행을 일으키고 행으로 인해 과를 획득하기 때문에 이 품이 맨 마지막에 놓였다. 여기서는 불과佛果를 획득한 여래께서 화신化身의 사업 등을 완전하게 성취시키는 것에 대해 설한다.

이상의 해석을 도표로 나타내면 다음과 같다.

三分科經	三無等	品 명	내 용	
敎起因緣分		「序品」		
聖敎正說分	無等境 (所觀境)	「勝義諦相品」	眞諦	眞·俗의 경계
		「心意識相品」	俗諦	
		「一切法相品」	三性	有性·無性의 경계
		「無自性相品」	三無性	
	無等行 (能觀行)	「分別瑜伽品」	止觀의 行門	總相門
		「地波羅蜜多品」	十地의 十度	別相門
	無等果 (所得果)	「如來成所作事品」	境·行에 의해 획득되는 果	
依敎奉行分			없음	

『해심밀경소』 품별 해제

여래성소작사품如來成所作事品 해제

1. 이나바 쇼쥬(稻葉正就)의 복원본復原本의 의의 및 한계

원측圓測의 『해심밀경소解深密經疏』는 총 열 권으로 이루어진 문헌으로, 본래 한문으로 쓰인 것이다. 앞의 전체 해제에서 이미 언급하였듯, 원측의 본소本疏 중에 「지바라밀다품」 제8권의 첫머리 일부와 「여래성소작사품」 중 제10권 전부가 산실되었다.[1] 그 산실된 부분을 티베트 역에 의거해서 다시 한문으로 환역한 판본에 두 종류가 있다. 하나는 『한국불교전서』 제1책에 실린 일본 학자 이나바 쇼쥬(稻葉正就)의 복원본이고, 다른 하나는 제11책에 별도로 실린 중국 승려 관공觀空의 환역본이다.[2] 지금 역자가 번역하고자 하는 「여래성소작사품」은 이나바의 복원문이다.

---

1 『解深密經疏』「如來成所作事品」 중 초반의 일부가 제9권에 수록되었고, 나머지는 제10권에 실려 있다. 이 품의 '問答正說分' 중에 화신化身의 모습을 설명하는 세 개의 큰 단락(大段)이 있고, 그중 세 번째 '③ 언음言音의 차별상을 설명함'이라는 과목부터 복원문에 해당한다.

2 자세한 것은 앞의 『解深密經疏』 해제 참조.

이나바의 복원본의 특징은 관공의 환역본과의 비교를 통해 드러낼 수 있다. 관공의 환역본은 티베트 역을 그 당시(1980년대) 중국어로 재번역한 것이다. 역자가 보기에 환역본의 문장은 원측 소疏의 문체와는 현격히 다르다. 그러므로 관공의 환역본은 역주 작업의 참고 자료로 삼을 수는 있어도 역주의 저본으로 삼기에는 부적절하다. 이에 비해, 이나바의 복원본은 단순히 티베트 역에서 한문으로 환역한 것이 아니라, 티베트 역에 의거해서 말 그대로 원측 소의 문장을 원형에 거의 가깝게 복원한 것이다. 바로 그런 이유에서 그의 복원본은 티베트 역과는 완전히 일치하지 않을 수 있다. 그럼에도 이것을 단순한 환역본으로만 간주하게 되면, 가령 관공과 이나바의 환역본 중 어느 것이 더 정확한 번역인가 아닌가 하는 부적절한 논쟁에 휘말릴 수도 있다.

이와 관련해서 역자가 다시 새로운 말을 덧붙이기보다는, 복원의 당사자였던 이나바 자신의 소감과 평가를 들어 보는 것이 좋겠다. 그의 복원본 서문에는 그가 전쟁과 정변政變의 시기를 거치면서 일실 부분의 복원을 완수하기까지 겪었던 수많은 어려움, 그리고 복원 작업 과정에서 느꼈던 소감들이 간략히 적혀 있다. 이것이 아마도 그의 복원본의 의의 및 한계를 이해하는 데 훨씬 도움이 될 것 같다. 따라서 이하에서 그 전문을 번역하여 소개하겠다.

『해심밀경소』는 모두 알다시피 현장 역 『해심밀경』에 대해서 그 문하의 서명사西明寺 원측 법사圓測法師가 찬술했던 주석서다. 이 소疏는 전 10권으로 된 것인데, 제8권 서두의 일부와 최후의 제10권 전부가 일실되었고, 이것을 얻을 수 없는 상황이다. 본소本疏의 안영安永 사본寫本 제8권의 표지에는 "이 품의 소에 궐문闕文이 있으니,······마땅히 세 가지 문門으로 분별한 것이 있어야 한다. 그런데 지금 앞의 두 문이 빠졌으니, 유감스럽다."라고 써 놓았다. 또 제9권의 끝에서는 "경문이 아직 끝나지 않았으니 마땅히 다음의 소疏가 있을 것이다. 안타깝게도 이 본本이 제9권에서 다하였으니, 후학들이 반드시 찾아서 완전하게 갖추어 놓아야 할 것이다."라고 쓰고서 끝마친다. 일실된 것을 애석하게 여긴 선배의 마음이 통절하였고, 그와 동시에 우리 후배들에게 '찾아보고 완비하라'고 호소하고 있다.

그런데 불교학 연구의 현 단계에서는 티베트 대장경이 가진 역할에 대해서는 이미 강론의 여지가 없는데, 지금 우리들이 티베트 대장경을 번역할 때, 그중에서 다행히도 본소本疏가 번역되어 더구나 완전한 형태로 남아 있는 것을 발견하였다. 즉 『영인북경판서장대장경목록影印北京版西藏大藏經目錄』 No.5517, 『동북서장대장경목록東北西藏大藏經目錄』 No.4016의 법성法成 역이 그것이다. 이와 같이 티베트 역이 제공되고 있는 오늘날, 첫 번째로 우리들에게 요청되는 것은 이 산일 부분의 해독解讀이며, 가능한 한 원측 찬술의 원문에 가장 근접한 한문역漢文譯을 만들어서 본소를 일단 완비하는 것이다.

그래서 그러한 요청에 부응해 가면서 본소의 현존하는 한문漢文과 그 티베트어 번역과의 대조 연구를 시작한 것이 소화昭和 11년(1936) 내가 또 학생일 때다. 그 이래로 소화 13년(1938) 1월부터 17년(1942) 8월까지의 군대 시절을 제외하고, 18년 말경까지 그간에 한문 어법에 대한 티베트 번역 용례 약 200개를 써 놓았고, 한어와 그것의 티베트 역어 약 1,500개를 카드로 추출하였다. 이와 같이 해서 한문에서 티베트어로의 번역이 이루어지는 방식을 이해할 수 있었으므로, 드디어 소화 19년(1944)부터 산일 부분의 한문역漢文譯에 착수해서, 추출한 카드와 용례를 단서로 삼아서 가능한 한 원측의 원문에 근접한 것을 재현하고자 노력하였다. 물론 한문은 어휘가 풍부하고 동의이어同義異語가 많다. 예를 들면 '曰', '云', '語', '謂' 등이 있고, 어느 것이 사용되었는지는 알 수 없기 때문에 완전한 복원은 불가능하다. 그러나 법성의 티베트 역은 다행히 원문에 충실한 직역 형태이기 때문에 복원이 대략 가능하였다. 더구나 본소本疏는 경론에서 인용한 것이 많기 때문에 그것들은 완전한 원문을 알 수 있고, 예상외의 복원이라 해도 좋을 만한 것을 얻을 수 있다는 희망이 보였다.

그런데 당시 빈번한 공습으로 괴로워하면서 생각했던 대로 하지 못하다가, 겨우 인명因明 부분(30項 7行부터 47項 10行까지)을 제외하고 최후까지 달성했을 때는 마침 재차 소집을 받아 중지하게 되었다. 다행히도 원고만은 소실을 면하였다. 그래서 남았던 인명의 부분을 카드 따위 없이 번역하여 보충했는데, 소화 24년(1949) 4월에 불완전하나마 일단 종료하였기 때문에 보잘것없는 등사謄寫 인쇄본으로 공표하였다.

그러나 전중戰中·전후戰後의 혼란 중에 없어진 것이 있기 때문에 엄밀한 교정을 필요로 하는데, 이제 와서 카드 등을 잃어버렸으니 그것조차 할 수 없어 방치해 두었다. 그런데 수년 전에 중국에서 이타오티엔(易陶天) 군이 내학來學해서 매주 1회 원측의 문장처럼 교정하는 노력을 아끼지 않았다. 카드 등이 없음에도 불구하고 장藏·한漢을 대조·교감하면서 약 2년의 노력 끝에, 마침내 오랫동안의 숙원을 거의 달성할 수 있었다. 따라서 이쯤에서 결정판決定版으로 상재上梓(출판 인쇄에 돌리는 것)할 차례다. 그렇다고 해도 교리상의 난해한 곳이 많고, 게다가 역자 법성이 한문을 읽는 방식이 서투르다고 생각되는 점이 빈번히 있으니, 그러한 티베트 역을 기초로 해서 복원한다는 것은 천학인 나로서는 감당하기 어려운 것이다. 부디 질정해 주길 바라 마지않는다.[3]

이상의 서문을 읽어 보면, 이나바 자신이 누구보다도 이 복원본의 의

---

3 稻葉正就, 「圓測·解深密經疏散逸部分의 硏究」(『大谷大學硏究年報』 第二十四集, 昭和47.) 의 서문 참조.

의와 한계를 잘 알고 있었음을 알 수 있다. 이 복원본의 의의는 무엇보다도 산실된 부분을 가능한 한 원형에 가깝게 복원함으로써 '원측圓測 소疏 열 권 전체의 완비'라고 하는 선대의 오랜 숙원을 이루었다는 데서 찾을 수 있다. 그가 한문에서 티베트어로 번역된 많은 용례들을 조사하여 번역의 일정한 규칙을 이해하려 했던 것, 또 중국 유학생의 도움을 받아서 가능한 한 산실된 부분을 '원측의 문장다운 문장'으로 만들려 했던 것은 모두 원형의 복원을 목표로 하였기 때문이다. 또 그는 『해심밀경소』 자체가 많은 경론의 인용문들로 이루어졌고 원측이 원전의 문장을 그대로 인용한다는 점을 분명히 인식하고, 인용문의 원전이 확인되는 경우에는 현존하는 『대정신수대장경大正新脩大藏經』의 원문을 찾아 그대로 수록하였다. 이러한 노력들로 인해, 얼핏 역자가 보기에도, 이나바의 복원본은 앞의 주석문에서 익숙히 보아 왔던 원측의 문체와 매우 유사한 문장들로 구현되었다.

그러나 한편으로 이나바에게는 법성의 티베트 역이 그의 목적에 부합하는 만족스러운 자료는 아니었던 듯하다. 비록 법성이 원문에 충실한 직역을 고수했다는 점은 그의 작업을 좀 더 수월하게 해 준 측면도 있지만, 그의 마지막 소감에서 나타나듯, 법성에게는 한문을 읽는 방식이 서투른 것처럼 여겨지는 사례들이 빈번했고, 그래서 법성의 티베트 역에 의거해서 산실된 부분을 복원한다는 것 자체에 큰 부담을 가졌던 것도 사실이다. 또 이 「여래성소작사품」 중에는 여래의 교화 사업 중의 일환으로서 '언음言音의 차별상'을 설명하면서, 가령 불교논리학因明의 규범들에 대한 난해한 교설을 설한 부분이 있다. 이나바는 이러한 인명의 부분과 관련해서는 번역 용례에 대한 사전적 작업을 제대로 하지 못하였을 뿐만 아니라, 그것을 이해하는 데 스스로 많은 한계가 있었음을 고백하기도 한다.

이상과 같은 이나바의 복원본에 대한 그 자신의 평가는 이 『해심밀경소』 「여래성소작사품」의 연구자들이라면 시종일관 새겨 두어야 할 주의사

항이기도 하다. 다만, 후학의 질정을 고대했던 이나바의 호소에 부응해서 역자가 조금이나마 기여할 수 있는 점이 있다면, 아마도 오늘날의 발전된 검색 체계를 적극 활용해서 가능한 한 최대한 원문의 오탈자를 교감하는 정도일 것이다.

2. 「여래성소작사품」과 인명[因明][4]

유식학파가 다른 종파와 결정적으로 구별되는 특징 중의 하나는 논리적 사고의 훈련에 대한 중시라고 할 수 있다. 무릇 불교의 진리는 어떤 궁극적 깨달음에 이르게 해 주는 바른 원인 노릇을 하는 지식이며 그런 지식의 탐구에 있어서 인과의 도리를 잘 아는 것이 핵심이라는 생각은 유식학 문헌에서 나타나는 일반적 특징이다. 세속적 차원에서 인과의 도리에 통달한다는 것은 어떤 교설이나 주장이 논리적으로 맞는지 또는 사실에 부합하는지를 잘 판단할 수 있다는 것을 말한다. 이처럼 논리적 사고를 중시하는 전통은 중국의 법상유식학자들에게도 그대로 전해진다. 가령 규기窺基(632~682)와 같은 학자는 "인명논리학은 그 근원을 찾아보면 부처님의 설이니, 그에 관한 문구와 그 의미는 광범위하게 흩어져서 뭇 경전에 갖추어져 있다."[5]라고까지 말하기도 한다.

이러한 규기의 언급은 다소 과장된 측면도 있지만, 실제로 유식학파의 소의 경전인 『해심밀경』에서부터 이러한 논리적 훈련이 적극적으로 권장되고 있는 것도 사실이다. 이 경의 「여래성소작사품」에는 후대 불교논

---

[4] 이 절의 내용은 졸고 拙稿 「『성유식론(成唯識論)』의 가설(假說, upacāra)에 대한 연구—은유적 표현의 근거에 대한 고찰」(연세대학교 박사학위논문, 2004) 중의 일부를 수정·보완한 것이다.
[5] 규기窺基, 『因明大疏』(T44, 91c), "因明論者, 源唯佛說. 文廣義散, 備在衆經."

리학(因明, ⓢ Hetu-vidyā)의 기초 교리를 설한 대목이 있다. 세존은 보살들이 알아야 할 네 가지 도리(四種道理)를 거론하면서, 이 중 '이론적으로 증명되는 도리(證成道理)'와 관련해서 그 도리가 논리적으로 정당한(淸淨) 경우의 다섯 가지 특징과 부당한(不淸淨) 경우의 일곱 가지 특징을 논하고 있다. 이것이 후대 인명의 기본 공식과 밀접한 연관이 있다. 여기서 세존은 수행자들에게 어떤 진술이 정당한가를 알기 위해 다섯 가지 특징을 잘 관찰하고 이것들을 '완전하게 구비한 청정한 도리'를 잘 학습할 것을 권한다.[6] 다섯 가지 특징이란, ① 현견소득상現見所得相, ② 의지현견소득상依止現見所得相, ③ 자류비유소인상自類譬喩所引相, ④ 원성실상圓成實相, ⑤ 선청정언교상善淸淨言教相 등이다.

① 첫째 현견소득상이란 세상 사람들의 직접 지각으로 알려진 상이어야 한다는 것이다. 이는 그것이 합당한 주장이려면, 단지 가짜로 시설된 말이 아니라 실제로 세상 사람들의 직접 지각(現量)에 의해 알려진 사실에 기반해야 한다는 것을 말한다. 가령 '일체행은 무상하다'고 할 때, 꽃이 피고 지거나 사람이 태어났다 늙어 죽는 것처럼 일정한 시기(一期)에서 사물들의 거친 무상함(麤無常)을 직접 보고 경험할 수 있다.

② 둘째 의지현견소득상이란 직접 지각으로 획득한 것에 의지하는 상이어야 한다는 것이다. 이는 이미 직접 지각된 사실에 의거해서 직접 지각하지 않은 것을 추리(比量)하여 알게 되는 것을 말한다. 가령 '찰나멸의 무상함'과 같은 미세한 무상함(細無常)은 우리에게 직접 지각되는 것은 아니지만, 우리가 지각할 수 있는 '거친 무상함(麤無常)'에 의거해서 추리되는 것이다. 찰나멸의 무상함처럼 미세한 무상함은 직접 지각되는 것은 아니다. 그러나 직접 경험된 '거친 무상함'에 의거해서 '찰나멸의 무상'도 추리해서 알 수 있다.

---

6 『解深密經』 권5(T16, 709b22) 참조.

③ 셋째 자류비유소인상이란 자기와 유사한 부류의 실례에 의해 도출되는 상이어야 한다는 것이다. 말하자면 자기 이외에 그 밖에 자기와 유사한 실례(同品喩)가 반드시 있어서 그 말을 뒷받침해 주어야 한다는 것이다.

④ 넷째 원성실성이란 완전하게 진실을 성취한 상이어야 한다는 것이다. 이는 직접 지각(現量)되고, 그 직접 지각에 의거해서 추리되는 것과 유사한 실례가 최종적으로 성립시키려 했던 바의 주장(宗義)을 완전하게 성립시켜야 한다는 것이다.

⑤ 다섯째 선청정언교상이란 일체지자―切智者가 설한 청정한 가르침과도 일치해야 한다는 것이다.

이 경전의 논리적 고찰이 어느 정도 진전된 것인지에 대해 현대 학자들의 평가는 각기 다르다. 앞의 세 가지 조건은 그 차례대로 각기 ① 직접 지각(現量), ② 추리(比量), ③ 유추(譬喩量)를 가리킨다고 보는 경우도 있다.[7] 이 해석에 따르면 전반부의 세 가지는 바른 지식을 얻는 인식 수단(量, ⓢ pramāṇa)에 대해 언급한 것이 된다. 즉, 바른 지식이라면 그것은 우리의 직접 지각에 의해 알려졌거나, 직접 지각에 의해 알려진 사실에 의거해서 추리되었거나, 이미 알려진 사례와의 유사성을 통해 간접적으로 알려진 것이다.

그런데 유식논사들은 일반적으로 ③ 유추(비유량)를 독립적 인식 수단으로 인정하지 않으며, ③은 인명논리에서 말하는 유례類例(ⓢ dṛṣṭānta)를 언급하는 것처럼 보인다. 이것을 ④ '원성실상'과 연관시키면 이전에 거론된 세 가지 특징들은 하나의 논증식과 연관된 것처럼 해석될 여지도 있다. 따라서 앞의 세 가지 특징은 삼지작법三支作法[8]의 주장(宗)·이유(因)·

---

7 宇井伯壽, 『佛敎論理學』(大東出版社, 1966), p.99 참조.
8 삼지작법三支作法 : 신인명新因明의 기초를 다진 진나陳那(ⓢ Dignāga)에 의해 완성된 논증식으로서 종宗(ⓢ pakṣa), 인因(ⓢ hetu), 유喩(ⓢ dṛṣṭānta)의 구조로 이루어진다.

실례(喩)의 조건을 제시한 것으로 해석하기도 한다.[9] 이에 따르면 첫 번째 조건인 ①은 주장(宗) 자체가 직접 지각의 대상이어야 하고,[10] 두 번째 조건인 ② 이유(因)는 주장 명제의 주어에 포함되면서 동시에 지각의 대상이어야 하고,[11] 세 번째 조건인 ③은 동일한 사례가 인용되어야 함을 기술한 것이다.[12]

또 『해심밀경』에서는 정당한 인식 수단으로서 직접 지각(現量)과 추리(比量) 이외에도 ⑤의 '성언량聖言量'을 인정했다는 것은 분명하다. 이 경에서는 깨달은 성인의 말을 진리의 척도로 받아들이던 인도 철학의 전통을 그대로 수용하고 있다. 그런데 새로운 불교논리학(新因明)의 창시자인 진나陳那(⑤ Dignāga)와 그를 계승하는 유식논리학자들은 직접 지각과 추리만을 정당한 인식 방법으로 인정하며, 성언량은 추리의 일종으로 간주한다.[13] 또한 이들은 성인의 말이 바른 지식의 척도가 되는 것도 결국 그 말이 사실과 부합하고 또 그 말에 반드시 논리적으로 정당한 '이유'가 있기 때문이며, 그렇지 않다면 틀린 말일 수 있음을 인정한다.

---

9 가지야마 유이치, 전치수 옮김, 『인도불교의 인식과 논리』(서울: 민족사, 1992), pp. 74~75 참조.
10 이는 곧 추리는 현재 및 기억이 명료한 과거의 주제에 관련하되 미래 및 형이상학적 존재에 관한 추리는 불가능하다는 입장을 나타내는 것이라고 말한다. 가지야마 유이치, 전치수 옮김, 위의 책, p.75 참조.
11 인因이 갖추어야 할 세 가지 특징(三相) 중의 하나인 변시종법성遍是宗法性을 뜻한다. 가령 〈s는 p이다. q이기 때문에.〉라고 할 때, 인因(q)은 반드시 주장명제의 주어(s)의 법이어야 함을 가리킨다.
12 가령 〈s는 p이다. q이기 때문에.〉라고 할 때, 실례(喩)는 인因(q)과 주장명제의 술어(p) 간에 변충遍充관계를 나타낸다. 동일한 실례(同喩)는 'q가 있는 곳에 반드시 p가 있다'는 긍정적 변충관계를 나타낸다. 이러한 긍정적 변충관계를 증명할 수 있는 그 밖의 실례가 제시되어야 한다는 것이다.
13 디그나가 이후부터 불교도들은 성언량聖言量과 유추(譬喩量)를 추리의 일종으로 간주한다. Stcherbatsky, *Buddhist Logic I*, p.72 참조.(임옥균 역, 『불교논리학 1』, 경서원, p.127)

3. 경문의 구조와 주요 내용

「여래성소작사품如來成所作事品」은 『상속해탈경相續解脫經』에 실린 두 개의 경 중에 『여래소작수순처요의경如來所作隨順處了義經』에 해당하고,[14] 『심밀해탈경深密解脫經』에는 「문수사리법왕자보살문품文殊師利法王子菩薩問品」이라 되어 있다. 이 품은 궁극적 과를 획득한 여래가 불가사의한 방식으로 교화 사업을 성취함을 설한 것이다. 그리고 이전까지의 설법이 비할 바 없는 '무등無等의 경境·행行'에 관한 것이었다면, 이 품은 '무등의 과果'에 해당한다. 따라서 이 품이 경의 마지막에 놓였다.

원측의 해석에 따르면, 이 품에서는 크게 세 가지 차원에서 '무등의 과'를 설명하였다. 첫째는 법신法身의 상相에 의거해서, 둘째는 화신化身의 상에 의거해서, 셋째는 수용신受用身의 상에 의거해서 여래의 불가사의한 교화를 설명하였다.

[법신法身의 모습] 보살들이 모든 인因의 지위에서 닦았던 지바라밀행이 원인이 되어 궁극적 전의轉依를 증득하면 '성만법신成滿法身'을 이룬다. 여래지如來地에서는 '가장 지극히 미세한(極微細最極微細) 번뇌장과 소지장마저 영원히 없애고 일체지一切智를 증득하며, 이 지에 현현하는 가장 청정한 대상(所緣)을 일컬어 '소작성만所作成滿'이라고 하는데, 이 경계에 의거해서 '성만법신'이라 이름한다. 이에 비해 성문과 연각이 증득한 법신은 '해탈신解脫身'이라 이름한다.

이승과 여래는 끊어 버린 바의 번뇌에서 차별이 없고 번뇌를 끊음으로써 획득되는 택멸擇滅(열반, 멸제)에서도 차별이 없기 때문에 이승과 여래는

---

14 구나발타라 역 『相續解脫經』 중에서 제4권~제5권을 별도로 역출해서 『相續解脫如來所作隨順處了義經』이라고 하였다.

평등하다고 한다. 그러나 여래의 법신과 이승의 법신은 차별이 있다. 여래의 성만법신은 한량없는 공덕의 가장 수승한 의지처가 되지만, 이승의 해탈신은 그렇지 않기 때문이다.

[화신化身의 모습] 여래는 옛날에 닦았던 갖가지 인因과 원願으로 말미암아 갖가지 행을 일으킨다. 이러한 인에 의해 생기한 몸을 화신이라 한다. 여래가 한량없는 종류의 공덕으로 장엄하여 중생을 지켜 주고 거두는 것이 화신의 모습이며, 이처럼 방편선교로서 시현하는 모습은 무궁무진하다. 혹은 일체의 삼천대천 불국토에서, 왕가王家나 대복전가大福田家의 중생으로 태어나기도 하고, 혹은 태에 들어 탄생하여 내지는 등정각을 이루는 등의 팔상八相을 시현하기도 한다.

또 이곳에서는 여래가 성스러운 언음言音의 세 종류, 즉 계경契經과 조복調伏(律)과 본모本母(論)에 대해 자세히 설명하였다. 이 중에 '계경'이란 도리에 계합하고 유정의 근기에 맞춰서 설하신 교법을 말한다. 이 경에서는 네 가지 사(四事), 혹은 아홉 가지 사(九事), 혹은 스물아홉 가지 사(二十九事) 등에 의거해서 여래가 설한 제법에 대해 설명하였다. '조복'이란 청정한 율의律儀를 말하니, 이것이 일곱 가지 악을 조복시키고 여섯 가지 근을 조복시키기 때문에 '조복'이라 이름한다. '본모'란 논의論議라고도 하니, 일체법의 근본이 되어서 일체법을 생기하고 현현하기 때문에 '본모'라고 이름한다.

앞에서 따로 논한 바 있듯, 특히 화신의 성스러운 언음을 논하는 곳에서는 후대 유식인명唯識因明의 실마리가 되었던 논리학의 규범들이 자세히 진술된다.

[수용신受用身의 모습] 여래의 수용신의 모습을 설명한 것이다. 이에 관한 경문은 '여래에게도 마음이 생기하는가?'라는 문제에 초점을 맞추고

있다. 경문에 따르면, 여래에게는 심법이 생기하는 일이 없으면서도, 한편으로 가행 없는 심법이 생기한다. 유루有漏의 분별인 심의식心意識에 의거할 때는 심의식으로 분별하는 것이 아니라고 설하지만, 무루無漏의 심의식이 전혀 생기하지 않는다는 말은 아니다. 마치 멸진정에 들었다가 선정에서 일어나야겠다는 가행을 일으키지 않고도 선정에서 일어나는 것과 같다. 이러한 여래의 마음은 불가사의한 한량없는 공덕들로 장엄된 청정한 국토의 영역(所行)을 대상으로 한다. 또 등정각等正覺을 이루거나 정법륜正法輪을 굴리거나 대열에 드는 등의 세 가지 모습이 있는 것도 아니고 없는 것도 아닌 무이無二의 모습을 갖는다.

차례

해심밀경소解深密經疏 해제 / 5
여래성소작사품如來成所作事品 해제 / 21
일러두기 / 44

제8편 여래성 소작사품如來成所作事品

제1장 품명 해석 46
1. 교화의 주인을 나타냄 46
2. 여래가 짓는 사업을 밝힘 49

제2장 품의 내의來意 50

제3장 경문 해석 51
1. 문답정설분問答正說分 51
 1) 법신法身의 상을 밝힘 51
  (1) 청문 51
  (2) 대답 56
   ① 법신을 설명함 56
    가. 법신의 상을 설명함 56
    나. 부사의함을 나타냄 60
     가) 인因에 의거해서 종宗을 세움 60
     나) 두 가지 인의 상을 설명함 60
     다) 잘못된 집착에 과실이 있음을 나타냄 63
   ② 해탈신解脫身을 해석함 64
    가. 청문 64
    나. 대답 64
    다. 징힐 65
    라. 해석 65

가) 해탈신의 상임을 표명함 65
　　　나) 두 가지 신身의 차별상을 설명함 66
　　　　(가) 해탈신에 의거해서 삼승의 차별 없음을 설명함 66
　　　　(나) 법신에 의거해서 삼승의 차별 있음을 설명함 70
　　　　　㉮ 표명 70
　　　　　㉯ 해석 70
　2) 화신化身의 상을 설명함 73
　　(1) 생기하는 상을 설명함 73
　　　① 청문 73
　　　② 대답 74
　　　　가. 후속되는 화신의 생기하는 상을 설명함 74
　　　　나. 두 가지 신의 차별적 상을 설명함 75
　　(2) 방편선교를 시현하는 상을 설명함 76
　　　① 청문 76
　　　② 대답 77
　　　　가. 해석 77
　　　　　가) 화신의 처소를 밝힘 77
　　　　　나) 화신의 상을 밝힘 79
　　　　나. 결론 107
　　(3) 언음言音의 차별상을 설명함 107
　　　① 청문 107
　　　② 간략한 대답 113
　　　③ 징문 122
　　　④ 자세한 해석 123
　　　　가. 삼장三藏의 상相을 자세히 해석함 123
　　　　　가) 계경契經에 대한 해석 123
　　　　　　(가) 계경의 상을 총괄해서 표명함 123
　　　　　　(나) 세 가지 문으로 분별함 124
　　　　　　(다) 차례대로 따로 해석함 125
　　　　　　　㉮ 네 가지 사(四事)를 해석함 125
　　　　　　　　a. 질문 125

b. 대답 ⋯⋯ 126
　㉮ 아홉 가지 사(九事)를 해석함 ⋯⋯ 128
　　a. 질문 ⋯⋯ 128
　　b. 대답 ⋯⋯ 129
　㉯ 스물아홉 가지 사(二十九事)를 해석함 ⋯⋯ 132
　　a. 질문 ⋯⋯ 132
　　b. 대답 ⋯⋯ 132
　　　a) 잡염품雜染品의 사事를 설명함 ⋯⋯ 132
　　　　(a) 오온五蘊 ⋯⋯ 132
　　　　(b) 연생緣生 ⋯⋯ 134
　　　　(c) 아집我執과 법집法執 ⋯⋯ 135
　　　b) 청정품淸淨品의 사事를 설명함 ⋯⋯ 136
　　　　(a) 세간의 청정한 네 가지 사 ⋯⋯ 136
　　　　　ⓐ 문혜聞慧 ⋯⋯ 136
　　　　　ⓑ 사혜思慧 ⋯⋯ 138
　　　　　ⓒ 가행정加行定 ⋯⋯ 138
　　　　　ⓓ 근본정根本定 ⋯⋯ 139
　　　　(b) 출세간의 청정한 스물한 가지 사 ⋯⋯ 139
　　　　　ⓐ 한 가지 사로써 순해탈분順解脫分을 설명함 ⋯⋯ 139
　　　　　ⓑ 네 가지 사로써 순결택분順決擇分을 설명함 ⋯⋯ 141
　　　　　　ㄱ. 고변지苦遍知에 대해 밝힘 ⋯⋯ 141
　　　　　　　ㄱ) 고변지를 간략히 설함 ⋯⋯ 141
　　　　　　　ㄴ) 세 종류 변지를 따로 해석함 ⋯⋯ 142
　　　　　　ㄴ. 단집斷集과 증멸證滅과 수도修道를 밝힘 ⋯⋯ 146
　　　　　ⓒ 네 가지 사로써 견도見道를 설명함 ⋯⋯ 147
　　　　　ⓓ 여섯 가지 사로써 수도修道를 설명함 ⋯⋯ 149
　　　　　ⓔ 네 가지 사로써 무학도無學道를 설명함 ⋯⋯ 153
　　　　　ⓕ 두 가지 사로써 수승함과 수승하지 않음을 설명함 ⋯⋯ 154
　　　　　　ㄱ. 두 가지 사를 밝힘 ⋯⋯ 154
　　　　　　ㄴ. 숨겨진 비난을 해석함 ⋯⋯ 156
　　나) 조복調伏에 대한 해석 ⋯⋯ 158

(가) 조복의 상을 간략히 설함 ……… 158
(나) 문답으로 분별함 ……… 168
  ㉮ 질문 ……… 168
  ㉯ 대답 ……… 169
    a. 간략히 설함 ……… 169
    b. 따로 해석함 ……… 169
      a) 수궤칙사受軌則事 ……… 169
      b) 수순타승사隨順他勝事 ……… 171
      c) 수순훼범사隨順毀犯事 ……… 173
      d) 유범자성有犯自性 ……… 173
      e) 무범자성無犯自性 ……… 174
      f) 범한 곳을 벗어남 ……… 175
      g) 율의律儀를 버림 ……… 177
다) 본모本母에 대한 해석 ……… 184
 (가) 개수를 표시하며 간략히 답함 ……… 184
 (나) 문답으로 따로 해석함 ……… 185
  ㉮ 질문 ……… 185
  ㉯ 대답 ……… 185
    a. 개수를 표시하며 이름을 나열함 ……… 185
    b. 차례대로 따로 해석함 ……… 186
      a) 세속世俗의 상 ……… 186
        (a) 개수를 표시함 ……… 186
        (b) 차례대로 따로 해석함 ……… 187
      b) 승의勝義의 상 ……… 189
      c) 보리분법의 소연의 상 ……… 190
      d) 행상行相 ……… 191
        (a) 총괄해서 개수를 표시함 ……… 191
        (b) 이름을 나열함 ……… 192
        (c) 차례대로 따로 해석함 ……… 193
          ⓐ 제실諦實의 상 ……… 193
          ⓑ 안주安住의 상 ……… 194

ㄱ. 아집我執·법집法執을 안립함 …… 194
　　ㄴ. 사기四記를 안립함 …… 195
　　ㄷ. 은밀隱密과 현료顯了를 안립함 …… 197
　ⓒ 과실過失의 상 …… 200
　ⓓ 공덕功德의 상 …… 201
　ⓔ 이취理趣의 상 …… 201
　　ㄱ. 총괄해서 개수를 표시함 …… 201
　　ㄴ. 개수에 의거해서 이름을 나열함 …… 202
　ⓕ 유전流轉의 상 …… 228
　ⓖ 사종도리四種道理 …… 230
　　ㄱ. 총괄해서 개수를 표시함 …… 230
　　ㄴ. 개수에 맞춰 이름을 나열함 …… 230
　　ㄷ. 차례대로 따로 해석함 …… 231
　　　ㄱ) 관대도리觀待道理 …… 231
　　　ㄴ) 작용도리作用道理 …… 233
　　　ㄷ) 증성도리證成道理 …… 235
　　　　(ㄱ) 첫 번째 문 …… 235
　　　　(ㄴ) 두 번째 문 …… 239
　　　　　㉠ 총괄해서 개수를 표시함 …… 239
　　　　　㉡ 개수에 맞춰 이름을 나열함 …… 240
　　　　　㉢ 상세을 간략히 설명함 …… 241
　　　　　㉣ 질문과 대답으로 자세히 설명함 …… 242
　　　　　　① 청정淸淨에 대해 해석함 …… 242
　　　　　　㉮ 질문 …… 242
　　　　　　㉯ 대답 …… 243
　　　　　　　ⓐ 다섯 가지 상을 해석함 …… 243
　　　　　　　　㉠ 다섯 가지 상을 바로 해석함 …… 243
　　　　　　　　㉡ 다섯 가지 상을 총괄해서 열거함 …… 243
　　　　　　　　㉢ 차례대로 따로 해석함 …… 244
　　　　　　　　　1 현견소득상現見所得相 …… 244
　　　　　　　　　㉮ 간략히 설함 …… 244

나 해석 ……… 244
　　다 결론 ……… 250
　2 의지현견소득상依止現見所得相 ……… 251
　　가 간략히 설함 ……… 251
　　나 해석 ……… 252
　　　a 현견으로 획득된 것에 의지하는 세 가지 성질을 밝힘 ……… 252
　　　b 획득할 수 있는 이유(因)를 밝힘 ……… 253
　　　　ㄱ 찰나성刹那性의 이유 ……… 253
　　　　ㄴ 타세유성他世有性의 이유 ……… 254
　　　　ㄷ 업무실괴성業無失壞性의 이유 ……… 255
　　　c 도리에 의해 미세한 성질을 추리함을 밝힘 ……… 255
　　다 총결 ……… 256
　3 자류비유소인상自類譬喩所引相 ……… 256
　　가 간략히 설함 ……… 256
　　나 해석 ……… 258
　　　a 무상無常을 예시하는 실례 ……… 258
　　　b 고苦를 예시하는 실례 ……… 259
　　　c 무아無我를 예시하는 실례 ……… 259
　　　d 쇠衰와 성盛을 예시하는 실례 ……… 260
　　다 결론 ……… 261
　4 원성실상圓成實相 ……… 261
　　가 간략히 설함 ……… 261
　　나 해석 ……… 262
　　다 결론 ……… 262
　5 선청정언교상善淸淨言敎相 ……… 263
　　가 간략히 설함 ……… 263
　　나 해석 ……… 264
　　다 결론 ……… 264
　三 총괄적 결론 ……… 264
ㄴ 숨겨진 비난을 거듭 해석함 ……… 265
　一 질문 ……… 265

㈢ 대답 279
  ① 간략히 설함 280
  ② 해석 280
    ㉮ 보문상普聞相 280
    ㉯ 묘호대장부상妙好大丈夫相 281
    ㉰ 구족십력상具足十力相 285
    ㉱ 구족사무외상具足四無畏相 286
    ㉲ 도과가득상道果可得相 287
  ③ 결론 289
    ㉮ 다섯 가지 상에 대해 따로 나누어 결론지음 289
    ㉯ 다섯 가지 상에 대해 총괄해서 결론지음 290
  ⓑ 청정상에 대해 결론지음 290
② 불청정不淸淨에 대해 해석함 291
㈎ 질문 292
㈏ 대답 292
  ⓐ 총괄해서 표명함 292
  ⓑ 자세하게 해석함 305
    ㄱ 세 번째 일체동류가득상一切同類可得相 305
    ㄴ 네 번째 일체이류가득상一切異類可得相 308
    ㄷ 첫 번째 상, 두 번째 상, 여섯 번째 비원성실상非圓成實相 313
      ㈠ 세 종류 상을 하나로 모아서 설함 313
        ① 첫 번째 상과 비원성실상 313
          ㉮ 첫 번째 차여동류가득상此餘同類可得相 313
          ㉯ 비원성실상 315
        ② 두 번째 상과 비원성실상 316
          ㉮ 두 번째 차여이류가득상此餘異類可得相 316
          ㉯ 비원성실상 316
      ㈢ 수습해서는 안 된다고 훈계함 317
      ㈣ 다섯 번째 상과 일곱 번째 상을 모아서 해석함 319
  ㄹ) 법이도리法爾道理 324
ⓑ 총상總相과 별상別相 328

e) 자성상自性相 ······· 330
　　　f) 그것의 과의 상(彼果相) ······· 331
　　　g) 그것을 영수하고 개시하는 상(彼領受開示相) ······· 332
　　　h) 그것을 장애하는 법의 상(彼障礙法相) ······· 333
　　　i) 그것에 수순하는 법의 상(彼隨順法相) ······· 333
　　　j) 그것의 과환의 상(彼過患相) ······· 334
　　　k) 그것의 승리의 상(彼勝利相) ······· 334
　나. 삼장의 불공다라니不共陀羅尼를 설함 ······· 335
　　가) 설법을 청함 ······· 335
　　 (가) 바른 해석을 청함 ······· 335
　　 (나) 설법을 청한 뜻을 밝힘 ······· 338
　　나) 바로 해석함 ······· 338
　　 (가) 잘 들으라고 하면서 설법을 허락함 ······· 338
　　　㉮ 설법을 허락함 ······· 338
　　　㉯ 설법의 이익을 밝힘 ······· 339
　　 (나) 질문에 의거해 바로 답함 ······· 339
　　　㉮ 장행으로 설함 ······· 339
　　　 a. 해석 ······· 339
　　　　a) 진실한 의미를 밝힘 ······· 339
　　　　b) 잡염에 집착하는 과실을 연으로 삼음을 밝힘 ······· 344
　　　　c) 요해의 이익을 밝힘 ······· 346
　　　 b. 결론 ······· 350
　　　㉯ 게송으로 거듭 설함 ······· 350
　　　 a. 게송을 설한 이유 ······· 350
　　　 b. 게송을 바로 설함 ······· 351
　　　　a) 모든 진실한 이치를 거듭 설함 ······· 351
　　　　b) 미혹과 집착의 과실을 연으로 삼음을 거듭 설함 ······· 352
　　　　c) 요해의 이익을 거듭 설함 ······· 353
3) 수용신受用身의 상을 밝힘 ······· 353
　(1) 수용신의 마음이 생기하는 상을 밝힘 ······· 353
　　① 수용신의 마음이 생기하는 상을 바로 해석함 ······· 354

가. 청문 ……… 354
　　나. 대답 ……… 355
　　다. 징난 ……… 361
　　라. 해석 ……… 362
　　　가) 법을 바로 설함 ……… 362
　　　나) 비유를 들어 설함 ……… 363
　　　　(가) 무심수면위無心睡眠位의 비유 ……… 363
　　　　(나) 멸진정滅盡定의 비유 ……… 364
　　　다) 비유와 법을 결합시킴 ……… 369
　② 화신이 유심有心인지 무심無心인지를 밝힘 ……… 371
　　가. 청문 ……… 371
　　나. 간략히 답함 ……… 372
　　다. 징난 ……… 373
　　라. 바로 해석함 ……… 373
(2) 여래의 소행所行과 경계境界의 차별적 상을 밝힘 ……… 377
　① 청문 ……… 377
　② 대답 ……… 377
　　가. 해석 ……… 377
　　　가) 소행을 해석함 ……… 377
　　　나) 경계를 해석함 ……… 379
　　　　(가) 총괄해서 개수를 표시함 ……… 379
　　　　(나) 개수에 의거해서 따로 해석함 ……… 379
　　나. 결론 ……… 383
(3) 등정각等正覺을 이루시는 등의 세 가지 무이無二의 상을 밝힘 ……… 383
　① 청문 ……… 383
　② 대답 ……… 384
　　가. 총괄해서 표명함 ……… 384
　　나. 따로 해석함 ……… 385
　③ 징난 ……… 385
　④ 해석 ……… 386
(4) 여래가 모든 유정의 부류에게 연이 되어 줌의 차별을 밝힘 ……… 388

① 청문 ……… 388
② 대답 ……… 390
(5) 여래법신如來法身과 이승해탈신二乘解脫身의 차별을 밝힘 ……… 393
① 청문 ……… 393
② 대답 ……… 394
　가. 비유로 설함 ……… 394
　　가) 해와 달 비유 ……… 394
　　　(가) 해와 달이 큰 광명을 방출함을 밝힘 ……… 394
　　　(나) 광명을 내는 두 가지 이유를 밝힘 ……… 396
　　나) 무늬 있는 마니구슬과 무늬 없는 마니구슬의 비유 ……… 397
　나. 비유와 법을 결합시킴 ……… 398
(6) 여래와 보살의 위덕주지威德住持로 유정의 몸을 집지함을 밝힘 ……… 399
① 청문 ……… 399
② 대답 ……… 400
　가. 해석 ……… 401
　　가) 밀의로 설했던 것을 나타냄 ……… 401
　　나) 설해 준 것에 수순하는 행과 거역하는 행을 밝힘 ……… 402
　　　(가) 설한 것에 수순하여 행의 이익 ……… 402
　　　(나) 설한 것에 거역하는 행의 손실 ……… 403
　나. 결론 ……… 404
(7) 정토淨土 · 예토穢土에서 획득하기 쉬운 사事와 어려운 사를 밝힘 ……… 404
① 청문 ……… 404
② 대답 ……… 405
　가. 예토의 사事를 밝힘 ……… 405
　　가) 개수를 들어 간략히 답함 ……… 405
　　나) 따로 해석함 ……… 406
　　　(가) 획득하기 쉬운 여덟 가지 사 ……… 406
　　　　㉮ 징난 ……… 406
　　　　㉯ 대답 ……… 407
　　　(나) 획득하기 어려운 두 가지 사 ……… 407
　　　　㉮ 징난 ……… 407

　　　　㉯ 대답 408
　　　나. 정토의 사事를 밝힘 408
　2. 의교봉지분依敎奉持分 416
　　1) 청문 416
　　2) 대답 418
　　　(1) 교의 명칭을 밝히면서 대중들에게 봉지하라고 권함 418
　　　(2) 교법을 들음으로써 얻는 이익을 밝힘 419

환역자 후기 / 421

찾아보기 / 423

일러두기

1 '한글본 한국불교전서'는 문화체육관광부의 지원을 받아 동국대학교 불교학술원에서 수행하고 있는 '불교기록문화유산아카이브사업(ABC)'의 결과물을 출간한 것이다.
2 이 책의 번역은 『한국불교전서』(동국대학교출판부 간행) 제1책의 『해심밀경소解深密經疏』를 저본으로 삼았고, 제11책에 수록된 관공觀空 환역還譯 『해심밀경소 권제십』을 참조하였다.
3 본 역서의 차례는 저자 원측圓測의 과목 분류에 의거해서 역자가 임의로 넣은 것이다.
4 본 역서에서는 시각적 효과를 고려하여 『해심밀경』 본문과 원측의 해석을 경 과 석 으로 구분하였다. 다시 원측의 해석에 나온 '問曰'은 문 으로, '答曰'은 답 으로, '解云과 又解云'은 해 로, '論曰'은 논 으로, '頌曰'은 송 등으로 처리하였다.
5 원문의 협주夾註는 【 】로 표시하였다.
6 『해심밀경』의 경문을 가리키거나 혹은 다른 경론의 문장을 그대로 직접 인용한 경우는 " "로 처리하였고, 그 밖에 출전의 문장을 요약·정리해서 인용하거나 출처가 확인되지 않은 학설을 진술한 경우는 ' '나 〈 〉로 묶어 주었다.
7 인용문에 나오는 '乃至廣說'이나 '乃至'가 문장의 생략을 뜻하는 경우, 인용문의 중간에 있으면 '……중간 생략……'으로, 문장의 끝에 있으면 '……이하 생략……'으로 처리하였다.
8 음역어는 현재의 한문 발음대로 표기하였다.
9 번역문에 이어 원문을 병기하였다. 원문은 『한국불교전서』를 저본으로 했으며, 띄어쓰기를 표시하기 위해 온점(．)을 사용하였다.
10 본 역서에서는 『해심밀경소』의 모든 인용문들에 대해 출전을 찾아서 확인·대조해서 원문 아래 별도의 교감주를 달았다. ㉠은 『한국불교전서』에 이미 교감된 내용이고, ㉡은 역주자가 새로 교감한 것이다.
　　1) 원문을 그대로 직접 인용하였고 그 출전이 현존하는 경우, 원전과 대조해서 글자의 출입이 있거나 오탈자와 잉자剩字로 확인되면 원문 교감주에 표기하였다.
　　2) 요약·정리된 인용문들이나 저자의 해석문 중에 전후 문맥상 오탈자나 잉자라고 여겨지면 교감주에 표시하였다.
　　3) 『한국불교전서』의 교감주에서 발견되는 오류도 역자 교감주에 따로 표시하였다.
11 역주에서 소개한 출전은 약호로 표기하였다. T는 『대정신수대장경大正新脩大藏經』, X는 『신찬대일본속장경新纂大日本續藏經』, H는 『한국불교전서韓國佛敎全書』의 약자이다.

제8편
여래성소작사품
如來成所作事品

여래성소작사품 제8【경본 제5】

如來成所作事品第八【經本第五】

이 품을 해석하면서 세 개의 문으로 분별한다. 첫째는 품명의 의미를 해석한 것이다. 둘째는 이 품이 (여덟 번째에) 오게 된 뜻을 설명한 것이다. 셋째는 경문에 의거해서 바로 해석한 것이다.

將釋此品。三門分別。一釋品名義。二辨品來意。三依文正釋。

제1장 품명 해석

품명을 해석하자면, 본래 두 가지 의미가 있다. 첫째 '여래如來'란 교화하는 주인을 나타낸 것이고, 둘째 '성소작사품'이란 (여래가) 짓는 사업을 밝힌 것이다.

釋品名者。曰[1]有二義。一如來者。顯能化主。二成所作事品者。辨所化[2]事業。

---
1) ㉠ '曰'은 '有'의 오기인 듯하다.   2) ㉮ '化'는 '作'인 듯하다.

1. 교화의 주인을 나타냄

'여래'란 범음 다타아가도多陀阿伽度([S] tathāgata)이고 여기 말로 '여래'라고 하니, 대략 세 가지 의미가 있다. 첫째는 오직 이치에 의거해서 여래를 해석하는 것이고, 둘째는 단지 행行에 의거해서 (해석하는 것이며), 셋째는 통틀어 이치와 행에 (의거해서 해석하는 것이다.)

오직 진여의 이치에 의거해서 (해석하자면,) 예를 들어 『반야경』에서 말하길 '가시는 곳도 없고 오시는 곳도 없기 때문에 여래라고 이름한다'고 하였고, 『능단경能斷經』[1]에서 말하길 '여래란 진실한 진여이니 전혀 가는 곳도 없고 오는 곳도 없기 때문에 여래라고 한다'고 하고, 『밀엄경』에서 말하길 '생함도 없고 멸함도 없기 때문에 여래라고 한다'고 한 것과 같다. 이와 같기 때문에 '여 그 자체가 래(如即是來)'이고, 따라서 '여래'라고 이름한 것이니, 이는 지업석持業釋이다.[2]

오직 행에 의거해서 (해석하자면,) 예를 들어 『십주론』 제1권에서 말하길 '여如는 육도六度(육바라밀)를 말하고, 이 여섯 가지 법으로써 오시어(來) 불지佛地에 이르셨기 때문에 여래라고 이름한다'고 하고,[3] 『대지도론』에서 말하길 '여실한 도(如實道)를 타고 오셔서(來) 정각正覺을 이루셨으므로 (여래라고 이름한다)'고 한 것과 같다. 이 해석에 의하면, '여의 래(如之來)'이기 때문에 여래라고 이름한 것이니, 이는 의주석依主釋이다.[4]

이치와 행에 의거해서 (해석하자면), 예를 들어 『열반경』 제1권에서 말하길 "육바라밀과 열한 가지 공空을 타고 오셨기 때문에 여래라고 한다."라고 하였고,[5] 또 『십주론』에서 말하길 "'여'는 실상實相을 가리키고 '래'는

---

1 『능단경能斷經』: 『金剛般若經』의 여러 이역본 중에서 당대唐代 현장 역 『能斷金剛般若波羅蜜多經』(『大般若波羅蜜多經』 권577의 「能斷金剛分」에 해당)을 가리키는 듯하다.
2 오직 '여래如來'는 '如'와 '來'라는 두 단어로 이루어진 복합어다. 오직 이치에 의거해서 해석하는 이들은 진여라는 이치 그 자체를 가리켜서 '여여하게 오는 것(如來)'이라 한다. 이 경우, '如'와 '來'라는 두 단어가 '여 그 자체가 래(如即來)'인 관계에 있다. 이처럼 두 단어가 'A即B'의 관계로 분석되는 복합어를 지업석持業釋이라 한다.
3 『十住毘婆沙論』 권1(T26, 25b2) 참조.
4 '여래如來'라는 복합어를 오직 행行에 의거해서 해석할 경우, 이는 '여실如實한 바라밀행(道)을 타고 오셨다(來)'는 것을 뜻한다. 이 경우 '如'는 육바라밀행과 같은 방편·수단을 가리키고, 이에 의지해서 도래했다는 의미에서 '여래'라고 한다. 이때 두 단어의 관계는 A之B의 관계로 분석되는데, 이때 'A 의~'라는 표현은 단지 소유의 주체를 가리키는 것은 아니고 위의 경우처럼 수단·방법을 나타낼 수 있고, 혹은 '산의 절(山之寺)'처럼 처격일 수도 있다. 한역에서는 이처럼 앞 단어에 의해 뒤 단어가 제한되는 관계에 있는 모든 복합어들을 넓은 의미에서 모두 '의주석依主釋'으로 간주한다.
5 원측圓測 소疏의 원문에 '如涅槃經第一卷云'이라 하였는데, 이 중 '第一卷'은 착오인 듯하다. 이하의 인용문은 현존하는 『涅槃經』 제1권에는 보이지 않고, 다만 담무참曇無讖 역 『大般涅槃經』 권18(T12, 468a29)에 이와 유사한 문구가 있다. 그곳에서는 "云何名如來。……諸佛世尊。從六波羅蜜。三十七品。十一空。來至大涅槃。如來亦爾。是故號佛爲

지혜를 가리키기 때문에 여래라고 한다."라고 했던 것과 같다.[6]

해 육바라밀은 '행'이고, 공과 실상은 증득되는 이치이니, 인(육바라밀)과 경계(공·이치)로부터 와서(來) 정각을 이루기 때문에 '여래'라고 한 것이니, 또한 의주석에 해당한다.

자세하게 분별하면, 가령 「십호장十號章」의 (설명과) 같다.

言如來者。梵音多陀阿伽度。此云如來。略有三義。一唯一[1]約理釋如來。二但依行。三通理行。唯約謂[2]眞如理。如波若經。無所至去。無所從來。故名如來。能斷經云。言如來者。卽是眞實眞如。都無所去。無所從來。故名如來。密嚴經云。無生無滅。故名如來。如是等故。如卽是來。故名如來。是持業釋。唯依行者。如十論第一卷云。如名六度。以是六法來至佛地。故名如來。智度論云。乘如實道。來成正覺。若依此釋。如之來故。名爲如來。是依主釋。就理行者。如涅槃經第一[3]卷云。乘六波羅蜜十一空來。故名如來。又十住論云。如名實相。來名智慧。故名如來。解云。六度是行。空及實相。是所證理。從因及境來成正覺。故名如來。亦依主釋。若廣分別。如十號章。

---

1) ㉮ '一'은 잉자인 듯하다. 2) ㉯ '謂'는 잉자인 듯하다. 3) ㉯ '一'은 오기인 듯하다. 해당 번역문 역주 참조.

如來也。"라고 하였다. 또 규기의 『略纂』이나 둔륜遁倫의 『瑜伽論記』 등에도 『涅槃經』의 동일한 문구가 인용되는데, 그곳에서는 권수를 표기하지 않았다. 다만 원법사遠法師의 『大乘義章』 권20(T44, 863b24)에도 동일한 문구가 인용되는데, 그 문헌의 교감주에 '北本第十七南本第十六'이라 되어 있다.

6 『十住毘婆沙論』 권1(T26, 25a26) 참조.

2. 여래가 짓는 사업을 밝힘

'성소작사품成所作事品'이란 사업을 짓는 것을 설명한 것이다. '성成'이란 '성판成辦(완전한 성취)'을 말하고 '사事'란 사업이니, 말하자면 경境·행行에 의거해서 여래의 몸을 현현하는 지혜(現身智) 등의 화신의 사업을 완성하는 것이다.[7] 실제로는 '성삼신품成三身品'이라 말해야 하지만, 모든 여래는 중생(物)을 이익되게 함을 우선으로 삼기 때문에 화신을 따라서 그 품의 (이름을) 표시하였다. 혹은 삼신이 모두 유정을 교화하는 사업을 능히 완성할 수 있다고 볼 수도 있다. 『상속해탈경』에서는 『여래소작수순처요의경如來所作隨順處了義經』이라 하였고,[8] 『심밀해탈경』에서는 「문수사리법왕자보살문품文殊師利法王子菩薩問品」이라 하였다.

> 言成所作事品者。辨作事業。成謂成辦。事卽事業。謂依境行。成辦如來現身智等化身事業。據實應言成三身品。然諸如來。利物爲先。是故從化[1]以標其品。或可三身。皆能成辦化有情業。相續經云。如來所作隨順處了義經。深密經云。文殊師利法王子菩薩問品。
>
> 1) ㉠ '化'는 한 곳에 '作'으로 되어 있다.

---

7 이전의 품들에서 '경境·행行'에 대해 설하였다면, 이하에 진술되는 '성소작사품成所作事品'이란 그 경·행으로 말미암아 궁극적으로 성취하게 되는 '과果'를 밝힌 것이다. 여기서 말하는 경·행·과란 경유가瑜伽·행유가行瑜伽·과유가果瑜伽를 가리키며, 그중에 '경'이란 유가행자들이 알아야 할 경계들을 말하고, '행'이란 경계에 대한 앎에 의거해서 수행을 일으키는 것이며, '과'란 앞의 두 가지의 결과로서 성취해 내는 사업들을 말한다.
8 구나발타라 역『相續解脫經』중에서 제4권~제5권을 역출해서『相續解脫如來所作隨順處了義經』이라는 별도의 경經으로 독립시켰다.

제2장 품의 내의來意

(이 품이 여덟 번째에) 오게 된 뜻을 설명하겠다. 이상으로 이미 '무등無等의 경境과 행行'에 대해 해석하였으니, 따라서 이제는 '무등의 과果'의 의미에 대해 바로 해석한다. 이치에 의거해서 행을 일으키고 행으로 인해 과를 얻는다는 것이 의미상으로 (합당한) 차례이기 때문이다.[9]

辨來意。上來已釋無等境行。故今正釋無等果義。依理起行。因行得果。義次第故。

---

9 유식학자들은 일반적으로 경론의 내용을 경境·행行·과果의 구조로 분석하는데, 이 『解深密經』의 경우도 마찬가지다. 이 경에서 설해진 경·행·과는 그 비길 바 없을 정도로 뛰어나다는 의미에서 '삼무등三無等'이라 한다. 이 경의 성교정설분에는 일곱 개의 품이 있는데, 처음의 네 품(「勝義諦相品」, 「心意識相品」, 「一切法相品」, 「無自性相品」)은 '관의 대상이 되는 경계(所觀境)'에 해당하고, 다음의 두 품(「分別瑜伽品」, 「地波羅蜜多品」)은 '능히 관하는 행(能觀行)' 자체에 해당하며, 마지막 한 품(「如來成所作事品」)은 알아야 할 경계에 대한 관행을 실천함으로써 증득되는 과(所得果)에 해당한다. 따라서 경·행·과 중에 '과'에 해당하는 「如來成所作事品」이 마지막인 여덟 번째에 놓이게 되었다.

제3장 경문 해석

1. 문답정설분問答正說分

1) 법신法身의 상을 밝힘

(1) 청문

경 이때 만수실리보살마하살이 부처님께 여쭈었다. "세존이시여, 가령 부처님께서 여래의 법신에 대해 설하셨는데, 여래의 법신에는 어떤 상들이 있습니까?"

爾時。曼殊室利菩薩摩訶薩。白佛言。世尊。如佛所說如來法身。如來法身。有何等相。

석 세 번째는 경문을 바로 해석한 것이다. 이 한 품 안에서 모두 둘로 구분하였다. 처음은 문답으로 바로 설하는 부분(問答正說分)이다. 나중의 "이때 만수실리⋯⋯어떻게 받들어 지녀야 합니까?" 이하는 교에 의거해서 받들어 지니는 부분(依敎奉持分)이다.

(＊첫 번째 해석)

바로 설한 곳에는 열두 개의 문답이 있으니, (경문도) 곧 열두 개로 나뉜다.

첫 번째는 문답으로 법신의 상相에 대해 분별한 것이다.

두 번째는 여래의 화신이 생기하는 상을 밝힌 것이다.

세 번째는 여래의 화신의 선교를 밝힌 것이다.

네 번째는 여래의 언음의 차별을 밝힌 것이다.

다섯 번째 "이때 만수실리" 이하는 모든 여래의 마음이 생기하는 상을 밝힌 것이다.

여섯 번째는 화신이 유심有心인지 무심無心인지를 밝힌 것이다.

일곱 번째는 여래의 소행경계所行境界의 차별상을 설명한 것이다.

(여덟 번째는 여래가 등정각을 이루시는(成等正覺) 등의 세 종류 상을 해석한 것이다.)[10]

아홉 번째는 여래가 유정들에게 연緣이 되어 주는 데 있어 차별을 설명한 것이다.[11]

열 번째는 여래의 법신과 이승[12]의 해탈신의 차별상을 설명한 것이다.

---

10 여기에 많은 글자가 누락된 듯하다. 우선, 여덟 번째 문답에 대해 '八明如來於相性[有情]爲緣差別'이라고 한 것은 뒤의 『解深密經』 경문의 내용과 일치하지 않는다. 열두 개의 문답 중에 여덟 번째는 '여래가 등정각을 이루시는 등의 세 종류 모습'에 대해 묻고 답한 것이고, 또 아홉 번째는 '여래가 모든 유정들에게 연이 되어 주는 데 있어 차별적 모습'에 대해 묻고 답한 것이다. 이에 따를 때, 여기에 여덟 번째 문답을 밝히는 문구가 누락된 듯하다. 이후의 원측 소에 의거해서 여기에 '八明如來成等正覺等三種相'을 보입하였다.

11 이후의 원측 소에 따르면 이것은 아홉 번째 문답에 해당한다. 따라서 '八明如來於相性爲緣差別'에서 '八'을 '九'로 수정하였다. 또 뒤의 경문과 대조해 볼 때, 중간의 '相性'이라는 두 자는 의미가 통하지 않는다. 아홉 번째 문답에서는 여래가 모든 유정들에 대해 연緣이 되어 주는 데 있어 차별을 설한 것이다. 이에 따를 때, '相性'은 아마도 '有情'의 오기인 듯하다. 이상의 교감 내용을 적용하여 위의 문구를 완전하게 진술하면, '九明如來於有情爲緣差別'이다.

12 원문은 '三乘'이라고 되어 있으나 '二乘'으로 수정하였다. 이것은 "世尊。等無加行。何因緣故。如來法身。爲諸有情。放大智光。及出無量化身影像。聲聞獨覺解脫之身。無如是

열한 번째는 여래와 보살의 위덕威德으로 유정을 주지住持하는 상을 밝힌 것이다.

열두 번째는 정토·예토라는 두 가지 국토의 차별상에 대해 밝힌 것이다.

이것은 첫 번째로 문답으로 법신의 상에 대해 분별한 것이다.

(* 두 번째 해석)

혹은 열두 부분을 셋으로 구분할 수도 있다. 처음은 법신의 상을 밝힌 것이다. 다음의 "만수실리보살이⋯⋯여래가 생기하는 것에 대해 어떻게 알아야 합니까?"까지는 화신의 상을 밝힌 것이다. 마지막의 "이때 만수실리" 이하는 수용신의 상을 밝힌 것이다.

비록 두 가지 해석이 있지만, 우선 후자의 해석에 의거하겠다.

그런데 이 삼신의 의미를 구체적으로 설하면 예를 들어 『별장』과 같다.

釋曰。第三正釋經文。於一品內。總分爲二。初問答正說分。後爾時曼殊室利至云何奉持下。明依敎奉持分。就正說中。十二問答。卽分十二。一問答分別法身之相。二明如來化身生起相。三明如來化身善巧。四明如來言音差別。五爾時曼殊室利下。明諸如來心生起相。六明化身有心無心。七明如來所行境界差別之相。八[1]明如來於相性[2]爲緣差別。十明如來法身三[3]乘解說[4]身差別相。十一明如來菩薩威德住持有情相。十二明淨穢二土差別相。此卽第一問答分別法身之相。或可十二卽分爲三。初明法身相。次曼殊室利至云何應知如來生起。明化身相。爾[5]時曼殊室利下。明受用身相。雖有兩解。且依後釋。然此三身之義。具如別章。

1) ㉔ '八'은 '九'의 오기이고, 이 앞에 많은 글자가 누락된 듯하다. 자세한 설명은 해당 번역문 역주 참조. 2) ㉔ '相'은 다른 곳에는 '諸'로 되어 있다. ㉔『解深密經』경문

事⋯⋯" 이하의 경문을 가리킨다. 원측은 이 경문에 대해 "自下第五明如來法身二乘解脫身差別"이라고 하였다.

과 대조할 때, '相性'은 '有情'의 오기인 듯하다. 자세한 설명은 해당 번역문 역주 참조. 3) ㉠ 경문에 따르면, '三'은 '二'인 듯하다. 자세한 것은 해당 번역문 역주 참조. 4) ㉯ '說'은 '脫'인 듯하다.(편자) 5) ㉠ '爾' 앞에 '後'가 누락된 듯하다.

경문을 해석한 곳에서, 앞은 청문이고 뒤는 대답이다.

이것은 만수실리보살의 청문이다.

"만수실리曼殊室利(⑤ Mañjuśrī)보살"이란 여기 말로 '묘길상妙吉祥'이라고 한다.

진제 스님이 말하였다. 〈마음이 항상 적정하고 원수와 친구에 대해 평등하게 이익을 주되 손해와 괴롭힘을 주지 않는 것을 '길상吉祥'이라고 이름한다.〉

『불지경론』에서는 "모든 세간 사람들이 친근하게 공양하며 다함께 칭찬하기 때문에 '길상'의 뜻을 갖추었다."[13]라고 하였다.

『상속해탈경』에서는 '문수사리보살文殊師利菩薩'이라고 하였고,[14] 『심밀해탈경』에서는 '문수사리법왕자보살文殊師利法王子菩薩'이라고 하였으며,[15] 『관찰제법삼매경觀察諸法三昧經』에서는 '보수보살普首菩薩'이라고 하였고,[16] 『아난목구다라니경阿難目佉陀羅尼經』에서는 '유수보살濡首菩薩'이라고 하였으며,[17] 『무량문미밀지경無量門微密持經』에서는 '경수보살敬首菩薩'이라고 하였고,[18] 『정법화경正法華經』에서는 '부수보살溥首菩薩'이라고 하였으며,[19] 양

---

13 『佛地經論』 권1(T26, 292b5).
14 『相續解脫如來所作隨順處了義經』 권1(T16, 718a27) 참조.
15 『深密解脫經』 권5(T16, 685a10) 참조.
16 현존하는 경 중에 '보수보살普首菩薩'의 청문이 나오는 『觀察諸法三昧經』이라는 이름의 경전은 찾을 수 없다.
17 『衆經目錄』 권1(T55, 119b17)에는 "阿難目佉訶離陀羅尼經一卷(後魏世佛陀扇多譯)"이라는 문구가 나오기는 하지만 동일한 경인지 알 수 없다.
18 『無量門微密持經』 권1(T19, 680b12) 참조.
19 『正法華經』 권1(T9, 63a27) 등 참조.

본梁本 『열반경』에서는 '묘덕보살妙德菩薩'이라고 하였고,[20] 『대품경』에서는 '만유시리보살滿柔尸利菩薩'이라고 하였으며,[21] 『대지도론』에서는 '만유시리보살滿濡尸利菩薩'이라고 하였고,[22] 『무구칭경』에서는 '묘길상보살妙吉祥菩薩'이라고 하였으며, 『문수반야경』에서는 '문수사리동진보살文殊師利童眞菩薩'이라고 하였다.

『대지도론』에서 말하길, '『수능엄경首楞嚴經』에서 설했듯 문수사리는 과거세에 용종존불龍種尊佛이었다'고 하였다.[23] 『앙굴마라경』에서는 '문수는 북방의 환희장마니보적불歡喜藏摩尼寶積佛이 현현하신(現見) 분'이라고 하였다.[24]

지금 이 보살은 실제로 보살이거나, 혹은 여래가 보살의 상을 시현하여 불법을 영향影響[25]으로 나타낸 것일 수도 있다.

> 就釋文中。先問。後答。此卽曼殊室利菩薩問也。曼殊室利菩薩者。此云妙吉祥。眞諦師云。心恒寂靜。於怨親中。平等利益。不爲損惱。名爲吉祥。佛坐[1]論云。一切世間親近供養。咸稱贊故。具吉祥義。相續經云。文殊師利菩薩。深密經云。文殊師利[2]王子菩薩。觀察諸法三昧經云。普首菩薩。阿難目佉陀羅尼經云。濡首菩薩。無量門微密持經云。敬首菩薩。正法華云。傳[3]首菩薩。梁本涅槃經云。妙德菩薩。大品經云。滿柔尸利菩薩。智度論[4]滿濡尸利菩薩。無垢稱云。妙吉祥菩薩。文殊般若云。文殊師利童眞菩薩。智

---

20 전거를 찾을 수 없다.
21 전거를 찾을 수 없다.
22 현존하는 『大智度論』 권7(T25, 110c26) 등에는 '文殊尸利'라고 되어 있는데, '滿濡尸利'로 되어 있는 판본도 있었던 듯하다.
23 『大智度論』 권10(T25, 134b19) 참조.
24 『央掘魔羅經』 권4(T2, 543b11) 참조.
25 영향影響: 불보살의 응현應現을 묘사한 말로서, 마치 그림자(影)가 형상(形)을 따라 나타나고 메아리(響)가 소리(聲)를 따라 나타나듯이 모든 불보살들이 부처님의 교화를 돕기 위해 자유자재로 시현하는 것을 말한다.

度論。⁵⁾ 如首楞嚴經說。文殊師利是過去龍種尊佛。央掘魔經云。文殊現見北方歡喜藏摩尼寶積佛。今此菩薩。實是菩薩。或可如來示菩薩相。影嚮佛法。

1) 옝 '苹'은 '地'의 오기인 듯하다. 2) 옝 『深密解脫經』 권5(T16, 685a10)에 '利' 뒤에 '法'이 있다. 3) 옝 『正法華經』 권1(T9, 63a27)에 따르면, '傅'는 '溥'의 오기다. 4) 옝 '論' 뒤에 '云'이 누락된 듯하다. 5) 옝 '論' 뒤에 '云'이 누락된 듯하다.

(2) 대답

① 법신을 설명함

가. 법신의 상을 설명함

경 부처님께서 만수실리보살에게 말씀하셨다. "선남자여, 만약 모든 지바라밀다를 잘 닦아서 출리하고, 전의하여 성만(법신)을 이루면, 이것을 여래의 법신의 상이라고 이름한다.

佛告曼殊室利菩薩曰。善男子。若於諸地波羅蜜多。善修出離。轉依成滿。是名如來法身之相。

석 이하는 두 번째로 세존께서 바로 설하신 것이다. 이에 두 가지가 있다. 처음은 법신을 설명한 것이고, 나중은 해탈신을 해석한 것이다.
　전자 중에 두 가지가 있다. 처음은 법신의 상을 밝힌 것이고, 나중은 (그 법신의) 부사의함을 나타낸 것이다.
　이것은 처음에 해당한다. 경문에 네 개의 절이 있다.
　첫째로 "부처님께서……말씀하셨다."라는 것은 설한 자와 들은 자를 표시한 것이다.

둘째로 "모든 지바라밀다를 잘 닦아서 출리하고"라는 것은 법신의 인因을 나타낸 것이다. 그 (인因에) 두 종류가 있다. 첫째, 육도六度는 (법신에 대해 요인了因이다.)[26] '지地'는 인因을 닦는 의지처로서의 지위(位地)이다. '도度'란 그 '지'에 의지해서 닦은 정인正因이니, 법신과 대망할 때 요인이다.[27] (둘째,) 그 밖의 두 몸(수용신과 화신)에 대해서는 생인生因이다.[28] 그런데 지금 여기서는 '요인'을 바로 밝혔으니, 법신을 현현시키기 때문이다. '잘 닦아서 출리한다'고 한 것은 육도를 닦아서 미혹과 업에서 출리하기 때문에 '출리'라고 한 것이다. 따라서 『유가사지론』에서는 말한다. 〈닦았던 바의 모든 행이 능히 열반과 상응하기 때문에 '출리'라고 한다. 말하자면 닦았던 바의 도道가 능히 열반과 상응하기 때문에 '출리'라고 한다.〉[29] 또 '출리'라는 것은 '나아간다(進趣)'는 뜻이다. 따라서 『섭대승론석』 제8권에서는 "구경究竟으로 나아가기 때문에 '출리'라고 하였으니, 곧 대열반에로 나아간다는 의미다."[30]라고 하였다.

셋째로 "전의하여 성만을 이루면"이라 한 것은 법신의 상을 바로 밝힌 것이다. '전의轉依'[31]라는 것은, 가령 『섭대승론석』 제9권에서 설하길 "진

---

26 문장의 주술 관계가 자연스럽게 이어지도록 문구를 보완하였다. 이하에서는 육도六度(육바라밀)가 두 종류의 인因이 됨을 설명한 것이다. 그중, 첫 번째로 육도를 법신法身과 대망할 때는 요인了因임을 설명한 것이다.
27 육바라밀은 마치 등불이 사물을 비추듯이 바라밀행으로 법성의 이치를 비춤으로써 법신이 분명하게 현현하도록 보조한다는 점에서 요인了因이라고 하였다.
28 육바라밀은 곡식의 종자에서 뿌리와 싹이 나오듯 수용신 등의 일체지一切智를 직접 발생시키는 원인이라는 점에서는 생인生因이라고 하였다.
29 『瑜伽師地論』에는 이와 정확히 일치하는 문구는 나오지 않는다. 단, 같은 책 권22 「本地分中聲聞地第十三初瑜伽處出離地第三之一」(T30, 401c14)에 이와 관련된 진술들이 나온다.
30 세친의 『攝大乘論釋』 권8(T31, 365a25).
31 전의轉依 : 수행을 통해 깨달음을 이룰 때 '아뢰야식이라는 소의를 전환시키는 것'을 말한다. 여기서 '전'이란 '전환하여 버린다(轉捨)'는 뜻과 '전환하여 얻는다(轉得)'는 두 가지 의미가 있는데, 즉 '전환하여 버리는 것'은 아뢰야식 안에 있는 번뇌장煩惱障과 소

실하지 않은 의미는 모두 현현하지 않고[변계소집성] 모든 진실한 의미들이 모두 다 현현하기 때문에 '전의'라고 이름한다.[원성실성]"³²라고 하였다. '성만成滿'이란 '원만圓滿'과 구별시킨 것이다. 진여법신에 본래 두 종류가 있다. 인위因位에 있을 때는 '원만'이라고 이름하고, 과위果位에 이르면 '성만'이라고 바꿔 부른다. '성만'이란 곧 '성취成就·성판成辦'의 다른 이름이다.

따라서 이 경의 제3권에서 설하길, '여래지에서 두 가지 장애(번뇌장·소지장)를 영원히 없애니, 소작성만소연所作成滿所緣에 의거해서 가장 지극히 청정한 법신을 건립한다'고 하였다.³³ 또 『잡집론』 제12권에서는 "'법신'이란 소지장이 영원히 끊어진 전의轉依에 포섭되는 것이니, 이것을 제10지에서는 '원만'이라고 부르고, 여래지에서는 '성취'라고 부른다."³⁴라고 하였다. 세친과 무성의 『섭대승론석』 제7권과 『유가사지론』 제73권에서도 모두 『잡집론』과 동일하게 설한다.³⁵

이 (경문의) 뜻을 총괄해서 말하자면, 십지十地의 십도十度라는 출리의 도를 잘 닦아서 전의에 (포섭되는) 성만법신成滿法身을 증득한다는 것이다.

『무상의경無上依經』과 양梁『섭대승론석』에서도 모두 이와 같이 말하길,

지장所知障과 그 종자이고, '전환하여 얻는 것'은 보리와 열반이다.
32 무성無性의 『攝大乘論釋』 권9(T31, 435c8).
33 이것은 『解深密經』 권3 「分別瑜伽品」(T16, 702a10)의 교설을 가리킨다. 이에 따르면, 여래지에서 지극히 미세한 것 중에서도 가장 지극히 미세한(極微細最極微細) 번뇌장과 소지장을 영원히 없애고 궁극적으로 '집착 없고 장애 없는 일체지견(無著無礙一切智見)'을 증득하는데, 이처럼 전의를 이룬 자의 일체지一切智에 현현하는 가장 청정한 대상(所緣)을 일컬어 '소작성만所作成滿'이라고 한다. 여기서 말한 '소작성만의 소연'이란, 이 경의 「分別瑜伽品」에서 제시했던 지관止觀의 네 종류 소연所緣, 즉 유분별영상有分別影像과 무분별영상無分別影像과 사변제사邊際와 소작성만所作成滿 중에서 네 번째를 가리키며, 특히 불과佛果의 지위에서 증득되는 소연을 가리킨다. 이 소작성만에 의거해서 '가장 지극히 청정한 법신(最極淸淨法身)'을 건립했다는 것이다.
34 『雜集論』 권12(T31, 752c18).
35 『解深密經』과 『雜集論』 등의 인용문들은 위의 경문을 네 개의 구절로 나누었을 때 세 번째 구절과 네 번째 구절을 합한 것, 즉 "전의轉依하여 성만成滿(성만법신)을 이루면, 이것을 여래의 법신의 상이라고 이름한다."라는 문구에 대한 해석이다.

'십지의 십도라는 출리의 도를 수습함으로써 증득되는 바의 전의를 (법신의) 상으로 삼는다'고 말한다.

이 '전의'의 의미를 구체적으로 설하면 『별장』과 같다.【자세하게 설하면 예를 들어 『집론』 제6권, 『잡집론』 제10권, 무성과 세친의 『섭대승론석』 제9권, 양梁 『섭대승론석』 제4권과 제13권과 제14권, 『대승장엄경론』 제3권, 『삼무성론』 제2권, 『성유식론』 제10권과 『대업섭대승론大業攝大乘論』[36] 등이다.】

釋曰。自下第二世尊正說。於中有二。初明法[1]) 後釋解脫身。前中有二。初明法身相。後顯不思議。此卽初也。文有四節。一佛告等者。標說聽者。二若於諸地波羅蜜多善修出離者。顯法身因。有其二種。一者六度。地是修因所依位地。度卽依地所修正因。望於法身。卽是了因。於餘二身。卽生因。而今此中正明了因。顯法身故。善修出離者。由修六度。出離惑業。故名出離。故瑜伽云。所修諸行。出與[2]) 涅槃相應。故名出離。謂所修道。能與涅槃相應。故名出離。又出離者。是進趣義。故攝大乘第八卷云。進趣究竟。故名出離。卽是進趣大涅槃義。三轉[3]) 成滿者。正明法身之相。言轉依者。如攝大乘第七[4]) 卷說。謂非眞義。皆不顯現。所執性也。[5]) 所有眞義。皆悉顯現。故名轉依。圓成實性。[6]) 言成滿者。簡異圓滿。眞如法身。自有二種。若在因位。名爲圓滿。至於果。轉名成滿。成滿卽是成就成辦之異名也。故此經第三云。於如來地。永害二障。依於所依[7]) 成滿所緣。建立最極淸淨法身。又雜集論第十二云。法身者。謂所知障永害[8]) 轉依所攝。此於第十地名圓滿。於如來地名成就。世親無性攝論第七。瑜伽七十三。皆同雜集。總說意云。謂善修十地十度出離之道。證得轉依成滿法身。無上依經。梁攝大乘。皆作是言。修習十地十度出離道。所得轉依爲相。此轉依義。具如別章。【廣如集

---

36 『대업섭대승론大業攝大乘論』: 원측 소疏에서는 주로 『大業論』이라 칭하며, 이는 수隋의 천축삼장 급다笈多와 행구行矩 등이 번역한 세친世親의 『攝大乘論釋論』(T31)을 가리킨다.

論第六。雜集第十。無性世親攝論第九。梁論第四及十三十四。莊嚴第三。三無性論第二。成唯識第十。大業攝大乘等。】

1) ㉠ '法' 뒤에 '身'이 누락된 듯하다. 2) ㉠ 전후 문맥상 '出興'은 '能與'의 오기인 듯하다. 3) ㉠ 경문과 대조할 때, '轉' 뒤에 '依'가 누락되었다. 4) ㉠ '七'은 '九'의 오기인 듯하다. 5) ㉠ '所執性也'는 협주인 듯하다. 6) ㉠ '圓成實性'은 협주인 듯하다. 7) ㉠ 경문에 따르면, '依'는 '作'의 오기인 듯하다. 8) ㉠ 『雜集論』 권12(T31, 752c19)에 '害'가 '斷'으로 되어 있다.

나. 부사의함을 나타냄

가) 인因에 의거해서 종宗을 세움

경 이 (법신의) 상은 두 가지 인연 때문에 불가사의함을 알아야 한다.

當知此相。二因緣故。不可思議。

석 두 번째는 불가사의함을 나타낸 것이다. 이 중에 세 가지가 있다. 처음은 인因(이유)에 의거해서 종宗(주장)을 세운 것이다. 둘째는 두 가지 인의 상을 설명한 것이다. 셋째는 잘못된 집착에 과실이 있음을 밝힌 것이다.
이것은 처음에 해당한다.

釋曰。第二顯不可思議。於中有三。初依因立宗。二辨二因相。三謬執有失。此卽初也。

나) 두 가지 인의 상을 설명함

경 희론이 없기 때문이고, 소위 所爲가 없기 때문이다.

無戱論故。無所得[1]故。

1) ㉔『解深密經』 권5(T16, 708b19)에 '得'이 '爲'로 되어 있다.

석 두 번째는 두 가지 인을 설명한 것이다. 첫째는 희론戱論이 없기 때문이고, 둘째는 만들어진 것이 아니기 때문이다.【『상속해탈경』에서는 "허위를 떠나고 행이 없다."[37]라고 하였고,『심밀해탈경』에서는 '모든 희론과 일체의 유위의 행상을 떠난다'고 하였다.[38]】

"희론"이란 있다(有)고 하거나 없다(無)고 하는 사방四謗의 희론 내지는 영원하다(常)거나 무상無常하다고 하는 등의 모든 갖가지 희론들을 말한다.[39]

"소위所爲"란 일체의 장애를 말하니, 생·멸 등이 이루어 내거나 업·번뇌가 이루어 내는 것을 말한다. 그런데 이 법신에는 모든 희론도, 생멸 등이 이루어 낸 것도 없기 때문에 '부사의'라고 하였다.

그러므로 무성의『섭대승론석』제8권에서 말한다. 〈법신이란 곧 전의를 상相으로 삼고, 일체의 장애를 떠나서 상주하는 진여이니, (그것은) 변하여 바뀌는 일이 없기 때문이고, 업과 번뇌로 능히 이루는 것이 아니기 때문이다.〉[40]

『무상의경』제1권에서는 말한다. 〈두 가지 인연 때문에 불가사의하다.

---

37 『相續解脫如來所作隨順處了義經』 권1(T16, 718b2).
38 『深密解脫經』 권5(T16, 685a15) 참조.
39 '유유와 무무와 역유역무亦有亦無와 비유비무非有非無' 등의 네 구에 집착하는 것을 사방四謗 혹은 사집四執이라 한다. 이 중에 '결정코 있다'고만 집착하는 것은 증익방增益謗이고, '결정코 없다'고만 집착하는 것은 손감방損減謗이며, '있기도 하고 없기도 하다'고 집착하는 것은 상위방相違謗이고, '있는 것도 아니고 없는 것도 아니다'라고 집착하는 것은 희론방戱論謗이라고 한다. 마찬가지로 '같음(一)과 다름(異)' 혹은 '상常과 무상無常' 등에 대해서도 위와 같은 네 가지 견해에 집착하는 것은 모두 '사방'에 해당한다. 『般若心經略疏連珠記』 권1(T33, 558a24) 참조.
40 무성無性의『攝大乘論釋』 권8(T31, 429a15) 참조.

첫째는 언설될 수 없는 것이니, 언어의 경계를 떠났기 때문이다. 둘째는 일체의 세간을 벗어난 것이니, 세간에서는 비유될 만한 유사한 것이 없기 때문이다.〉[41]

『현양성교론』제8권과 『섭대승론』제9권에서는 '두 종류 인연'을 설하는데, 『무상의경』의 설과 동일하다.

『섭대승론석』제9권에서는 세 가지 의미로 '진여법신의 불가사의'에 대해 해석하는데, 그곳에서 말한다. "<논> 다섯째, 불가사의를 그 상으로 삼는다. 말하자면 진여의 청정함은 자기 내면에서 증득되는 것이기 때문이고, 세간의 비유로는 능히 비유할 수 없기 때문이며, 모든 심사尋思(사유)가 행해지는 영역(所行處)이 아니기 때문이다." (이에 대해) 무성이 해석하여 말한다. "'사의思議'란 도리에 의거해서 자세히 살피고 사유하는 것이다. 분별을 일으키는 지智는 심사에 속하는 것이고, 비유로 나타낼 수 있는 것이다. 그러나 제불의 (경계는) 이 (심사가) 행해지는 영역이 아니기 때문에 사의할 수 없다(不可思議). 모든 심사의 지위를 넘어선 것이기 때문에 오직 신해信解해야 하지 사의할 수는 없다."[42]

> 釋曰。第二辨二因相。一無戲論。二無所爲。【相續經云。離虛僞無行。深密經云。離諸戲論一切有爲行相。】言戲論者。謂有無等四謗戲論。乃至一切常無常等種種戲論。言所爲者。一切障礙。生滅等爲。業煩惱爲。然此法身。無諸戲論生滅等爲。故名不思議。是故無性攝大乘論第八卷云。法身卽是轉依爲相。離一切障。常住眞如。無變易故。非業煩惱所能爲故。無上依經第一卷云。二因緣故。不可思議。一者不可言說。過語言境故。二[1] 一切出[2] 世。於

---

41 『無上依經』권1(T16, 473c6) 참조. 이 경에서 말한 '언설될 수 없다'는 것은 『解深密經』 경문에서 '희론이 없다'고 한 것에 해당하고, '일체의 세간을 벗어났다'는 것은 '생멸 등에 의해 만들어진 것이 아니다'라고 한 것에 해당한다.
42 이상 무성無性의 『攝大乘論釋』권9(T31, 437b16).

世間中。無譬類故。顯揚第八。攝論第九。二種因緣。同無上依經。若依攝
論第九。以三義釋眞如法身不可思議。彼云。論曰。五不可思議爲相。謂眞
如淸淨。自內證故。無世間喩能喩故。非諸尋思所行處故。無性釋云。思議
者。謂依道理。審諦思惟。分別智[3]起分別智。尋思所攝。譬喩所顯。諸佛非
此所行處。[4] 不可思議。超過一切尋思地故。准[5] 上[6] 應信解。不[7] 思議。

1) ㉠『無上依經』권1(T16, 473c7)에 '二' 뒤에 '者'가 있다. 2) ㉠『無上依經』권1(T16, 473c7)에 '一切出'이 '出一切'로 되어 있다. 3) ㉠『攝大乘論釋』권9(T31, 437b18)에 따르면, '分別智' 3자는 잉자다. 4) ㉠『攝大乘論釋』권9(T31, 437b20)에 '處' 뒤에 '故'가 있다. 5) ㉠『攝大乘論釋』권9(T31, 437b21)에 따르면, '准'은 '唯'의 오기다. 6) ㉠『攝大乘論釋』권9(T31, 437b21)에 따르면, '上'은 잉자다. 7) ㉠『攝大乘論釋』권9(T31, 437b21)에 '不' 뒤에 '可'가 있다.

다) 잘못된 집착에 과실이 있음을 나타냄

경 그러나 중생들은 희론을 헤아리면서 '소위所爲가 있다'고 하기 때문이다."

而諸衆生。計著戲論。有所爲故。

석 세 번째로 잘못된 집착에 과실이 있음을 밝힌 것이다. 말하자면 모든 유정들은 시작 없는 때부터 무지無知로 말미암아 법신에 대해 헤아리면서, '있다'거나 '없다'고 하는 등의 갖가지 희론 혹은 생멸 등의 유위의 상에 집착하는데, 이런 인연으로 법신을 증득하지 못한다는 것이다.

釋曰。第三謬執有失。謂諸有情。無始時來。由無知故。計著法身。執有無
等種種戲論。或生滅等有爲之相。由是因緣。不證法身。

② 해탈신解脫身을 해석함

가. 청문

경 "세존이시여, 성문과 독각이 증득한 전의를 법신이라 이름하지 않습니까?"

世尊。聲聞獨覺所得轉依。名法身不。

석 이하는 두 번째로 해탈신을 설명한 것이다. 이 중에 네 가지가 있다. 첫째는 청문이고, 둘째는 대답이며, 셋째는 징문이고, 넷째는 해석이다.
이것은 청문이다. 말하자면 저 이승들은 번뇌장을 끊고 증득한 바의 무위를 법신이라 이름하지 않는가.

釋曰。自下第二明解脫身。於中有四。一問。二答。三徵。四釋。此卽問也。謂彼二乘。斷煩惱障所得無爲。名爲法身不。

나. 대답

경 "선남자여, 법신이라고 이름하지 않는다."

善男子。不名法身。

석 이것은 두 번째로 여래께서 바로 답하신 것이다. 비록 열반을 증득했어도 법신이라 이름하지 않으니, 공덕법들의 의지처가 아니기 때문이다.

釋曰。卽[1]第二如來正答。雖證涅槃。不名法身。非功德法所依止故。

1) ㉮ '卽' 앞에 '此'가 누락된 듯하다.

다. 징힐

경 "세존이시여, (그것을) 어떤 신身이라 이름해야 합니까?"

世尊。當名何身。

석 이것은 세 번째로 보살이 따져 물은 것이다.

釋曰。此卽第三菩薩徵詰。

라. 해석

가) 해탈신의 상임을 표명함

경 "선남자여, 해탈신이라 이름한다.

善男子。名解脫身。

석 이하는 네 번째로 여래께서 바로 해석한 것이다. 이 중에 두 가지가 있다. 처음은 해탈신의 상임을 표명한 것이다. 다음은 (법신과 해탈신) 차별상을 설명한 것이다.

이것은 표명한 것이다. 말하자면 번뇌의 속박에서 능히 해탈한 것을 해탈신이라 이름한다는 것이다.

釋曰。自下第四如來正釋。於中有二。初標解脫身相。後辨差別相。此卽標
也。謂能解脫煩惱繫縛。名解脫身。

나) 두 가지 신身의 차별상을 설명함

(가) 해탈신에 의거해서 삼승의 차별 없음을 설명함

경 해탈신으로 말미암아 일체의 성문과 독각은 모든 여래와 더불어 평등
하고 평등하다고 설한 것이다.

由解脫身故。說一切聲聞獨覺。與諸如來平等平等。

석 이하는 두 번째로 두 가지 신身의 차별상을 설명한 것이다. 이 중에
두 가지가 있다. 처음은 해탈신에 의거해서 삼승의 차별 없음을 설명한
것이다. 나중은 법신에 의거해서 차별 있음을 설명한 것이다.
　이것은 처음에 해당한다. 말하자면 저 이승과 모든 여래는 끊어진 바
의 번뇌에 차별이 없기 때문에 증득된 바의 택멸擇滅 또한 차별이 없다.[43]
따라서 '모든 여래와 더불어 평등하고 평등하다'는 말을 한 것이다.

釋曰。自下第二辨二身別相。於中有二。初約解脫身。辨三乘無別。後約法
身。辨有差別。此卽初也。謂彼二乘。與諸如來。所斷煩惱無差別故。所得
擇滅亦無差別。故作此言與諸如來平等平等。

---

[43] 택멸擇滅(S pratisaṃkhyā)이란 지혜의 간택하는 힘으로 번뇌를 끊음으로써 획득되는
멸제滅諦(열반)를 말한다. 그런데 이승과 모든 여래는 끊어진 바의 번뇌에 있어서는 차
이가 없기 때문에 그러한 번뇌의 단멸에 의해서 증득되는 바의 택멸에 있어서도 아무
런 차이가 없다. 이런 의미에서 '해탈신에 있어서는 차이가 없다'고 하였다.

그런데 이 의미를 해석하는 데 있어 여러 설들이 다르다.

살바다종에는 본래 두 가지 설이 있다. 『대비바사론』 제31권에서는 말한다.

> 평하여 말한다. 마땅히 이렇게 말해야 한다. 〈유루법에 이만큼의 체體가 있음에 따라서 택멸 또한 그러하다.[44] 계박된 바의 사事의 체가 이만큼 있음에 따라서 이계離繫[45]도 이만큼의 체가 있기 때문이다.〉
>
> 문 모든 유정의 부류들이 택멸을 증득할 때 각기 별개의 것을 증득하는가, 아니면 공동의 것을 증득하는가?[46]
>
> 어떤 다른 논사는 말하길, '각각 별개의 것을 증득한다'고 한다.
>
> 문 그렇다면 계경에서 설했던 것과 어떻게 회통시켜 해석하겠는가? 예를 들어 (경에서는) '여래의 해탈은 그 밖의 아라한 등의 해탈과 차이가 없다'고 설하였다.
>
> 답 삼승의 몸에서는 해탈은 비록 차이가 있지만 선善하고 영원하다(常)는 점에서는 동일하기 때문에 '차이가 없다'고 설한 것이다. 다시 이 말은 하나의 상속相續(상속하는 몸) 안에서 삼승의 도道가 있어서 동일하게 해탈을 증득함을 나타낸 것이다. 말하자면 타인의 몸으로 증득된 바의 해탈과 대망시켜 보면 비록 각기 차이가 있지만, 하나의 몸 안에 삼승의 도道가 있어서 동일하게 해탈을 증득한다는 것이다. 어떤 승에 의지해서 성도를 이끌어 내어 일으킴에 따라서 모두 능히 이 열반을 증득하기 때문이다.[47]

---

44 유루법이 소멸한 자리에서 드러나는 것이 택멸擇滅이므로 유루법의 수만큼 택멸의 수가 있다는 말이다.
45 이계離繫 : 이계과離繫果, 즉 번뇌의 계박을 떠남으로써 획득된 과를 말하며, 앞서 말한 택멸무위擇滅無爲(열반)를 가리킨다.
46 각각의 유정들이 택멸(열반)을 증득할 때, 증득된 바의 택멸은 유정마다 각기 다른 것인가, 아니면 공통된 것인가를 묻고 있다.

평하여 말한다. 그들은 이렇게 말해서는 안 된다. 마땅히 이렇게 말해야 할 것이다. 〈모든 유정의 부류는 널리 하나하나의 유루법 중에서 모두 공통적으로 하나의 택멸의 체를 증득하는 것이다.〉[48]

해 평가評家[49]에 따르면, 모든 멸滅(택멸)을 공통적으로 증득하기 때문에 '해탈에 차이가 없다'고 한 것이다. 구체적으로 설하면 그 논과 같다.

경부종에 의하면, 똑같이 번뇌를 끊음으로써 증득된 바의 멸이기 때문에 '똑같다'는 말을 가설한 것이지, 별도의 체가 있어서 그것의 같고 다름을 변별한 것은 아니다. 그 종에 따르면 택멸은 실체성이 없기 때문이다.[50]

이제 대승에 의하면 하나의 진여 상에서 택멸을 설한 것이라 하기 때문에 살바다의 (학설과) 같지 않고, 진여 상에서 가짜로 건립된 것이라 하기 때문에 경부의 (학설과도) 같지 않다.[51]

---

[47] 이 견해에 따르면, 자신自身에 의해 증득된 해탈과 타신他身에 의해 증득된 해탈과 서로 비교해 볼 때는 각기 구별되지만, 이와는 조금 달리 한 사람의 몸 안에서 삼승의 도가 일어날 수 있고 그중에 어떤 도에 의지하든 동일한 해탈을 이끌어 낸다는 것이다.
[48] 이상은 『大毘婆沙論』 권31(T27, 162a22~c1)의 내용을 발췌한 것이다.
[49] 평가評家 : 『大毘婆沙論』의 편찬자들 중에 비바사 4대 논사를 가리킨다. 가습미라국 가니색가迦膩色迦왕 통치 시절에 오백아라한이 결집하여 『發智論』을 평석하여 『大毘婆沙論』을 편찬하였는데, 그들 중에 법구法救·묘음妙音·세우世友·각천覺天 등 4대 논사를 예로부터 사평가 또는 평가정의라고 한다.
[50] 경부종에 따르면, '택멸擇滅'이란 지혜의 간택력에 의해 수면隨眠이 생겨나지 않는 상태에 의거해서 가립된 개념일 뿐 별도의 실체가 있는 것은 아니라고 한다. 반면에 설일체유부는 택멸무위 등의 무위법은 실체가 있다고 보았다.
[51] 유식종에서는 살바다종에서 말하는 허공, 택멸, 비택멸 등의 세 가지 무위에다 부동不動, 상수멸想受滅, 진여眞如를 더하여 육무위六無爲를 세운다. 이 육무위는 하나의 진여법성眞如法性 상에서 건립된 것이다. 이 중에서 택멸은 지혜의 간택력에 의해 획득된 것으로 보는 점에서는 살바다종의 견해와 유사하지만, '하나의 진여 상에서 모든 잡염을 떠난 상태 그 자체'를 가리키는 것이라는 점에서는 살바다종의 견해와도 다르다. 또 이 택멸을 가립법으로 보는 점에서는 경부종과 유사하지만, '하나의 진여 상에서 건립된 것'으로 보는 점에서는 또한 경부종의 견해와도 다르다는 것이다. 육무위에 대한

어떤 이는 말한다. 〈여기서 설했던 바의 '신身'이란 지智·단斷과 오분법신五分法身을 모두 포괄하는 말이다.⁵²〉
비록 두 가지 해석이 있지만 앞의 설이 바르다.

然釋此義。諸說不同。薩婆多宗。自有兩說。大毗婆沙三十一云。評曰。應作是說。隨有漏法。有爾所體。擇滅亦爾。隨所轉¹⁾繫事體有爾所。離繫亦爾²⁾有爾³⁾體故。問。諸有情類。證擇滅時。爲欲⁴⁾別證。爲共證耶。有餘師說。各各別證。問。若爾。契經所說如何會釋。如說。如來解脫。與餘阿羅漢等解脫無二。答。三乘身中。解脫雖異。而善常同。故說無異。復次此言。顯示一相續中有三乘道同證解脫。謂望他身所證解脫。雖各有異。而一身中。有三乘性。⁵⁾同證解脫。隨依何乘。引起聖道。皆能證得此涅槃。⁶⁾曰。⁷⁾彼不應作是說。應作是說。諸有情類。普於一一有漏法中。皆共證得一擇滅體。解云。評家共證諸滅。故言解脫無異。具說如彼。依經部宗。同斷煩惱所證滅故。假說同言。非有別體辨其同異。其宗擇滅無體性故。今依大乘。於一眞如。說擇滅故。不同薩婆多。於眞如上。假建立故。不同經部。有說。此中所說身。通攝智斷及五分法身。雖有兩釋。前說爲正。

---

1) ❀『大毗婆沙論』권31(T27, 162a23)에 따르면, '轉'은 잉자다. 2) ❀『大毗婆沙論』권31(T27, 162a24)에 따르면, '爾'는 잉자다. 3) ❀『大毗婆沙論』권31(T27, 162a24)에 '爾' 뒤에 '所'가 있다. 4) ❀『大毗婆沙論』권31(T27, 162a26)에 따르면, '欲'은 '各'의 오기다. 5) ❀『大毗婆沙論』권31(T27, 162b26)에 '性'이 '道'로 되어 있다. 6) ❀『大毗婆沙論』권31(T27, 162b28)에 '涅槃' 뒤에 '故'가 있다. 7) ❀『大毗婆沙論』권31(T27, 162b28)에 '曰' 앞에 '評'이 있다.

자세한 설명은『成唯識論』권2(T31, 6c10) 참조.
52 여기서 '지智·단斷'이란 불과佛果에 갖추어진 지덕智德과 단덕斷德을 말하며, 전자는 보리를 후자는 열반을 가리킨다. '오분법신五分法身'이란 대승·소승의 무학無學의 성자 즉 부처님과 아라한에게 갖추어진 5종의 공덕, 즉 계신戒身·정신定身·혜신慧身·해탈신解脫身·해탈지견신解脫知見身을 말한다. 위의 경문에서 말한 '신身'이란 이와 같은 모든 공덕들을 총괄적으로 가리킨 말이라는 것이다.

(나) 법신에 의거해서 삼승의 차별 있음을 설명함

㉮ 표명

경 법신으로 말미암아 차별이 있다고 설하니,

由法身故。說有差別。

석 이하는 두 번째로 차별 있음에 대해 해석한 것이다. 이 중에 두 가지가 있다. 앞은 표명이고, 뒤는 해석이다.
이것은 표명에 해당한다. 두 가지 장애를 끊었기 때문에 능히 한량없는 공덕의 소의所依가 되어 주므로 차별이 있다.

釋曰。自下第二釋有差別。於中有二。先標。後釋。此卽標也。斷二障故。能與無量功德所依有差別。

㉯ 해석

경 여래의 법신은 (이승의 해탈신과는) 차별이 있기 때문에 한량없는 공덕의 가장 수승함의 차별에 대해 산수나 비유로 능히 미칠 수 없는 것이다."

如來法身有差別故。無量功德最勝差別。算數譬喩所不能及。

석 이것은 두 번째로 차별을 바로 해석한 것이다. 말하자면 법신은 차별이 있기 때문에 한량없는 공덕의 소의의 수승함은 이승의 (해탈신)과의 차별을 산수나 비유로써 능히 미칠 수 없다는 것이다.

곧 이와 같은 두 가지 몸의 차별적 모습에 의거해서 『섭대승론석』 제3권에서 말한다.

'이 중에 법신은 해탈신과는 차별된다'고 했는데, 말하자면 해탈신은 오직 번뇌장의 속박만을 영원히 멀리 떠난 것이니, 마치 촌사람이 형틀 등의 모든 구속(禁繫)을 떠나고 온갖 고통을 그치게 하였지만, 수승하게 증상된 자재한 부귀·즐거움이 상응함은 없는 것과 같다.

그 법신은 일체의 번뇌장·소지장 두 종류 장애의 속박과 아울러 모든 습기에서 해탈하고, 역력力·무외無畏[53] 등의 한량없는 희귀하고 묘한 공덕들로 장엄된 바의 모든 부귀·즐거움의 자재한 소의所依이다. 제일의 가장 수승한 자재함을 증득하여 바라는 대로 행하니, 비유하자면 왕자가 먼저 관정灌頂을 받고서 조금 죄를 범한 것이 있어서 감옥에 갇혀 있다가 금방 벗어나면(解脫) 곧바로 제일의 가장 수승하고 자재한 부귀·즐거움이 상응하는 것과 같다.[54]

양梁『섭대승론석』 제3권의 대의 또한 동일하다.

또 『성유식론』 제9권에서 말하길, "이승의 만위滿位(果位)를 해탈신이라고 이름하고, 대모니大牟尼에 있는 것을 법신이라고 하기 때문이다.[55]"[56]

---

53 역력力·무외無畏 : '십력十力과 사무외四無畏'를 가리킨다. 오직 여래에게 국한시켜 해석할 때, 십력이란 실상實相을 증득한 여래의 지智에 갖춰진 열 가지 능력을 가리키며, 사무외란 불보살이 설법할 때 갖추는 '네 가지 두려움 없는 자신감'을 말한다.
54 무성無性의 『攝大乘論釋』 권3(T31, 395b1).
55 '대모니大牟尼'라고 한 것은 '적묵寂默'의 뜻으로 '모든 잡염을 고요하게 그치게 하고 맑게 한 상태(寂止默靜諸雜染)'를 말하는데, 여기서는 '진여유식성眞如唯識性'을 뜻한다. 이승이 과위果位에서 증득한 보리菩提는 이 유식성이 아니라 '해탈신'이며, 이와는 달리 '대모니' 즉 진여의 유식성에 머물고 있는 것을 일컬어 법신이라 한다. 따라서 '삼승이 평등하다'는 것은 해탈신에 의거해서 말한 것이지 법신에 의거해서 말한 것은 아니다. 『成唯識論述記』 권10(T43, 574a22) 참조.

라고 하였다.

문 두 종류 해탈에 차별이 없다면 『입대승론』과는 어떻게 회통시켜 해석하겠는가? 그 논에서는 "여래의 해탈은 이승보다 뛰어나니, 습기까지 끊었기 때문이다."[57]라고 하였다.

답 대당 삼장은 경론들을 회통시켜 해석하였다. 〈실제로는 여래와 이승의 해탈의 체는 차별이 없으니, 동일하게 번뇌를 끊음으로써 증득된 '멸滅(택멸무위)'이기 때문이고, 모든 습기까지 끊어야 '멸'을 증득하는 것은 아니기 때문이다. 그런데 차별이 있으니, 이승의 해탈은 습기가 아직 다하지 않은 것이고, 여래의 해탈은 습기까지 끊음으로써 현시된 바이다. 이에 따르면 경론들은 각기 하나의 의미에 근거한 것이니, 서로 어긋나는 것은 아니다.

釋曰。此卽第二正釋差別。謂由法身有差別故。無量功德所依殊勝。與二乘差別。筭[1]數譬喩不能及。卽依如是二身別相。攝大乘論第三卷云。此中法身與解脫身差別者。謂解脫身。唯名[2]遠離煩惱障縛。如人[3]離枷鏁等所有禁繫。息除衆苦。而無殊勝增上自在富樂有[4]應。其法身者。解脫一切煩惱所知二種障縛幷諸習氣。力無畏等無量希奇妙功德衆之所莊嚴。一切富樂身[5]在所依。證得第一最勝自在。隨樂而行。譬如王子先[6]灌頂。少有愆[7]犯。閇在囹圄。纔得解脫。卽與第一最勝自在富樂相應。梁論第三。大意亦同。又成唯識第九卷云。二乘滿位。名解脫身。在大牟尼。名法身故。問。二種解脫若無別者。入大乘論。如何會釋。彼云。如來解脫。於[8]二乘。斷習氣故。大唐三藏會釋經論云。據實。如來二乘解脫體無差別。同斷煩惱所證滅

---

56 『成唯識論』 권9(T31, 51a18).
57 『入大乘論』에서 이와 정확히 일치하는 문구는 찾을 수 없다. 다만, 『成唯識論了義燈』 권1(T43, 673a29)에는 "入大乘論云。如來解脫。勝於二乘。斷習氣故."라는 동일한 인용문이 나온다.

故。斷諸習氣不證滅故。而差別者。二乘解脫。習氣未盡。如來解脫。斷習
氣之所顯示。由斯經論各舉一義。互不相違。

1) ㉂ '筭'은 위의 경문과 맞추어 '算'으로 수정해야 한다. 2) ㉂『攝大乘論釋』권
3(T31, 395b2)에 따르면, '名'은 '永'의 오기다. 3) ㉂『攝大乘論釋』권3(T31, 395b2)
에 '人' 앞에 '村邑'이 있다. 4) ㉂『攝大乘論釋』권3(T31, 395b4)에 따르면, '有'는 '相'
의 오기다. 5) ㉂『攝大乘論釋』권3(T31, 395b6)에 따르면, '身'은 '自'의 오기다. 6)
㉂『攝大乘論釋』권3(T31, 395b7)에 '先' 뒤에 '蒙'이 있다. 7) ㉂『攝大乘論釋』권
3(T31, 395b8)에 '憼'이 '愆'으로 되어 있다. 8) ㉂ '於' 앞에 '勝'이 누락된 듯하다.

2) 화신化身의 상을 설명함

(1) 생기하는 상을 설명함

① 청문

경 만수실리보살이 다시 부처님께 여쭈었다. "세존이시여, 저는 마땅히 어떤 것을 여래의 생기하는 모습이라고 알아야 합니까?"

曼殊室利菩薩。復白佛言。世尊。我當云何應知如來生起之相。

석 이하는 두 번째로 화신의 상을 설명한 것이다. 이 중에 세 가지가 있다. 처음은 '생기하는 상'을 설명한 것이다. 다음은 방편선교를 시현하시는 상을 설명한 것이다. 마지막은 언음言音의 차별상을 설명한 것이다.
전자 중에 두 가지가 있으니, 앞은 청문이고 뒤는 대답이다.
이것은 화신의 상에 대해 청문한 것이다.

釋曰。自下第二明化身相。於中有三。初明生起,[1] 次明示現方便善巧相。後明言音差別相。前中有二。先問。後答。此即請問化身之相。

1) ㉠ '起' 뒤에 '相'이 누락된 듯하다.

② 대답

가. 후속되는 화신의 생기하는 상을 설명함

경 부처님께서 만수실리보살에게 말씀하셨다. "선남자여, 일체 여래의 화신의 작업은, 마치 세계에서 일체의 종류를 생기하는 것과 같이, 여래의 공덕들에 의해 장엄되고 주지되는 바를 상으로 삼는다.

佛告曼殊室利菩薩曰。善男子。一切如來化身作業。如世界起一切種類。如來功德衆所莊嚴住持爲相。

석 이하는 두 번째로 여래께서 바로 답하신 것이다. 이 중에 두 가지가 있다. 처음은 후속되는(後後) 화신의 생기하는 상을 설명한 것이다. 나중은 두 가지 신의 차별적 상을 설명한 것이다.
이것은 처음에 해당한다. 경문에 세 개의 절이 있다. 법과 비유와 합合(법동유)을 설하였다.
말하자면, 일체의 여래의 화신은 예를 들어 『금광명경』 제1권에서 설한 것과 같으니, 그 경에서는 말한다. "어떻게 보살은 화신을 요별하는가? 선남자여, 여래는 옛날에 수행의 지위에 있을 때 일체 중생을 위해 갖가지 법을 닦았고 이 모든 닦았던 법들은 나아가 수행이 원만해지면 수행의 힘 때문에 자재한 힘을 획득하니, 자재한 힘을 획득했기 때문에 중생의 뜻에 따르고 중생의 행에 따르며 중생의 세계에 따라서 여러 종류로 요별하되, 때를 기다리지 않고 때를 넘기지 않으면서, 처소에 상응하고 때와 상응하며 행과 상응하고 설법과 상응해서 갖가지 몸을 나타내시니, 이것을 화신이라고 이름한다."[58]

이 경 또한 이와 같으니, 옛날에 닦았던 바의 갖가지 인因과 원顯으로 말미암아 모든 여래의 갖가지 작업을 일으키는 것이다. 비유하면 세계에서 갖가지 업으로 말미암아 갖가지 일을 일으켜서 중생을 거두고 지켜 주는 것과 같다. 여래의 화신 또한 이와 같으니, 갖가지 행과 한량없는 종류의 공덕으로 장엄함으로 말미암아 중생을 지켜 주고 거두는 것을 화신의 모습으로 삼는 것이다.

> 釋曰。自下第二如來正答。於中有二。初明後後化身生起之相。後辨二身差別之相。此卽初也。文有三節。法喩合說。謂一切如來化身。如金光明經第一卷說。彼云。云何菩薩了別化身。善男子。如來昔願[1]修行地中。爲一切衆生。修種種法。是諸修法。至修行滿。修行力故。得至[2]自在力。自在力自在[3]故。隨衆生意。隨衆生行。隨衆生界。多種了別。不待時。不過時。處所相應。時相應。行相[4]相應。說法相應。種[5]種身。是名化身。此經亦爾。由昔所修種種因願。起諸如來種種作業。譬如世界。由種種業。起種種事。攝持衆生。如來化身。亦復如是。由種種行。無量種類功德莊嚴。持攝衆生。以爲化相。
>
> 1) 옙『金光明經』 권1(T16, 362c22)에 '願'이 '在'로 되어 있다. 2) 옙『金光明經』 권1(T16, 362c24)에 따르면, '至'는 잉자다. 3) 옙『金光明經』 권1(T16, 362c24)에 따르면, '自在'는 잉자다. 4) 옙『金光明經』 권1(T16, 362c26)에 따르면, '相'은 잉자다. 5) 옙『金光明經』 권1(T16, 362c27)에 '種' 앞에 '現'이 있다.

나. 두 가지 신의 차별적 상을 설명함

---

58 『合部金光明經』 권1(T16, 362c22).

경 화신의 상에는 생기함이 있지만 법신의 상에는 생기함이 없음을 알아야 한다."

當知。化身相。有生起。法身之相。無有生起。

석 이것은 두 번째로 두 종류 신身의 차별적 상을 설명한 것이다. 말하자면 두 종류 신 중에 화신은 인因에 의해 일어난 것이기 때문에 생기하는 상이 있지만, 진여의 법체는 상주하는 것이기 때문에 생기하는 상이 없음을 알아야 한다는 것이다.

釋曰。此卽第二辨二種身差別之相。謂二身中。當知化身。因所起故。有生起相。眞如法體。是常故。無性[1]起相。

1) ㉠ '性'은 '生'의 오기인 듯하다.

(2) 방편선교를 시현하는 상을 설명함

① 청문

경 만수실리보살이 다시 부처님께 여쭈었다. "세존이시여, 어떤 것을 화신의 방편선교를 시현하는 상이라고 알아야 합니까?"

曼殊室利菩薩。復白佛言。世尊。云何應知示現化身方便善巧。

석 이하는 두 번째로 선교를 시현하는 상을 설명한 것이다. 앞은 청문이고, 뒤는 대답이다.
이것은 청문에 해당한다.

그런데 이 화신의 방편선교란 가령 『불지경론』 제7권에서 설한 것과 같으니, 그 논에서는 말한다. "성소작지成所作智[59]로 세 가지 업(신업·어업·의업)의 교화를 일으켜서 근기에 맞게 따라 주기 때문에 '선교'라고 이름하고, 가행이 끊어지지 않기 때문에 '방편'이라고 이름한다."[60]

釋曰。自下第二示現善巧相。先問。後答。此卽請問。然此化身方便善巧。如佛地第七說。彼云。成所作智。起三業化。稱順機宜。故名善巧。加行不斷。故名方便。

② 대답

가. 해석

가) 화신의 처소를 밝힘

경 부처님께서 만수실리보살에게 말씀하셨다. "선남자여, 두루 일체의 삼천대천 불국토 가운데, 혹은 대중이 추대하는 증상된 왕가에서, 혹은 대중이 추대하는 대복전가에서,

佛告曼殊室利菩薩曰。善男子。遍於一切三千大千佛國土中。或衆推許增上王家。或衆推許大福田家。

---

59 성소작지成所作智 : 소의를 전환시켜(轉依) 불과佛果에 도달할 때 획득하는 네 가지 지(四智) 중의 하나로서, 유루有漏의 전前오식과 그에 상응하는 심품心品들을 전사轉捨하고 나서 획득한 지혜를 가리킨다. 이것은 특히 십지十地 이전의 모든 사람들에게 이익과 즐거움을 주기 위해 신업·구업·의업 등 세 가지 업으로 여러 가지 변화의 일을 시현해 보이는 지혜를 말한다.
60 『佛地經論』권7(T26, 325a1).

석 이하는 두 번째로 여래께서 바로 답하신 것이다. 이 중에 두 가지가 있으니, 앞은 해석이고 뒤는 결론이다.

해석 중에 두 가지가 있다. 처음은 화신의 처소를 밝힌 것이고, 나중은 화신의 모습을 밝힌 것이다.

처소를 (밝힌 곳에는) 두 가지가 있다. 처음은 행하시는 곳을 총괄해서 밝힌 것이니, "두루 일체의 삼천대천 불국토에서"라고 설한 것을 말한다. 이것은 모든 화신이 행하는 곳에 해당한다. 나중은 태어나는 곳을 따로따로 밝힌 것이니, 말하자면 "혹은 대중이 추대하는 증상된 왕가"라는 것은 찰제리가刹帝利家(크샤트리아)에 해당하고, "혹은 대중이 추대하는 대복전가"라고 한 것은 바라가婆羅家(바라문)에 해당한다. 따라서 『유가사지론』 제15권에서는 '찰제리중은 인취人趣 중에 가장 증상된 자이기 때문이고, 바라문중은 세상 사람들이 복전이라고 다함께 인정하기 때문'이라고 하였다.[61]

釋曰。自下第二如來正答。於中有二。先釋。後結。釋中有二。初明化處。後明化相。處於[1]中有二。初明總所行處。謂遍於一切三千大千佛國土中。卽是一切化身所行之處。後明別所生處。謂或衆推許增上王家。卽是利帝利家。或衆生推許大福田家。則是婆羅家。故瑜伽第十五云。利帝利衆。於人趣中。最增上故。婆羅衆。世間共許爲福田故。

1) ㉘ '處於'는 뒤바뀐 듯하다.

---

61 『瑜伽師地論』 권15(T30, 355b27)에서는 "가장 증상된 자이기 때문이고, 세간에서 공통적으로 인정하기 때문이며, 재산(資材)을 수용하되 타인을 통하지 않기 때문이고, 모든 세간적 재산을 내버렸기 때문이다. 이 네 가지 인연으로 말미암아 인취 중에 네 부류의 대중을 건립한 것이다.(最增上故。世間共許爲福田故。受用資財不由他故。棄捨一切世資財故。由此四緣。於人趣中。建立四衆。)"라고 하였다. 이에 따르면, 네 가지 인연으로 말미암아 인취人趣 중에 크샤트리야·바라문·바이샤·수드라 등의 네 부류 대중을 건립한다. 그중에 크샤트리야는 가장 증상된 자이고, 바라문은 세간의 복전이기 때문에 하나의 독자적 계급으로 설정된 것이다.

나) 화신의 상을 밝힘

경 동시에 태에 들어가서, 탄생하여, 장대해지고, 욕락을 누리며, 출가하여, 고행을 행하는 것을 보이며, 고행을 버리고 나서 등정각을 이루는 것을 차례로 시현한다.

同時入胎。誕生。長大。受欲。出家。示行苦行。捨苦行已成等正覺。次第示現。

석 두 번째는 화신의 상을 바로 밝힌 것이다. 그런데 이 화신의 상의 개수(多少)가 차별되니, 여러 교설들이 다르다.

『무상의경無上依經』에는 열세 가지 상이 나온다. 〈첫 번째는 도솔천에 올라가는 것을 시현한 것이다. 두 번째는 그 천에서 내려오는 것을 시현한 것이다. 세 번째는 태에 강림하는 것을 시현한 것이다. 네 번째는 태에서 나오는 것을 시현한 것이다. 다섯 번째는 동자의 단계(童子位)를 시현한 것이다. 여섯 번째는 수학함을 시현한 것이다. 일곱 번째는 뒷동산에서 노는 것을 시현하는 것이다. 여덟 번째는 출가하는 것을 시현한 것이다. 아홉 번째는 고행을 시현한 것이다. 열 번째는 도량에 찾아가는 것을 시현한 것이다. 열한 번째는 성불을 시현한 것이다. 열두 번째는 법륜을 굴리는 것을 시현한 것이다. 열세 번째는 반열반을 시현한 것이다.〉[62]

『상속해탈경』에 의하면 열한 가지 상이 된다. 〈첫 번째는 태에 들어감, 두 번째는 태에서 나옴, 세 번째는 생장함, 네 번째는 욕락을 누림, 다섯 번째는 출가, 여섯 번째는 고행, 일곱 번째는 도량에 찾아감, 여덟 번째는 마군을 항복시킴, 아홉 번째는 성불함, 열 번째는 법륜을 굴림, 열한

---

62 이상은 『無上依經』 권1(T16, 473a15) 참조.

번째는 열반에 드는 것이다.〉[63]

『심밀해탈경』에 의하면 또한 열한 가지 상인데, 『상속해탈경』과 거의 동일하면서도 조금 차이가 있다. 말하자면 '태에 머무는 상(住胎相)과 크게 버리는 상(大捨相)'이 추가되고, '도량에 찾아가는 상(詣道場相)과 마군을 항복시키는 상(降魔相)'은 빠졌다.[64]

이제 이 『해심밀경』에는 오직 일곱 가지 상이 나오는데, 여러 경에서 설했던 '천에 머물고, 태에 머물며, 법륜을 굴리고, 열반에 드는 (등의 네 가지 상)'까지 아울러 취하면 합해서 열한 가지 상이니, 이로써 이 경문을 해석하겠다.

釋曰。第二正明化相。然此化相。多少差別。諸敎不同。無上依經。有十三相。一示昇兜率。二示下彼天。三現降胎。四現出胎。五現童子位。六現受學。七現遊戲後園。八現出家。九現苦行。十現往詣道場。十一現成佛。十二現轉法輪。十三現般涅槃。依相續經。爲十一相。一入胎。二出胎。三生長。四受欲。五出家。六苦行。七往詣道場。八降魔。九成佛。十轉法輪。十一入涅槃。依深密經。亦十一相。與相續經。大同少異。謂加住胎及大捨相。闕詣道場及降魔相。今此經中。唯爲七相。兼取諸經住天住胎轉法輪入涅槃。合十一相。以釋此經。

(* 도솔천에 머무는 모습)

'천에 머문다(住天)'고 한 것에 대해, 『대엄경』 「도솔품」에서 말한다. 〈부처님께서 비구들에게 말씀하셨다. '어떤 것들을 대엄경전大嚴經典이라고 하는가? 보살이 도솔궁兜率宮에 머물면서 항상 한량없는 위덕을 가진 천

---

63 이상은 『相續解脫如來所作隨順處了義經』 권1(T16, 718b13) 참조.
64 『深密解脫經』 권5(T16, 685b1) 참조.

天들에게 공양 받는 것을 말한다.……이하 생략……〉⁶⁵

또 『열반경』 제33권에서 말한다. 〈도솔타천兜率陀天은 욕계 중에서 수승하니, 그 아래의 천은 방일放逸하고 그 위의 천은 암둔하다. 보시와 지계를 닦아서 (도솔천의) 위·아래의 (천天의) 신身을 얻고, 보시와 지계와 선정을 닦아서 도솔천의 몸을 얻는다. 그러므로 (도솔천을) '수승하다'고 이름한 것이다.〉⁶⁶

또 『대지도론』 제4권에서 말한다. 〈문 보살은 어째서 단지 도솔타천에만 태어나고 그 위의 천에 태어나지 않는가? 답 부처님은 항상 중도中道에 거하기 때문이다. 도솔타천이란, 육욕천과 범천 중에 위로 세 천이 있고 아래로 세 천이 있으며 이 천은 바로 중간이다.⁶⁷ 그 천보다 아래에서는 반드시 중국中國⁶⁸에 태어나는데, 중야中夜⁶⁹에 강신降神하고 중야에 출가하며, 중도中道를 행하여 불보리를 증득하고, 중도를 설법해 주며 중야에 열반한다. 중도의 법을 좋아하기 때문에 중간의 천에서 상생上生하는 것이다.〉⁷⁰ 자세하게 논하면 그 논과 같다.

또 『대지도론』 제38권에서 말한다. 〈보살은 어째서 단지 도솔타천에서 태어나는가? 무색계 중에는 형체가 없어서 설법할 수 없기 때문에 그 안에서 태어나지 않는 것이다. 색계 중에는 비록 유색신이 있어서 설법

---

65 『方廣大莊嚴經』 권1(T3, 540a15) 참조.
66 『大般涅槃經』 권32(T12, 558b25) 참조.
67 '아래로 세 천이 있다'는 것은 욕계의 육욕천六欲天 중 '사대왕천四大王天과 삼십삼천三十三天(도리천)과 염마천焰摩天'을 말하고, '위로 세 천이 있다'는 것은 욕계의 육욕천 중 '화자재천化自在天과 타화자재천他化自在天' 그리고 '범천梵天(색계의 初禪天)'을 말한다. 도솔천은 육욕천의 네 번째로서 염마천(야마천)과 화자재천의 중간에 있는 천이다.
68 중국中國 : 고대 오인도五印度 중에서 중앙에 위치한 중인도中印度이고 그 밖의 4인도를 변지邊地라고 한다는 설도 있고, 오인도 전체를 중국이라 하고 그 밖을 변지라고 한다는 설도 있다. 『瑜伽師地論略纂』 권7(T43, 106a4) 참조.
69 중야中夜 : 고대 인도에서는 하루를 낮의 삼시三時와 밤의 삼시(初夜·中夜·後夜)로 나누는 관습이 있었는데, 이 중에 '중야'는 한밤중에 해당한다.
70 이상은 『大智度論』 권4(T25, 89b26) 참조.

할 수는 있지만 선의 맛(禪味)에 깊이 탐착하므로 그 안에서 태어나지 않는다. 하계의 세 종류 욕천欲天은 깊고 두터운 번뇌(結使)로 마음이 거칠고 산란하며, 상계의 두 종류 욕천은 번뇌가 이미 두터운데다 마음은 유연해도 예리하지 못하다. 도솔타천에서는 번뇌가 엷어지고 마음은 유연하고 예리하기 때문에 그 안에서 태어나는 것이다.〉[71]

言住天者。大嚴經兜率品云。佛告比丘。何等爲名大嚴經典。謂顯菩薩住兜率宮。常爲無量威德諸天之所供。乃至廣說。又涅槃經三十三云。兜率陀天。欲界中勝。下天放逸。上天闇鈍。修施及戒。得上下身。修施戒定。得兜率。[1] 是故名勝。又智度論第四卷云。問云。菩薩何以但生兜率。不生上天耶。答曰。佛常居中道故。兜率陀。於六欲天及梵之中。上三下三。此天是中。於彼天下。必生中國。中夜降神。中夜出家。行於中道。得佛菩薩。[2] 中道說法。中夜涅槃。好中法故。中卽[3]上生。廣說如彼。又智度論三十八云。何故菩薩但生兜率。無色界中。無形。不得說法故。不在中生。色界中。雖有色身。可爲說法。而深著禪。[4] 不在中生。下三欲天。深厚結使。心麁散亂。上二欲天。結使既厚。心懦[5]不利。兜率陀天。結使薄。心懦*利。故生彼中。

1) ㉢ '率' 뒤에 '身'이 누락된 듯하다. 2) ㉢『大智度論』권4(T25, 89c8)에 '得佛菩薩'이 '得阿耨多羅三藐三菩提'라고 되어 있고, 이에 의거해서 '薩'을 '提'로 수정해야 한다. 3) ㉢『大智度論』권4(T25, 89c9)에 '卽'이 '天'으로 되어 있다. 4) ㉢『大智度論』권38(T25, 341c24)에 '禪' 뒤에 '味'가 있다. 5) ㉢『大智度論』권38(T25, 341c26)에 '懦'가 '軟'으로 되어 있고, 교감주에 따르면 '濡'로 된 판본도 있다. 이하 동일.

또 『대비바사론』 제178권에서 말한다.

문 어째서 보살은 오직 도사다천都史多天에서 태어나는가?

---

71 이상은 『大智度論』 권38(T25, 341c16) 참조.

답 오직 도사다천의 수명의 양은 보살이 성불하거나 또 섬부주 사람이 부처님을 뵙는 등의 업이 무르익는 시간과 서로 맞아떨어진다. 말하자면 인간은 57구지俱胝 6만 세를 거쳐야 교화하는 자와 교화되는 자의 선근이 성숙할 것인데, 그것이 곧 이 도사다천의 수명의 양에 해당한다. 그러므로 보살은 오직 그 천에만 태어나는 것이다. 만약 그 위의 천에 태어나면 수명의 양이 아직 다하지도 않았는데 선근이 이미 무르익게 되고, 만약 그 아래의 천에 태어나면 수명의 양이 이미 다했어도 선근은 아직 성숙하지 못한다. 따라서 그 천에 태어나지 않는 것이다.[72]

자세하게 설하면 그 논과 같다. 또 다시 (그 논에서) 말한다.

문 어째서 곧 천天(도솔천)에서 성불하지 않고 인간으로 와야 하는가?
답 최후유보살最後有菩薩[73]은 반드시 태생胎生을 받아야 하는데 천취天趣는 한결같이 오직 화생化生일 뿐이기 때문이다. 다시 인간과 천이 모두 법기法器라고 하는 것으로써 둘 다 거두고자 하였기 때문에 인간으로 오는 것이다. 만약 천상에 있다면, 인간이 갈(往) 연유가 없는 것이다. 또 천상에서 성불하도록 할 수는 없으니, 인간으로 와서 교화한다 해도 사람들이 마땅히 부처님을 의심하며 '이는 환幻으로 만들어진 것'이라고 하면서 법을 받아들이지 않을 것이기 때문이다. 그래서 보살은 인간으로 성불하는 것이다.[74]

---

72 이상은 『大毘婆沙論』 권178(T27, 892c15) 참조.
73 최후유보살最後有菩薩 : '최후유'란 최후신最後身이라고도 하며, 생사하는 몸 중에서 최후의 몸을 뜻한다. 소승에서는 모든 번뇌를 끊고 열반涅槃을 증득한 아라한을 가리키고, 대승에서는 불과佛果인 등각等覺을 증득한 보살의 몸을 가리킨다.
74 이상은 『大毘婆沙論』 권178(T27, 893a19~b3)의 문답의 일부를 발췌한 것이다.

자세하게 설하면 그 논과 같다.

양梁『섭대승론석』제10권과『십지경론』제3권도 또한 여러 해석이 있는데, 번거로울까 봐 서술하지 않겠다.

又婆沙論一百七十八云。問。何故菩薩唯生都史多天。答。唯都支[1]多天壽量。與菩薩成佛。及膳[2]部人見佛業熟。時分相稱。謂人間經五十七俱胝六十千歲。能化所化。善相應若就。[3] 彼卽是都史多天壽量。是故菩薩唯生彼天。若生上天。壽量未盡。善根已熟。若生下天。壽量已盡。善根未熟。故不生彼。廣說如彼。又復云。問。何故不卽天中成佛。而來人間耶。答。最後有菩薩。必受胎生。天趣一向。[4] 唯化生故。復次。人天並是法器。爲欲俱攝。故來人間。若在天上。人[5]無由往。又不可合[6]天上成佛。來人間化。人當疑佛是約[7]所作。[8] 不受法故。是以菩薩隨[9]人間成佛。廣說如彼。梁論第十。十地論第三。亦有多釋。恐繁不述。

1) ⓔ『大毘婆沙論』 권178(T27, 892c25)에 따르면, '支'는 '史'의 오기다. 2) ⓔ『大毘婆沙論』 권178(T27, 892c25)에 따르면, '膳'은 '贍'의 오기다. 3) ⓔ『大毘婆沙論』 권178(T27, 892c27)에 '善相應若就'가 '善根應熟'으로 되어 있고, 이를 따랐다. 4) ⓔ『大毘婆沙論』 권178(T27, 893a27)에 '一向'이 없다. 5) ⓔ『大毘婆沙論』 권178(T27, 893b1)에 '人' 앞에 '則'이 있다. 6) ⓔ『大毘婆沙論』 권178(T27, 893b2)에 따르면, '合'은 '令'의 오기다. 7) ⓔ『大毘婆沙論』 권178(T27, 893b3)에 따르면, '約'은 '幻'의 오기다. 8) ⓚ '作'은 '化'인 듯하다.『大毘婆沙論』 권178(T27, 893b3)에 '作'으로 되어 있다. 9) ⓔ『大毘婆沙論』 권178(T27, 893b3)에 '隨'가 없다.

(* 태에 들어가는 모습)

'태에 들어가는 모습'이라 한 것은『보요경普曜經』제1권「현상품現象品」에 의하면 다음과 같다.

부처님께서 비구들에게 말씀하셨다.

"이때 보살이 대천중大天衆에게 (경전의) 법法을 설해 주고 나서 천자들에게 물었다. 「나는 어떤 형상으로 모태에 강신해야 할까.」

어떤 이는 말하였다. 「동자의 형상입니다.」

어떤 이는 말하였다. 「석범釋梵[75]의 형상입니다.」

……중략……

어떤 이는 말하였다. 「금시조의 형상입니다.」

거기에 강위强威라는 이름의 범천이 있었다. 본래 선도仙道에서 나온 자인데, (죽어서 천상에 태어났다. 그가) 여러 천들에게 알려 주었다. 「내가 범지梵志[76]의 전적에 실린 것을 살펴보니 보살이 모태에 강신하는 것을 찬탄한다. 코끼리의 형상이 제일이다. 여섯 개의 상아를 가진 흰 코끼리는 머리가 미묘하고 위신威神이 고고하며 형상은 아름답다. 범지의 전적에 실려 있는 것이 그러하다. (이 연으로 삼십이상을 현시한다.) 그 이유는 무엇인가? 세상에는 세 종류 짐승이 있다. 첫째는 토끼이고, 둘째는 말이며, 셋째는 코끼리다. 토끼가 물을 건널 때는 자기가 잰 만큼 달려 나갈 뿐이다. 말의 차이는 홀로 용맹한 것인데, 여전히 물의 깊고 얕음을 알지는 못한다. 흰 코끼리가 건널 때는 그 (물의) 깊은 바닥을 다 안다. 성문과 연각은 토끼나 말과 유사하여 비록 생사를 건널 수는 있어도 법의 근본을 통달하지는 못한다. 보살의 대승은 비유하면 흰 코끼리와 같아서 삼계의 십이연기를 이해하여 선창하고, 본래 없음(本無)을 요달하며, 일체를 구호함에 구제받지 않은 이가 없다.」[77]

言入胎者。依普曜經第一卷現尊[1)]品云。佛告比丘。於時菩薩。爲天大[2)]衆。敷演法已。問諸天子。我以何形。降神母胎。或有說言。爲童子形。或言釋

---

[75] 석범釋梵 : 범천梵天·대범천왕大梵天王들과 제석천帝釋天을 병칭하는 말이다.
[76] 범지梵志(S brāhmaṇa) : 인도 사성계급 중 바라문婆羅門을 가리키거나 혹은 모든 외도 출가자를 통칭하는 말이다.
[77] 이상은 『普曜經』 권1(T3, 488b8~26)의 내용을 요약한 것이다.

梵形。乃至。或言金翅鳥形。彼有梵天。名曰絶盛。[3] 本從仙道中來。報諸天言。吾察梵志典籍所載。欲[4]說菩薩降神母胎。象形第一。六牙白象。頭首微妙。威神巍巍。[5] 形像姝好。梵典所載。其爲狀異。[6] 所以者何。世有三獸。一兔。[7] 二馬。三象。兔*之度[8]水。趣自度*取。[9] 馬差獨猛。猶不能知水之深淺。白象之度*。盡其深[10]底。聲聞緣覺。其猶兔*馬。雖兔[11]生死。不達法本。菩薩大乘。譬若白象。解暢三界十二因[12]緣起。了之本無。救護一切。莫不蒙濟。

---

1) ㉠『普曜經』권1(T3, 488b7)에 따르면, '尊'은 '象'의 오기다. 2) ㉠『普曜經』권1(T3, 488b8)에 '天大'가 '大天'으로 되어 있다. 3) ㉠『普曜經』권1(T3, 488b14)에 '絶盛'이 '强威'로 되어 있다. 4) ㉠『普曜經』권1(T3, 488b17)에 '欲'이 '歟'으로 되어 있다. 5) ㉠『普曜經』권1(T3, 488b19)에 '魏魏'는 '巍巍'로 되어 있다. 6) ㉑ '狀異'는 '然矣'라고 된 곳도 있다. ㉠『普曜經』권1(T3, 488b20)에 따르면, '然矣'가 바르다. 7) ㉑ '兔'은 '兎'인 듯하다. 이하 동일. 8) ㉠『普曜經』권1(T3, 488b22)에 '度'가 '渡'로 되어 있고, 교감주에 따르면 '度'로 된 곳도 있다. 이하 동일. 9) ㉠『普曜經』권1(T3, 488b22)에 따르면, '取'는 '耳'의 오기다. 10) ㉠『普曜經』권1(T3, 488b23)에 '深'이 '源'으로 되어 있다. 11) ㉠『普曜經』권1(T3, 488b23)에 '兔'이 '度'로 되어 있다. 12) ㉠『普曜經』권1(T3, 488b25)에 따르면, '因'은 잉자다.

구역『구사론』에서 말하길, '여섯 개의 상아는 육도六度를 비유하고, 네 발은 사여의四如意[78]를 비유하며, 일곱 지支는 칠각분七覺分[79]을 비유한다'고 하였다. (이에 대해) 진제가 해석하여 말한다.

보살 중에 혹은 흰 코끼리의 형상을 하는 것에는 무릇 세 가지 의미

---

78 사여의四如意 : 사여의족四如意足 혹은 사신족四神足이라고도 하며, 욕欲·근勤·심心·관觀의 삼마지를 말한다. '원하고(欲) 부지런히 노력하며(勤) 마음을 거두어들이고(心) 지혜로 관찰하는(觀)' 등에 의해 신묘한 선정을 닦음으로써 온갖 신통 변화의 일을 이끌어낼 수 있기 때문에 '사여의족 또는 사신족'이라고 한다.
79 칠각분七覺分 : '칠각지七覺支'라고도 하며, 염念·택법擇法·정진精進·희喜·안安·정定·사捨 등의 각지를 말한다. 여기서 '각분覺分'이란 '깨달아 아는(覺) 혜慧의 성질을 갖거나 그에 수순하는 모든 법들을 가리키며, 이러한 각혜覺慧 능력을 개발하는 수행법이다.

가 있다. 첫째는 몸이 크다는 것, 둘째는 여섯 개의 상아를 이룬다는 것, 셋째는 네발짐승 중에 뛰어나다는 것이다.

'몸이 크다'는 것은 인간 (세계에서) 흰 코끼리의 신장은 1유순由旬인데, 천天에 있는 코끼리의 신장이 9유순이다. 지금 '크다'고 한 것은 천에 있는 흰 코끼리다. 이것은 보살의 복덕이 큼을 표현한 것이다.

'네 발'은 네 가지 행을 표현한 것이니, 첫째는 지智이고 둘째는 제諦이며 셋째는 장藏이고 넷째는 적정寂靜이다.

'여섯 개의 상아'는 여섯 가지 위없음(無上)을 표현한 것이다. 첫째는 득得이고, 둘째는 견見이며, 셋째는 문聞이고, 넷째는 각覺이며, 다섯째는 염念이고, 여섯째는 공양供養이다.

사자는 금수의 왕인데 사자의 형상을 하지 않은 까닭은, 사자는 홀로 다니며 벗이 없어서 권속들이 뒤따르지 않지만 보살이 세상에 나면 반드시 사중四衆이 뒤따라 다니기 때문이다.

『열반경』과 『인과경』에서는 모두 말하길, '보살은 화작하여 흰 코끼리를 타고 모태에 강신한다'고 하였다.[80]

舊俱舍云。六牙譬六度。四脚喩四如意。七支喩七覺分。眞諦釋曰。菩薩中。或爲白象形。凡有三義。一者身大。二爲六牙。三於四足中勝。身大者。人間白象身長由旬。天中象身長九由旬。今言大者。是天中白象。此表菩薩福德大也。四足表四行。一智。二諦。三藏。四寂靜。六牙表六無上。一得。二見。三聞。四覺。五念。六供養。師子獸王。所以不作師子相者。師子獨無侶。不爲眷屬所隨。菩薩出世。必爲四衆所隨逐也。依涅槃經及因果經。皆云。菩薩化乘白象。降神母胎。

---

[80] 『大般涅槃經』권21(T12, 488a9), 『過去現在因果經』권1(T3, 624a20) 참조.

(＊ 태에 머무는 모습)

'태에 머무는 모습'이라 한 것에 대해 『대엄경』 「처태품」에서 말한다.

　　보살이 모태에서 10개월 처하니, 머물고 있는 궁전을 범천들이 받들어 모셨다. (그 궁전은) 가로세로 똑같이 3백 유순由旬이고 갖가지로 장엄되는데, 모든 육욕천들은 볼 수가 없었다.
　　(이에 대해) 부처님께서 아난에게 말씀하셨다.
　　"모든 보살들이 장차 모태에 들어갈 때, 모태의 오른쪽 옆구리에 먼저 이와 같은 보배로 장엄된 궁전이 있은 연후에야 보살이 도솔천궁에서 강신하여 모태에 들어가 이 궁전에서 결가부좌하였다. 널리 두루 세계의 사대천왕四大天王과 28야차夜叉 대장과 그 권속들이 (모두 와서 지켜 주면서,) 매일 새벽에 보살을 공양하고 정법을 청해 들었다. 석제환인釋提桓因과 삼십삼천三十三天은 매일 중시中時에 보살을 공양하고 정법을 청해 들었다. 대범천大梵天과 모든 범중梵衆들은 매일 신시申時에 보살을 공양하고 정법을 청해 들었다. 두루 시방의 한량없는 보살들은 해질녘에 보살을 공양하고 정법을 청해 듣기 위해서 여기에 왔다. 이때 보살은 한량없는 사자師子의 자리를 화작해 내어 모든 보살들로 하여금 각자 그 위에 앉도록 하고 서로 문답하면서 상승上乘에 대해 설명하고 있었지만, 마야성후摩耶聖后조차 또한 볼 수는 없었다. 아난이여, 보살이 10개월 모태에 처할 때 이미 능히 36나유타의 천·인을 화도化導하여 삼승에 머물게 하였다."[81]

言住胎者。大嚴經處胎品云。菩薩處胎十月。所居宮殿。梵天所奉。縱廣正等三百由旬。種種莊嚴。六欲諸天。不能視見。佛告阿難。一切菩薩。將入

---

[81] 이상은 『方廣大莊嚴經』 권2 「處胎品」(T3, 548c6~551a15)의 내용을 요약한 것이다.

胎時。於母右脇。先有如是寶莊嚴。¹⁾ 然後菩薩。從兜率天宮。降神入胎。於此殿中。結跏趺坐。普遍世界四大天王。二十八夜叉大將天。²⁾ 與其眷屬。每於晨朝。供養菩薩。聽聞正法。釋提桓³⁾三十三天。每於中時。供養菩薩。聽聞正法。大梵天與諸梵衆。每於申時。供養菩薩。聽聞正法。周遍十方無量菩薩。於日入時。供養菩薩。爲聽法故。而⁴⁾至此。爾時。菩薩化作無量師子之座。令諸菩薩。各坐其上。互相問答。辨折⁵⁾上乘。摩耶聖后。亦不能見。阿難。菩薩處胎十月。已能化導三十六那由他天人。令住三乘。

1) ㉯『方廣大莊嚴經』 권2(T3, 550b13)에 '嚴' 뒤에 '殿'이 있다.   2) ㉯『方廣大莊嚴經』 권2(T3, 550b23)에 따르면, '天'은 잉자인 듯하다.   3) ㉯『方廣大莊嚴經』 권2(T3, 550b27)에 '桓' 뒤에 '因與'가 있다.   4) ㉯『方廣大莊嚴經』 권2(T3, 550c9)에 '而' 뒤에 '來'가 있다.   5) ㉯『方廣大莊嚴經』 권2(T3, 550c11)에 '折'이 '析'으로 되어 있다.

(* 탄생하는 모습)

'탄생하는 모습'이라 한 것에 대해『대엄경』「탄생품」에서 말한다.

이때 마야성후가 보살의 위력 때문에 곧 보살이 장차 탄생하려고 함을 알았다. 람비藍毗(Ⓢ Lumbinī) 동산에 들어가 나무들을 쭉 둘러보고 저 파차波叉라는 보수寶樹 아래 이르렀다. 나무를 올려다보고는 곧 오른손으로 나무의 동쪽 가지를 붙잡고 절박하게 신음하고 하품하면서 단엄하게 서 있었고, (보살은) 어머니 오른쪽 옆구리에서 편안하게 태어났다.

이때 보살은 부축을 받지 않고 곧장 스스로 동쪽으로 일곱 걸음 걸어가니, 발 닿는 곳마다 모두 연꽃이 피어났다. 남쪽과 서쪽과 북쪽 그리고 위쪽과 아래쪽 또한 이와 같이 각기 일곱 걸음 걸어갔다. 또한 이와 같이 말하였다. '나는 세상에서 가장 뛰어난 자이니, 마땅히 일체 중생들에게 추앙 받는 대상이 될 것이다.' 이 말을 할 때 그 소리가 일체의 삼천대천세계에 두루 들렸다.⁸²

『보요경』에서는 말하길, "제석범천은 홀연히 잡명향수雜名香水를 내려서 보살을 씻겨 주었고, 아홉 마리 용들은 위에서 향수를 뿌려서 성존聖尊을 씻겨 주었다."[83]라고 하였다.

『열반경』에서는 말한다. "태어나 땅에 닿기 전에 제석이 받아 주었고, 난타 용왕과 발난타가 물을 토하여 씻겨 주었으며, 마니발타 대귀신왕大鬼神王이 보개寶蓋를 쥐고서 뒤를 따르며 대기하여 서 있었고, 지신地神은 꽃을 변화해 내어 그 발에 받쳐 주었으니, (보살은) 사방으로 각기 일곱 걸음 걸어갔다."[84]

『화엄경』에서는 말한다. 〈어째서 보살은 일곱 걸음을 걸어갔는가? 칠보七寶를 나타내려고 일곱 걸음을 걸어간 것이다. 지신地神의 원을 채워 주려 하였기 때문에 일곱 걸음 걸어간 것이다. 칠각보七覺寶의 상을 나타내려 하였기 때문에 일곱 걸음 걸어간 것이다.〉[85]

言誕生者。大嚴經誕生品云。爾時。摩耶聖后。以菩薩威力故。卽知菩薩有[1)]欲誕生。入藍毗[2)]園。歷觀諸樹。至彼[3)]又寶樹下。仰觀於樹。卽以右手。攀樹東枝。頻呻欠呿。端嚴而立。從母右脇。安詳而生。爾時。菩薩不假扶持。卽便自能東行七步。所下足處。皆生蓮華。南西北上下亦爾。各行七步。或[4)]作如是言。我於世間最勝。當爲一切衆生之所瞻仰。說是語時。其聲普聞一切三千大千世界。普曜經云。帝釋梵天。忽然來下雜名香水。洗浴菩薩。九龍在上。而下香水。洗浴聖尊。涅槃經云。生未至地。帝釋奉取[5)]難陀龍王及跋難陀。吐水而浴。摩尼跋陀大鬼神王。執持寶蓋。隨後待立。地神化華。以承其足。四方各行七步。華嚴經云。何故菩薩。遊行七步。現七

---

82 이상은 『方廣大莊嚴經』 권3(T3, 552a6~553b4)의 내용을 요약한 것이다.
83 『普曜經』 권2(T3, 494a29).
84 『大般涅槃經』 권21(T12, 488a11).
85 이상은 『大方廣佛華嚴經』 권43(T9, 667b14) 참조.

寶故. 遊行七步. 滿地神願故. 遊行七步. 現七⁶⁾寶相故. 遊行七步.⁷⁾

1) ㉠『方廣大莊嚴經』권3(T3, 552a7)에 '有'가 '將'으로 되어 있다. 2) ㉠『方廣大莊嚴經』권3(T3, 552c15)에 '藍毗'가 '龍毘尼'로 되어 있다. 3) ㉠『方廣大莊嚴經』권3(T3, 552c18)에 '彼'가 '波'로 되어 있다. 4) ㉠『方廣大莊嚴經』권3(T3, 553a21~28)에 따르면, '或'은 잉자 또는 '亦'의 오기인 듯하다. 5) ㉠『大般涅槃經』권21(T12, 488a11)에 '取'가 '接'으로 되어 있다. 6) ㉠『大方廣佛華嚴經』권43(T9, 667b20)에 '七' 뒤에 '覺'이 있다. 7) ㉮ '現七寶相故遊行七步'는 잉문인 듯하다. ㉠『華嚴經』권43(T9, 667b16)에 따르면, 그 9자는 잉문이 아니고, '七' 뒤에 '覺'이 있다.

(* 장대해진 모습)

'장대해진 모습'이라 한 것은 예를 들어 『대엄경』「시서품示書品」에서 말한 것과 같다.

보살의 나이가 막 7세가 되었을 때 학당을 예방하였다. (비사밀다毘奢蜜多라는) 박사가 그가 (오는 것을) 보고는 (그 위덕이 지고하여) 스스로를 돌아보며 보살의 스승이 될 것이라 자임하지 않았다.

이때 태자가 64종류 (서책에 대해 말하고는) 스승에게 물으며 말하였다. 「(64종류 중에서) 어떤 책으로 서로 가르치고 싶습니까.」

이때 박사는 아직 들은 적이 없던 (책들에 대해) 듣고는 일찍이 있지 않았던 일임을 찬탄하였고, 마침내 태자에게 청하여 해석해 달라고 하였다.⁸⁶

또 「관농무품觀農務品」에서는 말한다. 〈보살의 나이가 점차 장대해졌다. 문득 한때 염부 나무 아래서 결가부좌를 하고 (색계의) 사선四禪에 들었는데, 모든 나무의 그림자(光陰)가 해를 따라서 움직였지만 오직 보살이 앉았던 나무의 그림자만 가만히 움직이지 않았다.〉⁸⁷

---

86 이상은 『方廣大莊嚴經』권4「示書品」(T3, 559a13) 참조.

또 「현예품現藝品」에서는 말한다. 〈이때 태자는 오백 명의 석자釋子와 더불어 사射·어御·수數·상복相撲[88] 등의 각예角藝 갖가지를 (겨루어) 모두 승리하였다.〉[89]

자세하게 설명하면 그 경과 같다.

言長大者。如大嚴經示有[1]品。菩薩我[2]始七歲。然詣學堂。博士見之。自顧不任爲菩薩師。爾時。太子以六十四。而問師言。欲以何[3]而相敎乎。是時博士聞所未聞。歎未曾有。遂請太子。而爲解釋。又觀農[4]品云。菩薩年漸長大。便於一時。於閻浮樹下。結跏趺坐。入於四禪。諸樹光陰。逐日而轉。唯菩薩坐樹之影。湛然不移。又現藝品云。爾時。太子與五百釋子。射御數相撲角藝。種種皆勝。廣說如彼。

1) ㉾ '有'는 '書'로 되어 있는 곳도 있다. ㉎『方廣大莊嚴經』 권4(T3, 559a12)에 '書'로 되어 있다. 2) ㉎『方廣大莊嚴經』 권4(T3, 559a13)에 따르면, '我'는 '年'의 오기다.
3) ㉎『方廣大莊嚴經』 권4(T3, 559c4)에 '何' 뒤에 '書'가 있다. 4)『方廣大莊嚴經』 권4(T3, 560b7)에 '農' 뒤에 '務'가 있다.

(＊ 욕락을 누리는 모습)

'욕락을 누리는 모습'이라 한 것은 예를 들어『대엄경』「현예품」에서 말한 것과 같다.

이때 여러 석가 종족이 각자 왕에게 아뢰었다.

"태자의 나이가 점차 장대해지면, 점쟁이들이 모두 다 말하길, '출가하면 반드시 성불할 것이고 재가에 있으면 결정코 윤왕輪王이 된다'고

---

87 이상은 『方廣大莊嚴經』 권4 「觀農務品」(T3, 560b8) 참조.
88 사射·어御·수數·상복相撲 : 태자가 석자들과 겨룬 각종 기예에 해당한다. 이 중에 '사'는 활쏘기, '어'는 말타기, '수'는 계산, '상복'은 역사力士들끼리 머리를 맞대고 힘을 겨뤄 굴복시키는 놀이인 듯하다.
89 이상은 『方廣大莊嚴經』 권4 「現藝品」(T3, 562b17) 참조.

합니다. 마땅히 혼처를 구하여 염착하는 마음을 내도록 해야 합니다. 이런 인연으로 출가하지 않을 것입니다."

이때 가비라성迦毗羅城에 집장執杖이라는 이름의 한 대신이 있었다. 그 사람에게는 야수타라耶輸陀羅(⑤ Yaśodharā)라는 이름의 딸이 있었는데, 생김새(相好)가 단엄하고 예쁘기로는 첫째가는 이였다. 부왕은 이때 태자를 위해서 비妃로 삼을 사람을 찾고 있었다. 이때 보살은 세속법에 수순해서 중궁中宮에 현처現處하면서 8만 4천 채녀婇女들과 놀고 즐기며 머물렀으며, 야수타라는 첫 번째 비가 되었다.[90]

자세하게 설하면 그 논과 같다.
『열반경』에서는 '보살이 심궁深宮에 처하면서 6만 채녀들과 놀고 즐기며 욕락을 누렸'고 하였다.[91]

言受欲者。如大嚴經現藝品云。時諸釋種。各白王言。太子年漸長大。相師皆云。若出家者。必得成佛。若在家者。定爲輪王。應爲求婚。令生染著。由是因緣。不出家也。爾時。迦毗羅城。有一大臣。名曰執杖。其人有女。名耶輪[1]陀羅。相好端嚴。姝妙第一。父王。爾時。卽爲太子。索以爲妃。爾時。菩薩隨順世法。現處中宮。八萬四千婇女娛樂而住。耶輪*陀羅。爲第一妃。廣說如彼。涅槃經云。菩薩處在深宮。六萬婇女。娛樂受樂。

1) ㉎『方廣大莊嚴經』권4(T3, 561c14)에 '輪'이 '轍'로 되어 있고, 이를 따랐다. 이하 동일.

(* 출가하는 모습)
'출가하는 모습'이라 한 것은 예를 들어『대엄경』제5권에서 말한 것과

---

90 이상은『方廣大莊嚴經』권4「現藝品」(T3, 561a14) 참조.
91 『大般涅槃經』권21(T12, 488a17) 참조.

같다.

보살은 성 밖으로 나가서 유관遊觀하였다. 성의 동쪽 문으로 나갔을 때 길에서 노인을 만났고, 성의 남쪽 문으로 나갔을 때 길에서 병든 사람을 만났으며, 성의 서쪽 문으로 나갔을 때 길에서 죽은 사람을 만났다. 보살은 '나 또한 이와 같을 것이다'라고 생각하니까 우울해져서 즐겁지가 않았다.

후일 한때 성의 북쪽 문으로 나갔을 때 길에서 사문을 만났는데, 그는 허공을 타고 다니면서[92] 출가의 공덕의 이익을 자세하게 설해 주었다.

보살이 이미 출가하겠다고 요청했지만 부왕은 놓아주질 않았다.[93]

言出家者。如大嚴經第五卷云。菩薩出城遊觀。出城東門。逢值[1)]老人。出城南門。逢值*病人。出城西門。逢值*死人。菩薩思惟我亦如是。愁憂不樂。後於一時。出城北門。逢值*沙門。乘空而行。廣說出家功德之利。菩薩已請求出家。父王不放。

1) ㉠『方廣大莊嚴經』권5(T3, 570a29)에 따르면, '值'는 '道'의 오기인 듯하다. 이하 동일.

또「출가품」에서 말한다.

그날 한밤중에 여러 천들이 속히 출가하도록 권청하였다. 보살은 곧 차익車匿([S] Chandaka)을 보내서 말을 데려오게 하였다. 차익이 듣고 나

---

92 이 번역문에 해당하는 '乘空而行'은 『方廣大莊嚴經』에는 없는 문구이다. 다만, 보살이 만난 사문은 정거천淨居天이 화작한 사람으로서 '천天의 신통력으로 허공을 타고 날아 다녔다'는 문구가 경전 곳곳에 나온다.
93 이상은 『方廣大莊嚴經』 권5 「感夢品」(T3, 569c4) 참조.

서 일부러 큰 소리를 내어 (그 이유를 물으면서) 궁내 사람들이 모두 다 들어서 알아차리기를 바랐지만, 허공에서 여러 천들이 신통력으로 저 모든 사람들을 다 깊은 잠에 들게 하여 전혀 알아차리지 못했다. 차익은 곧 건척乾陟(ⓢ Kaṇṭhaka)[94]을 데리고 떠나게 되었다. 보살이 이에 말(馬王)에 올라탔다. 처음 발걸음을 들어 올렸을 때 시방의 대지가 여섯 종류로 진동하였다. 허공으로 날아올라 나아가니, 사천대왕四天大王이 말의 발을 받들어 올려 주었다.

이때 보살은 미니국彌尼國에 이르러 옛 선인仙人들이 고행하던 숲속으로 가서 곧장 말에서 내리고는 차익을 위로하며 '너는 곧장 건척을 데리고 함께 돌아가도 된다'고 하였다. 이에 차익은 큰 소리를 내며 울었다. 건척은 머리를 숙이고 두 다리를 앞으로 꿇어 보살의 발을 핥으면서 눈물을 흘리며 슬프게 울었다. 보살은 생각하였다. '머리와 수염을 깎지 않는다면 출가의 법이 아니다.' 이에 차익에게서 마니검摩尼劍을 빼앗아 곧장 스스로 삭발하였다.

그때 정거천淨居天이 사냥꾼으로 화작하여 몸에 가사를 입고 보살 앞에 서 있었는데, 보살은 곧 입고 있던 보의寶衣를 가사와 바꾸어 입었다.

이때 보살이 머리와 수염을 깎고 몸에 가사를 입었다. 차려입은 모습이 바뀌어 달라지니, 이와 같이 말하였다. "나는 지금에야 비로소 진정한 출가를 한 것이다."[95]

자세하게 설하면 그 경과 같다.

---

[94] 건척乾陟(ⓢ Kaṇṭhaka) : 건척犍陟이라고도 하며, 석존이 가비라 왕궁을 나와서 고행의 길에 들어설 때 타고 갔던 말의 이름이다.
[95] 이상은 『方廣大莊嚴經』 권6 「出家品」(T3, 574b27~576c24)의 내용을 요약한 것이다.

又出家品云。於其中夜。諸天勸請。令速出家。菩薩卽遣車匿被馬。[1] 車匿聞已。故發大語。望使宮内。皆悉聞知。虛空諸天。以神通力。令彼一切悉昏睡。都不覺知。車匿卽被乾陟持以進。菩薩於此乘馬王已。初擧步時。十方大地六種震動。昇空而行。四天大王。捧承馬足。爾時。菩薩至彌尼國。往古仙人苦行林中。卽便下馬。慰喩車匿。汝便可將乾陟俱還。於是車匿。擧聲大哭。乾陟低[2]頭。前屈雙脚。舐菩薩足。淚下悲鳴。菩薩思惟。若不剃除髮鬚。非出家法。乃從車匿。取摩尼劒。卽自剃髮。時淨居天。化作獵師。身著袈裟。菩薩前立。菩薩卽以所著寶衣。易取袈裟。爾時。菩薩剃除髮鬚。身著袈裟。儀容顯奕。[3] 作如是言。我今始名眞出家也。廣說如彼。

1) ㉔『方廣大莊嚴經』권6(T3, 574c7)에 의거해서 '馬' 뒤에 '來'를 보입해야 한다. 2) ㉔『方廣大莊嚴經』권6(T3, 576b28)에 '底'가 '低'로 되어 있다. 3) ㉔『方廣大莊嚴經』권6(T3, 576c23)에 '顯奕'이 '改變'으로 되어 있다.

(＊ 고행하는 모습)

'고행하는 모습'이라 한 것은 예를 들어『보요경』「고행품」에서 말한 것과 같다.〈6년간의 고행은 천天과 세상 사람 누구도 행할 수가 없고 오직 일생보처一生補處[96] 보살이라야 능히 그것을 행할 수 있다.〉[97]

또『대지도론』제38권에서 말한다.〈모든 외도 등은 고행을 믿으며 집착하는데, 만약 부처님이 6년간 고행을 행하지 않았다면 곧 사람들이 믿지 않고 '이 왕자는 쾌락에 익숙해져서 고행을 할 수는 없다'고 말했을 것이다. 외도들 중에 고행을 수행하는 자는 3개월이나 반년 혹은 1년 동안 하는 자는 있지만, 6년간 하루에 참깨 한 알과 쌀 한 톨을 먹으면서 할 수는 없다. 외도들은 말하길, '이것은 고행의 극한이니, 이 사람이 (고행으로

96 일생보처一生補處 : '최후의 윤회자'라는 뜻으로, 예를 들어 도솔천에 있는 미륵보살처럼 이번 생만 거치면 내생에서는 반드시 세간에서 성불할 수 있는 자를 말한다.
97『普曜經』권5「六年勤苦行品」(T3, 511a2~7) 참조.

얻는) 도道가 없다면 참으로 도란 없는 것이다'라고 하였다. 이에 믿고 받아들이며 모두 바른 도에 들어갔다. 이런 인연으로 6년간 고행하신 것이다.〉[98]

言苦行者。如普曜經苦行品。六年苦行。若天世人。皆不能行。唯有一生補處菩薩。乃能行之。又智度論三十八云。諸外道等等。[1] 信著苦行。若佛不行六年苦行。則人不信。言是王[2]串樂。不能苦行。有諸外道修苦行者。三月半歲。或一歲。無能六年日食一麻。[3] 外道謂[4]爲苦行之極。是人無道。眞無道也。於是信受。皆入正道。以是因緣。六年苦行。

1) ⓖ『大智度論』 권38(T25, 341b5)에 따르면 '等'은 잉자다. 2) ⓖ『大智度論』 권38(T25, 341b6)에 '王' 뒤에 '子'가 있다. 3) ⓖ『大智度論』 권38(T25, 341b9)에 '麻' 뒤에 '一米'가 있다. 4) ⓖ『大智度論』 권38(T25, 341b9)에 '謂' 뒤에 '此'가 있다.

(* 고행을 버리고 나서 등정각을 이루는 모습)

'고행을 버리고 나서 등정각을 이룬 모습'이라 한 것에 대해『열반경』에서는 말한다. "6년을 고행하고, 이 고행으로는 도를 얻을 수 없음을 알고 곧장 그것을 버렸다. 아리발제강에 이르러 그 안에서 목욕하고, 소 치는 여자 아이가 바친 우유죽을 받았다. 그것을 받고 나서 보리수 아래로 옮겨 가서 마왕 파순波旬을 물리치고 아뇩다라삼먁삼보리를 이룰 수 있었다."[99]

『보요경』에서는 말한다. "어떤 장자의 딸이 남자 아이를 낳기를 발원한 적이 있는데, 마땅히 맛있는 음식을 만들어 산의 수신樹神에게 제사를 드려야 했다. 이미 남자 아이를 낳고 나서 마음이 크게 기뻤다. 천 두頭의 소에서 젖을 짜고, 전전하면서 서로 마시게 하였고, 순유淳乳를 짜서 우

---

98 『大智度論』 권38(T25, 341b5~11) 참조.
99 『大般涅槃經』 권21(T12, 488a23).

유죽을 만들었다.¹⁰⁰ (죽이) 가마에서 1장丈 남짓 튀어 올라 (풀 수가 없었으니,) 여인이 매우 그것을 괴이하게 여겼다. 어떤 범지 스님이 여인에게 말했다. 〈지금 이 우유죽은 범부가 복용할 수 있는 것이 아니고 오직 성불에 임하는 자만이 이 우유죽을 먹고 소화할 것이오.〉 여인은 곧 그것을 떠서 산신에게 바치러 갔다. 보살이 그것을 먹고 나서 곧바로 성불하였다.¹⁰¹,¹⁰²

『대비바사론』에서는 말한다. "내가 저 외도들의 고행을 능히 닦지 못하기 때문에 그것을 버린 것이 아니다. 다만 자세히 관찰해 보니, 이러한 고행으로는 끝내 능히 모든 번뇌를 끊고 진실한 이익(義利)을 얻을 수 없다는 것을 알았다. 따라서 그것을 버리고 다시 진실한 곳에서 묘한 행을 닦았다. 이로 인해 위없는 보리를 이미 증득하여 중생을 생사의 극심한 고통에서 빼낼 수 있었던 것이다."¹⁰³

捨苦行已成等正覺者。涅槃經云。苦行六年。知是苦行不能得道。卽便捨之。至阿利跋提河中洗浴。受牧牛女所奉乳糜。受已轉至菩提樹下。破魔波旬。得成阿耨多羅三藐三菩提。普曜經云。有長者女。發願生男。當作美膳。祠山樹神。旣生男已。心大歡喜。搆¹⁾千頭牛。展轉相飮。取至²⁾淳乳。用作

---

100 이와 관련해서 『付法藏因緣傳』 권1(T50, 299b25)에 다음과 같은 내용이 나온다. "그때 두 명의 소 치는 여인이 있었다. 신에게 제사를 지내기 위해서, 천 두의 소에서 우유를 짜서 오백 두의 소에게 먹이고, 이와 같은 식으로 계속해서 한 마리에 이르자, 그 우유를 짜서 달여서 죽을 만들었다.(爾時。有二牧牛女人。欲祀神故。以千頭牛搆取其乳。飮五百頭。如是展轉。乃至一牛。卽取其乳。煮用作糜。)"
101 내용을 많이 압축하여 진술하였다. 『普曜經』에 따르면, 산의 수신樹神에게 우유죽으로 제사를 지내려는 여인에게 다시 천신들이 허공에서 다음과 같이 말한다. "오늘 그대가 큰 제사를 올리려 하는데, 어떤 대보살이 고행을 하고 있을 것이다. 그에게 먼저 그것을 먹이면 곧 위없는 도를 이루고 최상의 정각을 이룰 것이다." 이로 인해 여인은 보살에게 우유죽을 바치게 된다.
102 이상은 『普曜經』 권5(T3, 511c26~512a24)의 내용을 요약한 것이다.
103 『大毘婆沙論』 권39(T27, 203c13).

乳糜。跳出釜高一丈餘。女甚怪之。有梵志師。語女人曰。今此乳糜。非凡
夫所。³⁾ 臨唯⁴⁾成佛。食此乳糜。乃消化耳。女人卽取。奉進山神。菩薩食已。
卽便成佛。婆沙論云。非我於彼外道苦行不能修故而棄捨之。但審觀察。知
是苦行畢竟不能斷諸煩惱得眞義利。故捨之。更修眞實處中妙行。由斯。已
證無上菩提。能拔衆生生死劇苦。

1) ⓔ『普曜經』 권5(T3, 511c28)에 '搆'가 '鏧'로 되어 있다. 2) ⓔ『普曜經』 권5(T3, 511c28)에 따르면, '至'는 '其'의 오기다. 3) ⓔ『普曜經』 권5(T3, 512a5)에 '所' 뒤에 '應服'이 있다. 4) ⓔ『普曜經』 권5(T3, 512a5)에 따르면, '臨唯'는 '唯臨'의 도치다.

(＊ 법륜을 굴리는 모습)
'법륜을 굴리는 모습'이라 한 것은 예를 들어 이전의 제2권 『해심밀경』
의 기記(『해심밀경소』)에서 설한 것과 같다.[104]

轉法輪者。如前第二經記中說言。

(＊ 열반에 드는 것을 시현하시는 모습)
'열반에 드는 것을 시현하시는 모습'이라 한 것에 대해 예를 들어 『대비
바사론』 제191권에서 말한다.

계경에서 설한 것처럼 세존은 구시성拘尸城의 역사생처力士生處[105]에
있는 쌍사라 수풀 사이에서 반열반하였다.

---

104 원측의 『解深密經疏』 권5「無自性相品」(X21, 288b12; H1, 282下)에 '법륜法輪'에 관한 상세한 해석이 나온다.
105 역사생처力士生處 : '역사力士'란 '말라末羅(ⓈMalla)'의 의역으로서 고대 인도의 16대 종족 중의 하나를 가리킨다. 이들은 사성계급 중에 찰제리刹帝利(크샤트리아) 종족에 속하는데, 중中인도 항하강 북방에 있는 구시나갈성拘尸那竭城 등은 이 종족의 탄생 지이므로 '역사들이 태어난 곳(力士生處)'이라고 하였다.

문 세존께서는 어째서 구시성에서 반열반하셨는가?

답 구시성의 모든 역사들을 화도하고자 했기 때문이다. 또 외도 소발타라蘇跋陀羅[106]를 포섭하여 교화하고자 했기 때문이다. 어떤 이는 말한다. 〈부처님께서 일찍이 여기에서 자주 신명身命을 버리셨기 때문이다. 예를 들어 그 경에서 설하길, '부처님께서 아난에게 말씀하셨다. 여래는 이곳에서 여섯 번 반복해서 전륜왕의 신명을 버리셨고, 이제 일곱 번째로 반복해서 여래응정등각如來應正等覺의 신명을 버리신 것이다.'[107]〉 ……이하 생략……[108]

示入涅槃者。如大婆沙論一百九十一云。如契經說。世尊。在拘尸城力士生處。雙娑羅林間。而般涅槃。問。世尊何故。在拘尸城。般涅槃耶。答。爲欲化度拘尸城中諸力士故。又爲攝化外道蘇跋陀羅故。有說。佛曾於此。數數捨身命故。如彼經說。佛告阿難。如來於此。六返捨輪[1]王身命。今第七反[2]捨如來應正等覺身命。乃至廣說。

1) ㉠『大毘婆沙論』권191(T27, 956c9)에 '輪' 앞에 '轉'이 있다. 2) ㉠『大毘婆沙論』권191(T27, 956c9)에 '反'이 '返'으로 되어 있다.

또 그 논에서는 다시 말한다.

---

106 소발타라蘇跋陀羅(Ⓢ Subhadra) : 수발다라須跋陀羅 등으로 음역하거나 선현善賢 등으로 의역한다. 그는 본래 외도 출가자(梵志)였던 사람이었으나, 부처님 입멸 전에 최후로 교계敎誡를 받고 득도한 제자이다. 그때 나이 이미 120세로 총명하고 지혜가 많았다고 한다.
107 '일곱 번째로 반복해서 신명을 버린다'고 한 것은 '극칠반유極七返有'와 연관된다. 즉 소승의 학설에서 예류과預流果의 성자는 최대한 인人·천天을 일곱 번 왕복한 후 완전한 열반을 성취한다고 한다. 가장 많이 생을 받을 경우 일곱 차례 왕복하기 때문에 '극칠반유' 혹은 '극칠반생極七返生'이라고 한다.
108 『大毘婆沙論』권191(T27, 956b15) 참조.

가령 (경에서) 말하길, "부처님께서 아난에게 말씀하셨다. 〈너는 쌍사라 수풀 사이에 가서 불佛을 위해 북쪽으로 머리를 향한 와상臥床을 펴 놓아야 한다. 여래가 오늘 한밤중에 무여의열반계에서 반열반할 것이다.〉……이하 생략……"라고 하였다.

문 세존은 어째서 북쪽으로 머리를 향한 와상을 펴 놓게 하고 누였는가?

답 저 나라의 논사論師들의 법法이 응당 이러함을 나타내려 했기 때문이다. 말하자면 저 나라 논사들은 다 북쪽으로 머리를 향한 침상을 펴 놓고 눕는데, 세존 또한 이렇게 한 것이다. 부처님은 모든 논사들을 조복시킬 수 있기 때문에 위없는 제일의 논사이다. 그러므로 그에 따라서 펴 놓게 하고 누운 것이다.

어떤 이는 말한다. 〈세상 사람들이 그릇되게 집착하는 길상吉祥의 일을 멀리 떠났음을 나타내려 하였기 때문이다. 말하자면 그 나라에서는 죽은 사람을 상 위에 머리를 북쪽으로 향하게 해서 눕혀 놓는데, 부처님은 그들의 그릇된 길상에 대한 집착을 깨뜨리려 하였다. 그러므로 아직 반열반하지 않았을 때 곧 북쪽으로 머리를 향한 침상을 펴 놓게 하고 누운 것이다.〉

어떤 이는 말한다. 〈부처님이 정법을 공경한다는 것을 나타내려 하였기 때문이다. 말하자면 부처님은 반열반한 후에 위없는 법의 햇불이 북방에서 활활 타올라 오래도록 멸하지 않을 것임을 미리 아셨기 때문에 침상에서 머리를 북쪽으로 한 채 누운 것이다.〉[109]……이하 생략……

又彼復云。如說。佛告阿難。汝應往詣雙娑羅林。[1] 爲佛敷設北首臥牀。如來於今日中夜。當於無餘依涅槃界。而般涅槃。乃至廣說。問。世尊何故。今[2]

---

[109] 이상은 『大毘婆沙論』 권191(T27, 956c14) 참조.

敷北首臥牀而臥耶。答。欲顯彼國論師法應爾故。謂彼國論師。皆敷設北首牀而臥。世尊亦爾。以佛能伏諸論師故。卽是無上第一論師。故今³⁾隨彼敷設而臥。有說。欲顯遠離世所妄執吉祥事故。謂彼國死者。乃令牀上北首而臥。佛爲破彼妄吉祥執。是故未般涅槃。卽令敷設北首⁴⁾而臥。有說。爲欲顯佛恭敬正法故。謂⁵⁾預知般涅槃後。無上法炬。北方熾盛。⁶⁾久久不滅。故於牀上北首而臥。乃至廣說。

---

1) ㉟『大毘婆沙論』권191(T27, 956c14)에 '林' 뒤에 '間'이 있다. 2) ㉟『大毘婆沙論』권191(T27, 956c17)에 따르면, '今'은 '令'의 오기다. 3) ㉟『大毘婆沙論』권191(T27, 956c20)에 따르면, '今'은 '令'의 오기다. 4) ㉟『大毘婆沙論』권191(T27, 956c23)에 '首' 뒤에 '床'이 있다. 5) ㉟『大毘婆沙論』권191(T27, 956c28)에 '謂' 뒤에 '佛'이 있다. 6) ㉟『大毘婆沙論』권191(T27, 956c28)에 '盛'이 '然'으로 되어 있다.

그 논에서는 다시 말한다.

가령 (경에서) 말하길, "이때 세존께서는 펴 놓았던 상으로 나아가서 오른쪽 옆구리를 아래로 하고 발을 겹쳐 서쪽으로 하며 머리를 북쪽으로 하고 누워, 광명상光明想[110]에 머물며 염정지念正知를 갖추었다.……이하 생략……"라고 하였다.

문 세존은 어째서 오른쪽 옆구리를 대고 누웠는가?

답 부처님은 사자왕처럼 눕는다는 것을 나타내고자 하였기 때문이다. 계경에서 설한 것처럼 누움(臥)에 네 종류가 있으니, 말하자면 사자왕의 누움, 천天의 누움, 귀鬼의 누움, 탐욕자의 누움이다. 사자왕은 오

---

110 광명상光明想 : 밝은 생각을 일으켜 마음이 혼면에 사로잡히지 않고 분명해진 것을 말한다.『俱舍論』등에 따르면, '비식非食을 광명상이라 한다'고 하였다. 말하자면 ① 눈꺼풀이 무거워 감기는 것(瞢), ② 신이 나지 않는 것(不樂), ③ 피곤하여 하품하는 것(頻申), ④ 과도하게 먹어 소화가 되지 않는 것(食不平性), ⑤ 마음이 명료하지 않고 어둡고 하열해진 것(心昧劣性) 등, 이와 같은 다섯 가지 혼면개昏眠蓋를 능히 대치시킬 수 있기 때문에 혼면개의 먹이가 되지 않는 것(非食)을 일컬어 광명상이라 하였다.『俱舍論』권21(T29, 110c15) 참조.

른쪽 옆구리를 대고 눕는다. 천은 얼굴을 위로 하고 눕는다. 귀는 얼굴을 엎드리고 눕는다. 탐욕자가 누울 때는 왼쪽 옆구리를 땅에 댄다. 부처님은 위없는 사람(無上人) 중의 사자이기 때문에 오른쪽 옆구리를 대고 눕는 것이다.

문 세존은 어째서 누워서 반열반하셨고, 앉아서 하시지는 않았는가?
답 여래는 속임수를 여의었음을 나타내려 했기 때문이다. 만약 부처님이 앉아서 열반에 들었다면, 믿지 않는 자들은 당연히 '이것은 속임수다. 어떻게 죽은 사람이 단정히 앉아 있을 수 있겠는가?'라고 말할 것이다.

어떤 사람은 말한다. 〈미래에 모든 성자들에게 비방을 내는 것을 종식하기 위해서다. 만약 앉아서 반열반한다면, 지금의 모든 아라한들은 신력身力이 쇠약하여 누워서 열반에 드는데, 세상 사람들이 곧 비방하여 말하길 '아라한이 아니다. (아라한이) 맞다면 어째서 부처님과 똑같이 앉아서 반열반하지 않겠는가?'라고 할 것이다.〉

문 세존은 어째서 한밤중(中夜分)[111]에 반열반하였는가?
답 이 시간이 가장 고요하기 때문이다. 말하자면 저 땅은 덥고 뜨거워서 낮 시간에는 작무를 감당할 수가 없어서, 대개 초저녁(初夜分)이나 새벽(後夜分)에 모든 사업을 하고, 오직 한밤중에만 일체가 고요해진다. 여래는 항상 고요함을 좋아하였고 고요함을 찬미하였기 때문에 한밤중에 반열반한 것이다.

어떤 이는 말한다. 〈부처님은 일체의 때에 '중도에 처하는(處中)' 행을 좋아하셨기 때문이다. 말하자면 부처님이 옛날에 보살이었을 때, 최후의 천생天生에서는 '중간에 처하는' 도사다천의 처에 태어났고, 최후의 인생人生에서는 중인도中印度의 겁비라성劫比羅城(S Kapila-vastu)에서 태

---

111 고대 인도에서는 하루를 낮의 삼시三時와 밤의 삼시(初夜·中夜·後夜)로 나누는 관습이 있었는데, 이 중에 '중야'는 한밤중에 해당한다.

어났다.¹¹² 한밤중에 성을 넘어 출가해서 '중도에 처하는' 행을 닦아 위없는 깨달음을 증득하였다. 유정들에게 이익을 주기 위해 유·무를 떠난 '중도에 처하는' 묘한 법을 설해 주었고 한밤중에 반열반에 들었다.〉¹¹³
……이하 생략……

彼復云. 如說. 爾時世尊. 趣所敷牀. 右脇在下. 累足西面. 北首而臥. 住光明相.¹⁾ 具念正智.²⁾ 乃至廣說. 問. 世尊何故. 右脇而臥. 答. 欲顯佛如師子³⁾而臥故. 如契經說. 臥有四種. 謂師子王臥. 天.⁴⁾ 鬼臥. 躭欲者臥. 師子王右脇而臥. 天卽仰面. 鬼則伏面. 躭欲者. 臥左脇著地. 佛是無上人中師子故. 右脇而臥. 問. 世尊何故. 臥般涅槃. 而不坐耶. 答. 欲顯如來⁵⁾誑故. 若佛坐涅槃者. 卽不信者. 當⁶⁾是言. 此是矯狂. 何有死人. 而能端坐. 有說. 爲止當來於諸聖者生誹謗故. 若坐般涅槃者. 則於今時. 諸阿羅漢. 身力羸劣. 臥入涅槃. 世便謗言. 非阿羅漢. 若是者. 何不同⁷⁾坐般涅槃. 問. 世尊何故. 於中夜分. 而般涅槃. 答. 以此時最寂靜故. 謂彼土暑熱. 晝時不堪作務. 多⁸⁾初夜後夜分中. 作諸事業者.⁹⁾ 唯中夜分. 一切寂然. 如來恒時. 愛樂寂靜. 讚美寂靜. 故於中夜. 而般涅槃. 有說. 一¹⁰⁾切時. 樂處中行故. 謂佛昔爲菩薩時. 於最後天¹¹⁾中. 生處中睹史多天處. 於最後人生中. 印¹²⁾度劫比羅城.¹³⁾ 於中夜分. 踰城出家. 習處中行. 證無上覺. 爲益有情. 說離有無處中妙法. 夜¹⁴⁾中分. 而般涅槃. 乃至廣說.

---

1) ㉠『大毘婆沙論』권191(T27, 957a7)에 '相'이 '想'으로 되어 있다. 2) ㉠『大毘婆沙論』권191(T27, 957a7)에 '智'가 '知'로 되어 있다. 3) ㉠『大毘婆沙論』권191(T27, 957a9)에 '子' 뒤에 '王'이 있다. 4) ㉠『大毘婆沙論』권191(T27, 957a10)에 '天' 뒤에

112 예류과預流果의 성자가 최대한 인人·천天을 일곱 번 왕복한 후 완전한 열반을 성취한다고 하는데, 그 마지막 일곱 번째 천과 인에서 받은 생을 '최후의 천생天生'과 '최후의 인생人生'이라 하였다. 그런데 부처님은 양극에 치우지지 않고 '중간·중도에 처하는(處中)' 행을 좋아하기 때문에 육욕천六欲天 중에서도 중간이라 할 만한 네 번째의 도사다천에 태어나고, 인간의 세계에서도 중앙에 해당하는 중인도에서 태어난다고 하였다.
113 이상은 『大毘婆沙論』권191(T27, 957a6~b18)의 내용을 요약한 것이다.

'臥'가 있다. 5) ⓔ『大毘婆沙論』권191(T27, 957a19)에 '離' 뒤에 '矯'가 있다. 6) ⓔ 『大毘婆沙論』권191(T27, 957a20)에 '當' 뒤에 '作'이 있다. 7) ⓔ『大毘婆沙論』권 191(T27, 957a24)에 '同' 뒤에 '佛'이 있다. 8) ⓔ『大毘婆沙論』권191(T27, 957b2)에 '多' 뒤에 '於'가 있다. 9) ⓔ『大毘婆沙論』권191(T27, 957b2)에 '者'가 없다. 10) ⓔ 『大毘婆沙論』권191(T27, 957b13)에 '一' 앞에 '佛'이 있다. 11) ⓔ『大毘婆沙論』권 191(T27, 957b14)에 '天' 뒤에 '生'이 있다. 12) ⓔ『大毘婆沙論』권191(T27, 957b15) 에 '印' 앞에 '生中'이 있다. 13) ⓔ『大毘婆沙論』권191(T27, 957b16)에 '劫比羅城'이 '劫比羅筏窣堵城'으로 되어 있다. 14) ⓔ『大毘婆沙論』권191(T27, 957b18)에 '夜' 앞 에 '於'가 있다.

『화엄경』제43권에서 말한다.

열 종류 의미가 있어서 열반을 시현한 것이다.

말하자면, 일체행이 다 무상함을 밝히려 했기 때문이다.

일체의 유위는 안은하지 않음을 밝히려 했기 때문이다.

반열반은 (최상의) 안은함임을 밝히려 했기 때문이다.

일체의 두려움들을 멀리 떠났음을 밝히려 했기 때문이다.

모든 천天·인人은 색신色身에 즐거이 집착하기에, 색신은 무상하며 바로 닳아서 멸하는 법이라는 것을 밝힘으로써 상주하는 청정한 법신法 身을 추구하게 하려 했기 때문이다.

무상無常의 힘이 억지로 전환시킬 수 없는 것임을 밝히려 했기 때문 이다.

유위법의 불수애행不隨愛行(애착을 따르지 않는 행)은 자재하지 않음을 밝히려 했기 때문이다.

삼계의 법이 다 질그릇처럼 견고하지 않음을 밝히려 했기 때문이다.

반열반은 가장 진실한 것이라서 파괴될 수 없음을 밝히려 했기 때문 이다.

생사를 멀리 떠난 것이라서 일어나는 것도 멸하는 것도 아님을 (밝히 려 했기) 때문이다.

이러한 열 가지 일 때문에 반열반을 시현한 것이다.[114]

『십지경론』제3권에서는 말하길, "어째서 열반에 드는 모습을 시현하였는가? 게으른 중생들로 하여금 부지런한 마음으로 도를 닦게 하기 위해서다."[115]라고 하였다.

『대반야경』제568권에 의하면, "다시 어떤 천·인들은 원적圓寂(열반)에 대해 듣기를 좋아하는데, 보살이 그들을 위해 반열반을 시현한 것이다."[116]라고 하였다.

이상으로 여래의 화신의 모습을 간략하게 서술하였는데, 자세하게 분별하면 예를 들어 『불본행경』과 『보요경』과 『인과경』과 『화엄경』과 『대엄경』등에서 설한 것과 같다.

若依華嚴經第四十三云。有十種義。示現涅槃。所謂明一切行悉無常故。一[1)]切有爲非安[2)]故。明般涅槃[3)]安隱故。遠[4)]離一切諸怖畏故。以諸天人樂[5)]色身。明色身無常是磨滅法。令求常住淨住[6)]身故。明無常力絶[7)]不可轉故。明有爲法不隨愛行不自在故。明三界法悉如坯器無堅牢故。明般涅槃最爲眞實不可壞故。遠[8)]離生死非起滅故。以此十事示[9)]涅槃。十地論第三卷云。何故示入涅槃。爲令懈怠衆生懃心修道故。依大般若五百六十八云。復有天人。樂聞圓寂。菩薩爲彼。示般涅槃。上來略述如來化相。若廣分別。如佛本行經。普曜經。因果經。華嚴經。大嚴經等。

1) ㉩『華嚴經』권43(T9, 669a28)에 '一' 앞에 '明'이 있다. 2) ㉩『華嚴經』권43(T9, 669a29)에 '安' 뒤에 '隱'이 있다. 3) ㉩『華嚴經』권43(T9, 669a29)에 '槃' 뒤에 '趣最'가 있다. 4) ㉩『華嚴經』권43(T9, 669b1)에 '遠' 앞에 '明'이 있다. 5) ㉩『華嚴經』권43(T9, 669b2)에 '樂' 뒤에 '著'이 있다. 6) ㉩『華嚴經』권43(T9, 669b3)에 따르면,

---

114 『大方廣佛華嚴經』권43(T9, 669a27).
115 『十地經論』권3(T26, 139a12).
116 『大般若波羅蜜多經』권568(T7, 931c8).

'住'는 '法'의 오기다. 7) ㉥『華嚴經』권43(T9, 669b3)에 따르면, '絶'은 '强'의 오기다. 8) ㉥『華嚴經』권43(T9, 669b6)에 '遠' 앞에 '明般涅槃'이 있다. 9) ㉥ '示' 뒤에 '般'이 누락된 듯하다.

나. 결론

경 이것을 일컬어 여래가 화신의 방편선교를 시현하는 것이라고 한다."

是名如來示現化身方便善巧。

석 두 번째는 결론짓는 문장이니, 알 수 있을 것이다.

釋曰。第二經結文可知。

(3) 언음言音의 차별상을 설명함

① 청문

해심밀경소 권10 〈복원본〉[117]

---

[117] 『解深密經疏』 전全 10권 중에서 제8권의 일부와 제10권 전체가 일실逸失되었다. 제8권의 일부는 「地波羅蜜多品」의 일부에 해당하고, 제10권은 「如來成所作事品」 중에 '(3) 언음言音의 차별상을 설명함' 이후의 내용에 해당한다. 이 일실된 부분은 이나바 쇼쥬(稻葉正就)와 관공觀空이 서장역西藏譯에 의거해서 다시 한문으로 환역하였는데, 그 환역본들이 각기 『韓國佛敎全書』 제1책과 제11책 보유편補遺編에 수록되어 있다. 이나바와 관공의 환역은 현저한 차이가 있다. 이나바의 복원문은 원측 소疏의 원전原典의 문체로 구현해서 그 원형을 복원하는 것을 목표로 한 것이다. 이에 비해, 관공의 환역은 단지 티베트어를 중문中文으로 번역한 것이기 때문에 원측 소의 문체와는 일치하지 않지만, 이나바의 복원문의 오류를 상당히 많이 교정한 듯하다. 따라서 본 역주서에서는 이나바의 복원문을 저본으로 삼고, 관공의 환역과 대조해서 전자의 오류를 교감하였다. 그런데 두 판본의 문체가 현저히 다른 만큼, 원문을 수정·보완함에

서명사 사문 원측 찬술하다

여래성소작사품 제8의 나머지

解深密經疏第十＜復元本＞[1)]

西明寺沙門 圓測撰

如來成所作事品第八之餘[2)]

1) ㉤ 권10은 이나바 쇼쥬(稻葉正就)가 서장역西藏譯에 의거해서 다시 복원한 판본이다. 「圓測解深密經疏散逸部分之硏究」 pp.3~66. 2) ㉤ 품명을 보충하였다.

경 만수실리보살이 다시 부처님께 여쭈었다. "세존이시여, 무릇 일체 여래의 몸에 의해 주지住持되는 바의 언음의 차별은 몇 종류가 있기에, 이 언음으로 말미암아 교화되는 바의 유정들 중 아직 성숙하지 않은 자는 그를 성숙되게 하고, 이미 성숙한 자는 이것을 반연하여 경계로 삼아 속히 해탈을 얻을 수 있는 것입니까?"

曼殊室利菩薩。復白佛言。世尊。凡有幾種一切如來身所住持言音差別。由此言音。所化有情。未成熟者。令其成熟。已成熟者。緣此爲境。速得解脫。

석 이하는 세 번째로 언음의 차별상을 설명한 것이다. 이 중에 네 가지가 있다. 첫째는 청문이고, 둘째는 대답이며, 셋째는 징문이고, 넷째는

있어서 표현상의 차이보다는 의미상의 차이가 분명한 곳에 초점을 맞추어 교감하였고, 가능한 한 최대한으로 원측 소의 원전의 문구를 추정해 보았다. 그 과정에서 간략한 수정·보완 문구들은 교감주에 표시하였고, 교감 내용에 대한 자세한 설명이 필요하다고 생각되는 경우는 해당 번역문의 역주에 자세히 표기하였다. 단, 원측 소의 많은 내용들이 여러 유식 문헌들에서 인용된 것이기 때문에 단순 인용문인 경우에는 모두 원전의 문구와 직접 대조하였다. 또 이나바의 복원문에 대한 번역은 이나바의 『圓測·解深密經疏散逸部分の硏究 漢文譯篇』(大谷大學硏究年報第二十四集拔刷: 昭和47)을 참조하였는데, 간혹 오역이라 판단된 경우는 역자가 임의로 번역하였다.

해석이다.

> 釋曰。自下第三明言音差別相。於中有四。一問。二答。三徵。四釋。

이것은 첫 번째 청문에 해당한다. 언음의 차별상을 밝히는 경문에 세 개의 절이 있다. 처음 "만수실리보살이……"라고 한 것은 청문을 일으키는 것이다. 다음에 "무릇……몇 종류가 있기에"라고 한 것은 종류 수가 어느 정도인지 물은 것이다. 마지막에 "이 언음으로 말미암아……"라고 한 것은 언음의 작용의 이익에 대해 물은 것이다.

청문한 뜻은, '무릇 일체 여래의 몸에 의해 주지되는 바의 모든 성스런 언설들은 몇 종류가 있기에, 이 언음으로 말미암아 아직 성숙하지 않은 자는 성숙되도록 하고 이미 성숙한 자는 해탈하도록 하는가' 하는 것이다.

『잡집론』에서 설한 뜻도 이 경과 동일하다.

『순정리론』 제44권에서는 완전한 문장으로써 이 언음의 세 종류 차별에 대해 설명했는데, 그 논에서는 말한다.

> 이와 같은 삼장三藏의 차별은 무엇인가?
> 아직 선근을 심지 않은 자와 아직 승의勝義를 기쁘게 받아들이지 않은 자가 (선근을) 심게 하고 (승의를) 기쁘게 받아들이게 하기 위해서 계경契經을 설하였다.
> 이미 (선근을) 심었고 (승의를) 기쁘게 받아들인 자는 성숙하고 상속해서 지어야 할 바를 짓도록 하기 위해서 조복調伏을 설하였다.
> 이미 성숙하였고 이미 지은 자는 해탈의 바른 방편을 알도록 하기 위해서 대법對法을 설하였다.[118]

---

[118] 『阿毘達磨順正理論』 권44(T29, 595b7).

此卽初問。明言音差別相。文有三節。初曼殊室利等者。請問發起。次凡有幾種等者。問種數多少。後由此言音等者。明言音用益。請問意者。凡有幾種一切如來身所住持諸聖言說。由此言音。未成熟者。令其成熟。已成熟者。令其解脫。[1] 雜集論意。亦同此經。順正理論第四十四。以圓滿文。說是言音三種差別。故彼論云。如是三藏差別云何。未種善根。未欣勝義。令種欣故。爲說契經。已種已欣。令熟相續。作所作故。爲說調伏。已熟已作。令悟解脫正方便故。爲說對法。

1) ㉔ 관공의 환역본에 '脫' 뒤에 '此等義理下文當說'이라는 문구가 있다.

『불지경』 제6권에서 성소작지成所作智를 설하는데,[119] 이에 세 개의 구句가 있다. 즉 성스런 교(聖敎)에 들어가고, 성숙하며, 해탈하도록 하는 것이다. 따라서 그 경에서는 말하길 '성소작지의 이러한 선교방편의 힘 때문에 성스런 가르침에 들어가고 성숙하며 해탈하도록 한다'고 하였다.[120]

친광親光의 『불지경론』에서는 이 차례에 의거해서 『불지경』의 세 구를 해석하였다. 그 논에서는 말한다.[121]

---

[119] 전의轉依를 이룬 성자가 갖추는 네 종류 지혜 중에 특히 성소작지成所作智란 전오식前五識을 전환시킴으로써 증득된 무루지無漏智다. 이 지혜는 특히 중생에게 이익을 주기 위해서 여래가 종종의 변화變化를 시현하는 지혜를 말하며, 이로써 성자가 마땅히 지어야 할 바(所作)의 사업들을 완성하기 때문에 이 지를 일컬어 '성소작成所作'이라 한다. 그런데 여래가 시현하는 종종의 변화들 중의 하나는 종종의 언음言音을 설하여 중생을 교화하는 것이다. 이 여래의 언음의 차별은 경經·율律·논論의 삼장三藏으로 공식화되었다. 따라서 『佛地經論』에서는 '성소작지'에 대한 설명에서 삼장三藏의 차별에 대해 설명하였다.

[120] 『佛地經』 권1(T16, 722b12) 참조.

[121] 이나바 : 此卽初也. 관공 : 如彼論云.
원측 소의 전례에 준할 때, "이것은 처음에 해당한다.(此卽初也)"라는 문구가 아니라, "가령 그 논에서는 (다음과 같이) 말한다.(如彼論云)"라는 문구가 나와야 한다. 따라서 관공의 환역에 의거하였다.

처음에 믿음을 내도록 하기 때문에 '중생을 인도하여 성스런 교에 들어가게 한다'고 하였다. 예를 들면 신통과 방광 등의 변화를 시현하여 (가섭 등을 제도한 것과) 같다.[122]【『불본행경佛本行經』에서 설한 것과 같다.[123]】

다음에 (성스런 교를) 잘 따르고 감당할 능력을 갖도록 하기 때문에 '성숙한다'고 하였다. 인도하여 모든 선근들을 장양하도록 하기 때문이다.【순해탈분順解脫分[124]의 선근과 순결택분順決擇分[125]의 선근을 (장양하는 것이다.)】[126]

(마지막으로) 삼계三界와 악취惡趣의 종성이 있는 자와 종성이 없는 자가 그 차례대로 해탈하도록 하기 때문에 '해탈하게 한다'고 하였다.[127]

---

122 이나바 : 放光等化. 관공 : 度迦葉等.
　　친광親光의 『佛地經論』 권6(T26, 318c29)에 '度迦葉等'으로 되어 있는데, 의미상 큰 차이는 없다. 원주의 협주에서 말한 것처럼, 『佛本行集經』 등에는 여래가 공중에 높이 떠올라 머물면서 여러 개의 몸을 나타내거나 혹은 파리頗璃 색의 빛을 놓는 등 갖가지 신변神變을 시현하여 보살들을 제도하는 내용이 있다.
123 『佛本行集經』 권53(T3, 898a11) 참조.
124 순해탈분順解脫分 : 대승 유식종에서는 대승보살의 다섯 단계 수행의 계위(五位) 중에서 첫 번째 자량위資糧位에 해당하는 십주十住·십행十行·십회향十迴向 등의 삼현위三賢位를 가리킨다. 이 계위는 아직 번뇌를 끊지는 못했지만 해탈에 수순하는 선근을 닦으므로 순해탈분이라고 한다.
125 순결택분順決擇分 : 대승 유식종에서는 대승보살의 다섯 단계 수행의 계위 중에서 두 번째 가행위加行位에 해당하는 난煖·정頂·인忍·세제일世第一의 지위를 가리킨다. 이 계위는 복덕과 지혜의 자량이 쌓임으로 인해 더욱 가행을 해서 견도(極喜地)에 들어가기 위해 수행하는데, 아직 유식의 경계를 깨닫지는 못했지만 더욱 진전하여 무루의 지혜를 닦아 그 경계에 수순해 가므로 순결택분이라고 한다.
126 이나바의 복원문에 '順解脫分善根順決擇分善根'이 『佛地經論』의 본문으로 편집되어 있는데, 그 논에는 이러한 문구가 없다. 이것은 직전에 진술된 『佛地經論』의 "모든 선근들을 장양하도록 하기 때문이다.(引令長養諸善根故)" 중에서 '선근善根'을 주석한 문구인데, 이는 이전의 【如佛本行經說】과 마찬가지로 원측의 협주인 듯하다. 따라서 괄호로 묶어 【順解脫分善根順決擇分善根】으로 표시하였다.
127 이나바의 복원문에서 "[後]三界惡趣有姓無姓, 如其次第, 令解脫故, 名令解脫."이라고 한 것은, 『佛地經論』에는 "後令解脫三界惡趣有性無性, 如其次第, 故名解脫."이라 되어 있다. '令解脫' 3자의 위치가 다른 점을 제외하고 의미상 거의 차이가 없다. 따라서 서두에 '後'를 보입하고 그 밖의 것은 그대로 두었다.

말하자면 교화의 힘으로 인해서, 종성이 있는 자는 성스런 도를 내어 삼계에서 해탈하게 하고, 종성이 없는 자는 세속의 선법을 닦아 항상 선취善趣에 태어나게 한다. 저 선근을 생각하면서 정법을 설해 주어 삼계에서 해탈하게 하고, 빛을 놓아서 고통을 그치게 하고 선취를 안립한다.

또 그가 문혜·사혜·수혜를 내도록 하려고 그 차례대로 세 구를 설한 것이다.

또 그가 순해탈분과 순결택분을 내고 또 성스런 도를 내도록 하려고 그 차례대로 세 구를 설한 것이다.

또 그가 견도와 수도와 무학도에 들어가게 하려고 그 차례대로 세 구를 설한 것이다.[128]

『잡집론』과 『현양성교론』과 『대승장엄경론』과 양梁 『섭대승론석』과 『유가사지론』에도 종종의 설이 나오지만 번거로울까 봐 서술하지 않겠다.

佛地經第六卷。說成所作。於中三句。令入聖敎。成熟解脫。故彼經云。成所作智。以是善巧方便力故。令入聖敎成熟解脫。親光論。即依是次第。釋經三句。此中初者。[1)] 初令生信。故名引生令入聖敎。如現神通。放光等化。[2)]【如佛本行經說】次令調順。有所堪能。故名成熟。引令長養諸善根故。【順解脫分善根。順決擇分善根。[3)]】三[4)]界惡趣有姓無姓。如其次第令解脫。故名令[5)]解脫。謂[6)]由敎化力。有種姓者。令生聖道。解脫三界。無種姓者。令修世善。常生善趣。念彼善根。爲說正法。令脫三界。放光息苦。安立善趣。又令彼生聞思修慧。次第三句。又令彼生順解脫分順決擇分。及生聖道。次第三句。又令彼入見道修道及無學道。次第三句。雜集論。顯揚論。莊嚴經論。梁攝論釋。及瑜伽論。有種種說。恐繁不述。

---

[128] 『佛地經論』 권6(T26, 318c28).

1) 옙 '此中初者'는 '如彼論云'인 듯하다. 해당 번역문 역주 참조. 2) 옙 『佛地經論』 권6(T26, 318c29)에 '放光等化'가 '度迦葉等'으로 되어 있다. 해당 번역문 역주 참조. 3) 옙 '順解脫分善根順決擇分善根' 12자는 원측의 협주인 듯하다. 해당 번역문 역주 참조. 4) 옙 『佛地經論』 권6(T26, 319a2)에 의거해서 '三' 앞에 '後'를 보입해야 한다. 해당 번역문 역주 참조. 5) 옙 『佛地經論』 권6(T26, 319a3)에 '今'이 없다. 6) 옙 『佛地經論』 권6(T26, 319a3)에 '謂'가 없다.

② 간략한 대답

경 부처님께서 만수실리보살에게 말씀하셨다. "선남자여, 여래의 언음言音에 대략 세 종류가 있다. 첫째는 계경이고, 둘째는 조복이며, 셋째는 본모이다."

佛告曼殊室利菩薩曰。善男子。如來言音。略有三種。一者契經。二者調伏。三者本母。

석 두 번째는 여래가 간략히 답한 것이다. 경문에 두 개의 절이 있다. 처음에 "선남자여……"라고 한 것은 개수를 표시한 것이다. (나중에) "첫째는 계경이고……"라고 한 것은 개수에 맞게 이름을 나열한 것이다.

(＊ 계경의 의미)
"계경契經"이란 도리에 계합하고 유정의 근기에 부합하기 때문에 '계경'이라 이름한 것이다. 그런데 계경의 의미에 대해 여러 교에서 설한 것이 각각 같지 않다.
『불지경론』 제1권에서는 두 가지 의미로 계경에 대해 해석한다. 따라서 그 경에서 말한다. "능히 꿰뚫어서 능히 거두기 때문에 '경'이라 한다. 부처님의 성스런 가르침은 마땅히 설해야 할 의미와 교화되어야 할 중생을

꿰뚫어서 거두고 있기 때문이다."¹²⁹

『사분율』도 『불지경론』과 동일하게 설한다.

『잡심론』 제8권에서는 다섯 가지 의미로 설한다. 따라서 그 논에서 말한다. "'수다라修多羅'란 무릇 다섯 가지 의미가 있다. 첫째는 '출생出生'이라 하니, 모든 의미들을 출생시키기 때문이다. 둘째는 '샘솟음(泉涌)'이라 하니, 의미義味가 다함없기 때문이다. 셋째는 '현시顯示'라고 하니, 모든 의미들을 현시하였기 때문이다. 넷째는 '승묵繩墨(법도, 준칙)'이라 하니, 모든 삿됨과 바름을 변별하였기 때문이다. 다섯째는 '결만結鬘(끈 따위를 엮어서 만든 장식물)'을 뜻하니, 제법을 꿰어 놓은 것이기 때문이다. 이와 같은 다섯 가지 의미가 바로 수다라의 의미다."¹³⁰

『선견론』 제1권에서는 일곱 가지 의미로 설하는데, 자세한 설명은 그 논과 같다.¹³¹

세친의 『섭대승론석』과 양梁 『섭대승론석』에 이러한 삼장에 대해 또한 각기 여러 가지 해석이 나오는데, 번거로울까 봐 서술하지 않겠다.

釋曰。第二如來略答。文有三¹⁾節。初善男子等者。標數。一者契經等。依數列名。契經者。謂契當道理。合有情機。故名契經。然契經義。諸教中說。各各不同。佛地論第一卷。以二種義。釋契經。故彼經云。能貫能攝。故名爲經。謂以²⁾聖教。貫穿攝持所應說義所化生故。四分律。亦同佛地論。雜

---

129 『佛地經論』 권1(T26, 291b17).
130 『雜阿毘曇心論』 권8(T28, 931c1).
131 이 논에서 말한 일곱 가지 의미란 다음과 같다. 첫째는 의미를 발생시킨다(發義)는 뜻이고, 둘째는 사람의 마음을 헤아려서 설하신 '좋은 말씀(善語)'이라는 뜻이며, 셋째는 뛰어난 결실을 '꽃피어 낸다(秀出)'는 뜻이고, 넷째는 직물을 이루는 '씨줄과 날줄(經緯)'이라는 뜻이며, 다섯째는 무궁무진하게 '샘솟는다(涌泉)'는 뜻이고, 여섯째는 그릇된 것을 재단하는 바른 '법도(繩墨)'라는 뜻이며, 일곱째는 흩어지지 않게 '엮어서 꿰어 놓는다(縋貫穿)'는 뜻이다. 『善見律毘婆沙』 권1(T24, 676a19) 참조.

心論第八卷。以五義說。故彼曰。修多羅者。凡有五義。一曰出生。出生諸義故。二曰泉涌。義味無盡故。三曰顯示。顯示諸義故。四曰繩墨。辨諸邪正故。五曰結鬘。貫穿諸法故。如是五義。是修多羅義。善見論第一卷。以七義說。廣說如彼。世親攝論。及梁攝論。於是等三藏。亦各有多釋。恐繁不述。

1) ㉠ '三'은 '二'의 오기인 듯하다. 2) ㉠『佛地經論』권1(T26, 291b17)에 '謂以'가 '以佛'로 되어 있고, 이를 따랐다.

(＊ 조복의 의미)

둘째 "조복調伏"이라 한 것은 청정한 율의律儀를 말한다. 일곱 가지 악을 조복시키고, 여섯 가지 근을 조복시키기 때문에 조복이라 이름한다.

따라서 『선견론』 제1권에서는 말하길, '신업·구업을 조복시킨다는 것이 비니毘尼(ⓢ vinaya : 律)의 의미다'라고 하였다.[132]

또 『구사론』 제15권에서는 말하길, "'조복'이라 한 뜻은 율의를 나타내려는 것이니, 이것으로 능히 근根이 조복되도록 하기 때문이다."[133]라고 하였다.

『현종론』 제21권과 『순정리론』 제39권에서도 『구사론』과 거의 동일하게 설한다.

'조복'이라는 이 이름에는 많은 의미가 있다. 따라서 『대비바사론』 제44권에서는 말한다.

계경에서 '계戒'를 설하면서, 혹은 시라尸羅라고 이름하고, 혹은 행行이라고 이름하며, 혹은 발(足)이라고 이름하고, 혹은 상자(篋)라고 이름한다.

'시라'라고 하는 것은 '청량淸涼'을 뜻한다. 말하자면 악이 능히 몸과

132 『善見律毘婆沙』권1(T24, 676a14) 참조.
133 『俱舍論』권15(T29, 79a26).

마음을 열뇌熱惱하도록 하지만, 계가 능히 편안하고 쾌적하게 해 주기 때문에 청량이라고 한다. 또 악이 능히 악취惡趣의 열뇌를 불러내지만, 계는 선취善趣를 불러내기 때문에 '청량'이라고 한다.

계를 '행'이라 이름한 것은, 말하자면 모든 세상 사람들이 계를 '행'이라고 말하기 때문이다. 세상 사람들은 계를 지닌 자를 보고는 그를 '행이 있다(有行)'고 말하고, 계를 깨뜨린 자를 보면 그를 '행이 없다(無行)'고 말한다. 또 청정한 계를 지니는 것이 온갖 행의 근본으로서 능히 열반에 이르기 때문에 '행'이라고 이름한 것이다.

계를 '발(足)'이라 이름한 것은, 능히 선취善趣에 가서 열반에 이르기 때문이다. 마치 발을 가진 자가 능히 험악한 곳을 피해 안은한 곳에 이르듯이, 청정한 계를 지닌 자는 능히 악취를 뛰어넘어 천·인 가운데 태어나고 혹은 생사를 뛰어넘어 열반의 언덕에 이르기 때문에 '발'이라 한 것이다.

계를 '상자'라고 한 것은, 일체의 공덕을 임지하기 때문이다. 말하자면 계를 지닌 자는 공덕을 임지하여 멀리 흩어지게 하지 않으니, 마치 상자가 보배를 담고 있는 것과 같다.

존자 묘음妙音은 이와 같이 말한다. 〈계를 '파괴되지 않은 것(不壞)'이라 한다. 그 이유는 무엇인가? 마치 발이 파괴되지 않으면 능히 자재하게 안은한 곳에 갈 수 있는 것처럼, 청정한 계를 갖추고 있는 자도 이와 같아서 능히 열반에 도달할 수 있다.〉[134]

자세하게 설하면 그 논과 같으니, 알 수 있을 것이다.

또 『구사론』 제14권에서는 말한다. 〈별해탈률의別解脫律儀[135]의 이름의

---

[134] 이상은 『大毘婆沙論』 권44(T27, 229c28~230b18) 참조.
[135] 별해탈률의別解脫律儀 : 수계한 작법에 의지하여 오계·십계·구족계具足戒 등을 받아 지님으로써 몸이나 입으로 짓는 모든 악업을 하나하나 따로따로 해탈하도록 하는 계

차별이란 (다음과 같다.) 말하자면 능히 험악한 업을 평탄하게 하기 때문에 '시라尸羅'라고 한다. 지자智者가 칭찬하는 바이기 때문에 '묘행妙行'이라고 하며, 짓는 것(所作) 그 자체이기 때문에 '업業'이라고 하고, 능히 신업·어업을 방호하기 때문에 '율의律儀'라고 한다.〉[136]

『현종론』 제19권과 『순정리론』 제36권에서도 『구사론』과 동일하게 설한다.

『유가사지론』 제83권에서는 말한다. "'시라'라고 한 것은 능히 적정寂靜한 것을 말한다. 청정한 계를 훼범한 죄는 열뇌熱惱이기 때문에, 또 청량淸凉의 의미와 상응하기 때문이다.[137] '율의'라고 한 것은 원리遠離 그 자체의 상이기 때문이다."[138]

또 『섭대승론』에서 '모든 죄를 멸하기 때문에 비내야毘奈耶(律)라고 한다'고 설한다.

비록 이와 같은 설명에서 여러 다른 이름들이 있지만, 모두 '조복'의 갖가지 차별적 (이름들이다.)

> 二者調伏。謂情淨律儀。調伏七惡。調伏六根。故名調伏。故善見論第一卷說。調伏身口業。是毘尼義。又俱舍論第十五說。言調伏者。意顯律儀。由此能令根調伏故。顯宗論第二十一。順正理論第三十九。大同俱舍。調伏是名中有多義。故婆沙論四十四云。契經說戒。或名尸羅。或名爲行。或名爲足。或名爲篋。言尸羅者。是淸凉義。謂惡能令身心熱惱。戒能安適。故曰淸凉。又惡能招惡趣熱惱。戒招善趣。故曰淸凉。戒名爲行者。謂以諸世

를 말한다. 또는 바라제목차율의波羅提木叉律儀라고도 한다.
136 『俱舍論』 권14(T29, 73a10) 참조.
137 '시라尸羅'는 어원적으로 '청량淸凉'이라는 의미를 갖고 있다. 청정한 계를 훼범시킨 죄는 뜨거운 번뇌와 같지만 청정한 계를 수지하면 심신이 청량하기 때문에 '계'를 '시라'라고 한다는 것이다.
138 『瑜伽師地論』 권83(T30, 762a14).

間說戒名行故。諸世間見持戒者。言彼有行。見破戒者。言彼無行。又持淨戒。是衆行本。能至涅槃。故名爲行。戒名爲足者。能往善趣至涅槃故。如有足者。能避險惡。至安隱處。有淨戒者。能越惡趣。生天人中。或超生死。到涅槃岸。故名爲足。戒名爲篋者。任持一切功德法故。謂持戒者。任持功德。不令退散。如篋持寶。尊者妙音。作如是說。戒名不壞。所以者何。如足不壞。則能自在往安隱處。其淨戒者。亦復如是。能至涅槃。廣說如彼。可知。又俱舍論第十四云。別解律儀名差別者。謂能平險業。故名尸羅。智者稱揚。故名妙行。所作自體。故名爲業。能防身語。故名律儀。顯宗論第十九。及順正理論第三十六。同俱舍論。瑜伽論第八十三云。言尸羅者。謂能寂靜。毀犯淨戒罪熱惱故。又與淸凉義相應故。言律儀者。謂是遠離自體相故。又攝論說。滅諸罪故。名毘奈耶。雖如是說。有多異名。皆調伏種種差別。

(* 본모의 의미)

셋째 '본모本母(論議)'라는 것은, 일체법의 근본으로서 (일체법을) 생기하고 현현하기 때문에 '본모'라고 이름한다. 따라서 『순정리론』 제44권에서는 "'논의論議'를 일컬어 마달리가摩怛理迦(Ⓢ mātṛkā)라고 한다. 그 밖의 경의 의미를 해석할 때 이것을 본모로 삼기 때문이다."[139]라고 하였다. 비유하면 자모字母가 모든 자字를 출생시키듯, 일체지一切智를 생하기 때문에 '본모'라고 이름한다.

따라서 『유가사지론』 제85권에서 말한다. "여기서 설했던 네 종류 계경에 의거해서 마땅히 계경마달리가[140]를 설할 것이다. 여래가 설하였던 바

---

139 『順正理論』 권44(T29, 595b2).
140 계경마달리가契經摩怛理迦 : 계경의 의미를 명료하게 설명해 놓은 마달리가(契經本母)를 가리킨다. 이와 마찬가지로 율장의 의미에 대해 명료하게 밝혀 놓은 것을 비내야마달리가(調伏本母)라고 하고, 법상法相에 대해 명료하게 밝혀 놓은 것을 법상마달

이고, 여래가 칭찬하였고 찬탄하였으며 찬미하였던 바인 옛날 성스런 계성을 설택하려고 하였기 때문이다. 비유하면 본모가 없으면 자字는 의미가 명료하지 않은 것처럼, 이와 마찬가지로 본모에 의해 거두어지지 않은 경經은 그 의미가 흐리고 어두워져 의미가 명료하지 않게 된다. 이와 상반되면 의미는 곧 명료해진다. 그러므로 마달리가라고 설한 것이다."[141]

三者本母。一切法本。生起顯現。故名本母。故順正理論四十四云。論議名曰摩怛[1]理迦。釋餘經義時。此爲本母故。譬如字母出生諸字。生一切智。故名本母。故瑜伽論八十五云。依此所說四種契經。當說契經摩呾[2]理迦。爲欲決擇如來所說。如來所稱所讚所美。先聖契經。譬如無本母。字義不明了。如是本母所不攝經。其義隱昧。義不明了。與此相違。義卽明了。是故說名摩呾*理迦。

1) ⓐ『順正理論』권44(T29, 595b3)에 따르면, '怛'는 '怚'의 오기다.　2) ⓐ『瑜伽師地論』권85(T30, 773a7)에 따르면, '呾'는 '怛'의 오기다. 이하 동일.

또 『현양성교론』 제12권에서 말한다.

'논의論議'란 모든 경들에 거두어진 바의 마달리가摩怛履迦를 말한다.
우선 모든 요의경了義經을 모두 마달리가라고 이름하는 것처럼, 이른바 여래께서 스스로 자세하게 제법의 체상體相을 분별한 것을 말한다. 또 모든 제자들이 이미 성인의 자취를 보고 나서 스스로 증득한 바에 의거해서 전도 없이 제법의 체상을 현시한 것 또한 마달리가라고 이름한다.
마달리가는 또한 아비달마阿毘達磨[142]라고도 한다. 마치 세간의 모든

리가(法相本母)라고 한다.
141 『瑜伽師地論』 권85(T30, 773a7).
142 아비달마阿毘達磨(ⓢ abhidharma) : 삼장三藏의 하나인 '논論'을 가리킨다. 아비달마란

서書·산算·시詩·논論에 모두 본모本母(마달리가)가 있는 것처럼, 경에서 법상法相을 연구하는 모든 언설들도 또한 이와 같은 것임을 알아야 한다. 또 마치 세간에서 모든 글자(字)의 본모가 없으면 글자가 명료해지지 않는 것처럼, 이와 같이 십이분교十二分敎 가운데서 제법의 체상을 건립하지 않는다면 법이 명료하지 않게 된다. 만약 (제법의 체상을) 건립하고 나면 제법의 자상自相·공상共相이 모두 현현할 수 있고,[143] 또 다시 뒤섞임 없는 법상을 능히 현현할 수 있기 때문에 이 마달리가를 아비달마라고 이름한 것이다.

이 마달리가에 의거해서 그 밖에 제경의 의미를 해석하는 것을 또한 오파제삭鄔波第鑠[144]이라고도 이름한다.[145]

又顯揚論第十二云。論議者。謂諸經所攝摩怛[1)]履迦。且如諸了義經。皆名摩怛*履迦。所謂如來自廣分別諸法體相。又諸弟子。已見聖迹。依自所證。無倒顯示諸法體相。亦名摩怛*履迦。摩怛*履迦。亦名阿毘達磨。猶如世間一切書算詩論。皆有本母。當知經中研究法相。所有言說。亦復如是。又如世間。若無諸字本母。字不顯了。如是十二分敎中。若不建立諸法體相。法不明了。若建立已。諸法相[2)]皆得顯現。又復能顯無雜法相故。卽此摩怛*履迦。名阿毘達磨。依此摩怛*履迦。所餘解釋諸經義者。亦名鄔波第鑠。

원래 교법에 관해 연구한 것을 가리키는데, 후대에는 경經·율律 2장에 대해 논술한 것을 모두 '아비달마'라고 칭하게 되었다
143 이나바 : 諸法相⋯⋯. 관공 : 諸法自相⋯⋯.
『顯揚聖敎論』 권12(T31, 538c27)에는 "諸法自相共相⋯⋯"이라 되어 있고, 이를 따랐다. '제법의 자상自相'이란 어떤 사물 자체의 고유한 상을 뜻하고, '제법의 공상共相'이란 여러 사물들 간의 유사성에 의거한 사물의 보편상을 말한다.
144 오파제삭鄔波第鑠([S] upadeśa) : 일반적으로 '우파제사優波提舍'라고도 하며, 부처님이 설한 교법을 주해하여 그 의미를 더욱 분명히 한 것을 말한다. 앞서 말한 '마달리가摩呾理迦'나 '아비달마阿毘達磨'는 모두 우파제사의 이명異名이다.
145 『顯揚聖敎論』 권12(T31, 538c19).

1) ㉠『顯揚聖敎論』권12(T31, 538c19)에 따르면 '怛'는 '怛'의 오기다. 이하 동일. 2) ㉠『顯揚聖敎論』권12(T31, 538c27)에 의거하여 '相'을 '自相共相'으로 수정해야 한다.

계경본모와 조복본모와 법상본모의 세 종류 차별은 예를 들어『유가사지론』에서 구체적으로 설명한 것과 같으니, 알 수 있을 것이다.[146]
본모는 여러 명칭을 갖고 있다. 세친의『섭대승론석』제1권에서는 말한다.

> 아비달마는 또한 '대법對法'이라고도 한다. 이 법은 무주열반無住涅槃을 대향對向해서 능히 제諦와 보리분법菩提分法과 해탈문解脫門 등을 설한 것이기 때문이다.
> 아비달마는 또한 '수법數法'이라고도 한다. 하나하나의 법에서 자주자주 설명하여 '언사言詞의 자상·공상' 등의 한량없는 차별을 훈석하였기 때문이다.[147]
> 아비달마는 또한 '복법伏法'이라고도 한다. 이것이 논처소論處所 등을 구족함으로 말미암아 능히 다른 논들을 승복시킬 수 있기 때문이다.[148]

---

[146] '계경본모(계경마달리가)'에 대해서는『瑜伽師地論』권85「攝事分中契經事行擇攝第一之一」(T30, 773a5), '조복본모(비내야마달리가)'에 대해서는 같은 책 권99「攝事分中調伏事總擇攝第五之一」(T30, 868c11), '법상본모(법상마달리가)'에 대해서는 같은 책 권100「攝事分中本母事序辯攝」(T30, 878b1) 참조.

[147] 여기서 '수법數法'의 '수數'는 '삭數'의 의미, 즉 '자주 반복한다'는 뜻이다. 말하자면 이 본모本母에서는 언어적으로 시설된 제법의 자상自相과 공상共相 등과 같은 무량한 차별적 상들에 대해 자주 반복해서 설명하고 훈석하기 때문에 '수법'이라고 칭하기도 한다는 것이다.

[148] 여기서 '복법伏法'이라 한 것은 대적자對敵者의 그릇된 주장을 논리적으로 굴복시키는 법을 말한다. "논처소論處所 등을 구족하여,……"라고 한 것은 인명因明(불교논리학)에서 설정한 일곱 가지 사항들을 구비하여 논리적으로 결함이 없는 타당한 논증을 펼치는 것을 말한다.『瑜伽師地論』권15(T30, 356a16)에 따르면, 인명을 잘 구사하려면 일곱 가지 사항(事)에 대해 잘 알고 있어야 한다. 그 일곱 가지란, 논체성論體性·논처論處·논의論依·논장엄論莊嚴·논부論負·논출리論出離·논다소작법論多所作法 등이다. '논체성'이란 세간적인 논증 방식들을 열거한 것이고, '논처(논처소)'란 논증의 장소에 대해 언급한 것이며, '논의'란 종宗·인因·유喩와 같은 논증식의 조건과 정당

아비달마는 또한 '통법通法'이라고도 한다. 이것으로 말미암아 소달람
(계경) 등의 의미를 능히 해석하여 통하게 하기 때문이다.[149]

양梁『섭대승론석』에서도 또한 이와 같이 설한다.

契經本母。調伏本母。法相本母。三種差別。如瑜伽論。具說可知。本母有多
名。世親攝論釋第一云。阿毘達磨。亦名對法。此法對向無住涅槃。能說諦
菩提分解脫門等故。阿毘達磨。亦名數法。於一一法。數數宣說訓釋言詞自
相共相等無量差別故。阿毘達磨。亦名伏法。由此具足論處所等。能勝伏他
論故。阿毘達磨。亦名通法。由此能釋通素怛[1]纜義故。梁攝論釋。亦如是說。
1) ㉮『攝大乘論釋』권1(T31, 322a21)에 따르면, '怛'는 '怛'의 오기다.

③ 징문

경 "세존이시여, 어떤 것이 계경이고 어떤 것이 조복이며 어떤 것이 본모입
니까?"

世尊。云何契經。云何調伏。云何本母。

석 세 번째는 '어떤 것이 세 가지의 상인가'라고 징문한 것이다.[150]

한 인식 수단 등을 다룬 것이고, '논장엄'이란 논증에서의 언론과 태도를 다룬 것이며,
'논부'란 논증에서 패배를 인정하는 방식을 다룬 것이고, '논출리'란 논자가 논증할지
말지를 결정하는 것을 다룬 것이며, '논다소작법'이란 논증에 도움 되는 항목을 논한
것이다.
149 세친의『攝大乘論釋』권1(T31, 322a15).
150 이나바 : 第三明云何三相. 관공 : 此是第三徵問三藏之相.
　　　이전에 제시된 과목의 차례에 따르면 세 번째는 징문徵問에 해당한다. 따라서 이나

釋曰. 第三明[1]云何三相.

1) ㉠ '明'은 '徵'인 듯하다. 해당 번역문 역주 참조.

④ 자세한 해석

가. 삼장三藏의 상相을 자세히 해석함

가) 계경契經에 대한 해석

(가) 계경의 상을 총괄해서 표명함

[경] "만수실리여, 만약 이곳에서 내가 섭사攝事에 의해 제법을 현시하였다면, 이것을 계경이라고 이름한다.

曼殊室利. 若於是處. 我依攝事. 顯示諸法. 是名契經.

[석] 이하는 네 번째로 삼장三藏의 상을 자세히 해석한 것이다.[151] 이 중에 두 가지가 있다. 처음은 삼장의 상을 자세히 해석한 것이다. 나중의 "만수실리보살이 다시……불공다라니의 의미를 (간략히 설한 것이라고 함을 알아야 한다.)"까지는 삼장의 불공다라니를 설명한 것이다.
처음의 것에서 세 종류를 분별하였다. 처음은 계경에 대해 해석하였고,

바의 '明'을 '徵'으로 수정하였다.
151 이나바: 自下第四廣釋我相. 관공: 以下第四廣釋三藏之相.
　　경문과 대조할 때, 이곳에서 '我相'을 해석한 것이 아니라 계경契經·조복調伏·논의論議 등 '삼장三藏'에 대해 자세히 해석한 것이다. 따라서 이나바의 '廣釋我相' 중에 '我'를 '三藏'으로 수정하였다.

다음은 조복에 대해 해석하였으며, 마지막은 본모에 대해 해석하였다.

이것은 처음에 계경에 대해 해석한 것이다. 그에 세 종류가 있다. 말하자면 첫째는 (계경의) 상을 총괄해서 표명한 것이고, 둘째는 세 가지 문으로 분별한 것이며, 셋째는 차례대로 따로 해석한 것이다.

이것은 첫째로 계경의 상을 (총괄해서) 표명한 것이다.

"이곳에서"라 한 것은 계경처契經處를 밝힌 것이다.

"나"라는 것은 여래이니, 오직 오온 상에서 가설한 것일 뿐이다.[152]

"사事"란 체사體事이니, 네 가지 섭사(四攝事) 등을 말한다.[153] 말하자면 경은 모든 사를 거둠(攝)으로써 제법을 분별한 것이기 때문에 세존께서 "내가 섭사에 의해 제법을 현시하였다면, 이것을 계경이라 이름한다."라고 설하신 것이다.

釋曰。自下第四廣釋我[1]相。於中有二。初廣釋三藏相。後曼殊室利菩薩復乃至不共陀羅尼義。說三藏不共陀羅尼。初中分別三種。初釋契經。次釋調伏。後釋本母。此卽初釋契經。自有三種。謂一總標相。二三門分別。三次第別釋。此卽第一標契經相。於是處者。明契經處。我者如來。唯五蘊假說。事者體事。四攝事等。謂經攝諸事。分別諸法。故世尊說。我依攝事。顯示諸法。是名契經。

---

1) ㉠ '我'를 '三藏'으로 수정해야 한다. 해당 번역문 역주 참조.

(나) 세 가지 문으로 분별함

---

[152] 무아無我의 교의에 따르자면 본래 '나'라는 것은 없지만 여래의 오온五蘊에 대해 가짜로 '나'라는 말을 시설하였다는 것이다.
[153] 여기서 말하는 '네 가지 섭사攝事'란 사섭법四攝法이 아니라, 이후에 자세히 진술되는 청문聽聞·귀취歸趣·수학修學·보리菩提 등의 네 가지 사를 가리킨다.

경 말하자면 네 가지 사에 의해, 혹은 아홉 가지 사에 의해, 혹은 다시 스물아홉 가지 사에 의해 (제법을 현시하였다.)

謂依四事。或依九事。或復依於二十九事。

석 두 번째는 세 문으로 분별한 것이다. 말하자면 섭사에 세 종류가 있다. 네 가지 사, 아홉 가지 사, 스물아홉 가지 사를 말한다.

釋曰。第二三門分別。謂攝事有三。四事九事二十九事。

(다) 차례대로 따로 해석함

㉮ 네 가지 사(四事)를 해석함

a. 질문

경 어떤 것이 네 가지 사인가?

云何四事。

석 세 번째는 차례대로 따로 해석한 것이다. 세 종류의 사(사사·구사·이십구사)를 해석하는 가운데 세 가지로 나누어진다. (첫째로 네 가지 사를 해석하였고, 둘째로 아홉 가지 사를 해석하였으며, 셋째로 스물아홉 가지 사를 해석하였다.)[154]

---

154 이나바 : ……開爲三種. 관공 : ……而分爲三. 一釋四事, 二釋九事, 三釋二十九事.

이것은 첫 번째로 네 가지 사(四事)를 해석한 것이다. 첫째는 질문이고 둘째는 대답이다.
이것은 질문이다.

釋曰。第三次第別釋。釋三事中。開爲三種。此卽初釋四事。一問二答。此卽問也。

b. 대답

경 첫째는 청문의 사이고, 둘째는 귀취의 사이며, 셋째는 수학의 사이고, 넷째는 보리의 사이다.

一者聽聞事。二者歸趣事。三者修學事。四者菩提事。

석 두 번째는 대답이다.
이 네 가지 사를 해석하면서 간략하거나 자세하게 분별한 것이 있으니, 가령 『현양성교론』 제6권에서 설한 것처럼 알면 될 것이다.
세 종류로 (간략히) 설하자면, 가령 그 논에서 말한다.

송 십이분교를 들음과
　　세 종류 가장 수승한 귀의와
　　세 종류 학과 세 종류 보리를
　　유정을 청정해지게 하려고 설하였네.[155]

이나바의 복원문에는 관공의 환역 중 밑줄 친 부분에 해당하는 문구가 없다. 그런데 원측 소의 전례에 준할 때, 이 문구가 없어도 무방하다.
155 『顯揚聖敎論』 권6(T31, 508c13).

장행의 해석에서 말한다.

'들음(聞)'이란 십이분교十二分敎를 듣는 것이다. 십이분교는 삼장三藏을 갖추고 있다. 이(삼장) 중에서 설했던 바의 계경·응송·기별·풍송·자설·비유·본사·본생·방광·미증유법은 소달람장素呾纜藏에 해당한다. 이곳에서 설했던 바의 연기는 비내야장毘奈耶藏에 해당한다. 이곳에서 설했던 바의 논의는 아비달마장阿毘達磨藏에 해당한다.[156]

십이분교란 구체적으로 설하면 그 논과 같음을 알아야 한다.
또 그 논에서는 말한다.

"세 종류 가장 수승한 귀의"라고 한 것은 불佛·법法·승僧에 귀의하여 가는 것을 말한다.
"세 종류 학"이란 계戒·정定·혜慧의 삼학을 말한다.
"세 종류 보리"란 삼승의 보리[157]를 말한다.
"유정을 청정해지게 하려고 설하였네."라고 한 것은 유정들로 하여금 청정을 획득하도록 하려고 했기 때문에 차례로 이 세 종류 법을 설하였다는 것이다. (세 종류란) 능지能持와 방편方便과 과果이다. '능지'란 들음(聞)과 귀의歸依를 말하고, '방편'이란 세 종류 학을 말하며, '과'란 세 종류 보리를 말한다.[158]

자세히 설하자면 가령 그 논(『현양성교론』)에서 네 가지 사에 대해 자세히

---

[156] 이상은 『顯揚聖敎論』 권6(T31, 508c15~509a28)의 내용을 요약한 것이다.
[157] '삼승의 보리'란 성문보리聲聞菩提와 독각보리獨覺菩提와 무상정등보리無上正等菩提를 말한다.
[158] 이상은 『顯揚聖敎論』 권6(T31, 509b1) 참조.

설명한 것과 같으니, 번거로울까 봐 서술하지 않겠다.

釋曰。第二答也。釋此四事。略廣分別。如顯揚論第六。可知。說三種者。如彼論。頌曰。聞十二分敎。三最勝歸依。三學三菩提。爲有情淨說。長行釋云。聞者。聞十二分敎。十二分敎。具有三藏。此中所說。契經。應頌。記別。諷頌。自說。譬喩。本事。本生。方廣。未曾有法。是爲素怛[1)]纜藏。此中所說緣起。是爲毘奈耶藏。此中所說論議。是爲阿毘達磨藏。十二分敎。當知具說如彼。又彼云。三最勝歸皆[2)]者。謂佛法僧歸趣。三學者。謂戒定慧三學。三菩提者。謂三乘菩提。爲有情淨說者。爲令有情得淸淨故。次第宣說是三種法。能持方便果。能持者。謂聞及歸依。方便者。謂三學。果者。謂三菩提。若廣說者。如彼論廣說四事。恐繁不述。

1) ㉱ '怛'는 '怛'의 오기다. 2) ㉱『顯揚聖敎論』권6(T31, 509b1)에 '皆'가 '依'로 되어 있다.

㉯ 아홉 가지 사(九事)를 해석함

a. 질문

[경] 어떤 것이 아홉 가지 사인가?

云何九事。

[석] 이하에서는 두 번째로 아홉 가지 사를 따로 해석한다. 첫째는 질문이고 둘째는 대답이다.
이것은 질문이다.

釋曰。自下第二別釋九事。一問二答。此卽問也。

b. 대답

경 첫째는 시설유정의 사(施設有情事)이고, 둘째는 그에 의해 수용된 바의 사(彼所受用事)이며, 셋째는 그것의 생기의 사(彼生起事)이고, 넷째는 그것이 생기고 나서 머무는 사(生已住事)이며, 다섯째는 그것의 염정의 사(彼染淨事)이고, 여섯째는 그것의 차별의 사(彼差別事)이며, 일곱째는 능히 선설하는 자로서의 사(能宣說事)이고, 여덟째는 선설되는 바의 사(所宣說事)이며, 아홉째는 모든 중회의 사(諸衆會事)이다.

一者施設有情事。二者彼所受用事。三者彼生起事。四者彼生已住事。五者彼染淨事。六者彼差別事。七者能宣說事。八者所宣說事。九者諸衆會事。

석 두 번째는 여래가 바로 답한 것이다.
아홉 가지 사를 해석하자면, 가령 『유가사지론』 제3권과 같이 알면 될 것이다. 따라서 그 논에서 말한다.

또 다시 제불의 언어는 아홉 가지 사에 포섭된다는 것을 알아야 한다. 아홉 가지 사란 무엇인가?
유정사有情事란 오취온五取蘊을 말한다.[159]
수용사受用事란 십이처十二處를 말한다.
생기사生起事란 열두 부분의 연기緣起와 연생緣生을 말한다.

---

[159] '유정'이라는 사는 색·수·상·행·식의 오온五蘊 상에서 가립된 것이므로 '유정이란 오취온이다'라고 하였다.

안주사安住事란 사식四食을 말한다.

염정사染淨事란 사성제四聖諦를 말한다.

차별사差別事란 한량없는 계界를 말한다.

설자사說者事란 부처님과 그 제자를 말한다.

소설사所說事란 사념주四念住 등의 보리분법菩提分法을 말한다.

중회사衆會事란 이른바 여덟 부류 대중이니, 첫째 찰제리중, 둘째 바라문중, 셋째 장자중, 넷째 사문중, 다섯째 사대천왕중, 여섯째 삼십삼천중, 일곱째 염마천중, 여덟째는 범천중이다.[160]

『장아함경』 제3권과 『증일아함경』과 『대지도론』에서도 팔부중을 설하는데, 『유가사지론』과 동일하다.

『상속해탈경』과 『심밀해탈경』에서 아홉 가지 사를 설하는데, 문장의 표현은 조금 다르지만 의미는 다르지 않다.

『현양성교론』 제20권에서도 아홉 가지 사를 설하는데, 또한 이 경과 동일하다.

釋曰。第二如來正答。釋九事者。如瑜伽論第三可知。故彼論云。又復應知諸佛語言九事所攝。云何九事。有情事者。謂五取蘊。受用事者。謂十二處。生起事者。謂十二分[1]緣起及緣生。安住事者。謂四食。染淨事者。謂四聖諦。差別事者。謂無量界。說者事者。謂佛及彼弟子。所說事者。謂四念住等菩提分法。衆會事者。所謂八衆。一刹帝利衆。二婆羅門衆。三長者衆。四沙門衆。五四大天王衆。六三十三天衆。七焰摩天衆。八梵天衆。長阿含第三卷。增一阿含。及智度論。說八部衆。同瑜伽論。相續經及深密經。說九事。文辭少異。而義非異。顯揚論第二十。說九事。亦同此經。

---

[160] 『瑜伽師地論』 권3(T30, 294a20).

1) ㉠『瑜伽師地論』권3(T30, 294a25)에 '分' 뒤에 '事'가 있다.

문 인人과 천天에서 각각 사중四衆을 설하였는데 무슨 이유가 있는가?

답 『유가사지론』제15권에서는 설하길 일곱 가지 인연 때문에 팔중八衆을 건립했다고 한다. 따라서 그 논에서는 말한다. "네 가지 인연 때문에 인취人趣 중에서 여래의 사중을 건립하였고, 세 가지 인연 때문에 천취天趣 중에서 사중을 건립하였다. 가장 증상된 자이기 때문에, 세간에서 공동으로 복전이라고 인정하기 때문에, 재물을 수용할 적에 남을 통하지 않기 때문에, 모든 세간의 재물을 버리기 때문에, 이런 인연으로 말미암아 인취 중에서 사중을 건립하였다.[161] 의지하는 땅(依地)의 변제邊際이기 때문에, 욕계의 변제이기 때문에, 어행語行의 변제이기 때문에, 천취 중에서 사중을 건립하였다.[162]"[163]

『대지도론』제10권에서는 사문중과 바라문중과 삼십삼천중과 마중과 범중의 세계를 따로 자세하게 설명했는데, 번거로울까 봐 서술하지 않겠다.

問。人及天各說四衆。有何所以。答。瑜伽論第十五說。七因緣故。建立八衆。故彼論云。四因緣故。於人趣中。建立如來四衆。三因緣故。於天趣中。建立四衆。最增上故。世間共許爲福田故。受用資材。不由他故。棄捨一切

---

[161] 찰제리는 인취에서는 가장 증상된 자들이고, 바라문은 세간에서 '복전'이라고 공통적으로 인정하는 자들이며, 대大장자들은 남을 통해 재물을 수용하지 않는 부유한 자이고, 사문들은 모든 세간적 재물을 버린 자들이다. 이 네 부류는 모두 부처님이 소유한 자들이기 때문에 각기 독립적 대중으로 분류했다는 것이다. 『瑜伽論記』권5(T42, 410b22) 참조.

[162] 사대왕천四大王天들은 지쌍산持雙山 꼭대기와 수미산須彌山 꼭대기 등에 거하고, 삼십삼천三十三天 등은 수미산 꼭대기에 거하므로 '의지하는 땅의 끝(邊際)'이라는 측면에서 각기 한 부류의 대중으로 건립되었다. 또 염마천은 욕계의 맨 끝에 있기 때문에 하나의 마중魔衆을 건립하였다. 범천梵天은 어행語行의 변제이기 때문에 하나의 범중을 건립하였다. 『瑜伽論記』권5(T42, 410b26) 참조.

[163] 『瑜伽師地論』권15(T30, 355b25).

世資材故。由此四緣。於人趣中。建立四衆。依地邊際故。欲界邊際故。語行邊際故。[1] 於天趣中。建立四衆。智度論第十。別廣說沙門婆羅門三十三及魔梵世界。恐繁不述。

1) ㉠『瑜伽師地論』권15(T30, 355c1)에 '故' 뒤에 '由此三緣'이 있다.

㉡ 스물아홉 가지 사(二十九事)를 해석함

a. 질문

경 어떤 것을 일컬어 스물아홉 가지 사라고 하는가?

云何名爲二十九事。

석 이하는 세 번째로 스물아홉 가지 사를 따로 해석한 것이다. 첫째는 질문이고 둘째는 대답이다.
이것은 질문이다.

釋曰。自下第三別釋二十九事。一問二答。此卽問也。

b. 대답

a) 잡염품雜染品의 사事를 설명함

(a) 오온五蘊

경 잡염품에 의거해서 제행을 포섭하는 사가 있고,

謂依雜染品。有攝諸行事。

석 두 번째는 여래께서 스물아홉 가지 사를 따로 해석하신 것이니, 두 가지로 구분된다. 처음은 잡염품의 사를 밝힌 것이고, 나중은 청정품의 사를 나타낸 것이다.

『현양성교론』제20권에서 말한다. 〈스물아홉 가지 사란, 말하자면 『변섭구사경遍攝九事經』 중에서 잡염품에 의거해서 네 가지 사가 있다고 설하였고, 청정품에 의거해서 스물다섯 가지 사가 있다고 설하였다.〉[164]

잡염품을 설하면서 네 종류로 나누었다. 첫째는 오온을 밝혔고, 둘째는 연생을 밝혔으며, 셋째는 아집을 밝혔고, 넷째는 법집을 밝혔다. 잡염품에 이와 같이 네 종류가 있는 까닭은, 잡염품의 체體는 오온이기 때문이고, 잡염품의 유전流轉은 연으로 생하기 때문이며, 유전의 근본은 두 가지 집착이기 때문이다. (그런데) 두 가지 집착 중에 아집은 거칠기 때문에 먼저 설했고 법집은 미세하기 때문에 나중에 설하였으니, 아집은 반드시 법집에 의지해서 생겨나기 때문이다.

이것은 첫 번째로 오온의 사를 밝힌 것이다.

(경문에서) "잡염품"이라 한 것은 번뇌·업·생이라는 세 가지 잡염이다.

"제행을 포섭하는 사"란 오온에 해당한다. 오온에 의해서 유위의 사들을 포섭하기 때문에 '제행을 포섭하는 사'라고 설한 것이다. 혹은 '제행'이라 한 것은 온蘊·계界·처處를 포섭한다고 볼 수도 있다. 비록 이와 같이 두 가지 설이 있지만, 앞의 설이 뛰어나다. 계·처의 두 문에는 '행이 아닌 것(非行)'에 속한 것도 있기 때문이다.[165]

---

164 『顯揚聖敎論』권20(T31, 581c19) 참조.
165 이나바 : 界處二門, 屬非行故. 관공 : 由於界處二門之中, 亦有不是行所攝故.
　　　이나바의 복원문에서 "계·처의 두 문은 비행에 속하기 때문이다."라고 하였고, 관공의 환역에서 "계·처라는 두 개의 문 중에는 또한 행에 포섭되지 않는 것이 있기 때

釋曰。第二如來別釋二十九事。分爲二種。初明雜染品事。後辨淸淨品二十五事。顯揚論第二十云。二十九種事者。謂於遍攝九事經中。依雜染品。說有四事。依淸淨品。說有二十五事。說雜染品。分爲四種。一明五蘊。二明緣生。三明我執。四明法執。所以雜染如是有四。雜染體者五蘊故。雜染流轉緣生故。流轉本者二執故。於二執中。我執麤故前說。法執細故後說。我執必依法執生故。此卽第一明五蘊事。雜染品者。煩惱業及生三雜染。攝諸行事。是卽五蘊。依五蘊攝有爲事故。說攝¹⁾行事。或可言諸行者。攝蘊界處。雖如是有二說。前說爲勝。界處二門屬非行故。²⁾

---

1) ㉠ 경문에 의거해서 '攝' 뒤에 '諸'를 보입해야 한다. 2) ㉠ '界處二門屬非行故'의 의미가 불명확하다. '門' 뒤에 '中有'를 보입해야 한다. 해당 번역문 역주 참조.

(b) 연생緣生

경 그것이 차례로 수전하는 사가 있으며,

彼次第隨轉事。

문이다."라고 하였는데, 후자가 더 명료한 듯하다. 이 문장은 "攝諸行事"라는 경문에 대한 두 가지 해석 중에서 뒤의 해석이 앞의 해석에 비해 논리적으로 미진한 점을 지적한 것이다. 앞의 해석에 따르면, 경문에서 '諸行'이라 한 것은 잡염법에 의거해서 시설된 유위有爲의 사事를 가리키고, 오온五蘊이 그 유위법을 포섭하는 범주이기 때문에 오온을 일컬어 '제행을 포섭하는 사'라고 한 것이다. 원측은 이 해석이 더 우수하다고 판정하였다. 이와 달리, 후자의 해석에 따르면, '제행을 포섭하는 사'란 온·처·계를 가리킨다. 그런데 경문에서 "제행諸行(유위법)을 포섭하는 사"라고 한 것은 오온과는 동일한 포섭관계에 있지만 처·계와는 동일한 포섭관계에 있는 것이 아니다. 왜냐하면 처와 계는 오온의 유위법뿐만 아니라 오온에 속하지 않는 무위법無爲法까지 포함하는 범주이기 때문이다. 다시 말하면 유위·무위의 일체법一切法을 다 포함하는 범주다. 원측은 아마도 그 점을 지적하기 위해서 "계와 처에는 '행이 아닌 것(무위법)'에 속하는 것도 있기 때문이다."라고 말한 듯하다.

석 두 번째는 십이연생을 밝힌 것이다. 말하자면 잡염의 십이연생이 차례로 수전하는 것이니, 가령 무명의 연에 의지해서 행이 생하고 내지는 생의 연에 의지해서 노·사가 생하는 것이다.

혹은 (위 경문에서) "그것(彼)"이란 저 오온을 가리킨다고 볼 수도 있다. 『현양성교론』에서는 말하길, "이 중에서 차례로 전전하는 사"[166]라고 하였다.

釋曰。第二明十二緣生。謂如雜染十二緣生次第隨轉。如依無明緣生行。乃至依生緣生老死。或可彼者。卽彼五蘊。顯揚論言。卽於此中次第轉事。

(c) 아집我執과 법집法執

경 곧 이 가운데서 보특가라의 상想을 짓고 나서 미래세에서 유전하는 인因의 사, 법의 상을 짓고 나서 미래세에서 유전하는 인의 사가 있다.

卽於是中。作補特伽羅想已。於當來世流轉因事。作法想已。於當來世流轉因事。

석 세 번째는 아집·법집의 사를 밝힌 것이다.[167]

『현양성교론』에서는 말하길, "곧 이 가운데서 중생상衆生想을 건립해서 이후에 유전하는 인因의 사, 이 가운데서 법상法想을 건립해서 이후에 유

---

166 『顯揚聖教論』 권20(T31, 581c2021).
167 이나바: 第三明我執事. 관공: 此是第三說我執及法執事.
    이나바의 복원문에 착오가 있는 듯하다. 위의 경문은 잡염품의 네 종류(오온, 연생, 아집, 법집) 중에서 뒤의 두 가지 집착(아집과 법집)에 대해 설명한 것이다. 따라서 관공의 환역처럼 "세 번째는 아집·법집의 두 가지 사를 밝힌 것이다."라고 하는 것이 바르다.

전하는 인의 사[168]·[169]라고 하였다.

이 경문의 뜻을 설하자면, 이 두 가지 집착에 의해 잡염품의 오온에서 아상과 법상을 일으킴으로 말미암아 (이것이) 미래세에 유전의 인因이 된다는 것이다.

釋曰。第三明我執[1]事。顯揚論言。卽於此中。立衆生想後轉因事。[2] 此中意說。如依此[3]執。雜染蘊中。由我想法想。於當來世。爲流轉因。

1) ㉠ '我執' 뒤에 '法執'을 보입해야 한다. 해당 번역문 역주 참조. 2) ㉠ '事' 뒤에 문구가 누락된 듯하다. 해당 번역문 역주 참조. 3) ㉠ 관공의 환역에 의거해서 '此' 뒤에 '二'를 보입해야 한다.

b) 청정품清淨品의 사事를 설명함

(a) 세간의 청정한 네 가지 사

ⓐ 문혜聞慧

경 청정품에 의거해서, 염념念을 소연에 묶어 두는 사가 있고

---

168 이나바 : 卽於此中, 立衆生想後轉因事. 관공 : 三卽於此中, 立衆生想後轉因事. 四卽於此中, 建立法想後轉因事.
　　이나바의 복원문에는 관공의 환역 중 밑줄 친 부분에 해당하는 문구가 없다. 말하자면 이나바의 복원문에는 『顯揚聖敎論』에서 '아집'에 관한 문구만 인용되어 있고, 관공의 환역에는 '법집'에 관한 것도 함께 인용되었다. 그런데 위의 경문은 아집·법집의 사事를 설한 것이기 때문에 『顯揚聖敎論』에서 그에 상응하는 문장을 인용하는 것이 바르다. 『顯揚聖敎論』 권20(T31, 581c22)에는 '법집의 사'에 대해 "이 가운데서 법상法想을 건립하고서 이후에 유전하는 인의 사(卽於此中, 建立法想後轉因事.)"라고 하였는데, 이는 관공의 환역과 일치한다.
169 『顯揚聖敎論』 권20(T31, 581c21) 참조.

依淸淨品。有繫念於所緣事。

[석] 이하는 두 번째로 청정품의 스물다섯 가지 사를 설명한 것이다. 이 중에 두 가지가 있다. 처음은 세간의 청정한 네 가지 사를 밝힌 것이다. 나중은 출세간의 청정한 스물한 가지 사를 설명한 것이다.

처음의 사(세간의 청정한 사)에 네 종류가 있다. 첫째는 문혜를 밝혔고, 둘째는 사혜를 밝혔으며, 셋째는 가행정[170]이고, 넷째는 근본정[171]이다. 세간의 청정품에 (이와 같은) 네 종류 사가 있다고 한 까닭은, 유가문瑜伽門의 차례에 따를 때 반드시 이전의 문혜로 말미암아 사혜를 이끌어 내고 사혜로 말미암아 가행정을 이끌어 내며 가행정으로 말미암아 근본정을 획득하니 그 차례에 따랐기 때문에 네 종류를 설한 것이다.

이것은 첫 번째로 문혜의 사를 밝힌 것이다.

"청정품"이란 세간·출세간 및 유루·무루의 청정한 제법을 말한다. 청정품 중에서 이것(문혜)은 세간의 청정품을 밝힌 것이다.

"염念을 소연에 묶어 두는 사"라고 한 것은 욕계의 문혜를 말하니, 교설에 마음을 묶어 두는 것이다. 혹은 마음을 소전의 의미(所詮義 : 교설로 나타냈던 의미·이치),[172] 염안주念安住(염주念住)의 경계에 묶어 두는 것이라 할 수

---

170 가행정加行定 : 근분정近分定을 뜻한다. 색계 사선과 무색계 사선에는 모두 근본정과 근본정根本定이 있는데, 색계와 무색계의 선정 자체를 근본정이라 한다면, 그에 들기 직전의 예비 단계를 근분정이라 한다.
171 이나바 : 根本定, 관공 : 四事定.
　두 단어는 모두 가행정加行定(近分定)을 거친 다음에 들어가는 색계 사선과 무색계 사선의 본격적 선정을 가리킨다. 그런데 '四事定'이라는 문구의 용례는 혜원慧遠의 『大乘義章』 권14(T44, 753a21)가 거의 유일하고, 신역 문헌에서는 모두 '根本定'이라 한다. 따라서 이나바의 복원문을 따랐다.
172 이전의 해석에 따르면, 마음을 집중해야 할 대상은 바로 언어 자체로서의 교설이다. 그런데 이 해석에 따르면, 마음을 집중해야 할 대상은 그 교설에 의해 나타내려 했던 바의 의미·이치다. 전자를 일컬어 '능전能詮의 교敎'라고 하고, 후자를 일컬어 '소전所詮의 의義'라고 한다.

도 있다.

釋曰。自下第二明淸淨品二十五事。於中有二。初明世間淸淨四事。後辨出
世間淸淨二十一事。初事有四。一明聞慧。二明思慧。三加行定。四根本定。
所以世間淸淨有四事者。隨瑜伽門次第。必由前聞慧引生思慧。由思慧引
生加行定。由加行定得根本定。其次第故。說爲四種。此卽第一明聞慧事。
情淨品者。謂世出世及有漏無漏淸淨諸法。淸淨品中。此卽明世間情淨品。
繫念於所緣事者。欲界聞慧。繫心於敎說。或可繫心於所詮義。念安住境。

ⓑ 사혜思慧

경 이 가운데서, 근정진의 사,

卽於是中。勤精進事。

석 두 번째는 사혜의 사를 밝힌 것이다. 말하자면 문혜의 경계에서 전일하게 진리(諦)를 보고 나서 부지런히 정진함에 의해 작의作意하는 것이다.[173]

釋曰。第二明思慧事。謂於聞慧境。一向見諦已。依勤精進作意。

ⓒ 가행정加行定

---

[173] '사혜思慧'란 진리를 통찰하고 나서 부지런히 정진할 때의 모든 작의作意를 가리킨다. 여기서 '작의한다'는 것은 좁게는 특정한 경계에로 초점을 맞추는 정신 작용을 말하지만, 넓게는 '사유한다'는 말과 같다.

경 심안주의 사,

心安住事。

석 세 번째는 가행정을 밝힌 것이다. 말하자면 사혜로 말미암아 마음을 가행정에 편안히 머물게 하는 것이다.

釋曰。第三明加行定。謂由思慧。安住心於加行定。

ⓓ 근본정根本定

경 현법락주의 사가 있다.

現法樂住事。

석 네 번째는 근본정을 밝힌 것이다. 육신통을 획득하고 나서 현법에 즐거이 머무는 것이다.

釋曰。第四明根本定。得六神通已。樂住於現法。

(b) 출세간의 청정한 스물한 가지 사

ⓐ 한 가지 사로써 순해탈분順解脫分을 설명함[174]

---

174 이나바의 복원문에서 '해탈분解脫分'이라 한 것은 '순해탈분順解脫分'을 말하며, 대승 보살의 다섯 계위 중에서는 첫 번째 자량위資糧位, 즉 삼현위三賢位의 수행에 해당한다. 이 지위는 해탈에 수순하는 선법善法을 쌓아 가는 단계이기 때문에 '순해탈분'이

경 일체의 고를 뛰어넘는 연緣의 방편의 사,

超一切苦緣方便事。

석 이하는 두 번째로 출세간의 청정한 스물한 가지 사를 밝힌 것이다. (이것을) 개시하자면 여섯 종류가 된다. 첫째는 한 가지 사事로써 순해탈분順解脫分을 밝힌 것이다. 둘째는 네 가지 사로써 순결택분順決擇分을 밝힌 것이다. 셋째는 네 가지 사로써 견도見道를 설명한 것이다. 넷째는 여섯 가지 사로써 수도修道를 설명한 것이다. 다섯째는 네 가지 사로써 무학도無學道를 설명한 것이다. 여섯째는 두 가지 사로써 수승함과 수승하지 않음을 밝힌 것이다.

이것은 하나의 사事로써 순해탈분을 밝힌 것이다.

경문을 (해석하자면,) 두 가지 설이 있다.

한편에서는 말한다. 〈"모든 고를 뛰어넘는"이라 한 것은 열반이다. 말하자면 모든 유정들은 열반에 의거하고 해탈분의 선善을 연으로 하여 일체의 고를 뛰어넘는데,[175] 열반의 방편인方便因이 되기 때문에 "방편의 사"라고 이름한 것이다.〉

라 한다. 경문에서 '방편의 사'라고 한 것은 이 해탈분을 나타낸 것이다.

[175] 이나바 : 謂諸有情, 依涅槃, 緣解脫分善, 超一切苦, 成涅槃方便因故, 名方便事. 관공 : 謂以涅槃爲緣, 衆生能超一切苦, 又所有一切以解脫分爲緣而念善法者, 皆爲涅槃之方便因, 故曰方便事.

이나바의 복원문에 따르면, "모든 유정은 열반에 의지하고 해탈분의 선을 연으로 하여 일체의 고를 뛰어넘으니, 열반의 방편인方便因을 이루기 때문에 '방편의 사'라고 한다." 관공의 환역에 따르면, "열반을 연으로 해서 중생이 능히 일체의 고를 뛰어넘는다. 또 모든 일체의 '해탈분을 연으로 삼아서 선법을 염하는 것'들은 모두 열반의 방편인이기 때문에 '방편의 사'라고 한다." 이 두 판본의 문장이 다소 번잡한데, 그 취지는 비교적 간단하다. 원측의 과목 분류에 따르면, 어쨌든 위의 경문은 '순해탈분順解脫分의 선법善法'이라는 하나의 청정한 사事는 '열반의 방편인方便因'이고, 그러한 의미에서 "방편의 사(方便事)"라고 칭한 것이다.

한편에서는 말한다. 〈해탈분의 선에 두 가지 의미(義)가 있으니, 첫째는 생사의 모든 고를 뛰어넘는 연緣이고, 둘째는 열반의 방편을 연하는 것이다. 따라서 "일체의 고를 뛰어넘는 연의 방편의 사"라고 한 것이다.〉

釋曰。自下第二明出世間淸淨二十一事。開爲六種。一以一事明解[1]脫分。二以四事明決[2]擇分。三以四事明見道。四以六事明修道。五以四事明無學道。六以二事明勝不勝。此卽一事明解*脫分。文有兩說。一云。超一切苦。是卽涅槃。謂諸有情。依涅槃緣解脫分善。超一切苦。成涅槃方便因故。名方便事。一云。解脫分善。有二種義。一超生死一切苦緣。二緣涅槃方便。故名超一切苦方便緣[3]事。

1) ㉠ '解' 앞에 '順'을 보입해야 한다. 이하 동일. 2) ㉠ '決' 앞에 '順'을 보입해야 한다. 3) ㉠ 경문과 대조할 때 '方便緣'은 '緣方便'인 듯하다.

ⓑ 네 개의 사로써 순결택분順決擇分을 설명함[176]

ㄱ. 고변지苦遍知에 대해 밝힘

ㄱ) 고변지를 간략히 설함

경 그것(고제)을 변지하는 사,

---

[176] 이나바의 복원문에서 '결택분決擇分'이라 한 것은 순결택분順決擇分을 가리킨다. 대승보살의 다섯 계위 중에서는 두 번째 가행위加行位, 즉 난煖·정頂·인忍·세제일법世第一法 등 사선근四善根에 해당한다. 이 사선근의 지위에서는 더욱 가행해서 견도見道에 들어가기 위해 무루의 지혜를 닦는 단계다. 이하에서 설하는 네 가지 사, 즉 '고제를 두루 앎(苦遍知), 집제를 끊음(斷集), 멸제를 증득함(證滅), 도제를 수습함(修道)' 등은 모두 순결택분을 밝힌 것이다.

彼徧¹⁾知事。

1) ⑳『解深密經』권5(T16, 708c27)에 '徧'이 '遍'으로 되어 있다.

석 두 번째로 네 가지 사로써 순결택분順決擇分을 설명한 것이다. 이 중에 두 가지가 있다. 처음에는 '고苦의 변지遍知(두루 앎)'라는 사를 밝혔다. 나중에는 집集을 단멸함, 멸滅을 증득함, 도道를 수습함이라는 사를 밝혔다. 말하자면 사성제에 의지해서 난煖·정頂(·인忍·세제일법世第一法) 등의 사선근을 생하기 때문에 네 종류 사를 설한 것이다.

이것은 첫 번째로 '고의 변지'라는 사를 밝힌 것이다. 이 중에서 두 종류로 구분된다. 처음에는 고의 변지를 간략히 설하였고, 나중에는 세 종류 변지를 따로따로 해석한 것이다.

이것은 처음에 해당한다. 말하자면 삼계의 고제苦諦를 변지하기 때문에 '변지'라고 한 것이다.

釋曰。第二以四事明決¹⁾擇分。於中有二。初明苦徧²⁾知事。後辨斷集證滅修道事。謂依四聖諦。生煖頂等四善根故。說四種事。此卽初明苦徧*知事。於中分爲二種。初略說苦徧*知。後別釋三徧*知。此卽初也。謂徧*知三界苦諦。故名徧*知。

1) ⑳ '決' 앞에 '順'을 보입해야 한다. 2) ⑳ 경문에 '徧'이 '遍'으로 되어 있다. 이하 동일.

ㄴ) 세 종류 변지를 따로 해석함

경 이것(고의 변지)은 다시 세 종류다. 전도에서 소의처를 변지하기 때문이고, '유정'의 상想에 의거하는 외부 유정 가운데서의 사행에서 소의처를 변지하기 때문이며, 내적으로 증상만을 떠남에서 소의처를 변지하기 때문이다.¹⁷⁷

此復三種。顚倒徧[1)]知所依處故。依有情想。外有情中邪行。徧*知所依處故。
內離增上慢。徧*知所依處故。

1) ㉠『解深密經』권5(T16, 708c28)에 '徧'이 '遍'으로 되어 있다. 이하 동일.

석 두 번째는 세 종류 변지를 따로 해석한 것이다.

"이것은 다시 세 종류다."라고 한 것은, 첫째로 전도에서 소의처를 변지하기 때문이고, 둘째로 유정의 상상에 의지하는 외부 유정 가운데서의 사행에서 소의처를 변지하기 때문이며, 셋째로 내적으로 증상만을 떠남에서 소의처를 변지하기 때문이다.[178]

---

177 이 경문의 번역이 다소 난해하다. 이나바의 복원문에는 "顚倒遍知의 所依處이기 때문이고, 有情의 想에 依하는 외부 有情들 중의 邪行遍知의 所依處이기 때문이며, 내적으로 增上慢을 떠나는 遍知의 所依處이기 때문이다."라고 되어 있는데, 이는 오역인 듯하다. 이하의 원측의 해석에 따르면, 그 경문에 대해서는 예로부터 세 가지 해석이 있었고, 대당 삼장(현장)은 그중 두 번째 해석이 우수하다고 판정하였다. 그 두 번째 해석에 따르면, 처음의 두 종류 변지遍知는 욕계의 고제苦諦를 두루 아는 것이다. 말하자면 첫 번째의 변지는 모든 전도顚倒의 소의처가 바로 고제임을 두루 아는 것을 말한다. 두 번째 변지는 사행邪行이 일어나게 되는 소의처가 바로 '외부 유정'이라는 것, 또 그 사행에는 반드시 '유정'이라는 관념이 선행한다는 점을 두루 아는 것을 말한다. 세 번째의 변지는 상계의 고제를 두루 아는 것이다. 말하자면 상계의 번뇌들이 '색계의 몸'을 소의처로 삼아 일어남을 두루 아는 것을 일컬어 경문에서는 '증상만을 떠남에서 소의처를 변지한다'고 한 것이다. 이러한 해석에 준할 때, 위의 경문을 "顚倒에서 所依處를 遍知하기 때문이고,……하략……"라고 번역하거나, 혹은 "顚倒의 所依處를 遍知하기 때문이고……하략……"라고 번역해야 한다. 이하의 경문 번역에서도 모두 같은 이유에서 이나바의 번역을 따르지 않았다.

178 이나바 : 初依顚倒徧*知所依處故. 二依有情想外有情中邪行徧*知所依處故. 三內離增上慢徧*知所依處故. 관공 : 卽一徧*知顚倒所依處故. 二徧*知依有情想於外有情生起邪行所依處故. 三徧*知內離增上慢所依處故.〔*徧은 遍이다.〕
　　두 판본의 문구가 상이하고 의미도 다르다. 아마도 관공의 환역이 바른 듯하다. 이나바의 복원문에 따르면 "첫째, 顚倒에 依하는 遍知의 所依處이기 때문이고, 有情의 想에 依하는 외부 有情들 중의 邪行遍知의 所依處이기 때문이며……이하 생략……"라고 하였다. 한편, 관공의 환역에 따르면, "즉 첫째, 顚倒의 所依處를 遍知하기 때문이고, 둘째 有情의 想에 의거하여 외부 有情에게 邪行을 일으키는 所依處를 遍知하기 때문이며……이하 생략……"라고 하였다. 그런데 위의 경문은 顚倒의 所依處가 고제임을 아는 것, 邪行의 所依處가 외부 유정임을 아는 것, 상계에서 일어나는 번뇌이 세 개의 경문에 대해 각기 설명이 다르다.
한편에서는 말한다.

"전도顚倒에 소의처를 변지하기 때문"이라 한 것은, 삼계의 고제苦諦가 모든 전도의 소의처임을 두루 알기 때문이다.[179]

"유정이라는 상想에 의거하는 외부 유정 가운데서의 사행에서 소의처를 변지하기 때문"이라고 한 것은, 욕계의 고제를 변지하는 것이다. '유정'이라는 상에 의지하여 살생殺生 등의 업도業道를 발생시키고, 혹은 (그 업도를 생기하기) 이전에 결정코 '유정'이라는 상을 생기하는 업이 있음을 변지하는 것이다.[180] "외부 유정 가운데서의"라고 한 것은 업을 일으키는 소의처를 나타내고, "사행"이란 거기에서 일어난 바의 업행이다.[181] 이 경문의 뜻을 설하자면, 욕계의 고제를 변지해서 '유정'의 상에 의지하는 외부 유정 중의 사행의 소의처를 변지하기 때문이다.[182]

의 所依處가 색계의 몸임을 두루 아는 것을 설한 것이다. 따라서 관공의 환역을 따랐다. 자세한 것은 앞의 역주 참조.

179 이나바 : 徧*知三界苦諦諸顚倒所依處故. 관공 : 謂徧*知三界苦諦, 是諸顚倒所依處故.〔*徧은 遍이다.〕
　두 판본의 문장이 거의 동일하지만, 그 의미가 조금 다르다. 이나바의 복원문에서는 "三界의 苦諦의 諸顚倒의 所依處를 遍知하기 때문이다."라고 하였다. 이에 대해, 관공의 환역에서는 "三界의 苦諦가 諸顚倒의 所依處임을 遍知하기 때문이다."라고 하였다. 앞의 역주에서 말했던 것과 같은 이유에서 관공의 환역을 따랐다.

180 외부 중생을 살생하는 등의 악업을 일으키기에 앞서 반드시 '유정有情'이라는 관념(想)이 선행된다는 것이다.

181 이나바 : 彼令生業行. 관공 : 彼所起業行.
　이나바의 복원문 중에서 '令'을 '所'로 바꾸는 것이 더 자연스럽다. '외부 유정'은 사행을 일으키는 소의처所依處, 즉 사행이 가해지는 처소이고, 그곳에서 생기한 바(所生)의 업행을 일컬어 '사행邪行'이라 한다는 것이다.

182 이나바 : 徧*知欲界苦諦, 徧*知依有情想外有情中邪行所依處故. 관공 : 徧*知欲界苦諦, 是依起有情想, 對於外之有情, 而作邪行所依處故.〔*徧은 遍이다.〕
　이나바의 복원문에 따르면 '욕계의 고제를 변지해서……외부 유정들 중에서의 사행의 소의처를 변지하게 된다'는 의미이고, 관공의 환역에 따르면 '욕계의 고제가 바로

"내적으로 증상만을 떠남에서 소의처를 변지하기 때문이다."라는 것은, 색계의 몸이 고제임을 두루 아는 것이다. 말하자면 상위의 두 계(색계와 무색계)의 모든 번뇌는 내적인 몸에 의지하여 생겨나기 때문에 "내면에서 증상만을 떠남"이라고 설한 것이다.[183]

한편에서는 말한다. 〈처음의 두 종류 변지는 오직 욕계(의 고제를 변지하는 것이고), 세 번째 변지는 상위의 두 계의 (고를 변지하는 것이며), 그 나머지는 이전의 설과 같다.〉

한편에서는 말한다. 〈세 종류는 그 차례대로 삼계의 고를 두루 아는 것이다.〉

이와 같이 설들이 많기는 하지만, 대당 삼장은 『유가석론瑜伽釋論』에 의거해서 두 번째 설이 뛰어나다고 하였다.

釋曰。第二別釋三徧[1]知。言此復三種者。初依顚倒徧*知所依處故。二依有情想。外有情中邪行。徧*知所依處故。三內離增上慢。徧*知所依處故。此三經文。各說不同。一云。顚倒徧*知所依處故者。徧*知三界苦諦諸顚倒所依處故。依有情想外有情中邪行徧*知所依處者。徧*知欲界苦諦。依有情想。生殺生等道。或前定有生有情想業。外有情中者。顯發起業所依處。言邪行者。彼令[2]生業行。此中意說。徧*知欲界苦諦。徧*知依有情想外有情中邪行所依處故。內離增上慢徧*知所依處故者。色界中身。徧*知苦諦。謂上二界一切煩惱。依內身生。故說爲內離增上慢。一云。初二徧*知。唯言欲界。第三徧*知。言上二界。餘如前說。一云。三者如其次第。三界苦徧*

외부 유정들에게 사행을 일으키는 소의처임을 변지한다'는 의미이다.
183 색계와 무색계의 번뇌들이 내적인 색계의 몸에 의거해서 생겨남을 변지함에 따라서 내적으로 증상만을 떠날 수 있게 된다. 따라서 번뇌의 소의처인 색계의 몸에 대해 두루 아는 것을 일컬어 '내적으로 증상만을 떠남에서 소의처를 변지한다'고 했다는 것이다.

知。雖如是說多。大唐三藏。依瑜伽釋論。第二爲勝。

1) ㉎ 경문에 '徧'이 '遍'으로 되어 있다. 이하 동일.   2) ㉎ '令'은 '所'인 듯하다. 해당 번역문 역주 참조.

ㄴ. 단집斷集과 증멸證滅과 수도修道를 밝힘

경 수습의 의지처인 사, 작증의 사, 수습의 사,

修依處事。作證事。修習事。

석 두 번째는 집제의 단멸과 멸제의 증득과 도제의 수습이라는 사를 밝힌 것이다.

이 중에서 집제란, 이품異品의 두 종류 번뇌를 수습하기 때문에 "수습의 의지처인 사"라고 하였다.[184]

멸제는 무위이기 때문에 "작증의 사"라고 하였다.

성도聖道를 일컬어 "수습의 사"라고 하였다.

따라서 경론에서 설하길, 고를 변지해야 되고 내지는 도를 수습해야 된다고 설한다.[185]

---

[184] 집제集諦란 본래 고제苦諦를 초감해 내는 원인이 되는 번뇌를 가리킨다. 경문에서는 이 '집제'를 가리켜 "수습의 의지처인 사"라고 하였는데, 이는 집제(번뇌)가 단멸시켜야 할 수습의 대상이기 때문이다.

[185] 이나바 : 可徧*知苦, 可修習道. 관공 : 苦應知, 乃至道應修. 〔*徧은 遍이다.〕
　이나바의 복원문에는 '遍知苦'와 '修習道'라는 두 문구만 있는데, 관공의 환역처럼 두 문구 사이에 '乃至'라는 생략 표시가 들어가야 한다. 이 문장은 여러 경론들에서 '고제를 두루 알아야 하고(遍知苦諦), 집제를 영원히 끊어야 하며(永斷集諦), 멸제를 작증해야 하고(作證滅諦), 도제를 수습해야 한다(修習道諦)'고 했던 것을 가리킨다. 중간의 두 가지가 생략되었으므로 '乃至'를 넣는 것이 바르다.

釋曰。第二明斷集證滅修道事。此中集諦。修習異品二煩惱故。名修依處事。
滅無爲故。名作證事。聖道名修習事。故經論說。可徧[1]知苦。[2] 可修習道。

1) ⓔ 경문에 '徧'이 '遍'으로 되어 있다.   2) ⓔ '苦' 뒤에 '乃至'가 누락된 듯하다. 해당 번역문 역주 참조.

ⓒ 네 가지 사로써 견도見道를 설명함

경 그것을 견고해지도록 하는 사, 그것의 행상인 사, 그것의 소연인 사, 이미 끊은 것과 아직 끊지 않은 것을 관찰하는 선교의 사,

令彼堅固事。彼行相事。彼所緣事。已斷未斷觀察善巧事。

석 세 번째는 네 가지 사로써 견도를 밝힌다.
"그것을 견고해지도록 하는 사"란 진견도眞見道[186]이다. 도道를 진성眞性이라고 보는 것에 의해서 진眞·상相의 두 종류 견도에서 퇴전하지 않기 때문이다.[187] 다른 이의 해석에 따르면, 견도를 획득함에 의해 이생異生(범

---

[186] 이 견도에는 두 종류가 있으니, 진견도眞見道와 상견도相見道이다. 이 중에서 '진견도'란 사선근위四善根位의 마지막인 세제일법世第一法에서 무간無間으로 생긴 것을 말하는데, 생공·법공이라는 두 가지 공에 의해 현현되는 진여를 증득하고 단박에 일체의 견소단見所斷의 미혹을 끊는 것을 일컬어 '진견도'라고 한다. 자세한 것은 『成唯識論』 권9(T31, 50a4) 참조.
[187] 이나바 : 依見道眞性, 眞相二種見道不退故. 관공 : 謂由眞見道爲緣曰眞, 能令二種有相見道不失壞故.
　　두 판본 간의 차이가 크다. 우선, 이나바의 복원문에서는 "道를 眞性이라고 見함에 依해서 眞과 相과의 二種의 見道에서 退하지 않기 때문이다."라고 하였는데, 그 의미가 명료하지 않다. 한편, 관공의 환역에서는 "眞見道가 緣이 되는 것을 眞이라 하니, (이것이) 능히 두 종류 有相見道로 하여금 실괴되지 않도록 하기 때문이다."라고 하였는데, 전후 문맥상으로 이것이 더 명료한 듯하다. 여기서 '有相見道'란 '相見道'와 같고, '두 종류 有相見道'란 바로 다음 문장에서 언급되는 '相見道의 三心 및 十六心'을 가리킨다.

부) 중으로 결코 퇴전하지 않기 때문에 견도를 일컬어 '견고해지도록 하는 사'라고 한 것이다.

"그것의 행상인 사"란 상견도相見道이다. (견도의) 세 가지 마음(三心)[188]과 열여섯 종류 마음(十六心)[189]의 행상이 각기 다르기 때문이다.

"그것의 소연인 사"라는 것은 상견도의 소연경사所緣境事(관하는 경계)를 나타낸 것이다.

"이미 끊은 것과 아직 끊지 않은 것을 관찰하는 선교의 사"라는 것은 상견도에 의지해서 이미 끊은 견소단見所斷의 번뇌와 아직 끊지 않은 수소단修所斷의 번뇌를 관찰하는 것이다.

> 釋曰。第三以四事明見道。令彼堅固事者。眞見道。依見道眞性。眞相二種見道不退故。他釋云。依得見道。異生中決不退轉故。見道名令堅固事。彼行相事者。相見道。三心及十六心。相各別故。彼所緣事者。顯相見道所緣境事。已斷未斷觀察善巧事者。依相見道。觀察已斷見所斷煩惱。及未斷修

---

[188] 세 가지 마음 : 견도見道의 삼심三心이란 상견도相見道에서 비안립제非安立諦를 관하는 세 품의 마음을 말한다. 『成唯識論』 등에 따르면, 세 가지 마음이란 '내적으로 유정가를 버리는 연지(內遣有情假緣智)'와 '내적으로 법가를 버리는 연지(內遣法假緣智)'와 '두루 유정가와 법가를 버리는 연지(遍遣有情法假緣智)'다. 이 중에, '내적으로 유정가를 버리는 연지'란 유정이라는 가상의 복합물을 관의 대상으로 삼아서 그것이 가짜임을 관찰하는 지혜를 뜻한다. '유정가有情假'란 '실재적인 나'라고 허망하게 집착되는 대상인데, 그것은 본래 실체가 없는 가립의 복합물이기 때문에 '가假'라고 하였다. '연지緣智'란 앞서 말한 '가짜(假)를 반연하는 지智'를 가리킨다. 다음에 나오는 두 종류 '연지'도 이에 준해서 해석하면 된다. 『成唯識論』 권9(T31, 50a11), 『成唯識論述記』 권9(T43, 570a16) 참조.

[189] 열여섯 종류 마음 : 견도見道의 십육심十六心을 말한다. 견도에서는 사제四諦의 이치를 관하여 무루의 팔인八忍과 팔지八智가 일어난다. 이 중에 욕계에서 사제를 관찰하여 얻은 지를 법지法智라고 한다면, 색계·무색계에서 사제를 관찰해서 얻은 지는 '법지'와 유사하므로 '유지類智'라고 한다. 또 이러한 '지'가 일어나기 직전에 사제를 '제'로서 인가忍可하는 것을 '인忍'이라 한다. 욕계의 사법지와 색계의 사유지, 그리고 욕계의 사법인四法忍과 색계의 사유인四類忍을 일컬어 '열여섯 종류 마음'이라고 하였다.

所斷煩惱。

ⓓ 여섯 가지 사로써 수도修道를 설명함

경 그 산란된 사, 그 산란되지 않는 사, 산란되지 않음의 의지처인 사, 구로가행을 수습하는 사, 승리를 수습하는 사, 그 **견고**한 사,

彼散亂事。彼不散亂事。不散亂依處事。修習劬勞加行事。修習勝利事。彼堅牢事。

석 네 번째는 여섯 가지 사로써 수도를 밝힌 것이다.
이 경문에 대해 각기 설이 다르다.
한편에서는 말한다.

"그 산란된 사"라는 것은, 이미 견도에서 나왔지만 아직은 수도에 들어가지 않은 그 중간에 잠시 산란된 마음을 일으키는데, (이것은) 잡염이 아니기 때문에 '산란'이라 이름하였다.
"그 산란되지 않는 사, 산란되지 않음의 의지처인 사"라는 것은, 선정에 머물면서 욕계의 수소단의 번뇌를 끊는 가행도加行道를 말한다. '산란되지 않는 사'란 선정의 상을 제외한 나머지 동시同時의 법에 해당하고, '산란되지 않음의 의지처인 사'란 오직 선정 자체만 취한 것이다.[190]
이것이 지혜를 의지(依)로 삼기 때문에 '의지처'라고 하였다.
"구로가행을 수습하는 사"라 한 것은, 색계·무색계의 수소단의 번뇌

---

[190] '산란되지 않음의 의지처'란 선정 자체를 가리키고, 그 산란되지 않는 선정에 의지해서 일어난 그 밖의 동시적인 법들은 '산란되지 않는 법'에 해당한다는 것이다.

를 끊는 무애도無礙道[191]이다.

"그 견고한 사"란 금강심[192]의 무애도(무간도)와 같은 것이다.[193]

한편에서는 말한다. 〈앞의 세 가지 사는 이전의 설과 같다. 네 번째 사는 삼계의 수소단의 번뇌를 끊는 무간도(무애도)를 말한다. 다섯 번째 사는 색계·무색계의 근본정을 말한다. 여섯 번째 사는 이전의 설과 동일하다.〉
한편에서는 말한다.

"그 산란된 사"란 수도修道에서 문혜·사혜의 두 가지 혜에 의지할 뿐 아직 삼계의 수소단의 번뇌를 끊지 못하는 원가행도遠加行道[194]를 말한다.[195]

---

[191] 무애도無礙道 : 무간도無間道와 같은 말이다. 모든 번뇌는 견도와 수도에서 모두 끊어지는데, 이처럼 번뇌를 본격적으로 끊는 것을 무간도라 하고, 무간도에 이어 그러한 번뇌의 끊어짐을 확증하여 아는 지智가 들어서면 이를 해탈도解脫道라고 한다.
[192] 금강심金剛心 : 보살의 제10지의 마지막에 현전하는 금강정金剛定의 마음을 가리킨다.
[193] 이 해석에 따르면, 대승에서는 보살의 초지初地(極喜地)의 주심住心에서부터 제10지의 최후인 금강무간도金剛無間道(금강무애도)를 닦는 것까지를 수도라고 한다.
[194] 이나바 : 長加行道. 관공 : 加行遠道.
　　이 두 단어는 모두 한역 유식학 문헌에서 용례를 찾을 수 없다. 아마도 근가행도近加行道와 원가행도遠加行道 중에 후자를 가리키는 듯하다. 따라서 이나바의 '長加行道'를 '遠加行道'로 수정하였다. '원가행도'란 본격적으로 수소단修所斷의 번뇌를 끊는 지위와의 거리가 멀리 떨어져 있는 단계를 말한다.
[195] 이나바 : 謂修道, 依聞思二慧, 未斷三界修所斷煩惱長加行道. 관공 : 謂修道時, 不依聞思二慧, 斷除三界修所斷煩惱之加行遠道.
　　두 판본 간에 많은 차이가 있는데, 전후 문맥상 이나바의 복원문이 바른 듯하다. 이 문구는 경문에 열거된 여섯 가지 사事 중에 첫 번째 '피산란사彼散亂事'를 해석한 것이다. 위의 세 번째 해석에 따르면, 경문에서 설했던 첫 번째와 두 번째와 세 번째 사事는 수도修道의 지위이지만 아직 수도소단修道所斷의 번뇌를 끊지 못하는 단계이고, 뒤의 네 번째와 다섯 번째와 여섯 번째 사는 그 차례대로 각기 욕계와 색계와 무색계의 수도소단의 번뇌를 본격적으로 끊는 단계다. 또한 이전의 단계, 즉 아직 수도소단의 번뇌를 본격적으로 끊지 못하는 단계 중에도 두 가지가 있다. 단지 문혜·사혜에 의지하는 원가행도遠加行道, 그리고 주로 선정에 머무는 근가행도近加行道다. 경문에

"그 산란되지 않는 사, 산란되지 않음의 의지처인 사"라고 한 것은, 선정에 머물면서 아직 삼계의 수소단의 번뇌를 끊지 못하는 근가행도 近加行道[196]를 말한다. '그 산란되지 않는 사'[197]란 선정에 머물면서 다른 심·심소에 의해 산란되지 않는 것이다. '의지처인 사'란 오직 선정의 상만 취한 것이니, 그것이 지혜가 머무는 곳이기 때문에 '의지처'라고 이름하였다.

"구로가행을 수습하는 사"란 욕계의 수소단의 번뇌를 끊는 무간도·해탈도를 말한다.

"승리를 수습하는 사"란 색계의 수소단의 번뇌를 끊는 무간도·해탈도를 말한다.

"그 견고한 사"란 무색계의 수소단의 번뇌를 끊는 무간도를 말하니, 가령 금강정과 같은 것이다.

🔲 문 어째서 해탈도를 설하지 않았는가?[198]

서 설한 첫 번째 '彼散亂事'는, 수도의 지위에 있으면서 단지 문혜·사혜에 의지할 뿐 아직은 수도소단의 번뇌를 끊지 못한 단계, 즉 원가행도를 가리킨다. 그런데 관공의 환역은 그와는 다르게 해석될 소지가 있다. 그의 환역에 따르면, 첫 번째 피산란사彼散亂事는 문혜·사혜에 '의지하지 않고', 삼계의 수소단의 번뇌를 '끊는' 단계로 오해될 소지가 있고, 이는 앞의 설명과는 어긋난다.

196 이나바 : 加行道. 관공 : 加行近道.
　　이것은 이전의 '원가행도遠加行道'와 대응하는 문구이므로 '加行道' 앞에 '近'을 추가하였다.
197 이나바 : 彼散亂事. 관공 : 彼不散亂.
　　관공의 환역이 더 적절한 듯하다. 이것은 경문 중의 '彼不散亂事'라는 문구를 해석한 것이기 때문에 '不'을 넣는 것이 바르다.
198 이나바 : 云何說解脫道也. 관공 : 何故未說解脫道.
　　전후 문맥상, 관공의 환역이 바른 듯하다. '어째서 해탈도를 설하지 않는가(云何未說解脫道)'라는 질문은 직전의 세 번째 해석에서 비롯된 것이다. 그 해석에서는, 이전의 '구로가행을 수습하는 사(修習劬勞加行事)'와 '승리를 수습하는 사(修習勝利事)'에 대해서는 각기 '욕계의 수소단의 번뇌를 끊는 무간도·해탈도, 색계의 수소단의 번뇌를 끊는 무간도·해탈도"라고 해석하였다. 그런데 마지막 '그것의 견고한 사(彼堅牢

해 저 해탈도는 무학에 속하는 것이기 때문이다.[199]

『해심밀경』의 그 밖의 한 본과 『심밀해탈경』에는 '산란되지 않는 사'가 빠져 있고, 이 판본에는 여섯 가지 사가 갖추어져 있다. 범본 『상속해탈경』과 『유가사지론』 등에 의하면 여섯 가지 사가 갖추어져 있기 때문에, 이 경에서 여섯 가지 사를 갖추어 설한 것이 정확한 것이다.

釋曰。第四以六事明修道。此經文中。各說不同。一云。彼散亂事者。已出見道未入修道中間。暫起散亂心。非雜染故。名爲散亂。彼不散亂事不散亂依處事者。卽住於定。斷欲界修所斷煩惱加行道也。不散亂事。卽除定相餘同時法。不散亂依處事者。唯取定體。是卽智爲依故。名爲依處。修習劬勞加行事者。斷色無色界修所斷煩惱無礙道也。彼堅牢事者。如金剛心無礙道也。一云。前三事者。卽如前說。第四事者。斷三界修所斷煩惱無間道也。第五事者。色無色界根本定也。第六事者。卽同前說。一云。彼散亂事。謂修道依聞思二慧。未斷三界修所斷煩惱長[1)]加行道。彼不散亂事不散亂依處事者。謂住於定。住未斷三界修所斷煩惱加[2)]行道。彼[3)]散亂事。住於定。他心心所不散亂也。依處事者。唯取定相。智所住故。名爲依處。修習劬勞加行事者。斷欲界修所斷煩惱無間解脫道也。修習勝利事者。斷色界修所斷煩惱無間解脫道也。彼堅牢事。斷無色界修所斷煩惱無間道。如金剛定。問。云何說[4)]解脫道耶。解云。彼解脫道無學所攝故。解深密餘一本。及深密解脫。闕不散亂事。於此本中六事具有。依梵本相續經。及瑜伽論等。六事具有故。此中具說六事爲正。

事)'에 대해서는 단지 "무색계의 수소단의 번뇌를 끊는 무간도"라고 하였다. 따라서 어째서 이에 대해서는 무간도만 설하고 해탈도는 설하지 않았는지를 물은 것이다.
199 이상에서 수도修道의 여섯 가지 사事를 설하였는데, 금강정金剛定의 무간도까지는 수도에 속하지만 금강정의 해탈도 이후부터는 무학도無學道에 속한다. 따라서 금강정의 해탈도를 수도의 사에 포함시키지 않았다는 것이다.

1) ㉥ '長'은 '遠'인 듯하다. 해당 번역문 역주 참조. 2) ㉥ '加' 앞에 '近'을 보입해야 한다. 해당 번역문 역주 참조. 3) ㉥ '彼' 뒤에 '不'을 보입해야 한다. 해당 번역문 역주 참조. 4) ㉥ '說' 뒤에 '不' 혹은 '未'가 누락된 듯하다. 해당 번역문 역주 참조.

ⓔ 네 가지 사로써 무학도無學道를 설명함

경 성스런 행을 포섭하는 사, 성스런 행의 권속들을 포섭하는 사, 진실을 통달하는 사, 열반을 증득하는 사,

攝聖行事。攝聖行眷屬事。通達眞實事。證得涅槃事。

석 다섯 번째는 네 가지 사로써 무학도를 밝힌 것이다.
"성스런 행을 포괄하는 사"란 진지眞智(根本智)에 포섭되는 진지盡智·무생지無生智[200]를 말한다.
"성스런 행의 권속들을 포괄하는 사"란 후득지後得智에 속하는 진지·무생지를 말한다.
"진실을 통달하는 사"란 무여열반에 들어가려고 진실을 수습하는 것을 말한다.
"열반을 증득하는 사"란 무여열반에 들어가려고 먼저 멸진정滅盡定에 들어가는데, 멸진정에서 아뢰야심 가운데서 반열반하는 것을 말한다.

---

[200] 진지盡智·무생지無生智 : 사성제를 관함으로써 얻게 되는 무학의 궁극적 지혜를 말한다. 『俱舍論』에 따르면, 무학위에서는 '나는 이미 고苦를 알았다, 나는 이미 집集을 끊었다, 나는 이미 멸滅을 작증하였다, 나는 이미 도道를 닦았다'라는 자각적 앎이 일어나는데 이것을 '진지'라고 한다. 또 '나는 이미 고를 알았으므로 더 이상 알아야 할 것이 없다, 나는 이미 집을 알았으므로 더 이상 끊어야 할 것이 없다, 나는 이미 멸을 작증하였으므로 더 이상 작증할 것이 없다, 나는 이미 도를 닦았으므로 더 이상 닦아야 할 것이 없다'라는 자각적 앎이 일어나는데, 이것을 '무생지'라고 한다. 『俱舍論』 권 26(T29, 135a23) 참조.

釋曰。第五以四事明無學道。攝聖行事。眞智所攝盡無生智。攝聖行眷屬事者。後得智所攝盡無生智。通達眞實事者。欲入無餘。修習眞實。證得涅槃事者。欲入無餘。先入滅定。於滅定。賴耶心中。而般涅槃。

① 두 가지 사로써 수승함과 수승하지 않음을 설명함

ㄱ. 두 가지 사를 밝힘

경 선설법[201]과 비내야 중에서 세간정견조차 일체의 외도들이 획득한 정견의 정상을 뒤어넘는 사, 그리고 곧 이것에서 수습하지 않고 퇴실하는 사이다.

於善說法毘奈耶中。世間正見。超昇一切外道所得正見頂事。及卽於此不修退事。

석 여섯 번째는 두 가지 사로 수승함과 수승하지 않음을 설명한 것이다. 이 중에 두 가지가 있다. 처음에는 두 가지 사를 밝혔고, 나중에는 숨겨진 비난을 해석하였다.
이것은 처음에 해당한다.
"선설법과 비내야"란 삼장의 교설을 말한다. '선설법'이란 계경契經과 대법장對法藏이고, '비내야'란 조복장調伏藏이다. 따라서 『유가사지론』 제83권에서는 말한다. "'선설법'이라 한 것은, 도리에 포섭되는 것이기 때문이고, 뛰어난 공덕을 임지하기 때문이다. '비내야'라 한 것은 모든 번뇌의 소멸에

---

201 '선설법善說法'이라는 단어는 '선설과 법'으로 분석될 수도 있고, '선설법'이라는 한 단어로 이해될 수도 있다. 전자의 경우 선설은 계경에 해당하고 법은 논론을 가리키고, 후자의 경우 계경과 논을 통칭하는 말이다.

수순하는 것이기 때문이다."²⁰² '선설법과 비내야'라고 한 것에 대해 자세히 설명하자면, 이미 앞에서 설명한 것과 같으니, 알 수 있을 것이다.²⁰³

이 경문의 뜻을 설하자면, 삼장에서 설했던 바의 순해탈분이 포섭하는 세간의 하열한 정견조차도 일체의 외도들이 획득한 정견의 정상을 뛰어넘는 사라는 것이다.²⁰⁴

"정견의 정상을 뛰어넘는 사"라고 한 것에 대해 두 가지 해석이 있다. 한편에서는 말한다. 〈'정수리를 보는 정견의 지(見頂正見地)'이기 때문에 '정견의 정상을 뛰어넘는 사(超昇正見頂事)'라고 이름한 것이다.²⁰⁵〉 한편에서는 말한다. 〈이는 비유로 이름을 세운 것이니, 저 종宗에서 설하는 바

---

202 『瑜伽師地論』권83(T30, 762a28).
203 '선설법과 비내야'에 대한 자세한 해석은 이전의 「無自性相品」 중 '善說善制法毗奈耶'라는 경문 해석에서 이미 상세하게 진술한 바 있다.
204 이나바: 此中意說, 三藏所說解脫分攝世間劣正見, 超昇一切外道所得正見頂事. 관공: 此中所說, 是謂三藏中說解脫分所攝世間正見雖低, 但比一切外道所得正見, 則成頂上之事.
　　두 판본의 밑줄 친 부분의 문장은 다르지만, 의미상 크게 어긋나는 것은 아니다. 이것은 "世間正見超昇一切外道所得正見頂事"라는 경문에 대한 해석이다. 이나바의 복원문에서는 "……세간의 하열한 정견조차도 모든 외도들이 획득한 정견의 정상을 뛰어넘는 사事이다."라고 하였고, 관공의 환역에서는 "……세간의 정견이 저열해도 다만 모든 외도들이 획득한 정견과 비교해 보면, 정상의 사가 된다."라고 하였다. 요컨대, '외도의 정견의 정상을 뛰어넘는 사'라고 하거나 혹은 '외도의 정견을 뛰어넘는 정상의 사'라고 하는 차이가 있다. 그런데 삼장에서 설했던 하열한 세간정견이라도 모든 외도의 정견을 뛰어넘는다는 것을 나타낸다는 점에서는 두 종류 환역이 의미상 크게 어긋나는 것은 아니다.
205 이나바: 見頂正見地, 名超昇正見頂事. 관공: 頂上見地卽是正見, 故曰正見頂事云.
　　이나바의 복원문에 따르면, 이 문장은 "(외도들이 획득한) 정견의 정상을 뛰어넘는 사(超昇……正見頂事)"라는 경문의 의미를 해석한 것이다. 관공의 환역에 따르면, 이 문장은 "정견의 정상인 사(正見頂事)"라는 문구를 해석한 것이다. 이나바의 복원문에는 경문 중 '超昇'이라는 문구의 해석이 있지만, 관공의 환역에는 이에 해당하는 해석이 없다. 그런데 '超昇'의 의미를 해석해야 위의 경문에 대한 해석이 완전해진다. 따라서 이나바의 복원문이 더 적절하다. 이나바의 복원문에 따르면, 경문에서 '超昇'이라 한 것은 '見'의 의미다. 말하자면, '정견의 정상을 뛰어넘는다'는 말은 '정견의 정상을 (내려)본다'는 의미다.

'수승한 정견은 비유하면 사람의 정수리와 같다'고 한다. 따라서 '정견의 정상(정수리)을 뛰어넘는 사'라고 이름한 것이다.[206]〉

"곧 이것에서 수습하지 않고 퇴실하는 사"란 두 번째 사를 밝힌 것이다. 말하자면 선설법과 비내야 안에서 선善을 수습하면서도 이전의 사(첫 번째 사)를 수습하지는 않기 때문에 '수습하지 않고 퇴실하는 사'라고 이름한다.[207]

釋曰。第六以二事明勝不勝。於中有二。初明二事。後釋伏難。此卽初也。善說法毘奈耶者。三藏敎說。善說法者。契經及對法藏。毘奈耶者。調伏藏。故瑜伽論八十三云。善說法者。道理所攝故。任持勝德故。毘奈耶者。隨順一切煩惱滅故。言善說法毘奈耶者。是卽廣說。如已上說可知。此中意說。三藏所說解脫分。攝世間劣正見。超昇一切外道所得正見頂事。超昇正見頂事者。此有兩釋。一云。見頂正見地故。名超昇正見頂事。一云。是卽從喩立名。彼宗所說勝正見。譬等人頭故。名超昇正見頂事。卽於此不修退事者。明第二事。謂善說法毘奈耶中。修善不修前事故。名不修退事。

ㄴ. 숨겨진 비난을 해석함

경 선설법과 비내야 안에서 수습하지 않기 때문에 퇴실한다고 설한 것이

---

206 이나바 : 名超昇正見頂事. 관공 : 故曰正見頂事云.
　　앞의 역주에서 언급했던 바와 동일한 이유에서, 이나바의 복원문이 더 적절한 듯하다.
207 이나바 : 謂善說法毘奈耶中, 修善不修前事故, 名不修退事. 관공 : 謂若於此善說法毘奈耶不勤修習者, 說爲退事之斷定語耳.
　　두 판본의 문장의 의미가 조금 다르다. 전자에 따르면, 비록 선설법·비내야 안에서 선을 수습하지만 이전의 사事를 수습하지 않기 때문에 '퇴실하는 사'라고 한 것이다. 후자에 따르면, 선설법·비내야 안에서 부지런히(勤) 수습하지 않기 때문에 '퇴실하는 사'라고 한 것이다.

지, '견'의 과실 때문에 퇴실한다고 한 것은 아니다.

於善說法毘奈耶中。不修習故。說名爲退。非見過失故名爲退。

석 두 번째는 숨겨진 비난을 해석한 것이다. 말하자면 저 외도들은 이와 같이 '수습하지 않고 퇴실하는 사에 과실이 있게 된다'고 하기 때문에 이런 말을 설한 것이다.[208]

'퇴실한다(退)'고 한 것은 또한 선설법과 비내야 안에서 수습하지 않기 때문에 '퇴실한다'고 한 것이지, 두 번째 사에서 견의 과실이 있기 때문에 '퇴실한다'고 한 것이 아니다.[209] 이는 곧 획득하지 않았거나(不得) 닦지 않는 것(不修)을 모두 퇴실한다고 한 것이다. 그러므로 두 번째 사를 해석하길, '외도들은 이 정도의 정견을 갖고 있기 때문에 (두 번째 사가 그것보다) 수승하다'라고 하였다.[210]

---

[208] 앞의 경문에 따르면, 삼장에서 설한 세간정견世間正見조차도 일체의 외도들의 정견의 정상頂上을 뛰어넘는 사事이며, 이것은 첫 번째 사에 해당한다. 그런데 만약 두 번째 사가 '이전의 첫 번째 사를 수습하지 않고 퇴실하는 것'을 가리킨다면, 두 번째 사를 수습할 때 언제라도 견見의 과실이 일어날 수 있다는 말인가라고 힐난할 수도 있다. 이에 대해 경문에서는 답하길, '퇴실한다'는 말은 '삼장三藏 안에서 부지런히 수습하지 않는다'는 말일 뿐, '사견邪見 등의 과실을 일으킴'을 뜻하지는 않는다고 하였다.
[209] 이와 관련해서『瑜伽論記』권21(T42, 788a22)에는 다음과 같은 해석이 있다. "(이 경문들에서는) 저 외도들이 해탈분의 선을 닦지 않는 것을 일컬어 '퇴실'이라 한 것이지, 사견을 현기하는 과실을 일컬어 '퇴실'이라 한 것은 아님을 밝힌 것이다. 이전의 문聞·사思나 미지정·근본정을 일으킨다거나, 세간의 복선福善을 (일으키는 것을) 또한 '퇴실'이라고 이름한다. 이것은 마땅히 획득해야 할 것을 획득하지 못하는 것이니, 바로 '미득의 퇴(未得退)'이다.(明彼外道不修解脫分善則名退失。非現起邪見過失名爲退也。縱起向前聞思。未至定根本定。世間福善。亦名爲退。此是應得不得。是未得退。)"
[210] 이나바 : 是故解第二事云, 諸外道有爾所正見, 故名爲勝. 관공 : 因此, 若就此第二事觀察, 則彼亦是超越一切外道所有正見之斷定語也.
문장의 표현은 달라도 의미상 큰 차이가 없다. 원측의 해석에 따르면, 첫 번째 사事와 마찬가지로 이 두 번째 사에 대해서도 또한 '모든 외도들이 소유한 정견을 뛰어넘는다'고 말할 수 있다는 것이다.

釋曰。第二釋伏難。謂彼外道如是。不修退事。而爲過失。故說是言。言退者。亦於善說法毘奈耶中。不修習故。說名爲退。於第二事。非見過失。故名爲退。是卽不得不修。俱名爲退。是故解第二事云。諸外道有爾所正見。故名爲勝。

나) 조복調伏에 대한 해석

(가) 조복의 상을 간략히 설함

경 만수실리여, 만약 이곳에서 내가 성문과 모든 보살들에 의거해서 별해탈 및 별해탈과 상응하는 법을 현시하였다면, 이것을 '조복'이라고 이름한다."

曼殊室利。若於是處。我依聲聞及諸菩薩。顯示別解脫及別解脫相應之法。是名調伏。

석 이하는 두 번째로 조복을 따로 해석한 것이다. 이 중에 두 가지가 있다. 처음은 (조복의) 상을 간략히 설한 것이고, 나중은 문답으로 분별한 것이다.

이것은 처음에 (조복의) 상相을 간략히 설한 것이다.

"이곳에서"라고 한 것은 '조복의 교설에서'라는 말이니, 의지처를 나타낸 것이다.

"내가(我)"라고 한 것은 여래의 오온에서 언사를 가설한 것이다.[211] 말하자면 여래는 성문과 보살들을 위해서 별해탈 및 (그것과) 상응하는 법을

---

[211] 무아無我의 교설에 따르자면 본래 '아'는 없다. 단지, 여래의 심신心身을 이루는 오온五蘊을 일컬어 임시로 '아'라는 명칭을 부여하였다는 것이다.

현시하였다. 칠중七衆이 수지하는 율의의 시라尸羅(계)를 '별해탈'이라고 하니, 이에 차별이 있다. 이승에 의해 수지되는 것은 오직 신업·어업의 칠지七支의 자체만을 안립한 것이고,²¹² 보살에 의해 (수지되는 것은) 총 신업 등의 삼업의 자체를 안립한 것이다.

釋曰。自下第二別釋調伏。於中有二。初略說相。後問答分別。此卽初略說相。若於是處者。若於調伏敎說。卽顯依處。我者如來五蘊言辭假設。謂如來¹⁾聲聞及諸菩薩。顯示別解脫相應之法。七衆受持律儀尸羅。名別解脫。此有差別。二乘受持。唯立身語七支自體。菩薩總立身等三業自體。

1) ㉭ 전후 문맥상 '來' 뒤에 '爲'를 보입해야 한다.

(* 별해탈률의에 대한 해석)

"별해탈別解脫"이라 한 것에 대해 각각의 설들이 같지 않다.

살바다종은 설하길, 여덟 종류 수계할 때의 처음 표업表業(表色)이 따로따로(別別) 종종의 악을 버리기 때문에 '별해탈' 및 '업도業道'라고 이름한 것이다.²¹³

---

212 이승에 의해 수지되는 별해탈률의는 오직 신업과 어업의 칠지七支, 다시 말하면 불살생不殺生·불투도不偸盜·불사음不邪淫 등 세 가지 신업과 불악구不惡口·불망어不妄語·불양설不兩舌·불기어不綺語 등 네 가지 어업에서 안립된 계체戒體(율의)이다.

213 이하의 『俱舍論』 등의 논의를 이해하려면, 다음과 같은 별해탈률의別解脫律儀에 대한 소승의 학설을 먼저 이해할 필요가 있다. '별해탈別解脫' 혹은 '별해탈률의'란 욕계의 계체로서, 계를 받을 때의 작법에 맞춰 행했던 신업·구업으로 인해 생겨난 방비지악防非止惡의 공능을 하는 어떤 힘을 가리킨다. 이것은 신업身業·어업語業처럼 밖으로 표현된 행위 즉 표업에 의해 생겨나거나, 혹은 선정(定)에 의해서 생기기도 하는데, 특히 선업·악업과 관련해서 무표업無表業이라고 이름한다. 이러한 무표의 계체는 눈으로 보이지도 않고(無見) 질애를 가진 것도 아니므로(無對) 외부로 표시되지 않는다. 그런데 소승의 설일체유부에서는 선악의 마음을 갖고 특정한 몸동작이나 말을 하는 것은 특정한 형색形色이나 소리(聲)를 외부로 표출한 것이므로 신업과 어업을 '표색表色'이라고 이름하고, 그러한 색법의 대종에 의해 훈발된 보이지 않는 색법을 무표색無表色이라고 한다. 말하자면 소승의 학설에서는 무표업을 무표색이라고도 한다. 이 무

따라서 『구사론』 제14권에서는 별해탈률의의 차별적 이름을 설하기 위해서 게송으로 말하였다.

그것들은 함께 시라라고 하거나
묘행이라고, 업이라고, 율의라고 이름할 수 있으니
오로지 최초 찰나의 표업·무표업만
별해·업도라고 이름한다.[214]

장행으로 해석하였다.

(별해탈률의는) 험악한 업(險業)을 능히 평탄하게 하기 때문에 '시라尸羅'라고 이름한 것이다. 그러나 그 말을 훈석訓釋하는 자들은 청량淸凉하기 때문에 ('시라'라고 이름한 것이라고 한다.) 예를 들어 가타에서 '계를 수지하는 것은 즐거움이니 몸에 뜨거운 번뇌가 없기 때문에 시라라고 이름한다'고 한 것과 같다.[215]

표업은 표업이 소멸하더라도 보이지 않는 형태로 남아서, 행위할 때와 같은 종류의 마음(不亂心)뿐만 아니라 다른 종류의 마음(亂心)에서도 계속 상속하다가 그에 상응하는 결과를 이끌어 낸다. 이와 같은 무표의 계체를 '율의律儀'라고 하는데, 수계 작법에 의지하여 오계·십계·구족계 등을 받아 지님으로써 몸이나 입으로 짓는 모든 악업을 하나하나 따로따로 해탈하도록 하는 것이므로 '별해탈' 혹은 '별해탈률의'라고도 한다. 이것은 다시 비구·비구니·정학正學·근책勤策(사미)·근책녀勤策女·근사近事(우바새)·근사녀近事女(우바이)·근주近住 등의 여덟 가지 율의로 나뉜다. 이들은 경우에 따라 오계·팔계·십계·구족계 등을 받는데, 계를 받는 최초의 찰나에는 여러 가지 악을 버리고 또 신업과 구업으로 짓는 악을 각기 따로따로 버리기 때문에, 첫 찰나의 표색과 무표색을 '별해탈' 또는 '근본업도根本業道'라고 한다. 그리고 다음의 제2찰나에서부터 그것을 버리기 전까지는 '후기後起'라고 한다.

214 『俱舍論』 권14(T29, 73a11).
215 경론의 문자를 훈석하는 사람들은 '시라'의 어원적 의미에는 '청량'의 의미가 있음에 주목해서 '별해탈률의(계)'를 시라라고 이름한 이유를 해석한다. 말하자면 지계는 심신을 청량하게 하여 안락을 느끼게 하고, 반대로 파계는 심신을 뜨거운 번뇌에 휩싸

또한 지자智者가 칭찬하고 찬양하는 것이기 때문에 '묘행妙行'이라고 이름한다.

지어진 것(所作) 그 자체이기 때문에 '업'이라고 이름한다.[216]

신업·어업을 방호하기 때문에 '율의律儀'라고 이름한다.

다음과 같이 알아야 한다. 〈통틀어 별해탈계란 처음과 이후의 지위에서 차별적 이름은 없지만, 오직 최초 찰나의 표업·무표업만이 '별해탈'이나 '업도業道'라는 이름을 획득한다. 말하자면 수계할 때의 최초 찰나의 표업·무표업은 종종의 악을 따로따로 버리는 것이기 때문에, 최초에는 (종종의 악을) '따로따로 버린다'는 의미에 의거해서 '별해탈'이라는 이름을 건립하였다. 곧바로 그때(최초의 찰나) 짓는 바의 (업이) 구경究竟에 이르렀다면, '업의 펼쳐짐(業暢)'이라는 뜻에 의거해서 '업도業道'라는 이름을 건립하였다.[217] 따라서 (수계의) 최초 찰나를 '별해탈'이라 이름하고, 또한 '별해율의別解律儀'라고도 이름할 수도 있고, 또한 '근본업도根本業道'라고도 이름할 수도 있다. 그러나 제2찰나로부터 (그것을) 아직 버리지 않은 한에는 '별해탈'이라 이름하지 않고 '별해율의'라고 이름하며, '업도'라고 이름하지 않고 '후기後起'라고 이름한다.[218]〉

이게 하여 회한을 느끼게 한다. 따라서 별해탈률의를 '시라(청량)'라고 이름했다는 것이다. 『俱舍論記』 권14(T41, 219a19) 참조.
[216] 신표업·어표업은 사思심소에 의해 지어진 것이고, 무표업(戒體, 律儀)은 그러한 신표·어표로 지어진 것이기 때문에 '소작所作'이라고 하고, '지어진 것'이라는 의미에서는 '업'이라 한다는 것이다. 『俱舍論記』 권14(T41, 219a23) 참조.
[217] 최초의 찰나에 지어야 할 선한 일을 다 끝냈다고 볼 경우, 그 최초의 찰나에 이미 악업을 따로따로 버린 것이므로 '별해탈'이라고 한다. 또 그 최초 찰나의 표업·무표업을 연으로 하여 이전의 수계를 희구했던 사思심소가 계속 이어지는데, '사업思業이 다니는 길'이라는 의미에서 '업도'라고 한다. 『俱舍論記』 권14(T41, 219b11) 참조.
[218] 수계할 때의 두 번째 찰나에서부터 아직 계를 버리지 않은 한에서는, 최초의 찰나처럼 다시 악을 따로 버리는 것이 아니므로 '별해탈'이라 이름하지 않고, 대신에 악업을 방지한다는 의미에서는 '율의' 즉 '별해탈의 율의(別解脫之律儀)'라는 이름을 붙일 수 있다. 또 근본업도(최초의 찰나) 이후에 일어난 것이므로 '업도'라고 하지 않고 '후기後起'라고 이름한다. 『俱舍論記』 권14(T41, 219b17) 참조.

구체적 설명은 그 논과 같다.

『현종론』 제19권과 『순정리론』 제36권에서도 『구사론』과 거의 동일하게 설한다. 그런데 차이가 나는 것은, 세 가지 의미에서 '별해탈'이라 이름한 것이다. 처음에는 『구사론』과 동일하게 설한다.[219] 그다음에 '혹은 최초에 마땅히 닦아야 할 것이기 때문에 별해탈이라고 이름한다'고 설한다. 마지막에 '혹은 그것이 최초로 일어날 때 지옥 같은 험악한 악취를 가장 잘 뛰어넘을 수 있기 때문에 별해탈이라 이름한다'고 설한다.[220]

別解脫者。各說不同。薩婆多宗說。以八種受戒初表。別別棄捨種種惡故。名別解脫及業道。故俱舍論第十四卷。爲說別解律儀差別名故。頌曰。俱得名尸羅。妙行業律儀。唯初表無表。名別解業道。長行釋云。能平險業。故名尸羅。訓釋詞者。謂淸凉故。如伽他言。受持戒樂。身無熱惱。故名尸羅。智者稱揚。故名妙行。所作自體。故名爲業。能防身語。故名律儀。如是應知。別解脫戒。通初後位無差別名。唯初刹那表及無表。得別解脫及業道名。謂受戒時初表無表。別別棄捨種種惡故。依初別捨義。立別解脫名。卽於爾時所作究竟。依業暢義。立業道名。故初刹那名別解脫。亦得名曰別解律儀。亦得名爲根本業道。從第二念乃至未捨。不名別解脫。名別解律儀。不名業道。名爲後起。具說如彼。顯宗論第十九。及順正理論第三十六。大同俱舍。而差別者。三種義故。名別解脫。初同俱舍。次說。或初所應修故。名別解脫。後說。或彼初起。最能超過如獄險惡趣故。名別解脫。

---

[219] 앞의 『俱舍論』 인용문 안에서 "통틀어 별해탈계란 처음과 이후의 지위에서 차별적 이름은 없지만, 오직 최초 찰나의 표업·무표업만이 '별해탈'이나 '업도業道'라는 이름을 획득한다. 말하자면 수계할 때의 최초 찰나의 표업·무표업은 종종의 악을 따로따로 버리는 것이기 때문에, 최초에는 (종종의 악을) '따로따로 버린다'는 의미에 의거해서 '별해탈'이라는 이름을 건립하였다."라고 한 것을 말한다.

[220] 이상은 『順正理論』 권38(T29, 549b7~12), 『顯宗論』 권19(T29, 866b5~10) 참조.

그 밖의 다른 해석이 있다. 〈일곱 가지(七支)의 '대종으로 이루어진 바의 별업別業'을 따로따로(別別) 해탈하기 때문에 '별해탈'이라 이름한다.²²¹ 업業(신업·어업의 무표)과 정정(정생의 무표)의 칠지七支의 공통적 인(共因)이 동등하지 않으니, 하나하나의 대종으로 만들어진 것이기 때문이다.²²²〉

(이와 관련해서) 『구사론』 제13권에서 말한다.

욕계의 (산심散心에) 있는 모든 무표는 등류等流이고,²²³ 유집수有執受

---

221 이나바: 七支大種所造別業, 別別解脫故, 各別解脫. 관공: 謂由七支大種爲因, 各別解脫, 故名別解脫.
　　이나바의 복원문에 따르면, 일곱 가지의 '대종으로 이루어진 바의 별업'으로부터 따로따로 해탈하는 것을 '별해탈'이라 이름한다. 관공의 환역에 따르면, 일곱 가지의 대종을 원인으로 삼아 각기 따로 해탈하기 때문에 '별해탈'이라 한다.
222 이나바: ① 業定七支共因不等故, ② 一一大種所造故. 관공: ① 此與靜慮及道生律儀, 共以七支爲因之義不同. ② 以一大種爲體故.
　　두 판본 간의 차이가 크다. 전체 문맥상 이나바의 복원문이 더 명확한 듯하다. 여기에 소개된 '어떤 다른 해석(有餘釋)'이란 곧이어 인용되는 『俱舍論』의 학설에 근거한 것이다. 그 논에 따르면, 욕계의 신업·어업의 일곱 가지(七支) 무표는 하나하나가 별도의 다른 대종에서 생겨난 것인데, 이와는 달리 선정에 의해 생겨난(定生) 일곱 가지 무표는 각기 다른 대종에서 생겨난 것이 아니라 일구一具의 사대종에 의해 생겨난다.
　　먼저, 이나바의 복원문 ①에서 "업과 定의 七支의 共因이 不等하기 때문이다."라고 한 것은, 욕계의 신업·어업의 일곱 가지 무표와 정생定生의 일곱 가지 무표의 공인共因, 즉 '대종大種'의 측면에서 부동함이 있다는 말인 듯하다. 이는 의미상 앞의 『俱舍論』의 학설과 통한다. 반면, 관공의 환역 ①은 이러한 의미가 잘 드러나지 않는다.
　　다음에, 이나바의 복원문 ②에서 "하나하나의 대종으로 만들어진 것이기 때문이다."라고 한 것은 별해탈률의에 대한 진술로서, 말하자면 욕계의 신업·어업의 일곱 가지 무표가 '각기 다른 대종에서 생함'을 나타낸다. 반면, 관공의 환역 ②에서 "단일한 대종을 체로 삼기 때문이다."라고 한 것은 정려율의·도생률의에 대한 진술로서, 말하자면 선정에 의해 생긴 일곱 가지 무표는 각기 다른 대종이 아니라 '단일한 대종을 체로 삼음'을 나타낸다. 그런데 이상의 문장들은 '별해탈률의'에 대한 해석이라는 점에서 이나바의 ②가 더 명료한 듯하다.
223 여기서 '욕계의 산심에 있는 모든 무표無表'란 수계할 때에 생겨난 보이지 않는 무형의 계체戒體, 즉 별해탈률의를 말한다. 선善한 마음으로 선한 계를 수지했을 때는 선한 율의를, 악惡한 마음으로 악한 계를 수지했을 경우는 악한 율의를 생겨나게 하므로, 이것은 모두 동류인同類因과 변행인遍行因에 의해 생겨난 등류과等流果에 해당한다. 따라서 '무표無表는 등류等流'라고 하였다.

이며,²²⁴ 별도의 다른 대종에서 생겨난다. '다른 대종에서 생겨난다'는 말은 신업·어업의 칠지의 (무표는) 하나하나가 별도의 다른 대종에 의해 만들어진 것임을 나타낸다.²²⁵

그리고 선정에 의해 생겨난 무표(定生無表)의 차별은 두 가지가 있다. 말하자면 모든 정려율의靜慮律儀와 무루율의無漏律儀를 말한다.²²⁶ 이 두 가지는 둘 다 선정에 의해 장양長養되는 것이고, 무집수無執受이며,²²⁷ 다른 대종에서 생겨남은 없다. '다른 대종에서 생겨남은 없다'는 말은 이 무표의 칠지는 똑같이 일구一具의 사대종四大種에 의해 생겨난 것임을 나타낸다.²²⁸ 그 이유는 무엇인가? 마치 (선정의) 마음이 오직 단일한 것처럼 (무표의 소의가 되는 대종에도) 차별이 없기 때문이다.²²⁹

---

224 '유집수有執受'란 가령 '몸'처럼 감각이 있는 물질을 가리킨다. 욕계의 산심散心에 있는 모든 무표업無表業(별해탈률의)은 그러한 감각 능력이 있는 몸과 입으로 지은 업, 즉 신업·어업의 사대종四大種에 의해 인발된 것이므로 유집수대종有執受大種을 원인으로 한다고 하였다.
225 신업·어업의 칠지七支란 불살생不殺生·불투도不偸盜·불사음不邪淫 등 세 가지 신업과 불악구不惡口·불망어不妄語·불양설不兩舌·불기어不綺語 등 네 가지 어업을 가리키며, 욕계의 산심散心에서 존재하는 그 신업·어업의 칠지의 무표無表는 하나하나 별도의 다른 대종에서 생겨난다는 것이다.
226 이전의 욕계의 산심에서 생겨난 '별해탈률의'와는 달리, 정려율의靜慮律儀와 무루율의無漏律儀는 모두 선정 즉 정려靜慮의 힘에 의해 생겨난 계체를 말한다. 이 중에서 정려율의는 색계의 계체로서, 정려에 의해 생겨난 방비지악防非止惡의 힘을 가리키며, 정려를 획득한 자라면 반드시 이 율의를 성취한다. 또 무루율의는 도생률의道生律儀라고도 하니, 유학·무학의 성자가 무루도無漏道를 성취할 때 생겨난 방비지악의 힘을 말한다.
227 '무집수無執受'란 가령 '돌'처럼 감각이 없는 물질, 그리고 감각 능력이 있는 물질이라도 과거나 미래의 상태에 있는 경우를 가리킨다. 정려율의 등은 그러한 물리적 대종에 의해 훈발된 것이 아니라 가령 '화어化語'처럼 선정의 마음으로 직접 일으킨 것이기 때문에 무집수대종無執受大種을 원인으로 한다고 하였다. 『俱舍論記』 권1(T41, 19a24) 참조.
228 정려 중의 마음이 단일하여 차별이 없는 것처럼 소의인 대종에도 차별이 없기 때문에 이 정려에서 생한 칠지七支의 무표는 똑같이 일구一具의 사대종四大種으로 만들어진 것이라고 하였다.
229 『俱舍論』 권13(T29, 70b23).

『순정리론』제35권과『현종론』제18권에서도 또한『구사론』과 동일하게 설한다.

> 有餘釋言。七支大種所造別業。別別解脫故。各[1]別解脫。業定七支共因不等故。一一大種所造故。俱舍論第十三云。欲界所有無表。等流。有受。別異大生。異大生言。顯身語七一一是別大種所造。定生無表。差別有二。謂諸靜慮無漏律儀。此二俱依定所長養。無受。無異大種所生。無異大言。顯此無表七支同一具四大種所生。所以者何。所依大種。如心唯一。無差別故。順正理論第三十五。及顯宗論第十八。亦同俱舍論。

1) ㉠ '各'은 이나바의 복원문(1972)에 '名'으로 되어 있다.

또『순정리론』에서는 말한다.[230]

> 혹은 (무루의) 도道 및 정려靜慮에 의해 생겨난 율의는 수심전隨心轉의 율의이지만 별해탈률의는 수심전이 아니기 때문이다.[231]
> 또 산란의 선善은 신身·어語·의意를 각기 다르게 행하여 공유共有의 등류等流이기 때문에 '별'이라고 이름한다.[232]

---

[230] 이하의 인용문은 현존하는『順正理論』에는 정확히 일치하는 문장을 찾을 수 없다. 아마도 논의 이름에 착오가 생긴 듯하다.

[231] 성자의 무루도無漏道에 의해 성취된 도생률의道生律儀와 정려에 의해 생겨난 정려율의靜慮律儀는 모두 선정에서 생겨난 율의(定生律儀)로서 그 선정의 마음과 함께 발생했다가 함께 소멸하기 때문에 수심전隨心轉이라고 한다. 이와는 달리, 별해탈률의는 단지 처음 수계할 때와 같은 '산란되지 않은 마음(不亂心)'에서만 상속하는 것이 아니라 또한 그와 다른 종류의 '산란된 마음(亂心)'에서도 항상 상속하기 때문에 '수심전이 아니다'라고 하였다.

[232] 이나바 : 又散亂善者, 身語意別異行共有等流, 故名爲別. 관공 : 復次由散亂心所作之善, 由於身語是與心異行共有之等流因, 故亦名爲別.
　두 판본의 문장이 모두 난해하다. 이 문장은『順正理論』의 인용문인데, 현존하는『順正理論』에서는 유사한 문구를 찾을 수 없다. 그 의미를 정확히 알 수 없지만, 아마

또 시라란 열반의 첫 번째 인因이기 때문이다. 그러므로 어떤 다른 경에서는 말하길,[233] '시라란 해탈에 수순하는 진실한 (법이기) 때문에 별해탈이라고 이름한다'고 하였다.

혹은 '별'이란 '다름(別異)'을 말하고, '해탈'이란 열반의 과이다. 도와 정려에 의해 생겨난 두 가지 율의는 '정해탈正解脫'을 획득하는 것이다. 별해탈률의는 신·어 등의 선善이 산란된 (마음으로 지어진 것이지만,) 열반의 과는 구경분究竟分이기 때문에 '별해탈'이라고 이름한다. 혹은 도와 정려에 의해 생겨난 두 가지 율의는 마음과 구생俱生하기 때문에 동일하게 궁극의 과에 나아가는 것이지만, 별해탈률의는 마음과는 다른 것(別異)으로서 오래 걸려(長) 멸과滅果에로 나아가기 때문에 '별해탈'이라 이름한다.

또 별해탈률의는 오직 현재에서만 단斷과 가행加行 및 근본根本의 단斷을 획득하지만,[234] 도와 정려에 의해 생겨난 두 가지 율의는 삼세의 단을 획득하고 오직 근본의 단에 속하기 때문에 '별해탈'이라고 이름한다.

又順正理論云。或道及靜慮生律儀。隨心轉律儀。別解脫律儀。非隨心轉

도 욕계의 산란된 지위에서 생겨난 별해탈률의는 처음 수계할 때의 신업·어업의 마음(意)과는 상이한(別異) 마음(불선·무기의 마음) 안에서 공유共有하는 등류의 성질이기 때문에 '별해탈'이라 한다는 말인 듯하다.

[233] 이나바 : 是故有餘經曰……. 관공 : 如顯示別教經云…….
이나바의 복원문이 바른 듯하다. 관공의 환역에서 '顯示別教經'이라 한 것이 경의 명칭이라면, 이러한 이름의 경전은 확인되지 않는다. 또 이와 같은 문구는 현존하는 『順正理論』에서는 확인되지 않는다.

[234] 이나바 : 又別解脫律儀者, 唯於現在, 得斷加行及根本斷……. 관공 : 又別解脫律儀, 唯是現在, 若止若行, 及屬根本遮止所攝…….
문장의 표현은 다르지만 의미상 차이는 없다. 이나바의 복원문에서는 "또 별해탈률의는 오직 現在에 斷과 加行 및 根本의 斷을 획득하는 것이지만……"이라고 하였고, 관공의 환역에서는 "또 별해탈률의는 오직 현재의 止와 行 및 근본에 속하는 遮止에 포섭되지만……"이라고 하였다. 이 중에서 '斷'을 '止(遮止)'라고 하고, '加行'을 '行'이라 하며, '根本의 斷'을 '根本의 遮止'라 한 점을 제외하면, 그 밖의 의미는 큰 차이가 없다.

故。又散亂善者。身語意別異行共有等流。故名爲別。又尸羅者。涅槃第一因故。是故有餘經曰。尸羅者。順解脫實故。名別解脫。或言別者。謂別異也。言解脫者。涅槃果也。道靜慮生二律儀者。得正解脫。別解脫律儀者。身語等善。散亂而涅槃果究竟分故。名別解脫。或道靜慮生二律儀者。與心俱生故。等發趣於究竟果。別解脫律儀者。是卽與心別異。而長發趣於滅果故。名別解脫。又別解脫律儀者。唯於現在。得斷加行及根本斷。道靜慮生二律儀者。得三世斷。唯於根本斷故。名別解脫。

이제 대승에 의하면, 칠중이 수지하는 율의에 의해 따로따로 과오를 버리게 되니, 이는 마치 도와 정려에 의해 생겨난 두 가지 율의와 유사하다. 칠중이 수지하는 율의의 '버림(捨)'에는 차이가 없기 때문에 '별해탈'이라고 이름한다. '해탈'이란 일곱 가지 과오에서 해탈하여 열반해탈의 과를 증득하기 때문에 '해탈'이라고 이름한 것이니, 이곳에서는 각기 상이한 대종을 따로따로 해탈함을 말한 것이 아니다.[235]

今依大乘。七衆受持律儀。別別捨過。似道靜慮生二律儀。七衆受持律儀。捨無異故。名別解脫。言解脫者。從七過脫。而得涅槃解脫果故。名爲解脫。若於是處。非說別異大種別別解脫。

(경문에서) "별해탈과 상응하는 법을 현시하였으니"라고 한 것에 대해 두 가지 해석이 있다. 한편에서는 말한다. 〈바른 시라의 인연에 수순하는 것을 '상응하는 법'이라고 이름한다.[236]〉 한편에서는 말한다. 〈신身 등의

---

[235] 이전의 『俱舍論』 등 소승의 논들에 따르면, 별해탈률의에 의해서 일곱 가지 악업의 소의를 이루는 각각의 사대종으로부터 각기 따로따로 해탈하는 것이다. 이와는 달리 대승은 일곱 가지 과오로부터 해탈하는 것이다.
[236] 이나바 : 隨順正尸羅因緣, 名相應之法. 관공 : 正戒之因緣及其隨順, 皆名相應之法云.

삼업은 시라의 자성이고, 심과 상응하는 심소의 제법들을 '상응하는 법'이라고 이름한다.〉

법의 언교를 여기서는 '조복'이라고 설하였다.[237]

顯示別解脫相應之法者。有其兩釋。一云。隨順正尸羅因緣。名相應之法。一云。身等三業。尸羅自性。心相應心所諸法。名相應之法。法言敎。此說調伏。

(나) 문답으로 분별함

㉮ 청문

경 "세존이시여, 보살의 별해탈은 몇 개의 상에 거두어지는 것입니까?"

世尊。菩薩別解脫。幾相所攝。

석 두 번째로 문답으로 분별한다. 이 중에 두 가지가 있으니, 첫째는

이나바의 복원문이 더 적절한 듯하다. 이 문장은 "……별해탈 및 별해탈과 상응하는 법을 현시하였으니"라는 경문 중에 뒤의 '별해탈과 상응하는 법'에 대해 해석한 것이다. 이상으로 앞의 '별해탈'이라는 문구를 해석하였으므로 이제는 뒤의 '별해탈과 상응하는 법'이라는 문구를 해석한다. 그런데 관공의 환역에서 "정계正戒의 인연因緣 및 그에 수순하는 것들이라 한 것은 전후 문맥상 어긋나는 점이 있다. '정계의 인연'은 이전의 '별해탈'에 대한 해석에서 이미 다루어진 것이기 때문이다. 따라서 '별해탈과 상응하는 법'이란 그 밖의 '바른 시라(正戒)에 수순隨順하는 인연들'을 가리킨다고 해야 한다.

237 경문에서 "……별해탈 및 별해탈과 상응하는 법을 현시하였으니, 이것을 조복이라 이름한다."라고 하였는데, 여기서 '조복'이란 계율에 관해 현시한 성스런 언교言敎 자체를 가리키는 것이다.

청문이고, 둘째는 대답이다.

이것은 처음에 해당한다. 주요한 것에 의거해서 물었기 때문에 오직 "보살의 (별해탈은)"이라고 표명한 것이다.

釋曰。第二問答分別。於中有二。一問二答。此卽初也。約首問故。唯標菩薩。

㉏ 대답

a. 간략히 설함

경 "선남자여, 일곱 가지 상이 있음을 알아야 한다.

善男子。當知七相。

석 두 번째는 여래께서 바로 답하신 것이다. 이 중에는 간략한 설명과 개별적 해석이 있다.
(이것은 처음에 해당한다.)

釋曰。第二如來正答。於中。有略說及別釋。[1]

---
1) ㉏ '釋' 뒤에 '此卽初也'를 보입해야 한다. 관공의 환역에 '此卽第一略示'가 있다.

b. 따로 해석함

a) 수궤칙사受軌則事

경 첫째는 수궤칙의 사를 설하였기 때문이다.

一者。宣說受軌則事故。

석 두 번째는 일곱 가지 상을 따로 해석한 것이다. 여기에서는 일곱 가지 상에 의거해서 설명하므로 (경문도) 일곱 종류로 나뉜다.

이것은 첫 번째로 수궤칙의 상을 밝힌 것이다. 이것은 시라(戒)를 수지하는 궤칙을 설한 것이기 때문에 '수궤칙의 사'라고 이름한다.

『상속해탈경』에서는 "수위의受威儀를 설하였다."[238]라고 하였고, 『심밀해탈경』에서는 "수지법受持法을 설하였음을 알라."[239]라고 하였다.

(보살이) 율의계를 수지하는 법에 대해 자세하게 설하자면,[240] 예를 들어 『유가사지론』 중 「보살지」에서 설한 것과 같음을 알아야 한다.[241]

혹은 계를 수지하는 궤칙이란 가령 『유가사지론』 제22권에서 말한 것과 같다. "무엇을 일컬어 궤칙원만軌則圓滿이라고 이름하는가? 말하자면 (가령 어떤 이는) 혹은 위의로威儀路[242]에서, 혹은 지어야 할 사(所作事)에서, 혹은 선품의 가행의 처소에서, (궤칙을 성취하고,) 세간에 수순하되 세간을 넘어서지 않고, 비내야에 수순하되 비내야를 넘어서지 않기 때문에 '궤칙원만'이라고 설한다."[243] 자세하게 설하면 그 논과 같다.

『현양성교론』 제7권에서도 또한 이와 같이 설한다.

---

238 『相續解脫如來所作隨順處了義經』 권1(T16, 718c16).
239 『深密解脫經』 권5(T16, 685c9).
240 이나바 : 若廣說攝善法戒者……. 관공 : 若廣說此受律儀法…….
   이곳에서는 '보살의 율의계律儀戒를 수지하는 궤칙'을 논하고 있기 때문에 이나바의 복원문에서 "攝善法戒를 자세히 설하자면"이라 한 것은 전후 문맥상 어색하다. 관공의 환역을 참조하여 '攝善法戒'를 '受律儀戒法'으로 수정하였다.
241 보살이 율의계를 수지하는 법에 대해서는 『瑜伽師地論』「菩薩地」 제40권 등에서 자세히 설하였다.
242 위의로威儀路 : 다니고 머물며 앉고 눕거나(行住坐臥) 잡고 버리며 굽히고 펴는(取捨屈伸) 등의 모든 위의동작威儀動作의 방식을 가리킨다.
243 『瑜伽師地論』 권22(T30, 402b2).

釋曰。第二七相別釋。於中。依七相說。開爲七種。是卽初明受軌則相。是卽宣說受持尸羅軌則。是故名爲受軌則事。相續經云。說受威儀。深密經云。知說受持法。若廣說攝善法戒[1]者。則當知如瑜伽論中菩薩地說。或受戒軌則者。如瑜伽論二十二云。云何名爲軌則圓滿。謂[2]或於威儀路。或於所作事。或於善品加行處所。[3] 隨順世間。不越世間。隨順毘奈耶。不越毘奈耶。是故說名軌則圓滿。廣說如彼。顯揚第七。亦如是說。

1) ㉠ '攝善法戒'를 '受律儀戒法'으로 수정해야 한다. 해당 번역문 역주 참조. 2) ㉠ 『瑜伽師地論』 권22(T30, 402b2)에 '謂' 뒤에 '如有一'이 있다. 3) ㉠ 『瑜伽師地論』 권22(T30, 402b4)에 '所' 뒤에 '成就軌則'이 있다.

b) 수순타승사隨順他勝事

경 둘째는 타승他勝[244]에 수순하는 사를 설하였기 때문이다.

二者宣說隨順他勝事故。

석 두 번째는 타승에 수순하는 사의 상을 밝힌 것이다. 말하자면 사중죄四重罪를 일으킬 때는 반드시 타승의 번뇌의 힘이 보살을 이겼기 때문이다.[245]

타승에는 네 가지가 있으니, 가령 『유가사지론』 제40권에서 말한 것과

---

244 타승他勝: 타승처법他勝處法을 말하며, 범음으로는 '바라이波羅夷([S] pārājika)'라고 한다. 즉 '사중죄四重罪'를 가리킨다. 선법과 악법을 각기 자自와 타他라고 했을 때, 악법이 선법을 이기는 경우를 '타자가 이긴다(他勝)'고 한다. 『俱舍論』 등에 따르면 네 가지 타승처란 간음과 도둑질과 살생과 거짓말 등의 죄이고, 이하 『瑜伽師地論』에서 열거한 보살의 네 가지 타승처법은 그와는 다르다.

245 사중죄四重罪를 범하는 것은 '다른 것이 이기는 것(他勝)'이므로 '타승처법'이라고 한다. 다시 말하면 사중죄를 현행시키는 번뇌의 강력한 힘이 보살을 굴복시켜 이긴 것이기 때문에 '타승'이라 한다.

같다.

첫째는 이익과 공경을 탐구貪求하려 하므로 자기를 칭찬하고 남을 헐뜯는 것이다.

둘째는 성품이 인색하기 때문에 재물과 법을 갖고 있어도 유정을 위해 혜사惠捨를 닦지 않는 것이다.

셋째는 분한 마음으로 말미암기 때문에 유정을 때리고 거친 말을 내뱉는 것이다.

넷째는 보살장菩薩藏을 비방하면서 악법을 설하는 것이다.[246]

이러한 네 가지 타승에 대해 구체적으로 설하면, 그 논과 같다.

혹은 타승은 열 가지가 있으니, 이전의 네 종류에 다시 살생, 도둑질, 사음, 거짓말, 술 판매, 남의 과실을 이야기하는 것 등을 더한 것이다.[247] 가령 『범망경』과 『앙굴마라경』 제2권에서 설한 것과 같으니, 알 수 있을 것이다.

釋曰。第二明隨順他勝事相。謂起四重罪時。必由他勝煩惱力。而勝於菩薩故。他勝有四。如瑜伽論四十云。一爲欲貪求利益恭敬。自讚毁他。二性慳貪故。雖有財法。而爲有情不修惠捨。三由忿心故。捶打有情。發起麤言。四謗菩薩藏。宣說惡法。是四他勝。具說如彼。或他勝十。前四更加殺生。偸盜邪淫。妄語酤酒。及談他過失。如梵網經。及央堀魔羅經第二。可知。

---

[246] 『瑜伽師地論』 권40(T30, 515b22) 참조.
[247] 열 가지 타승처법이란 앞의 『瑜伽師地論』에서 설한 ① 自讚毁他, ② 不修惠捨, ③ 捶打有情發起麤言, ④ 謗菩薩藏宣說惡法 등의 네 가지 타승처법, 그리고 이에 ⑤ 殺生, ⑥ 偸盜, ⑦ 邪淫, ⑧ 妄語, ⑨ 酤酒, ⑩ 談他過失 등의 여섯 가지를 추가한 것이다.

c) 수순훼범사隨順毀犯事

경 셋째는 훼범에 수순하는 사를 설하였기 때문이다.

三者。宣說隨順毀犯事故。

석 세 번째는 훼범에 수순하는 사의 상을 밝힌 것이다. 이것은 (사중죄 이외의) 나머지 모든 경죄輕罪에 해당한다. (가령)『범망경』에서 설한 마흔여덟 가지 허물(垢), 가령『유가사지론』제41권에서 설한 여러 경죄들과 같으니, 구체적으로 설하면 그것들에서 설한 것과 같다.

釋曰。第三明¹⁾毀犯事相。此卽餘諸輕罪。梵網經說四十八垢。如瑜伽論第四十一說諸輕罪。具說如彼。

---
1) ㉭ '明' 뒤에 '隨順'이 누락된 듯하다.

d) 유범자성有犯自性

경 넷째는 유범의 자성을 설하였기 때문이다.

四者。宣說有犯自性故。

석 네 번째는 유범有犯의 자성을 밝힌 것이다.
또 "유범의 자성"이라 한 것은『유가사지론』제41권에서 모든 '위범이 있는 것(有違犯)'을 설하였는데, 가령 그 논에서는 말한다.

보살들은 보살의 정계율의淨戒律儀에 안주하면서, 날마다 모든 (불·

법·승) 삼보에 대해 혹은 적거나 혹은 많은 (모든 공양거리를) 공양하되,[248] 최소한 몸으로 한 번은 절하여 예경하고, 최소한 말로 한 번은 사구四句의 게송으로 삼보를 찬양하며, 최소한 마음으로 한 번은 청정한 믿음으로 삼보의 공덕을 수념하는데,[249] 헛되이 낮밤을 보낸다면, 이것을 일컬어 '위범이 있고(有犯), 어긋나는 바가 있는 것(有所違越)'이라고 한다.[250] ······이하 생략······

釋曰。第四明有犯自性。又言有犯自性者。瑜伽論第四十一。說諸有違犯。如彼論云。若諸菩薩。安[1]菩薩淨戒律儀。於日日中。於諸三寶。或[2]少或多。而爲供養。下至以身一拜禮敬。下至以語一四句頌讚三寶。下至以心一淸淨信。隨念三寶功德。空度日夜。是名有犯有所違越。乃至廣說。

1) ⓔ『瑜伽師地論』권41(T30, 516a10)에 의거해서 '安' 뒤에 '住'를 보입해야 한다.
2) ⓔ『瑜伽師地論』권41(T30, 516a14)에 '或' 앞에 '若不以其'가 있다. 해당 번역문 역주 참조.

e) 무범자성無犯自性

경 다섯째는 무범의 자성을 설하였기 때문이다.

五者。宣說無犯自性故。

---

248 이나바 : 或少或多, 而爲供養······. 관공 : 若不以其或少或多諸供養具, 而爲供養······. 이것은『瑜伽師地論』의 인용문으로서, 같은 책 권41(T30, 516a14)의 원문은 관공의 환역과 일치한다. 그런데 이 문장의 취지가 '적은 공양거리든 많은 공양거리든 모두 다 가능하다'는 것이라면, 그 4자가 없어도 의미상 크게 어긋나지 않는다.
249 이상으로 보살이 계의 위범違犯을 면할 수 있는 최소한의 실천을 진술한 것이다. 만약 그것조차 하지 않고, 하루 종일 헛되이 보내면, 위범을 면하지 못한다.
250 이상은『瑜伽師地論』권41(T30, 516a9) 이하의 내용을 요약한 것이다.

석 다섯 번째는 무범無犯의 자성을 밝힌 것이다. 이는 유죄가 아닌 것이다.

혹은 『유가사지론』 제41권에서는 말한다. "일체의 처에서 위범이 없다는 것은, 말하자면 그의 마음이 증상되어 미쳐 버렸거나, 극중한 고수苦受(고통의 감각)로 핍박받게 되었거나,[251] 아직까지 일찍이 정계율의를 수지한 적이 없었다면, 모두 다 위범이 없다는 것을 알아야 한다."[252]

또 『유가사지론』에서는 '무범에 네 가지 종류가 있다'고 하는데, 세 가지는 이전과 동일하고, 다시 초학初學의 (경우를) 설하였다.

釋曰。第五明無犯自性。非有罪也。或瑜伽論四十一云。一切處無違犯者。謂若彼心增上狂亂。若重苦受之所逼切。若未曾受淨戒律儀。當知一切皆無違犯。又瑜伽論無犯四種。三者同前。更說初學。

f) 범한 곳을 벗어남

경 여섯째는 범한 것을 벗어남에 대해 설하였기 때문이다.

六者。宣說出所犯故。

석 여섯 번째는 범한 것을 벗어나는 상을 밝힌 것이다. 이것은 나쁜 짓을 제거하고[253] 위범에서 벗어나는 법이다.

---

251 광란된 마음이 산란되었거나, 심한 병고病苦의 괴로움에 시달린 상태에서 한 짓에 대해서는 '계를 범했다'고 하지 않는다.
252 『瑜伽師地論』 권41(T30, 521a9).
253 이나바 : 除惡. 관공 : 發露懺罪.
    두 판본 모두 의미가 통한다. 이하 『瑜伽師地論』에 따르면, 계를 다시 받아야 하는 경우를 제외하고, 계를 범한 자들은 지은 죄를 드러내어 말하여 자기가 지었던 악을 따라서 『유가사지론』 제41권에서는 말한다.

만약 보살들이 상품의 번뇌에 의해 위에서 말한 것과 같은 타승처법을 위범했다면, (계율의戒律儀를 잃게 되니) 응당 다시 받아야 한다.

만약 중품의 번뇌에 의해 (위에서 말한 것과 같은 타승처법을) 위범했다면, 세 명의 보특가라(사람) 혹은 이보다 많은 수의 사람을 마주하고서, 응당 (지은 죄를 그대로 드러내어 말하여) 악작惡作을 제거해야 한다.[254]

만약 하품의 번뇌에 의해 위에서 말한 것과 같은 타승처법을 위범했거나 또 그 밖의 위범이라면, 한 명을 마주하고, 이전과 같이 해야 함을 알아야 한다.

만약 법에 수순하는 보특가라, (즉) 마주해서 (지은 죄를 드러내어 말하고) 참회하여 제거해 줄 만한 (보특가라가) 없다면, 이때 보살은 청정한 의요로써 스스로 맹서하는 마음을 일으키고 '끝내 다시는 범하지 않겠다'고 한다.

이와 같은 것을 일컬어 '범한 곳을 벗어난다'고 한다.[255]

구체적으로 설하면 그 논과 같다.

釋曰。第六明出所犯相。是卽除惡出犯法也。故瑜伽論四十一云。若諸菩薩。以上品纏違犯如上他勝處法。[1] 應當更受。若中品纏違犯。[2] 應對於三補特伽羅。或過是數。應[3]除惡作。若下品纏違犯如上他勝處。及餘違犯。應對於一。當知如前。若無順法[4]補特伽羅可對悔除。爾時菩薩。以淨意樂。

　　제거한다.
254　'악작惡作'이란 심소법心所法의 하나로서 일반적으로는 이전의 나쁜 짓을 후회하는 심리 작용을 가리키지만, 여기서는 '이전의 나쁜 짓' 자체를 가리키는 말이다.
255　이상은 『瑜伽師地論』 권41(T30, 521a22) 이하의 내용을 요약한 것이다.

起自誓心。終不重犯。如是名出所犯。具說如彼。

1) ㉠『瑜伽師地論』권41(T30, 521a23)에 '法' 뒤에 '失戒律儀'가 있다. 2) ㉠『瑜伽師地論』권41(T30, 521a24)에 '犯' 뒤에 '如上他勝處法'이 있다. 3) ㉠『瑜伽師地論』권41(T30, 521a25)에 '應' 뒤에 '如發露'가 있다. 4) ㉠『瑜伽師地論』권41(T30, 521b2)에 '順法'이 '隨順'으로 되어 있다.

g) 율의律儀를 버림

경 일곱째는 율의를 버리는 것에 대해 설하였기 때문이다.

七者。宣說捨律儀故。

석 일곱 번째는 율의를 버리는 상을 밝힌 것이다.
가령 『유가사지론』「보살지」에서는 말한다.

　보살이 연품軟品·중품中品 번뇌(纏)로써 타승처법을 훼범한다 해서 (보살의) 정계율의淨戒律儀를 버리는 것은 아니다. 상품 번뇌의 훼범이라면 곧 '버렸다(捨)'고 이름한다. 만약 보살들이 (네 종류) 타승처법을 훼범하고 자주자주 현행하면서 전혀 참회함이 없이 깊이 애락을 내면서 이것이 공덕이라고 본다면, '상품 번뇌의 훼범'이라고 설한다는 것을 알아야 한다.
　모든 보살들이 잠시 한번 타승처법을 현행해서 곧장 보살의 정계율의를 버리는 것이 마치 비구들이 타승법을 범해서 곧장 별해탈계를 버리는 경우와 같은 것이 아니다. 보살들은 (이러한 훼범으로 말미암아) 보살의 정계율의를 버려도 현법現法 안에서 거듭해서 수지하는 것을 감임堪任해 낸다. 감임하지 못하여 마치 비구가 별해탈계에 머물면서 타승법을 범하면 현법 안에서 거듭해서 수지하는 것을 감당하지 못하는 경우와 같은 것은 아니다.

대략 두 가지 연으로 말미암아 보살의 모든 정계율의를 버리게 된다. 첫째는 무상정등보리의 대원大願을 포기하는 것이다. 둘째는 상품 번뇌가 현행하여 타승처법을 범하는 것이다. 보살들은 비록 다시 몸을 바꿔서 시방 세계 곳곳의 생처에 두루하면서도 보살의 정계율의를 버리지 않는다. 이 보살이 무상보리의 대원을 버리지 않고 또한 상품 번뇌가 현행하여 타승처법을 범한 것은 아니기 때문이다.

보살들은 전전해서 또 다른 생을 받았을 때 본념本念을 잊어버리고 선우와 조우해서 보살계의 염을 일깨우고 싶어 하므로 비록 자주 거듭 받기는 해도 새로 받는 것은 아니다.[256]

釋曰。第七明捨律儀相。如瑜伽論菩薩地云。菩薩若用軟中品纏。毀犯他勝處法。不捨[1]淨戒律儀。上品纏犯。卽名爲捨。若諸菩薩。他[2]勝處法。數數現行。都無慚愧。深生愛樂。見是功德。當知說名上品纏犯。非諸菩薩。暫一現行他勝處法。便捨菩薩淨戒律儀。如諸苾芻。犯他勝法。卽便棄捨別解脫戒。若諸菩薩。[3]棄捨菩薩淨戒律儀。於現法中。堪任更受。謂[4]非不堪任。如苾芻住別解脫戒。犯他勝法。於現法中。不任更受。略由二緣。捨諸菩薩淨戒律儀。一者。棄捨無上正等菩提大願。二者。現行上品纏犯他勝處法。若諸菩薩。雖復轉身。遍十方界在在生處。不捨菩薩淨戒律儀。由是菩薩。不捨無上菩提大願。亦不現行上品纏犯他勝處法。若諸菩薩。轉受餘生。忘失本念。值遇善友。爲欲覺悟菩薩戒念。雖數重受。而非新受。

1) ㉚『瑜伽師地論』권40(T30, 515c11)에 '捨' 뒤에 '菩薩'이 있다. 2) ㉚『瑜伽師地論』권40(T30, 515c13)에 의거해서 '他' 앞에 '毀犯'을 보입해야 한다. 3) ㉚『瑜伽師地論』권40(T30, 515c17)에 '薩' 뒤에 '由此毀犯'이 있다. 4) ㉚『瑜伽師地論』권40(T30, 515c18)에 '謂'가 없다.

---

256 『瑜伽師地論』 권40(T30, 515c10).

또 『유가사지론』 제75권에서는 네 종류 연으로 말미암아 율의를 버린다고 설한다. 따라서 그 논에서는 말한다.

다시 만약 이와 같은 율의를 버리지 않고 있다면, 그 밖의 생에서도 또한 그것을 버리지 않은 자에 수전隨轉할 수 있다는 것을 알아야 한다.
또 (계를) 버리는 인연에는 간략히 네 가지가 있다.
첫째는 계를 받는 마음과 동분同分이 아닌 마음을 결정적으로 일으키는 것이다.[257]
둘째는 식별하는 바가 있는 대장부 앞에서 고의로 '(계를) 버리겠다'는 말을 하는 것이다.[258]
셋째는 전체적으로 (또는) 개별적으로 네 종류 타소승법他所勝法(타승처법)을 훼범하는 것이다.
넷째는 증상품增上品의 번뇌로써 전체적으로 (또는) 개별적으로 네 종류 타소승법을 훼범하고 (그에) 수순하는 것이다.
이러한 인연으로 말미암아, 보살의 율의를 버리게 됨을 알아야 한다. 만약 청정한 수계의 마음을 도로 획득했다면, 다시 도로 받아야 한다.[259]

又瑜伽論七十五說。由四種緣。棄捨律儀。是故彼云。復次。若有不捨如是律儀。當知。餘生亦得隨轉非彼捨者。又捨因緣。略有四種。一者。決定發起受心不同分心。二者。若於有所識別大丈夫前。故意發起棄捨語言。三

---

[257] '동분이 아닌 마음(不同分心)'이란 본래 수계할 때의 마음과는 상위相違하는 마음을 말한다.
[258] 이것은 식별 능력이 있는 사람 앞에서 '계를 버리겠다'고 발설하는 것을 말한다. 그런데 이 두 번째 경우는 이전처럼 마음이 물러나서 '버리겠다'고 말한 것이라 보는 해석도 있고, 마음으로는 아직 결정을 내리지 못했는데 식별 있는 사람 앞에서 '버리겠다'고 말한 것이라 보는 해석도 있다. 『瑜伽論記』 권20(T42, 768a16) 참조.
[259] 『瑜伽師地論』 권75(T30, 711c8).

者。總別毀犯四種他所勝法。四者。若以增上品纏。總別毀犯隨順四種他所勝法。當¹⁾知。棄捨菩薩律儀。若有還得淸淨受心。復應還受。

1) ㉠『瑜伽師地論』 권75(T30, 711c13)에 '當' 앞에 '由此因緣'이 있고, 이 4자를 보입해야 한다.

성문의 시라를 버리게 되는 인연의 개수(多少)에 대해서는 여러 논에서 각기 다르게 설한다.

살바다종(설일체유부)에서는 다섯 가지 인연으로 말미암아 버린다고 설한다. 따라서 『구사론』 제15권에서는 말한다.

> 어째서 별해율의(別解律儀)를 버리는가?

> 송 별해의 조복을 버리는 것은
> 고의로 버리거나 목숨을 마치거나
> 이형二形이 함께 생겨나거나
> 선근을 끊거나 밤이 다함으로 말미암는다.

> 논 "조복"이라 한 뜻은 별해율의를 나타내려는 것이니, 이로 말미암아 능히 근根을 조복하도록 하기 때문이다.
> 오직 근주의 (율의를) 제외한 그 밖의 일곱 종류 별해율의는 네 가지 연으로 말미암아 버린다.
> 첫째는 의요에 의해서이니, 말하자면 이해해 주는 사람을 마주하고서 유표업有表業을 발설하여 학처(계율)를 버렸기 때문이다.²⁶⁰ 둘째는

---

260 계를 버리려는 자의 의요意樂에 따라 버리게 된다. 말하자면 자기 마음을 이해하는 자에게 더 이상 계를 지킬 뜻이 없다는 자기 의사를 '말(유표업)'로 발설함으로써 계를 버리게 된다는 것이다.

중동분衆同分을 버렸기 때문이다.²⁶¹ 셋째는 이형二形이 동시에 생겨났기 때문이다.²⁶² 넷째는 (율의의) 인因이 되는 선근이 끊어졌기 때문이다. 근주의 계를 버리는 것은 앞의 네 가지 연과 아울러 밤이 다함에 의해서다.²⁶³ 그러므로 별해율의는 다섯 가지 인연에 의해 버려진다고 총괄해서 설한 것이다.

어떠한 이유에서 계를 버릴 때 이러한 다섯 가지 인연으로 말미암는 것인가.

받을 때와는 상위하는 표업이 생겨났기 때문이고, 소의인 (몸을) 버렸기 때문이며, 소의인 (몸이) 변하였기 때문이고, (율의의) 인이 되는 것이 끊어졌기 때문이며, 기한을 지났기 때문이다."²⁶⁴

『순정리론』제39권과 『현종론』제21권²⁶⁵과 『대비바사론』에서도 (계를) 버리는 다섯 가지 인연을 설하는데, 『구사론』과 동일하다.

『잡심론』제3권에서는 말한다. "율의에 머물면서 율의를 범하는 것은 '범계犯戒'이지 '계를 버린 것(捨戒)'이 아니다. 그 사람은 지계持戒에 머물면서 범계한 것이니, 그가 만약 후회한다면 곧 범계를 버리고 지계에 머물

---

261 중동분衆同分이란 어떤 유정이 '유정으로서의 동일성(類等)'을 갖고서 그런 유정으로 전전展轉하게 하는 것, 즉 '유류類' 또는 '유정'이라는 보편성을 말한다. 가령 사람은 사람의 동분을 가짐으로써 사람으로 전전하게 되고, 소는 소의 동분을 가짐으로써 소로서 전전하게 된다. 그것은 소의인 몸에 의거해서 상속하다가 목숨이 끝남으로써 동시에 버려지기 때문에 '중동분을 버릴 때 그 계체들도 버려진다'고 하였다.
262 '이형二形이 함께 생긴다'는 것은 여근女根·남근男根 두 개의 근이 동시에 생긴 것을 말한다. 이에 관한 자세한 설명은 이하의 『瑜伽師地論』권53의 인용문 주석 참조.
263 근주의 계는 이전의 네 가지 인연 때문에 버리게 되지만, 또한 그것은 하루 동안만 지니는 것이기 때문에 밤이 다함에 따라 버리게 된다.
264 『俱舍論』권15(T29, 79a21).
265 이나바 : 顯宗論第二十一. 관공 : 顯揚聖敎論.
　　이나바의 복원문이 바른 듯하다. 이곳에서는 살바다종(說一切有部)의 학설을 소개하고 있는데, 『顯宗論』은 살바다종의 문헌이지만 『顯揚聖敎論』은 유식종의 문헌이다.

게 된다는 것을 알아야 한다. 마치 부유한 사람이 빚을 지게 되면 부자라고 이름하기도 하고 빚진 자라고 이름하기도 하지만 만약 빚을 갚고 나면 오직 부자라고만 불리는 것과 같다."[266]

『구사론』제15권과 『대비바사론』에서도 또한 이와 같이 설한다.

법밀부法密部는 여섯 가지 연에 의해서 (별해탈률의를) 버린다고 한다. 앞의 다섯 가지는 『구사론』과 동일하고, '법멸法滅(正法이 멸하는 것)'을 추가한 것이다. 따라서 『구사론』제15권에서는 말한다. "어떤 다른 부파는 말한다. 〈정법이 멸함에 따라서 또한 능히 별해율의를 버린다. 법이 멸할 때는 일체의 학처學處(계율)와 결계結界와 갈마羯磨가 모두 그치게 되기 때문이다.[267]〉"[268]

棄捨聲聞尸羅緣多少者。於諸論中。各說不同。薩婆多宗說。由五緣捨。故俱舍論第十五云。云何捨別解律儀。頌曰。捨別解調伏。由故捨命終。及二形俱生。斷善根夜盡。論曰。言調伏者。意顯別解[1]律儀。由此能令根調伏故。唯除近住。所餘七種別解律儀。由四緣捨。一由意樂。對有解人。發有表業。捨學處故。二由棄捨衆同分故。三由二形俱時生故。四由所因善根斷故。捨近住戒。由前四緣。及由夜盡。是故總說別解律儀。由五緣捨。何緣捨戒。由此五緣。與受相違表業生故。所依捨故。所依變故。所因斷故。過期限故。順正理論第三十九。顯宗論第二十一。及婆沙論。故[2]捨五緣。同俱舍論。雜心論第三云。住律儀而犯律儀者。是犯戒非捨戒。當知。彼人住持戒犯戒也。彼若悔者。卽捨犯戒。住持戒也。如富人負債。名富者。亦名

---

266 『雜阿毘曇心論』 권3(T28, 892b14).
267 법밀부法密部에서는 정법이 멸할 때는 모든 학처學處(계율), 계율을 닦는 자들이 머무는 지역(結界), 수계할 때의 의식작법(羯磨) 등이 모두 다 그치기 때문에 별해탈률의도 버리게 된다고 한다.
268 『俱舍論』 권15(T29, 79b6).

負債者。若還債已。唯名富者。俱舍論第十五。及婆沙論。亦如是說。法密部說。由六緣捨。五者同俱舍論。更說法滅。故俱舍論第十五云。有餘部言。由正法滅。亦能令捨別解律儀。以法滅時。一切學處。結界羯磨。皆止息故。

1) ㉠ 『俱舍論』 권15(T29, 79a26)에 '別解'가 없다.   2) ㉠ 전후 문맥상 '故'는 '說'인 듯하다.

경부종에서는 다섯 가지 연으로 말미암아 율의를 버린다고 한 것은 『구사론』과 동일한데, '밤이 다함으로 말미암아 (율의를 버림)'을 설하지 않고 '중죄'를 설한다. 따라서 그 논에서는 말한다. "어떤 다른 부파(경부)에서는 설한다. 〈네 가지 극중한 죄로서 타락(지옥에 떨어짐)을 초감하는 죄 중에서 그 어느 하나를 범함에 따라 또한 근책과 필추의 율의를 버리게 된다.〉"[269]

이제 대승에 의하면 성문율의는 다섯 가지 인연에 의해 버리게 되니, 이는 경부의 학설과 동일하다. 따라서 『유가사지론』 제53권에서는 말한다.

문 몇 개의 인연으로 필추율의를 받고 나서 다시 버리게 되는가?

답 간략하게는 다섯 가지 인因 때문이다. 혹은 소학처所學處(계율)를 버리기 때문에, 혹은 근본죄를 범하기 때문에, 혹은 형形이 몰하고 이형二形이 생기기 때문에,[270] 혹은 선근이 끊어졌기 때문에, 혹은 중동분衆同分을 버리기 때문에, 필추율의를 받고 나서 다시 버리게 되는 것이다. 만약 정법이 훼손되거나 정법이 은몰해 버린다면 비록 필추율의를 새로

---

269 『俱舍論』 권15(T29, 79b5).
270 '형形이 몰하고 이형二形이 생긴다'는 것은 이전에는 여근女根과 남근男根 중에 오직 하나의 근(一形)만 있다가 그것이 몰하고 이후에 여근·남근 두 개의 근(二形)이 동시에 생기는 것을 말한다. 두 개의 성기를 갖는 경우는 남녀의 번뇌가 항상 동시에 현전하여 법기法器를 장애하므로 계를 놓치게 된다고 한다. 『瑜伽論記』 권14(T42, 620c15), 『大乘法苑義林章』 권3(T45, 310c19) 참조.

받는 일은 없다 해도, 이전에 이미 받아서 획득한 것을 버리지 않는다는 것을 알아야 한다.[271]

자세하게 설하면 그 논과 같다.

經部宗說。由五緣捨律儀。同俱舍論。不言夜盡。以重罪說。故彼論云。有餘部說。於四極重感墮罪中。若隨犯一。亦捨勤策苾芻律儀。今依大乘。聲聞律儀。由五緣捨。同經部說。故瑜伽論五十三云。問。有幾因緣。苾芻律儀受已還捨。答。略由五因。或由捨所學處故。或由犯根本罪故。或由形沒二形生故。或由善根斷故。或由棄捨衆同分故。苾芻律儀受已還捨。若正法毀壞。正法隱沒。雖無新受苾芻律儀。先已受得。當知不捨。廣說如彼。

다) 본모本母에 대한 해석

(가) 개수를 표시하며 간략히 답함

경 만수실리여, 만약 이곳에서 내가 열한 가지의 상으로 명료하게 분별해서 제법을 현시하였다면, 이것을 본모라고 이름한다.

曼殊室利。若於是處。我以十一種相。決了分別。顯示諸法。是名本母。

석 이하는 세 번째로 본모의 상을 따로 해석한 것이다. 이 중에 두 가지가 있다. 처음은 총괄해서 개수를 표시하면서 간략히 답한 것이고, 나

---

271 『瑜伽師地論』 권53(T30, 592b29).

중은 문답으로 따로 해석한 것이다.²⁷²

이것은 처음에 해당한다.

釋曰。自下第三別釋本母相。於中有二。初總標數略答。後問。¹⁾ 是卽初也。

1) ㉮ '問' 뒤에 '答別釋'이 누락된 듯하다. 해당 번역문 역주 참조.

(나) 문답으로 따로 해석함

㉮ 질문

경 어떤 것을 열한 가지 상이라 하는가?

何等名爲十一種相。

석 두 번째는 문답으로 따로 해석한 것이다. (이 중에 두 가지가 있다.) 첫째는 질문이고, 둘째는 대답이다.

이것은 질문에 해당한다.

釋曰。第二問答別釋。一問二答。是卽問也。

㉯ 대답

a. 개수를 표시하며 이름을 나열함

---

272 이나바 : 後問. 관공 : 二請問及答釋.
　　이나바의 복원문에 착오가 있는 듯하다. 뒤에 진술된 두 번째 과목에서는 "第二問答別釋"이라고 하였다. 그에 의거해서 '後問' 뒤에 '答別釋'을 보입하였다.

경 첫째는 세속의 상이고, 둘째는 승의의 상이며, 셋째는 보리분법의 소연의 상이고, 넷째는 행상이며, 다섯째는 자성의 상이고, 여섯째는 그 과果의 상이며, 일곱째는 그것을 영수하고 개시하는 상이고, 여덟째는 그것을 장애하는 법의 상이며, 아홉째는 그것에 수순하는 법의 상이고, 열째는 그것의 과환의 상이며, 열한째는 그것의 승리의 상이다.

一者世俗相。二者勝義相。三者菩提分法所緣相。四者行相。五者自性相。六者彼果相。七者彼領受開示相。八者彼障礙法相。九者彼隨順法相。十者彼過患相。十一者彼勝利相。

석 이하는 두 번째로 세존께서 바로 답하신 것이다. 이 중에 두 가지가 있다. 처음은 개수를 표시하며 이름을 나열한 것이고, 나중은 차례대로 따로 해석한 것이다.

이것은 첫 번째로 개수를 표시하며 이름을 나열한 것이다.

『상속해탈경』과 『심밀해탈경』에서 (열거한) 이름은 조금 차이가 있고, 『유가사지론』과 『현양성교론』에서는 이 경과 동일하게 설한다.

釋曰。自下第二世尊正答。於中有二。初標數列名。後次第別釋。是卽初標數列名。相續經及深密經。名少異。瑜伽論及顯揚論。同此經說。

b. 차례대로 따로 해석함

a) 세속世俗의 상

(a) 개수를 표시함

경 세속의 상은 세 종류임을 알아야 하니,

世俗相者。當知三種。

석 이하는 두 번째로 열한 가지 상을 차례대로 따로따로 해석한다. 이 중에 열한 가지 상을 설하였으니, (경문도) 열한 가지로 나뉜다.
　이것은 첫 번째로 세속의 상을 밝힌 것이다. 이 중에 두 가지가 있다. 처음은 개수를 표시한 것이고, 나중은 차례대로 따로 해석한 것이다.
　이것은 처음에 해당한다.

釋曰。自下第二次第別釋十一相。於中說十一相。開爲十一。是卽第一明世俗相。於中有二。初標數。後次第別釋。是卽初也。

(b) 차례대로 따로 해석함

경 첫째는 보특가라를 설하였기 때문이고, 둘째는 변계소집자성을 설하였기 때문이며, 셋째는 제법의 작용과 사업을 설하였기 때문이다.

一者。宣說補特伽羅故。二者。宣說遍計所執自性故。三者。宣說諸法作用事業故。

석 두 번째는 차례대로 따로 해석한 것이다. 이는 세 가지 상에 의거해서 세속의 상을 설명한 것이다.
　따라서 『현양성교론』 제5권에서는 (게송으로) 말한다.

　처음에 아와 법과 작용을 설하니

그 밖의 것에 수순하기 위해서 설하였네.

장행의 해석에서 말한다.

처음의 세속제는 아를 설하고 법을 설하고, 또 작용을 설한 것이다.
'아를 설한다'는 것은 유정有情, 명자命者, 생자生者, 보특가라補特伽羅, 인人·천天, 남·여, 불우佛友, 법우法友와 같은 것들을 설하는 것이다.
'법을 설한다'는 것은 색色, 수受와 같은 것들을 설하는 것이다.
🔲문 만약 세속제는 승의勝義가 아니므로 (유有라고 설했다면), 어떤 의미에서 설하는 것인가?
🔲답 그 밖의 것에 수순하기 위해서 설한 것이다. 말하자면 승의제에 수순하려고 하였기 때문에 세속제를 설하는 것이다.[273]

또 『삼무성론』에서는 말한다. "🔲문 속제는 어떤 상相인가? 🔲답 속제에 세 가지 상이 있다. 말하자면 아我를 설하고 법法을 설하며 사事를 설한 것이다. '아'를 설했다는 것은 아我, 중생衆生, 수자壽者, 행자行者, 인人·천天, 남·여 등을 말한다. '법'을 설했다는 것은 색色, 수受, 상想, 행行, 식識 등을 말한다. '사'를 설했다는 것은 보고 들음, 생하고 멸함 등을 말한다. 이런 것들을 속제라고 이름한다."[274]

釋曰。第二次第別釋。卽約三相。宣說世俗。故顯揚論第五卷云。初說我法用。爲隨餘故說。長行釋云。初世俗諦。說我說法。及說作用。說我者。謂說有情。命者生者。補特伽羅。人天男女。佛友法友。如是等。說法者。謂說色

---

[273] 『顯揚聖教論』 권5(T31, 503a13).
[274] 『三無性論』 권1(T31, 871b5).

受如是等。問。若世俗諦。非勝義。[1] 何[2] 義故說。答。爲隨餘故說。謂爲欲隨順勝義諦故。說世俗諦。又三無性論云。問曰。俗諦何相。答曰。俗諦有三相。謂我說法說事說。我說者。謂我衆生。壽者行者。人天男女等。法說者。謂色受相[3] 行識等。事說者。謂見聞生滅等。此等名爲俗。

---

1) ㉭『顯揚聖敎論』권5(T31, 503a20)에 '義' 뒤에 '故有'가 있다.　2) ㉭『顯揚聖敎論』권5(T31, 503a20)에 '何' 앞에 '爲'가 있다.　3) ㉭『三無性論』권1(T31, 871b8)에 '相'이 '想'으로 되어 있다.

b) 승의勝義의 상

경 승의의 상이라 한 것은 **일곱 종류 진여를 설했기 때문임을 알아야 한다.**

勝義相者。當知。宣說七種眞如故。

석 두 번째는 승의의 상을 밝힌 것이다.
『현양성교론』 제16권에서는 게송으로 말하길, "승의제란 일곱 종류 진여임을 알아야 하네."라고 하였고, 장행으로 해석하여 말한다.

　　승의제란 일곱 종류 진여를 말하니, 이미 이전의 (『섭사품攝事品』에서) 설했던 것과 같음을 알아야 한다.
　　문 어떤 인연으로 일곱 종류 진여를 승의제라고 이름하는가?
　　답 이것은 두 가지 가장 수승한 지혜의 소행所行(인식의 경계·영역)이기 때문이니, (두 가지 지혜란) 출세간지와 이후에 획득된 세간지를 말한다. 이 승의에는 희론이 없기 때문에 그 밖의 지혜의 경계는 아니다.[275]

---

275 『顯揚聖敎論』 권16(T31, 559a24).

또 『삼무성론』에서는 '일곱 종류 여여如如를 설하여 진제眞諦라고 한다'
고 하였는데, 자세한 설명은 그 논과 같다.[276]

釋曰。第二明勝義相。顯揚論第十六。頌曰。當知勝義諦。謂七種眞如。長
行釋云。勝義諦者。謂七種眞如。當知已如前[1]說。問。何因緣故。七種眞如。
名勝義諦。答。二[2]最勝智所行故。謂出世間智。及此後得世間智。由此勝
義無戱論故。非餘智境。又三無性論。說七如如。名爲眞諦。廣說如彼。

1) ㊀『顯揚聖敎論』권16(T31, 559a24)에 '前'이 '攝事品'으로 되어 있다. 2) ㊀『顯揚
聖敎論』권16(T31, 559a29)에 '二' 앞에 '由是'가 있다.

c) 보리분법의 소연의 상

경 보리분법의 소연의 상이라 한 것은, 두루 일체 종류의 소지사所知事(알
아야 할 사)를 설했기 때문임을 알아야 한다.

菩提分法所緣相者。當知宣說徧[1]一切種所知事故。

1) ㊀『解深密經』권5(T16, 709a27)에 '徧'이 '遍'으로 되어 있다.

석 세 번째는 보리분법의 소연의 상을 밝힌 것이다. 말하자면 염주念
住 등 삼십칠보리분법의 소연 경계이니, 이전에 설명했던 것과 같다.

釋曰。第三明菩提分法所緣相。謂念住等三十七菩提分法所緣境。如前所
說。

---

[276] 『三無性論』권1(T31, 871b18)에서는 "진제란 일곱 종류 여여를 말하니, 첫째는 생이
고, 둘째는 상이며, 셋째는 식이고, 넷째는 의지이며, 다섯째는 사행이고, 여섯째는
청정이며, 일곱째는 정행이다.(眞諦者。謂七種如如。一生。二相。三識。四依止。五邪行。
六淸淨。七正行。)"라고 하였다.

d) 행상行相

(a) 총괄해서 개수를 표시함

경 행상이라 한 것은, 팔행관을 설했기 때문임을 알아야 한다.

行相者。當知宣說八行觀故。

석 이하는 네 번째로 여덟 가지 행상을 밝힌 것이다. 이 중에 세 가지가 있다. 처음은 총괄해서 개수를 표시한 것이고, 다음은 이름을 나열한 것이며, 마지막은 차례대로 따로 해석한 것이다.
이것은 처음에 해당한다.
'행行'이란 '상想의 행'이고,[277] '상相'이란 '체體의 상'이다. 도분道分(삼십칠도품)의 바른 해석(正釋) 및 능연식能緣識의 상이기 때문에 '행상'이라고 이름한다.[278]

문 이와 같다면 어째서 진여 등의 행상을 설했는가?[279]

---

277 이나바 : 行者想行. 相者體相. 관공 : 此中, 行相者, 謂識行相. 相者, 謂體相.
　　밑줄 친 부분은 '行相' 중의 '行' 자를 풀이한 것이다. 이나바는 '想의 행'이라 하였고, 관공은 '識의 행상'이라 하였는데, 전후 문맥상 '行'의 의미를 해석하는 문구가 나와야 한다. 두 판본의 문구가 다르지만, '행'이란 능히 관찰하는 마음을 가리킨다고 본 점에서는 동일하다.
278 이나바 : 道分正釋, 與所緣識相, 故名行相. 관공 : 由於正說道品, 及能緣識之相, 故曰行相相.
　　밑줄 친 부분에 '所緣識'과 '能緣識'이라는 문구가 상반된다. 여기서는 팔행관에서 '능히 관찰하는 행의 상'이라는 의미에서 '行의 相'이라 하였으므로 '能緣識의 相'이 바른 듯하다.
279 앞의 해석에 따르면, 경문에서 '행상行相'이라 한 것은 경계의 상을 가리키는 것이 아니라 '능히 관찰하는 마음의 상'을 가리킨다. 그런데 이어지는 뒤의 경문에서는 제실諦實(진여), 안주安住, 과실過失 등과 같은 관찰되는 바의 경계들을 차례로 설하였다. 따라서 어째서 경문에서 진여 등의 행상을 설하였는지를 물었다. 이하의 대답에 따

답 말하자면 여덟 가지 경계를 표명함으로써 유가관瑜伽觀을 설하기 때문이다.

釋曰。自下第四明八行相。於中有三。初總標數。次列名。後次第別釋。是卽初也。行者想行。相者體相。道分正釋。與所緣識相。故名行相。問。若如是者。何故說眞如等行相。答。謂標八境。說瑜伽觀故。

(b) 이름을 나열함

경 어째서 팔행관이라 이름하는가? 첫째는 제실 때문이고, 둘째는 안주 때문이며, 셋째는 과실 때문이고, 넷째는 공덕 때문이며, 다섯째는 이취 때문이고, 여섯째는 유전 때문이며, 일곱째는 도리 때문이고, 여덟째는 총별 때문이다.

云何名爲八行觀耶。一者諦實故。二者安住故。三者過失故。四者功德故。五者理趣故。六者流轉故。七者道理故。八者總別故。

석 둘째는 개수를 표시하며 이름을 나열한 것이다. 뒤에서 하나하나 설할 것이기 때문에 지금은 서술하지 않겠다.
『현양성교론』 제20권에서는, 첫째는 제諦, 둘째는 건립, 셋째는 과실, 넷째는 공덕, 다섯째는 이취, 여섯째는 유전, 일곱째는 도리, 여덟째는 광략이라 하였다.[280] 하나하나마다 처음에 '관찰', 마지막에 '행'이라 언설

르면, 팔행관의 여덟 종류 경계를 표시해 줌으로써 유가瑜伽의 관법의 특징을 설명한 것이다.
280 『顯揚聖敎論』 권20(T31, 582a27) 참조.

하였지만, 의미는 이 경과 동일하다.[281]

釋曰。第二標數列名。後一一說。故今不述。顯揚論第二十云。一諦。二建立。三過失。四功德。五理趣。六流轉。七道理。八廣略。一一言說初觀察後行。義同此經。

(c) 차례대로 따로 해석함

ⓐ 제실諦實의 상

경 '제실'이란 제법의 진여를 말한다.

諦實者。謂諸法眞如。

석 이하는 세 번째로 차례대로 따로 해석한 것이다. 이 중에서 팔행관의 상을 설했으니, (경문도) 여덟 종류로 나뉜다.
이것은 첫 번째로 제실의 상을 밝힌 것이다. 말하자면 근본지로 진여를 현증現證하여 자성을 버리지 않으므로 '제諦'라고 하고, 허망하지 않으므로 '실實'이라 한다. 따라서 '제실'이라 설한 것이다.

釋曰。自下第三次第別釋。於中。宣說八行觀相。開爲八種。是卽初明諦實相。謂由根本智。現證眞如。不捨自性。是名爲諦。不妄故名爲實。故說諦實。

---

281 이 경에서 팔행관八行觀이라 한 것은 『顯揚聖敎論』 권20(T31, 582a27)에서는 팔관찰행八觀察行이라 하였다. 그 논에서는 여덟 종류 관을 열거하면서, "觀察諦行。觀察建立行。觀察過失行……" 등이라 하였는데, 처음과 뒤에 '관찰'과 '행'이라는 글자가 추가되었지만, 의미상으로 이 경의 팔행관과 동일하다는 것이다.

ⓑ 안주安住의 상

ㄱ. 아집我執·법집法執을 안립함

경 '안주'란 말하자면 혹은 보특가라를 안립하고 혹은 다시 제법의 변계소집자성을 안립하며,

安住者。謂或安立補特伽羅。或復安立諸法遍計所執自性。

석 두 번째는 안주의 상을 밝힌 것이니, 구분하면 세 종류가 된다. 처음에는 아집·법집 두 가지를 안립했음을 밝혔다. 다음에는 사종기四種記를 안립했음을 밝혔다. 마지막에는 은밀과 현료를 안립했음을 밝혔다.[282]

이것은 첫 번째로 아집·법집을 안립했음을 밝힌 것이다. 말하자면 변계에 의지하여 아·법을 집착해서 실재라고 한 것은, 망정妄情에 의지하는 '유有'이지 승의勝義의 (유는) 아니다. 다만 허망한 정을 따라서 집착해서 '유'라고 하기 때문에 '안립했다'고 한 것이다.

따라서 『성유식론』 제1권에서는 "(어리석은 범부가) 헤아린 바의 실아와 실법이란 전혀 있는 바가 없고 다만 허망한 정을 따라서 시설한 것이기 때문에 (그것을 설하여 '가假'라고 한다.)"[283]라고 하였다.

釋曰。第二明安住相。分爲三種。初明安立我法二執。次明安立四種記。後

---

[282] 이나바 : 後明安立隱密顯了. 관공 : 三明安立法及分別.
    뒤의 경문과 대조할 때, 이나바의 복원문이 바른 듯하다. 뒤의 세 번째 과목에 해당하는 경문은 '或復安立隱密顯了記別差別'이고, 이는 '隱密敎와 顯了敎의 차이'를 설한 것이다.
[283] 『成唯識論』 권1(T31, 1b7).

明安立隱密顯了。是卽初明安立我法執。謂依徧計執我法爲實者。依妄情有。而非勝義。但隨妄情。執爲有故。名爲安立。故成唯識第一卷云。所計實我實法。都無所有。但隨妄情。而施設故。

ㄴ. 사종기四種記를 안립함

경 혹은 다시 일향과 분별과 반문과 치기를 안립하고,

或復安立一向。分別。反問。置記。

석 두 번째는 사종기四種記[284]를 안립하였음을 밝힌 것이다. 숨겨진 힐난(伏難)에 (답하는) 방법에 의해서 네 종류의 수기授記하는 논법을 안립하였기 때문에 '안립한다'고 한 것이다.

예를 들어 『불지경론』 제6권에서는 말한다.

'사기四記'라고 한 것은 첫째 일향기一向記이고, 둘째 분별기分別記이며, 셋째 반문기反問記이고, 넷째 묵치기默置記이다.

'일향기'란 가령 어떤 사람이 묻기를, '모든 생겨난 것들은 결정코 멸하는가', '불·법·승의 삼보는 훌륭한 복전인가'라고 하면, 이와 같은 질문들에는 마땅히 한결같이(一向) 답해 주어야 한다. 이 의미는 결정되어 있기 때문이다.[285]

---

284 사종기四種記: 질문에 답하는 네 가지 방식으로서 일향기一向記·분별기分別記·반문기反問記·사치기捨置記를 가리킨다. 모든 질문들 중에서 한결같이 일정하게 대답해 주어야 할 경우를 '일향기'라고 하고, 잘 분별해서 알려 주어야 할 경우를 '분별기'라고 하며, 반문하는 방식으로 답해야 하는 경우를 '반문기'라고 하고, 대답하지 않고 그냥 내버려 두는 경우는 '사치기'라고 한다.

285 '생한 것이 멸한다'는 등의 이치는 정해진 것이므로 이에 관한 질문에는 반드시 한결

'분별기'란 가령 어떤 사람이 묻기를, '모든 멸하는 것들은 결정코 다시 태어나는가', '불·법·승의 삼보는 오직 하나만 있는가'라고 하면, 이와 같은 질문들에는 마땅히 분별해서 답해 주어야 한다. 이 의미는 결정되어 있지 않기 때문이다.[286]

'반문기'란 가령 어떤 사람이 묻기를, '보살의 십지十地를 높다고 하는가 낮다고 하는가', '불·법·승의 삼보는 수승한가 하열한가'라고 하면, 이와 같은 질문들에는 마땅히 반문하는 식으로 답해 주어야 한다. '그대는 어느 것과 비교해서 물은 것인가'라고.[287]

'묵치기'란 가령 어떤 사람이 묻기를, '실유성의 아我를 선이라고 하는가 악이라고 하는가', '석녀石女의 아이 색깔은 검다고 하는가 희다고 하는가'라고 하면, 이와 같은 질문들에는 마땅히 말하지 않고 그냥 내버려 두어야 한다. 답해서는 안 되기 때문이고, 희론이 길어지기 때문이다.[288·289]

자세하게 분별하면 가령『유가사지론』제81권,『대지도론』제22권·제26권·제35권,『십지경론』,『열반경』제35권,『구사론』제19권,『순정리론』

같이 대답해 주어야 한다.
286 이미 멸했다고 해서 반드시 다시 생하는 것은 아니니, 가령 번뇌가 다한 자는 다시 태어나지 않는 경우도 있다. 따라서 이치가 결정되어 있지 않은 일에 대해 묻는다면, 반드시 잘 분별해서 대답해 주어야 한다는 것이다.
287 십지十地가 높은지 낮은지, 삼보가 수승한지 하열한지는 무엇과 비교하느냐에 따라 달라질 수 있다. 예를 들어 십지는 십신十信 등에 비하면 높지만 불지佛地에 비하면 낮은 것이다. 따라서 '무엇에 비해 그렇다는 말인가'라고 반문하면서 대답해 주어야 한다는 것이다.
288 '실재성을 지닌 아'라든가 '석녀의 아이'라는 것은 본래 존재하지도 않기 때문에 그것의 선악의 성질이나 색깔 등에 대해 묻는 것 자체가 무의미하다. 이에 대한 논의는 끝없는 말장난으로 이어지기 때문에, 이런 질문에는 말하지 않고 그냥 내버려 두어야 한다는 것이다.
289 『佛地經論』권6(T26, 320c14).

제49권, 『대비바사론』 제15권과 같음을 알아야 한다.

釋曰。第二明安立四種記。約伏難法。安立四種記論。故名安立。如佛地論第六卷云。言四記者。一一向記。二分別記。三反問記。四默置記。一向記者。如有問言。一切生者。決定滅耶。佛法僧寶。良福田耶。如是等問。應一向記。此義決定。分別記者。如有問言。一切滅者。定更生耶。佛法僧寶。唯有一耶。如是等問。應分別記。此義不定。反問記者。如有問言。菩薩十地。爲上爲下。佛法僧寶。爲勝爲劣。如是等問。應反問記。汝望何問。默置記者。如有問言。實有性我。爲善爲惡。石女兒色。爲黑爲白。如是等問。應默置記。不應記故。長戱論故。應知若廣分別。如瑜伽論第八十一。智度論第二十二。二十六。三十五。十地論。涅槃經三十五。俱舍論第十九。順正理論第四十九。及婆沙論第十五卷。

ㄷ. 은밀隱密과 현료顯了를 안립함

경 혹은 다시 은밀·현료의 기별의 차별을 안립하는 것이다.

或復安立隱密顯了記別差別。

석 세 번째는 은밀과 현료를 안립했음을 밝힌 것이다. 말하자면 모든 여래가 근기에 따라 이익을 주기 위해서 안립하여 설법할 때 어떤 경우는 은밀하게 어떤 경우는 명료하게 (설한다는 것이다.)
『현양성교론』 제20권에서는 "은밀·현료의 기론(隱密顯了記論)"[290]이라고 하였다.

---

[290] 『顯揚聖教論』 권20(T31, 582b4).

이 두 가지 교(은밀교와 현료교)에 대해 각각의 설들이 같지 않다.

한편에서는 말한다. 〈말은 알기 쉽고(近) 뜻은 심원한(遠) 것을 일컬어 '은밀'이라고 한다. 가령 『법화경』 제1권에서 말하길, "한 번 '나무불'을 칭념하면 모두 이미 불도를 이룬다네."[291]라고 한 것과 같다. 말과 뜻이 모두 심원한 것을 일컬어 '현료'라고 한다. 가령 『선계경』 등에서 '삼아승기겁을 거쳐야 비로소 불도를 이룬다'고 한 것과 같다.〉

한편에서는 말한다. 〈『반야경』에서 '일체법은 공하여 적정하다'고 설한 것은 '은밀'이라고 하고, 『해심밀경』에서 삼성三性을 완비해서 설하여 공空과 불공不空을 갖추는 것을 일컬어 '현료'라고 한다.〉

한편에서는 말한다. 〈소승의 모든 가르침은 '은밀'이라고 이름하고, 대승의 모든 가르침은 '현료'라고 이름한다. 따라서 『현양성교론』 제6권에서 말하길, "은밀의 가르침이란 대부분 성문장의 가르침을 말하고, 현료의 가르침이란 대부분 대승장의 가르침을 말한다."[292]라고 하였다.〉

釋曰。第三明安立隱密顯了。謂諸如來。爲隨機饒益故。安立說法。或者隱密。或者顯了。顯揚論第二十云。隱密顯了記論。此二敎者。各說不同。一云。語近義遠。是名隱密。如法華經第一卷云。一稱南無佛。皆已成佛道。語義俱遠。卽名顯了。如善戒經等。說經三阿僧祇劫。方成佛道。一云。般若經。說一切法空而寂靜。是名隱密。解深密經。備說三性具空不空。是名顯了。一云。小乘諸敎。名爲隱密。大乘諸敎。名爲顯了。故顯揚論第六卷云。隱密敎。謂多分聲聞藏敎。顯了敎。謂多分大乘藏敎。

한편에서는 말한다.

---

291 『妙法蓮華經』 권1(T9, 9a25).
292 『顯揚聖敎論』 권6(T31, 510b1).

(말과 의미가) 은밀하게 다른 것을 '은밀隱密'이라고 한다.[293] 따라서 『잡집론』 제16권에서는 말한다. "비밀결택秘密決擇이란, 말하자면 그 밖의 의미를 설하는 명구문들을 은밀하게 전변시켜서 다시 그 밖의 다른 의미를 나타내는 것이다.[294] 예를 들어 경에서 말하길, '부모와 왕과 두 명의 다문多聞을 거역하여 해치고, 국인과 수행隨行하는 것을 죽인 이 사람을 청정하다고 설하네'라고 하였다. 지금 이 게송에서는 세간의 극중한 죄악을 언표한 것이니, 아버지나 어머니, 왕이나 두 명의 다문범지, 국인이나 축생을 살해한 악업이다. 이것을 '부정하다'고 하는데, 지금 '청정하다'고 설한 것은 은밀하게 그 밖의 의미를 나타낸 것이다. 말하자면 업業, 애愛, 유취식有取識, 계취戒取·견취見取라는 두 가지 취, 안처眼處 등의 육처 및 (그것의) 소행경所行境(인식대상)을 그 차례대로 부모 등이라고 이름한 것이다.[295] 법이 서로 유사하기 때문이다."[296] 자세하

---

293 이나바 : 密異, 名爲隱密. 관공 : 意指不同, 名曰隱密.
  이나바의 '密異'와 관공의 '意指不同'은 같은 의미다. 이『雜集論』에 따르면, 어떤 말의 표면적 의미와는 전혀 다른 의미를 은밀하게 설하는 것을 일컬어 '隱密'이라 한다.
294 『雜集論』에서 설한 '비밀결택秘密決擇'이란 어떤 교설의 문구가 그것의 표면적 의미와는 전혀 다른 의미를 내포하고 있는 경우를 말한다. 가령 이하에 인용된 어떤 경의 게송처럼 '부모 등을 살해한 극중죄를 지은 사람을 청정하다'고 말하는 경우, 이처럼 '극중죄를 지은 사람'을 청정하다고 하는 말은 표면적으로는 납득이 되지 않는다. 그것은 그 말 안에 전혀 다른 의미들이 내포되어 있기 때문이다.
295 앞의 게송에서 ① 부와 모, ② 국왕, ③ 두 명의 다문, ④ 국인과 수행 등은 그 순서대로 ① 애愛와 업業, ② 취를 가진 식(有取識), ③ 계취戒取·견취見取라는 두 가지 취, ④ 안처眼處 등의 육처와 그 경계들을 비유하는 말이다. 말하자면 '애'는 발인發因이고 '업'은 생인生因이니, 이로 말미암아 습기종자習氣種子가 자라나므로 마치 세간의 부모와 유사하다. 이 두 가지 인으로 말미암아 유취식有取識이 유전流轉하면서 단절되지 않는다. 계취와 견취는 마치 세간의 다문범지多聞梵志와 유사하니, 항상 '가장 수승한 청정'에 대해 그릇되게 계탁하고 집착하기 때문이다. 또 저 유취식의 소의所依·소연所緣인 육처六處와 경계境界는 마치 세간의 국인國人과 수행隨行(축생들)과 유사하다. 이 게송의 은밀하게 감춰진 의미는 바로 그러한 애 등의 법을 영원히 끊은 자를 청정한 자라고 한다는 것이다.
296 이상은『雜集論』권16(T31, 773a18) 이하의 내용을 요약한 것이다.

게 설하면 그 논과 같다.

말과 의미가 동일한 것을 '현료顯了'라고 이름한다.[297] 말하자면 가령 아버지 등을 거역하고 해치는 것은 극중한 죄악이기 때문에 '부정하다'고 하고, 부모 등을 공경하는 것을 '청정하다'고 한다.

一云。密異。名爲隱密。故雜集論第十六云。秘密決擇者。謂說餘義名句文身。隱密轉變。更顯餘義。如經言。逆害於父母。王及二多聞。誅國及隨行。是人說淸淨。今此頌中。詮表世間[1]極重罪惡。[2] 若父及母。若王及二多聞梵志。若國人及畜生。殺害惡業。是名不淨。今說淸淨。密顯餘義。謂若業若愛。若有取識。戒見二取。眼等六處及所行境。如其次第。名父母等。法相似故。廣說如彼。語與義同。是名顯了。謂如逆害父等。極重惡業。故名不淨。恭敬父母等。是名淸淨。

1) 엣『雜集論』권16(T31, 773a22)에 '間' 뒤에 '共可'가 있다.　2) 엣『雜集論』권16(T31, 773a22)에 '惡' 뒤에 '文字'가 있다.

ⓒ 과실過失의 상

경 '과실'이란 내가 모든 잡염법에 한량없는 문의 차별적 과환이 있다고 설한 것을 말한다.

過失者。謂我宣說諸雜染法。有無量門差別過患。

석 세 번째는 과환의 상을 밝힌 것이다.
삼루三漏와 사계四繫와 구결九結과 십전十纏 등 갖가지 문門의 번뇌의 과

297　이 마지막 해석에 따르면, '현료'란 어떤 말의 표면상의 의미와 다르지 않게 설하는 것을 말한다.

환을 말한다.[298]

釋曰。第三明過患相。謂宣說三漏。四繫九結。及十纏等。種種門煩惱過患。

ⓓ 공덕功德의 상

경 '공덕'이란 내가 모든 청정한 법에 한량없는 문의 차별되는 수승한 이익(勝利)이 있다고 설한 것을 말한다.

功德者。謂我宣說諸淸淨法。有無量門。差別勝利。

석 네 번째는 공덕의 상을 밝힌 것이다. 신통과 해탈, 정定과 역力 및 무외 등 갖가지 공덕의 수승함을 말한다.

釋曰。第四明功德相。謂宣說神通解脫定力。及無畏等。種種功德勝。

ⓔ 이취理趣의 상

ㄱ. 총괄해서 개수를 표시함

---

[298] 여기에 나오는 '누漏'와 '계繫'와 '결結'과 '전纏' 등은 모두 번뇌의 다른 이름들이다. 『瑜伽師地論』 권8에서는 번뇌의 종류를 세 가지 혹은 네 가지, 나아가서는 128가지로 구분하기도 한다. '삼루三漏'는 욕루欲漏, 유루有漏, 무명루無明漏이다. '사계四繫'란 탐신계貪身繫, 진신계瞋身繫, 계금취신계戒禁取身繫, 차실집취신계此實執取身繫 등이다. '구결九結'이란 애결愛結, 에결恚結, 만결慢結, 무명결無明結, 견결見結, 취결取結, 의결疑結, 질결嫉結, 간결慳結 등이다. '십전十纏'이란 살가야견薩迦耶見, 변집견邊執見, 사견邪見, 견취見取, 계금취戒禁取, 탐貪, 에恚, 만慢, 무명無明, 의疑 등이다. 『瑜伽師地論』 권8(T30, 313b10~314c20) 참조.

경 '이취'란 여섯 종류임을 알아야 한다.

理趣者。當知六種。

석 이하는 다섯 번째로 이취의 문을 밝힌 것이다. 이 중에 두 가지가 있다. 처음은 총괄해서 개수를 표명한 것이다. 나중은 개수에 의거해서 이름을 나열한 것이다.
이것은 처음에 해당한다.[299]

釋曰。自下第五明理趣門。於中有二。初總標數。後依數列名。[此卽初也。][1)]

1) ⓔ '此卽初也' 4자를 보입하였다. 해당 번역문 역주 참조.

ㄴ. 개수에 의거해서 이름을 나열함

경 첫째는 진의이취, 둘째는 증득이취, 셋째는 교도이취, 넷째는 양극단을 멀리 떠나는 이취, 다섯째는 불가사의이취, 여섯째는 의취이취이다.

一者眞義理趣。二者證得理趣。三者敎導理趣。四者遠離二邊理趣。五者不可思議理趣。六者意趣理趣。

석 두 번째는 개수에 맞게 이름을 나열한 것이다.
『상속해탈경』에서는 "첫째는 진실의통眞實義通, 둘째는 득통得通, 셋째는 설통說通, 넷째는 이이변통離二邊通, 다섯째는 불가사의통不可思議通, 여

---

299 이나바 : 해당 문구 없음. 관공 : 此卽第一略擧數目.
　　원측 소의 이전 사례를 참고해 볼 때, '이것은 첫 번째다'라는 문구가 있어야 한다. 따라서 이곳에 '此卽初也'를 보입하였다.

섯째는 의통意通이다."³⁰⁰라고 하였다.

『심밀해탈경』에서 말한 '통通'의 상相도 『상속해탈경』과 거의 동일하다.³⁰¹

> 釋曰。第二依數列名。相續經云。一者眞實義通。二者得通。三者說通。四者離二邊通。五者不可思議通。六者意通。深密經云。通相。大同相續。

여섯 종류 의취를 『현양성교론』 제6권에서 분별하였는데, 간략한 문(略門)과 자세한 문(廣門) 두 가지가 있다.

(* 여섯 종류 이취를 간략히 설한 문)

이 중에 간략한 문으로 설하면서, 그 논에서 말한다.

> '이취에 의한다'고 했는데, 여섯 종류 이취가 있다. 말하자면 진의이취眞義理趣 내지는 의요이취意樂理趣다.
> 이 중에서 앞의 세 가지 이취는 뒤의 세 가지 이취에 수순해서 해석한다. 말하자면 '양극단을 떠나는 이취(離二邊理趣)'에 수순해서 '진의이취'를 해석한다.【증익增益과 손감損減이라는 양극단, 상常과 단斷이라는 양극단, 낙樂과 고苦라는 양극단 등을 멀리 떠나서 중도를 이루는 것을 일컬어 '진의'라고 한다.³⁰²】

---

300 『相續解脫如來所作隨順處了義經』 권1(T16, 719a4).
301 『深密解脫經』 권5(T16, 686a21)에서는 "眞實義通。得通。說通。離二邊通。不可思議通。意通。"이라고 하였는데, 이 경에서 '通'이라 한 것은 『解深密經』에서 '理趣'라 한 것에 해당한다.
302 이나바 :【遠離增益損減 二邊, 常斷二邊, 及樂苦二等, 成中道, 名爲眞義.】관공 : 離二邊理趣者, 略有六種. 一遠離於不實有增益邊, 二遠離於眞實有損減邊, 三遠離執常邊, 四遠離執斷邊, 五遠離受用欲樂邊, 六遠離受用自苦邊, 離二邊已而順中道者, 卽名眞義.

'부사의이취不思議理趣'에 수순해서 '증득이취證得理趣'를 해석한다.【말하자면 아我와 유정 내지는 모든 부처님의 경계는 불가사의하기 때문이다. 인因이 되어 과果를 획득하기 때문에 '증득'이라고 설한다.[303]】

'의요이취意樂理趣'에 수순해서 교도이취教導理趣를 해석할 수 있다.【'별의別義와 상응하는 의요' 등에 의거해서 수승한 의요를 설한 것이다.[304] 이와 같은 '별의' 등의 의요는 가령 세친의 『섭대승론석』, 무성의 『섭대승론석』, 양梁 『섭대승론석』, 『대승장엄경론』, 『집론』과 『잡집론』, 『유가사지론』 등에서 설한 것과 같음을 알아야 한다.】

이 중에서 '진의 그 자체가 이취'이기 때문에 진의이취라고 이름하고, 내지는 '의요 그 자체가 이취'이기 때문에 '의요이취'라고 한 것이다.[305] 저 각각의 처에서 전도됨이 없는 것(無顚倒性)이 바로 '이취'의 의미다.[306]

이나바와 관공의 환역 간에는 표현의 간략함과 자세함의 차이는 있어도 내용적으로 완전히 일치한다. 그런데 이것은 『顯揚聖教論』의 원문이 아니라, 직전의 『顯揚聖教論』 문구에 대한 원측의 주석이기 때문에 협주(【 】)로 표시하는 것이 바른 듯하다. 이하에서도 이나바와 관공의 환역 간에 동일한 차이가 있는데, 이 경우와 마찬가지로 『顯揚聖教論』의 문구를 제외한 그 밖의 원측의 주석은 모두 협주로 간주하였다.

303 문장의 의미가 명료하지 않다. 아마도 아我와 유정有情과 세간世間, 일체유정의 업보業報, 정려를 증득한 자(證靜慮者) 및 정려의 경계(靜慮境界), 부처님(佛) 및 모든 부처님의 경계(諸佛境界) 등의 불가사의함을 전도 없이 아는 것이 인因이 되어 궁극의 과果를 증득한다는 말인 듯하다.

304 여기서 '별의와 상응하는 의요'라고 한 것은 가령 『攝大乘論』 등에서 설한 평등의취平等意趣, 별시의취別時意趣, 별의의취別義意趣, 보특가라의요의취補特伽羅意樂意趣 등 네 종류 의취 중의 하나에 해당한다. 이 논에서 '의취'라 한 것은 '의요意樂'와 같은 뜻이다. 원측에 따르면, 『顯揚聖教論』에서 '의요이취意樂理趣'라 한 것은 별의의취 등과 같은 수승한 의요를 가리킨다. 이 중 '별의'란 가령 '일체법은 모두 다 자성이 없다'고 하는 등의 교설은 언설 그대로의 의미가 아닌 그 밖의 수승한 의미(勝義)와 상응하기 때문에 '별의'라고 하며, 이러한 별의와 상응하는 의요意樂를 '별의의취'라고 한다. 세친의 『攝大乘論釋』 권5(T31, 346a9), 『雜集論』 권12(T31, 752a23) 참조.

305 이것은 여섯 종류 의취의 명칭들이 모두 지업석持業釋으로 분석되는 복합어임을 말한다. 'AB'라는 복합어가 의미상 'A即是B'의 관계로 해석된다면, 이것을 '지업석'이라 한다.

306 『顯揚聖教論』 권6(T31, 509b23).

(위 인용문에서) "저 각각의 처에서 전도된 성질이 없는 것이 바로 이 취의 뜻이다."라고 한 것은, 말하자면 하나하나의 체상體相의 처에서 전도됨이 없는 것이 이취의 뜻이라는 말이다.[307]

六理趣者。顯揚第六。分別略廣二門。此中略者。彼論云。依理趣者。有六種理趣。謂眞義理趣乃至意樂理趣。此中。前三理趣。由後三理趣隨釋。謂由離二邊理趣。隨釋眞義理趣【遠離增益損減二邊。常斷二邊。及樂苦二[1]等。成中道。名爲眞義】由不思議理趣。隨釋證得理趣【謂我有情乃至諸佛境界。不思議故。成因得果。故說證得】由意樂理趣。隨釋敎導理趣【謂依別義相應等意樂。說勝意樂。如是別義等意樂者。當知。如世親攝論釋。無性攝論釋。梁攝論釋。莊嚴經論。集論雜集論。及瑜伽論等】此中眞義。卽是理趣。故名眞義理趣。乃至意樂。卽是理趣。故名意樂理趣。於彼彼處。無顚倒性。是理趣義。於彼彼處無顚倒性是理趣義者。謂於一一我[2]相處。無顚倒性。是理趣義。

---

1) ㉠ '二' 뒤에 '邊'이 누락된 듯하다. 2) ㉠ '我'를 '體'로 수정해야 한다. 해당 번역문 역주 참조.

* 여섯 종류 이취를 자세히 설한 문[308]

○ **진의이취**眞義理趣

---

307 이나바 : 謂於一一<u>我相處</u>……. 관공 : 謂由各各體相所依之處…….
　　이나바의 복원문에 따르면, '하나하나의 아상의 처(一一我相處)'에서 전도가 없는 것을 일컬어 이취라고 한다는 것인데, 이는 『顯揚聖敎論』의 취지와는 맞지 않다. 오히려 관공의 환역에서처럼 '각각의 체상의 처(各各體相處)'에서 전도가 없는 것을 일컬어 이취라고 한다는 것이 그 논의 취지와 부합한다. 따라서 이나바의 복원문에서 '一一我相處'라 한 것을 '一一體相處'로 수정하였다.
308 이하에서 여섯 종류 이취理趣를 자세히 설명하는데, 이것 또한 『顯揚聖敎論』의 해석을 인용한 것이다. 그 논에서는 이전의 인용문처럼 여섯 종류 이취를 간략히 정의하기도 하고, 다시 그 여섯 종류 이취마다 각기 몇 개의 이취들로 세분해서 상세하게 설명하기도 한다.

자세한 문으로 설하자면, 그 논에서 말한다.

'진의이취'는 대략 여섯 종류가 있으니, 세간진실世間眞實 내지는 비안립진실非安立眞實이다.[309]

이 중에서 '세간진실'이란 일체 세간의 모든 사事에 대해서 가립의 세간적 관습에 수순해서, 알아차리는 각혜覺慧의 소견所見의 동일함을 말한다.[310] 가령 땅(地)을 보고 오직 이것은 '땅'이지 '불'이 아니라고 하는 따위를 말한다. 간략히 말하면, '이것은 이것이지 저것이 아니다'라고 말하고, 이와 같이 '그것은 그것이지 그 밖의 것이 아니다'라고 말하는 것이다.[311] (앞에서 말한) '사事'란 세간의 일체 유정들의 결정적인 승해勝解의 소행所行(인식 영역)으로서, 전전하여 전해 오면서, 이름이 결정되고 자타의 분별에 의해 모두 진실이라고 공인된 것이며,[312] 그릇된 사

---

309 진의이취眞義理趣의 여섯 종류란 세간진실世間眞實, 도리진실道理眞實, 번뇌장정지소행진실煩惱障淨智所行眞實, 소지장정지소행진실所知障淨智所行眞實, 안립진실安立眞實, 비안립진실非安立眞實이다. 이에 대해서는 『顯揚聖教論』 권6(T31, 509c1) 이하에 자세히 설명되어 있다.
310 세간의 언어적 관행에 의거해서 어떤 사물에 대해 '땅'이라는 이름을 시설했다면 그에 수순해서 땅을 '땅'이라고 부르고 '불'이라고는 하지 않는다. 이처럼 세간의 언어적 관행에 수순하면서 알아차리는 지성에 의해 파악된 것을 '세간진실'이라고 한다는 것이다.
311 이나바 : 此是此非彼, 是即如是非餘. 관공 : 謂此是此非彼, 如是謂彼是彼非餘. 『顯揚聖教論』 권6(T31, 507b18)에 "謂此是此非彼. 如是謂彼是彼非餘."라고 되어 있고, 이를 따랐다. 그 논에 따르면, 세간에는 예로부터 사회적 관습에 따라 모든 사물마다 각각의 명칭이 부여되어 있는데, 이것을 '세간진실'이라 한다. 이 세간진실로 말미암아서, '이것은 이것이지 저것은 아니다(此是此非彼)'라고 말하고, 이와 마찬가지로 '저것은 저것이지 그 밖의 것이 아니다(彼是彼非餘)'라고 말한다는 것이다.
312 이나바의 복원문에서 '名自分別'이라고 한 것은 의미가 통하지 않고, 이 문구 전후로 많은 글자가 누락된 듯하다. 이에 상응하는 『顯揚聖教論』 권6(T31, 507b20)의 원문은 "名言決定. 自他分別. 共爲眞實."이고, 이를 따라 번역하였다. 그 논에 따르면, 세간의 모든 사물에는 그 명칭이 결정되어 예로부터 전해져 오는데, 이것은 자타가 모두 공인해서 알고 있는 사실이다. 이처럼 자타가 '진실'이라고 공인하는 사실들을 '세간진실'이라 한다는 것이다.

유·헤아림·관찰에 의해 취해진 것은 아니니, 이것을 세간진실이라고 한다.

'도리진실道理眞實'이란, 말하자면 모든 총명한 자들이 현량現量(지각)·비량比量(추리)·지교량至敎量(성언량) 등 삼량에 의거해서 지극히 잘 사택하는 결정지決定智의 소행所行(경계·영역)인 '알아야 할 사(所知事)'라면, 증성도리證成道理(이론적으로 증명된 도리)로써 건립된 것이기 때문에, 이를 '도리진실'이라고 이름한다.[313]

'번뇌장정지소행진실煩惱障淨智所行眞實'이란, 말하자면 모든 성문·독각의 무루의 방편지方便智와 무루의 정지正智와 무루의 후소득세간지後所得世間智 등의 소행경계라면, 이것을 일컬어 '번뇌장정지소행진실'이라고 이름한다.[314]

'소지장정지소행진실所知障淨智所行眞實'이란, 말하자면 알아야 할 바(所知)에 대해 능히 지혜를 장애할 수 있으므로 소지장이라고 이름하는데, 소지장에서 해탈을 증득한 지혜[315]의 소행경계를 일컬어 '소지장정지소행진실'이라고 이름한다.[316]

자세한 설명은 그 논과 같다. 『유가사지론』 제36권에서도 이와 같이 설

---

[313] 정당한 지식을 획득하는 세 가지 인식 방법(三量)에 의거해서 결정지決定智로 파악하는 경계, 즉 '도리道理'와 같은 것들을 일컬어 '도리진실'이라 한다는 것이다.
[314] 대승에 따르면, 성문과 독각은 번뇌장을 끊었지만 소지장은 끊지 못한다. 따라서 성문과 독각의 지혜에 의해 파악되는 진실한 경계를 일컬어 '번뇌장이 청정해진 지혜의 영역(煩惱障智所行)'이라고 하였다는 것이다.
[315] 이나바 : 從所知障得解脫智. 관공 : 是解脫所知障智.
『顯揚聖敎論』 권6(T31, 507c7)에 "是解脫所知障智"라고 되어 있는데, 의미상 차이는 없다. 대승 보살이 궁극적으로 알아야 할 사(所知事)란 '진실성眞實性(진여)'이고, 그것을 깨닫지 못하도록 장애하는 번뇌를 소지장所知障이라 하는데, 그 소지장으로부터 청정해진 지혜의 경계를 일컬어 '소지장정지소행所知障淨智所行'이라 한다는 것이다.
[316] 이상은 『顯揚聖敎論』 권6(T31, 507b12) 이하의 내용을 요약한 것이다.

한다.

다시 또 그 논에서는 말한다.

'안립진실安立眞實'이란 사성제를 말한다.[317] 고苦는 진실로 고이기 때문에 '고'라고 안립한 것이고, 내지는 '도道'는 진실로 도이기 때문에 '도'라고 안립한다.

🈯 어떤 인연으로 '안립'이라고 이름하는가?

🈯 세 종류 속俗에 의해 안립된 것이기 때문이다. 첫째는 세간속世間俗이란, 말하자면 밭·집·병·그릇·군대·숲·수數 등을 안립하거나 내지는 아我·유정有情 등을 안립하는 것이다. 둘째는 도리속道理俗이란, 말하자면 온·처·계 등을 안립한 것이다. 셋째는 증득속證得俗이란, 말하자면 예류과 등을 안립하고 또 그가 의지하며 머무는 바의 법을 안립한 것이다. 다시 네 종류 안립이 있다. 말하자면 이전의 세 종류 및 승의속勝義俗에 의한 안립이다. 승의제성勝義諦性은 안립될 수 없는 것이니, 내면에서 스스로 증득한 것이기 때문이다. (다만) 수순해서 그의 지혜를 이끌어 내려 하였기 때문에 속俗에 의거해서 안립한 것이다.

'비안립진실非安立眞實'이란 일체법의 진여실성을 말한다.[318]

『유가사지론』 제64권에서는 "비안립진실이란 제법의 진여인 원성실자성圓成實自性으로서, 성스런 지혜의 소행所行이고 성스런 지혜의 경계境界이며 성스런 지혜의 소연所緣을 말한다."[319]라고 하였다.

---

317 이것은 진의이취眞義理趣의 여섯 종류 중에 다섯 번째 '안립진실安立眞實'을 설명한 것이다.
318 이것은 진의이취眞義理趣의 여섯 종류 중에 여섯 번째인 '비안립진실非安立眞實'을 정의한 것이다. 이상은 『顯揚聖教論』 권6(T31, 509c3) 참조.
319 『瑜伽師地論』 권64(T30, 656b28).

若廣說者。彼論云。眞義理趣。略有六種。世間眞實乃至非安立眞實。此中。
世間眞實者。謂一切世間。於諸事中。隨順假立世俗串習。悟入覺慧所見
同性。謂如地唯是地非火等。若略說者。此[1]是此非彼。是卽如是非餘。[2] 若
事世間一切有情決定勝解所行。展轉傳來。名自分別。[3] 不由[4]思惟籌量觀
察所取。是名世間眞實。道理眞實者。謂諸聰叡者。依現比至敎三量。極善
思擇決定智所行所知事。以證成道理所建立故。是名道理眞實。煩惱障淨
智所行眞實者。謂一切聲聞獨覺。無漏方便智。無漏正智。無漏後所得世間
智。[5] 所行境界。是名煩惱障淨智所行眞實。所知障淨智所行眞實者。謂於
所知中。能礙智故。名所知障。從所知障得解脫智[6]所行境界。是名所知障
淨智所行眞實。廣說如彼。瑜伽論第三十六。亦如是說。復次彼云。安立眞
實者。謂四聖諦。苦眞苦故。安立爲苦。乃至道眞道故。安立爲道。問。何因
緣故。名爲安立。答。由三種俗所安立故。一世間俗者。謂安立田宅甁盆軍
林數等。乃至安立我友[7]情等。二道理俗者。謂安立蘊界處等。三證得俗者。
謂安立預流果等。及安立彼所依住法。復有四種安立。謂前三種。及由勝義
俗安立。勝義諦性。不可安立。由內自所證故。爲欲隨順引生彼智。依俗安
立。非安立眞實者。謂一切法眞如實性。瑜伽論第六十四云。非安立眞實
者。謂諸法眞如。圓成實自性。聖智所行。聖智境界。聖智所緣。

1) ㉡『顯揚聖敎論』권6(T31, 507b18)에 의거해서 '此' 앞에 '謂'를 보입해야 한다. 2)
㉡『顯揚聖敎論』권6(T31, 507b18)에 '是卽如是非餘'가 '如是謂彼是彼非餘'라고 되어
있고, 이를 따랐다. 해당 번역문 역주 참조. 3) ㉡『顯揚聖敎論』권6(T31, 507b20)에
'名自分別'이 '名言決定自他分別共爲眞實'이라 되어 있고, 이를 따랐다. 해당 번역문
역주 참조. 4) ㉡『顯揚聖敎論』권6(T31, 507b20)에 의거해서 '由' 뒤에 '邪'를 보입해
야 한다. 5) ㉡『顯揚聖敎論』권6(T31, 507b29)에 의거해서 '智' 뒤에 '等'을 보입해야
한다. 6) 『顯揚聖敎論』권6(T31, 507c7)에 '從所知障得解脫智'가 '解脫所知障智'
라고 되어 있고, 의미는 동일하다. 해당 번역문 역주 참조. 7) ㉡'友'는 '有'의 오기다.

○ 증득이취證得理趣

'증득이취'에는 대략 네 종류가 있다. 첫째는 일체유정의 업보의 증득

이고, 둘째는 성문승의 증득이며, 셋째는 독각승의 증득이고, 넷째는 대승의 증득이다.

● "'일체유정의 업보의 증득'이란, 말하자면 일체 유정이 조작하는 청정한 업과 부정한 업은 자업에 의한 것이기 때문에 오취五趣에서 유전하는 가운데 종종의 이숙異熟을 초감하고(感) 종종의 이숙을 받는다(受)."³²⁰

(이 중에서) 취과取果를 '초감한다(感)'고 하였고, 여과與果를 '받는다(受)'고 한다.³²¹ 또 인因의 의미가 성립되어 과果를 받는 것을 일컬어 '초감한다'고 하고, 과를 생하여 현행한 마음에 포섭된 것은 '받는다'고 한다.³²²

● "'성문승의 증득'이란, 말하자면 처음에 삼귀三歸를 받고 내지는 문장엄聞莊嚴에 의지하기 때문에 다섯 가지의 증득을 획득하는 것이다."³²³

(이 중에) '문장엄을 획득한다'고 한 것에서, ('문聞'이란) 정법을 듣는 것이다. 『유가사지론』 제64권에서는 '사문장엄沙門莊嚴'이라고 하였다.³²⁴

---

320 이는 『顯揚聖教論』 권6(T31, 509c17)의 해석이다.
321 이나바 : 受果卽名爲感, 得果卽名爲受. 관공 : 此中以取果爲感, 以出果爲受.
　　이 문장은 『顯揚聖教論』에서 이숙과異熟果를 '초감한다(感)'는 것과 '받는다(受)'고 차별해서 말한 이유를 설명한 것이다. 그런데 이나바의 복원문은 의미상 혼란을 초래한다. 이 복원문에 따르자면, '感果'와 '受果'의 차이점을 설명하면서 '感果=受果'라고 했다는 것이다. '感'과 '受'의 차이를 나타내려면 그 밖의 다른 문구를 사용했을 것이라고 추정된다. 한편, 관공의 환역에서는 '感'과 '受'의 차이를 '取果'와 '出果'라고 하였는데, 이것이 더 명료한 듯하다. 다만, 법상학에서 '取果'와 대응해서 '出果'라는 용어를 쓰지 않고 '與果'라는 용어를 쓴다. 현재로서는 단정할 수 없지만, 관공의 환역을 참조하여 원문을 추정해 보면 다음과 같다. "取果名感, 與果名受."
322 이 해석에 따르면, '인因의 의미가 성립되어 반드시 과果를 불러낸다'고 하는 측면에서 '초감한다(感)'고 하고, 만약 이미 과가 발생해서 그것을 수용하는 마음이 현행해 있다면 이때는 '받는다(受)'고 한다.
323 이는 『顯揚聖教論』 권6(T31, 509c20)의 해석이다.
324 이나바 : 得聞莊嚴, 聞正法, 瑜伽第六十四云, 沙門莊嚴. 관공 : 其中聞及莊嚴者, 聞謂聞正法, 莊嚴者, 瑜伽師地論中, 說爲沙門莊嚴.
　　『顯揚聖教論』에서 '문장엄'이라 한 것은 부처님의 정법을 직접 들었던 성문聲聞의 사문들이 증득하는 여러 가지 공덕들을 가리키는 것이고, 이는 『瑜伽師地論』 권25(T30, 421b25)에서 상세히 설한 '사문장엄'과 내용적으로 일치한다. 따라서 '聞과 莊嚴'으로 환역하기보다는 '聞莊嚴'이라는 하나의 복합어로 보는 것이 적절하다. 다만,

'다섯 가지의 증득'이란 첫째는 지증득地證得, 둘째는 지증득智證得, 셋째는 정증득淨證得, 넷째는 과증득果證得, 다섯째는 공덕증득功德證得이다. '지地증득'이란 세 가지 지를 증득하는 것을 말하니, 첫째는 견지見地이고, 둘째는 수지修地이며, 셋째는 구경지究竟地이다. '지智증득'이란 아홉 가지 지혜를 증득하는 것을 말하니, 첫째는 법지法智이고, 둘째는 종류지種類智이며, 셋째는 고지苦智이고, 넷째는 집지集智이며, 다섯째는 멸지滅智이고, 여섯째는 도지道智이며, 일곱째는 이후에 획득된 세속지(此後所得俗智)이고, 여덟째는 진지盡智이며, 아홉째는 무생지無生智이다. '정증득'이란 (네 가지 청정을 증득하는 것을 말하니,) 첫째는 불佛이고 둘째는 법法이며 셋째는 승僧이고 넷째는 성인이 좋아하는 계戒이다. 자세하게 설명하자면, 예를 들어 『현양성교론』 제3권의 설과 같다. '과증득'이란 네 가지 사문과沙門果를 말한다. '공덕증득'이란 무량無量과 해탈解脫과 승처勝處와 변처遍處와 무쟁지無諍智와 원지願智와 무애해無礙解와 신통神通 등의 공덕을 말한다.[325]

- "'독각승의 증득'에는 대략 세 종류가 있다.

"첫 번째는 선세에 이미 순결택분의 선근[326]을 획득하였기 때문이다."[327] 말하자면 선세의 몸(先身)을 따라 선세에 이미 순결택분의 선근을 획득하였고, 후세의 몸(後身)을 따라 오직 한 자리(一座)에서만 독각과를 획득하는 것이다.

'聞莊嚴'이라 한 것에서 '聞'은 부처님의 정법을 듣는 것을 말하고, 이처럼 정법을 직접 들었던 성문사문들이 증득하는 공덕들을 총칭해서 '문장엄' 혹은 '사문장엄'이라 한다는 것이다.
325 이상 '성문승의 증득'에 대한 자세한 설명은 『顯揚聖敎論』 권6(T31, 509c20) 이하의 내용을 참조한 것이다.
326 '순결택분의 선근'이란 가행위의 난煖·정頂·인忍·세제일법世第一法 등 사선근四善根을 말한다.
327 『顯揚聖敎論』 권6(T31, 510a2).

"두 번째는 선세에 이미 무루無漏의 진증眞證을 획득하였기 때문이다."³²⁸ 말하자면 선세에 이미 성인의 몸(聖身)을 획득하였고, 바야흐로 독각과를 증득한 것이다. 『유가사지론』 제64권에서는 "두 번째는 선세에 이미 증득을 얻고 나서 증득하는 것이다."³²⁹라고 하였다.

"세 번째는 차례를 따라서 증득하기 때문이다."³³⁰ 말하자면 한 몸과 한 자리를 따라서 증득하는 것이 아니라,³³¹ 앞서 '결택의 사분의 선(決擇四分善 : 순결택분의 四善根)'을 생하고서 내지는 진지盡智와 무생지無生智를 차례로 증득하는 것이다. 따라서 『유가사지론』에서는 "세 번째는 선세에 아직 증득을 획득하지 못했다가 증득하는 것이다."³³²라고 하였다.

이 중에서 앞의 두 가지 증득을 따르는 자를 독승각獨勝覺이라고 이름하고, 마지막 증득을 따르는 자를 인각유각麟角喩覺이라고 한다.³³³

---

328 『顯揚聖敎論』권6(T31, 510a3).
329 『瑜伽師地論』권64(T30, 654a25).
330 『顯揚聖敎論』권6(T31, 510a3).
331 이나바 : 謂非由一身一座證得, 前生決擇四分善……. 관공 : 謂由一身一座得果, 卽先世生起順決擇分四善…….
  두 판본의 밑줄 친 부분의 의미가 상반되는데, 이나바의 복원문이 바른 듯하다. 이것은 독각승의 세 종류 증득證得 중 세 번째인 '차례로 증득하는 것'에 대해 설명한 것이다. 전후 문맥상, 이전의 두 종류 증득과는 대조적 내용이 진술되어야 한다. 따라서 이나바의 복원문에서 "일신일좌를 따라 증득하는 것이 아니라(非由一身一座證得)"라고 한 것이 바른 듯하다.
332 『瑜伽師地論』권64(T30, 654a26).
333 『俱舍論』등에서는 독각獨覺을 부행部行과 인각유麟角喩의 두 종류로 구분하는데, 그것을 『瑜伽師地論』에서는 독승獨勝과 인각유라고 하였고, 『顯揚聖敎論』에서는 독승과 서각유犀角喩라고 하였다. 『俱舍論』등에 따르면, 부행의 독각은 성문聲聞일 때 이미 불환과不還果를 증득하고서 아라한과阿羅漢果를 통달하고자 할 때 부처님을 떠나서 스스로 닦아 스스로 깨친 자를 가리킨다. 인각유독각은 독거하면서 일백대겁一百大劫을 수행하여 선근을 축적한 각자覺者를 가리킨다. 특히, 부행독각에 대해 그가 선세에 이생異生으로서 성문의 순결택분順決擇分을 닦고 후에 스스로 도도를 증득한 자이고, 이로 인해 '독승獨勝'이라는 이름을 얻었다는 설도 있다. 이들은 성문으로 수행할 때 대개 승단에서 생활한다. 이에 반해 인각유의 독각은 홀로 산속이나 숲에서 수행하면서 반려하는 자들과 뭉치는 적이 없기 때문에 '기린의 뿔(麟角)' 혹은 '무소의

● "'대승의 증득'이란, 대비증득大悲證得, 발심증득發心證得, 부사의위덕증득不思議威德證得, 바라밀다증득波羅蜜多證得, 섭사증득攝事證得, 지증득地證得, 불공불법증득不共佛法證得 등이니, 그 일체는 이전에 분별했던 대로 알아야 한다."[334]

(이 중에서) '대비증득'이란 『유가사지론』 제44권에서의 설과 같다. '발심증득'이란 가령 『현양성교론』 제1권에서 두 종류 발심을 설하고, 『유가사지론』 제35권에서 다섯 종류 상으로 발심을 설한 것과 같다. '부사의위덕증득'이란 육신통의 위력을 말하니, 『유가사지론』 중의 「위력품」에서 설한 것과 같다. 그 이외의 것은 이미 다 해석하였다.[335]

證得理趣者。略有四種。一一切有情業報證得。二聲聞乘證得。三獨覺乘證得。四大乘證得。一切有情業報證得者。謂一切有情造作淨不淨業。依自業故。於五趣流轉中。感種種異熟。受種種異熟。受[1)]果卽名爲感。得[2)]果卽名爲受。又成作因義受果。卽名爲感。生果現行心所攝。卽名爲受。聲聞乘證得者。謂初受三歸。乃至依止聞莊嚴故。得五證得。得聞莊嚴。聞正法。瑜伽第六十四云。沙門莊嚴。五證得者。一地證得。二智證得。三淨證得。四果證得。五功德證得。地證得者。謂得三地。一見地。二修地。三究竟地。智證得者。謂得九智。一法智。二種類智。三苦智。四集智。五滅智。六道智。七此後所得俗智。八盡智。九無生智。淨證得者。謂一佛。二法。三僧。四聖所愛戒。廣說。當知。如顯揚論第三卷說。果證得者。謂四沙門果。功德證得者。謂無量解脫。勝處遍處。無諍願智。無礙解。神通等功德。獨覺乘證得者。略有三種。一由先已得順決擇分善根故。謂由先身先已得順決擇分善根。由後身於唯一座。得獨覺果。二由先已得無漏眞證故。謂先已得聖

뿔(犀角)'에 비유된다.
334 『顯揚聖敎論』 권6(T31, 510a6).
335 이나바 : 餘已釋訖. 관공 : 其他名詞, 容易了解.

身。方得獨覺果。瑜伽論第六十四說。二先已得證得證得。三由次第得故。謂非由一身一座證得。前生決擇四分善。乃至盡無生智。由次第得。故瑜伽論說。三先未得證得證得。此中。由前二證得者。各爲獨勝覺。由後證得者。名麟角喩覺。大乘證得者。謂大悲證得。發心證得。不思議威德證得。波羅蜜多證得。攝事證得。地證得。不共佛法證得。彼一切。如前分別應知。大悲者。當知。如瑜伽論第四十四。發心者。當知。如顯揚論第一卷說二種發心。瑜伽論第三十五。以五種相說發心。不思議威德者。六神通威力。當知。如瑜伽論中威力品說。餘已釋訖。

1) ㉮ '受'를 '取'로 수정해야 한다. 해당 번역문 역주 참조. 2) ㉮ '得'을 '與'로 수정해야 한다. 해당 번역문 역주 참조.

○ **교도이취**敎導理趣

'교도이취'에는 대략 열두 가지가 있다.[336]

첫 번째는 사교事敎다. 말하자면 각각의 색色 등과 안眼 등의 일체법을 설한 교이다.

두 번째는 상차별교想差別敎다. 말하자면 온·계·처, 연기, 시처비처是處非處,[337] 모든 근根, 모든 제諦, 염주念住, 유색·무색, 유견·무견, 유대·무대 등, (이와 같이) 한량없는 상의 차별을 (자세히 설한) 교이다.

세 번째는 자종관찰교自宗觀察敎다. 말하자면 계경·응송·기별 등의 교이다.

네 번째는 타종관찰교他宗觀察敎다. 일곱 종류 인명因明에 의거해서

---

336 이상 '교도이취'에 대한 자세한 설명은 『顯揚聖敎論』 권6(T31, 510a17~b24)을 그대로 인용한 것이다.
337 시처비처是處非處 : 인연의 도리상으로 있을 수 있는 경우(是處)와 있을 수 없는 경우(非處)를 말한다. 이러한 도리에 대해 잘 아는 능력을 시처비처력是處非處力이라 하여 십력十力 중의 하나로 간주한다.

다른 논들을 굴복시키고 자기 논의 교리를 성립시키는 것을 말한다. '일곱 종류 인명'이란 가령 『현양성교론』 제11권과 『유가사지론』 제15권에서 설한 것과 같음을 알아야 한다.[338]

다섯 번째는 불요의교不了義敎다. 말하자면 계경·응송·기별 등에서 박가범께서 간략하게 그 의미를 표명하기는 했지만 아직 자세하게 분별하지 않아서 응당 다시 열어 보여야 할 교이다.

여섯 번째는 요의교了義敎다. 말하자면 앞의 것과 반대로 알아야 한다.[339]

일곱 번째는 속제교俗諦敎다. 말하자면 모든 있는 바의 언로言路로써 저 일체를 현시했다면 모두 속제라고 이름하고, 또 명名·상想의 언설이 증상됨으로써 생기한 바의 상相·명名의 분별을 또한 속제라고 한다.

여덟 번째는 승의제교勝義諦敎다. 말하자면 사성제의 교 및 그 진여·실제實際·법성法性의 교이다.

아홉 번째는 은밀교隱密敎다. 말하자면 대부분의 성문장의 교이다.

열 번째는 현료교顯了敎다. 말하자면 대부분의 대승장의 교이다.

열한 번째는 가기사교可記事敎다. 가령 사종법四種法의 온타남嗢拕南의 교와 같은 것, 말하자면 '일체행은 무상하다' 내지는 '열반은 적정하다'라고 하는, 이와 같은 교이다.

---

[338] 『顯揚聖敎論』 등에서 설한 '일곱 종류 인명因明'이란 논체성論體性, 논처소論處所, 논소의論所依, 논장엄論莊嚴, 논타부論墮負, 논출리論出離, 논다소작법論多所作法이다. 이 중에서 '논체성'이란 다양한 논쟁의 방식들을 열거한 것이고, '논처소'란 논쟁하는 장소에 대해 언급한 것이다. '논소의'란 종宗·인因·유喩와 같은 논증식의 조건과 정당한 인식 수단 등을 다룬 것이다. '논장엄'이란 논의에서의 언론과 태도에 대해 다룬 것이다. '논타부'란 논쟁에서 패배를 인정하는 방식을 다룬 것이다. '논출리'란 논자가 논쟁을 할지 말지를 결정하는 것에 대해 다룬다. '논다소작법'이란 논쟁에 도움되는 항목을 논한 것이다. 자세한 것은 『瑜伽師地論』 권15(T30, 356a14) 참조.
[339] 이 논에 따르면, 요의교란 의미를 자세하고 명료하게 설명해 놓은 교를 말하며, 그와는 상반되는 것이 불요의교다.

열두 번째는 불가기사교不可記事教다. 어떤 사람이 묻기를 '세간은 영원합니까(常), 무상無常합니까', 내지는 '여래가 멸도하신 후에 없는 것입니까, 있는 것입니까'³⁴⁰라고 하면, 여래는 이때 말없이 대답하지 않고 다만 그에게 고하길 '나는 이러한 사事를 기별할 수 없는 것(不可記別)이라고 설한다'고 한다.

여기에서는 네 가지 인연 때문에 '기별할 수 없는 사'라고 설하였음을 알아야 한다. 첫째는 체성體性이 없기 때문에 (기별할 수 없다.) 가령 어떤 사람이 묻기를 '아我는 제온諸蘊과는 다른가 다르지 않은가, (상주하는가 상주하지 않는가'라고 하는) 이와 같은 것들이다. 둘째는 능히 무익함(無義利)을 이끌어 내기 때문에 (기별할 수 없다.) 가령 『승섭파엽경升攝波葉經』에서 설하길, "한량없는 법이 있어서 내가 이미 깨달았지만 설하지는 않겠다. 어째서인가. 그 법이 능히 무익함을 이끌어 내기 때문이다."라고 한 것과 같다. 셋째는 심원하기 때문에 (기별할 수 없다.) 가령 어떤 사람이 묻기를 '아는 있는가 없는가'라고 하면, 이것을 기별해 줄 수가 없다. 만약 여래가 '아는 있다'고 기별한다면, 그 사람이 혹은 온蘊 중에 아가 있다고 집착하거나 혹은 온과 분리된 것(離蘊)에 아가 있다고 집착할 것이다. 만약 '아가 없다'고 기별한다면, 그 사람은 혹은 세속의 언설을 비방하면서 '아 또한 없다'고 할 것이다. 넷째는 (그 모습은) 법이法爾이기 때문에 (기별할 수 없다.) 말하자면 '제법의 진여가 저 제법과 더불어 동일한지 다른지'를 기별해 줄 수가 없으니, 저 진여의 모습은 법이로 말미암아 '이성異性이다'라거나 '이성이 아니다'라고 안립

---

340 이나바 : 如來滅後, 爲非有非無耶. 관공 : 如來寂滅後, 有耶無耶.
　　밑줄 친 부분의 문장은 달라도 의미는 크게 다르지 않다. 어느 쪽으로 대답해도 결국 희론만 길어지는 질문이라고 판단될 때, 여래께서는 그에 대답하지 않고 그냥 내버려 두신다. 여기서는 그러한 질문의 한 사례를 든 것이다. 가령『顯揚聖教論』권6(T31, 510b6)에 "如來滅後. 爲非有非無耶."라고 하였고, 이와 동일한 질문이『瑜伽師地論』등에는 '有耶無耶'로 되어 있다.

할 수 없기 때문이다.

다시 네 가지 인연이 있어서 기별할 수 없다. 첫째는 이런 사事는 외도들이 말하는 바이기 때문이다. 둘째는 이치에 맞지 않기 때문이다. 셋째는 이익(義利)을 이끌어 내지 않기 때문이다. 넷째는 오직 쟁론의 번뇌(纏)를 일으킬 뿐이기 때문이다.

敎導理趣者。略有十二。一事敎。謂宣說各別色等眼等一切法敎。二想差別敎。謂宣說蘊界處。緣起。是處非處。諸根。諸諦。念住。有色無色。有見無見。有對無對等。無量想差別敎。三自宗觀察敎。謂契經應頌記別等敎。四他宗觀察敎。謂依七種因明。摧伏他論。成立自論敎。七種因明者。應知。如顯揚論第十一。及瑜伽論第十五說。五不了義敎。謂契經應頌記別等中。薄伽梵略標其義。未廣分別。應更開示敎。六了義敎。謂翻前應知。七俗諦敎。謂諸所有言路顯示。彼一切皆名俗諦。又依名想言說。增上所起相名分別。亦是俗諦。八勝義諦敎。謂四聖諦敎。及眞如實際法性敎。九隱密敎。謂多分聲聞藏敎。十顯了敎。謂多分大乘藏敎。十一可記事敎。謂[1]四種法嗢拕南敎。一[2]切行無常。乃至涅槃寂靜。如是等敎。十二不可記事敎。謂有問言。世間爲常。爲無常耶。乃至問言。如來滅後。爲非有非無耶。如來爾時。默然不記。但告彼言。我說此事不可記別。四[3]因緣故。宣說不可記事應知。一無體性故。如有問言。我與諸蘊。爲異不異。[4] 如是等。二能引無義利故。如升攝波葉經說。有無量法。我已證覺。而不宣說。何以故。彼法能引無義利故。三甚深故。有問言。我爲有爲無耶。此不可記別。若如來記別我有者。彼人或執蘊中有我。或執離蘊有我。若記別我無者。彼人或謗世俗言說。我亦是無。四[5]法爾故。謂諸法眞如。與彼諸法。若一若異。不可記別。由彼如相法爾。不可安立若異性若不異性故。復有四種因緣。不可記別。一由此事外道所說故。二不如理故。三不引義利故。四唯能發起諍論纏故。

---
1) ㉠『顯揚聖敎論』권6(T31, 510b2)에 '謂'가 '如'로 되어 있고, 이를 따랐다. 2) ㉠

『顯揚聖敎論』 권6(T31, 510b3)에 '一' 앞에 '謂'가 있다. 3) ㉯ 『顯揚聖敎論』 권6(T31, 510b8)에 '四' 앞에 '此中'이 있다. 4) ㉯ 『顯揚聖敎論』 권6(T31, 510b10)에 '異' 뒤에 '爲常無常'이 있다. 5) ㉯ 『顯揚聖敎論』 권6(T31, 510b19)에 '四' 뒤에 '彼相'이 있고, 이를 따랐다.

○ **이이변이취**離二邊理趣

"'양극단을 떠나는 이취'에는 대략 여섯 종류가 있음을 (알아야 한다.) 첫째는 실유하지 않는 것을 증익시키는 극단(邊)을 멀리 떠나는 것이다. 둘째는 참으로 실유하는 것을 손감시키는 극단을 멀리 떠나는 것이다. 셋째는 상주에 집착하는 극단을 멀리 떠나는 것이다. 넷째는 단멸에 집착하는 극단을 멀리 떠나는 것이다. 다섯째는 욕락을 수용하는 극단을 멀리 떠나는 것이다. 여섯째는 자기의 고苦를 수용하는 극단을 멀리 떠나는 것이다."[341]

'변계소집자성이 있다'고 집착하는 것을 증익변增益邊이라고 이름하였고, '의타기성과 원성실성이 없다'고 집착하는 것을 손감변損減邊이라고 이름하였다.[342] (또) 결정코 '아는 있다'고 집착하는 것은 유정을 증익시키는 극단이다. 결정코 '아는 없다'고 집착하는 것은 유정을 손감시키는 극단이니, 그는 또한 가립된 유정마저도 없다고 부정하기 때문이다. 결정코 '마음은 실체가 있다'고 집착하는 것은 법을 증익시키는 극단이다. 결정코 '마음은 실체가 없다'고 집착하는 것은 법을 손감시키는 극단이다. 이것은 또한 『변중변론』 제3권에서 설한 것과 같음을 알아야 한다.[343]

만약 색 등에 대해 '상주한다'고 집착하면 이는 외도변外道邊이고, '무상

---

341 『顯揚聖敎論』 권6(T31, 510b27).
342 변계소집성遍計所執性은 이름만 있을 뿐 본래 실체가 없다. 이처럼 실유하지 않는 것을 '실유한다'고 집착하는 것을 '증익增益'이라고 한다. 이와는 달리, 의타기성은 가유假有이고 원성실성은 진실유眞實有이다. 이처럼 실유하는 것을 '없다'고 부정하는 것은 '손감損減'이라고 한다.
343 『辯中邊論』 권3(T31, 476a28) 참조.

하다'고 집착하면 이는 성문변聲聞邊이다. 이것은 또한 『변중변론』 제3권에서 설한 것과 같음을 알아야 한다.[344] 또 '제행이 무상하다'고 보는 것은 단견斷見이고, '열반은 상주한다'고 보는 것은 상견常見이다. 이것도 『승만경』에서 설한 것과 같음을 알아야 한다.[345]

다섯 가지 욕락을 행하는 것은 낙변樂邊이고, 스스로 기아와 같은 고행을 하는 것은 고행변苦行邊이다. 이것도 또한 『유가사지론』에서 설한 것과 같음을 알아야 한다.

이상과 같은 세 종류 모습의 양극단[346]을 멀리 떠나서 중도의 이치를 행하는 것을 '(양극단을) 떠나는 이취'라고 이름한다.

離二邊理趣者。略有六種。[1] 一遠離於不實有增益邊。二遠離於眞實有損減邊。三遠離執常邊。四遠離執斷邊。五遠離受用欲樂邊。六遠離受用自苦邊。執有遍計自性。是名增益邊。執無依他圓成。是名損減邊。定執有我。是增益有情邊。定執無我。是損減有情邊。彼亦撥無假有情故。定執心有實。是增益法邊。定執心無實。是損減法邊。是亦應知。如辯中邊論第三說。若於色等。執爲常住。是外道邊。執無常者。是聲聞邊。是亦應知。如辯中邊論第三說。又見諸行無常。是斷見。見涅槃常。是常見。是亦應知。如勝鬘經。行五欲樂。是樂邊。自如餓饑苦行。是苦行邊。是亦應知。如瑜伽論。遠離如上三種相等二邊。行中道理。名離理趣。

1) ⓔ『顯揚聖敎論』권6(T31, 510b27)에 '種' 뒤에 '應知'가 있다.

○ **불가사의이취**不可思議理趣

---

344 『辯中邊論』권3(T31, 476a25) 참조.
345 『勝鬘師子吼一乘大方便方廣經』권1(T12, 222a12) 참조.
346 '세 종류 모습의 양극단'이란 증익이나 손감에 집착하는 양극단, 상이나 무상에 집착하는 양극단, 욕락이나 고행에 집착하는 양극단을 말한다.

"'불가사의이취'에는 대략 여섯 종류 불가사의한 사事가 있다. 첫째는 아我의 불가사의, 둘째는 유정의 불가사의, 셋째는 세간의 불가사의, 넷째는 일체의 유정의 업보의 불가사의, 다섯째는 정려를 증득하는 것 및 정려의 경계의 불가사의, 여섯째는 제불諸佛 및 제불의 경계의 불가사의이다."[347]

이것도 또한 가령 『유가사지론』 제64권에서 설한 것과 같으니, 그 차례대로 설명될 수 있다. 그 논에서는 말한다.

'아我를 사의思議한다'는 것은, 말하자면 가령 어떤 한 사람이 신견身見(살가야견)에 의지해서 다음과 같이 사의하는 것이다. '나는 과거에 일찍이 존재했는가, (그러고 나서) 다시 없어졌는가' 등등, '현재와 미래의 두 시기에도 또한 이와 같은가.'

'유정有情을 사의한다'는 것은, 말하자면 어떤 한 사람이 신견에 의지해서 다음과 같이 사의하는 것이다. '지금 이 유정은 어디로부터 태어나는가, 이 모든 유정들은 누가 만들어 낸 것인가', 내지는 '유정은 마땅히 어디로 갈 것인가, 이 모든 유정들은 어느 곳에서 다 소멸하는가.'

'세간을 사의한다'는 것은, 말하자면 어떤 한 사람이 신견에 의지해서 다음과 같이 사의하는 것이다. '세간은 상주하는가……중략…….' 혹은 법성에 의지해서 다음과 같이 사의하는 것이다. '이 아我의 법성, 유정의 법성, 세간의 법성은 어디로부터 생겨나는가. 오직 법이도리法爾道理에만 의지하는 것일 수는 없을 것이다.' 그러므로 이것을 설하여 '사의할 수 없는 처(不思議處)를 사의한다'고 한다.

'유정의 업과業果를 사의한다'는 것은 네 종류 상으로 말미암아 불가사의한 것이다. 말하자면 처소處所의 차별 때문이고, 사事의 차별 때문

---

[347] 『顯揚聖敎論』 권6(T31, 510c2).

이며, 인因의 차별 때문이고, 이숙과異熟果의 차별 때문이다.

모든 정려를 닦는 것과 정려의 경계는 세 종류 상으로 말미암아 불가사의한 것이다. 말하자면 진여의 심오한 의미 때문이고, 자재한 굴림(轉) 때문이며, 무루계無漏界를 증득하기 때문이다.

모든 불세존과 모든 부처님의 경계는 다섯 종류 상으로 말미암아 불가사의하다.^{348·349}

不可思議理趣者。略有六種不可思議事。一我不可思議。二有情不可思議。三世間不可思議。四¹⁾有情業報不可思議。五證靜慮者及靜慮境界不可思議。六諸佛及諸佛境界不可思議。是亦如瑜伽論第六十四。如其次第可說。彼論云。我思議者。謂如有一。依止身見。如是思議。我於過去。爲曾有耶。爲復無耶等。²⁾ 於現在及未來二時亦爾。有情思議者。謂如有一。卽依身見。如是思議。今此有情。從何而生。是諸有情。誰之所作。乃至有情。當何所往。是諸有情。何處滅盡。世間思議者。謂如有一。卽依身見。是³⁾思議。世間是常。乃至廣說。或依法性。如是思議。此我法性。有情法性。世間法性。從何而生。不能唯依法爾道理。是故說此。名爲思議不思議處。有情業果思議者。由四種相。不可思議。謂處所差別故。事差別故。因差別故。異熟果差別故。諸修靜慮。靜慮境界。由三種相。不可思議。謂眞如甚深義故。自在轉故。無漏界證得故。諸佛世尊。諸佛境界。由五種相。不可思議。

---

1) ㉢『顯揚聖敎論』권6(T31, 510c4)에 '四' 뒤에 '一切'가 있다. 2) ㉢『瑜伽師地論』권64(T30, 655a13)에 '等'이 없다. 3) ㉢『瑜伽師地論』권64(T30, 655a24)에 '是' 앞에

---

348 이나바: 由五種相. 관공: 由九種相.
『瑜伽師地論』권64(T30, 655b3)에 따르면, 이나바의 복원문이 바르다. 이 '다섯 종류 상(五種相)'에 대한 설명은 위의 인용문의 뒤에 진술되는데, 그에 따르면 다음과 같다. "이전에 (정려의 불가사의에서) 설했던 세 종류 상相에 다시 두 종류 상을 더한 것이다. 말하자면 장애가 없기 때문이고, 유정이 지어야 할 일을 성립시키기 때문이다.(卽由如先所說三相. 復由二相. 謂無障故. 成立有情所作事故.)"
349 『瑜伽師地論』권64(T30, 655a11).

'如'가 있다.

또 『현양성교론』 제17권에서는 아홉 종류 불가사의를 설한다. 말하자면 이전의 여섯 가지에 다시 세 종류를 더한 것이다. (일곱 번째는) 열네 가지 기별할 수 없는 사(不可記事)이고,[350] (여덟 번째는) 정법이 아닌 것이며, (아홉 번째는) 번뇌에 이끌려 다니는 것 등이다. 그 논에서는 말한다.

문 어떤 인연 때문에 이와 같은 아홉 가지 사는 불가사의한 것인가?
답 다섯 가지 인연 때문이다. 첫째, 아 및 유정은 자상(自相)이 없기 때문에 사의해서는 안 된다. 둘째, 세계는 현성(現成)되는 상이기 때문에 사의해서는 안 된다. 셋째, 업보 및 두 가지 경계는 매우 심오한 상이기 때문에 사의해서는 안 된다.[351] 넷째, 불가기사(不可記事)는 일정한 상이 아니기 때문에 사의해서는 안 된다. 다섯째, 정법이 아닌 것과 모든 번뇌에 의해 이끌려지는 것들은 무의미한 상을 능히 이끌어 내기 때문에 사의해서는 안 된다. 만약 이와 같은 사를 대해 사의함이 있다면, 세 종류 과실을 능히 이끌어 낸다는 것을 알아야 한다. 첫째는 마음의 산란을 일으키는 과실이고, 둘째는 복 아닌 것을 생하는 과실이며, 셋째는 선을 획득하지 못하는 과실이다. 만약 사의하지 않는다면, 세 종류 공덕을 능

---

[350] 십사무기(十四無記)란 세존께서 대답하지 않으셨던 '열네 가지 난문(難問)'을 가리킨다. 세존은 그 질문에 대답할 만한 가치가 없다고 여기셨기 때문에 '그렇다, 아니다'라고 대답하지 않았다. 그 열네 가지는 다음과 같다. ① 세간은 영원한가(常), ② 영원하지 않은가(無常), ③ 영원하기도 하고 영원하지 않기도 한 것인가, ④ 영원한 것도 아니고 영원하지 않은 것도 아닌가, ⑤ 세간은 끝(邊)이 있는가, ⑥ 없는가, ⑦ 있기도 하고 없기도 한가, ⑧ 있는 것도 아니고 없는 것도 아닌가, ⑨ 여래의 사후는 존재하는가, ⑩ 존재하지 않는가, ⑪ 존재하기도 하고 존재하지 않기도 하는가, ⑫ 존재하는 것도 아니고 존재하지 않는 것도 아닌가, ⑬ 신체(身)와 영혼(命)이 동일한가, ⑭ 다른가?
[351] 유정의 업보, 정려의 경계와 제불의 경계를 불가사의라고 한 이유를 말한 것이다.

히 이끌어 내니, 이 (과실과) 반대로 알아야 한다.³⁵²

자세하게 설하면 그 논과 같다.

又顯揚論第十七。說九種不可思議。謂於前六。更加三種。十四不可記事。非正法。及煩惱之所引攝。彼論云。問。何因緣故。如是九事不應思議。答。五因緣故。一我及有情無自相故。不應思議。二世界現成相故。不應思議。三業報及二境界。甚深相故。不應思議。四不可記事。非一定相故。不應思議。五非正法。及諸煩惱之所引攝。能引無義相故。不應思議。若有思議如是等事。當知。能引三種過失。一起心亂過失。二生非福過失。三不得善過失。若不思議。能引三種功德。翻此應知。廣說如彼。

○ **의요이취** 意樂理趣

"'의요이취'란 대략 열여섯 종류가 있다. 첫째는 열어 보이는(開示) 의요다. 둘째는 욕망을 떠나는(離欲) 의요다. 셋째는 권도勸導하는 의요다. 넷째는 장려獎勵하는 의요다. 다섯째는 찬양하는(讚悅) 의요다. 여섯째는 영입令入하는 의요다. 일곱째는 의심을 제거하는(除疑) 의요다. 여덟째는 성숙成熟의 의요다. 아홉째는 안정安定의 의요다. 열 번째는 해탈解脫의 의요다. 열한 번째는 별의別義에 의지하는 의요다. 열두 번째는 증행자證行者의 무과無過의 환희를 발생하는 의요다. 열세 번째는 문행자聞行者로 하여금 설법하는 스승에게 존중을 일으키게 하는 의요다. 열네 번째는 법안法眼을 유포하는 의요다. 열다섯 번째는 선善을 늘리고 넓히는 의요다. 열여섯 번째는 일체의 상相을 깨뜨리는 의요다."³⁵³

---

352 『顯揚聖教論』 권17(T31, 563c28).
353 『顯揚聖教論』 권6(T31, 510c7).

『유가사지론』제64권에서 열여섯 가지 의취의 상을 해석하는데,[354] 『현양성교론』과 거의 동일하다.

意樂理趣者。略有十六種。一開示意樂。二離欲意樂。三勸導意樂。四獎勵竟樂。五讚悅意樂。六令入意樂。七除疑意樂。八成熟意樂。九安定意樂。十解脫意樂。十一依別義意樂。十二發證行者無過歡喜意樂。十三令聞行者於說法師起尊重意樂。十四法眼流布意樂。十五善增廣意樂。十六摧壞一切相意樂。瑜伽論第六十四。釋十六意趣相。大同顯揚。

(* 여섯 종류 의취에 대한『유가사지론』과『잡집론』의 해석)[355]
또『유가사지론』제64권에서 말한다.

어째서 '진의이문眞義理門'은 '양극단을 멀리 떠나는 이문(遠離二邊理門)'에 수순해서 판단해야 하는가.[356] 말하자면, 의타기자성 혹은 원성실

---

354 『瑜伽師地論』권64(T30, 655b6)에서 열여섯 종류 의취意趣(意樂)를 다음과 같이 열거한다. "復次當知意趣。略有十六。謂開示現意趣。乖離意趣。勸導意趣。讚勵意趣。慶喜意趣。令入意趣。斷疑意趣。成熟意趣。等持意趣。解脫意趣。別義相應意趣。諸能證者發生無罪歡喜意趣。諸能聽者於說者所發生尊重意趣。法眼恒轉意趣。多修諸善意趣。摧伏諸相意趣。"
355 이하의『瑜伽師地論』권64와『雜集論』권15의 인용문의 공통적 취지는 '여섯 가지 이취理趣 중에 앞의 세 가지 이취는 뒤의 세 가지 이취에 수순해서 해석해야 한다'는 것이다. 이것은 이전의『顯揚聖敎論』권6의 인용문 중에 '여섯 종류 이취를 간략히 설한 문(略門)'에서 이미 언급했던 것이기도 하다.
356 이나바의 복원본에 "云何由遠離二邊理門, 應隨決了."라고 되어 있는데, 중간에 문구가 누락된 듯하다.『瑜伽師地論』권64(T30, 655b12)에는 "云何眞義理趣。由遠離二邊理門。應隨決了."라고 되어 있고, 이를 따랐다. 이 문장은 여섯 가지 이취理趣 중에 '진의이취眞義理趣'는 '양극단을 떠나는 이취(離二邊理趣)'에 수순해서 해석해야 한다고 했던 이유를 밝힌 것이다.『瑜伽師地論』권64에서는 먼저 "어째서 진의의 이취는 양극단을 떠나는 이취에 준해서 해석해야만 하는가."라고 묻고 나서 상당히 긴 지면을 할애하여 그 이유를 설명한다. 이하의 인용문은 그중의 일부 문구를 발췌한 것이다.

자성 중에 있는 바의 변계소집자성의 허망한 집착을 일컬어 '증익변增益
邊'이라고 했음을 알아야 한다. 의타기자성과 원성실자성에서 그 자상
을 비방하면서 '있는 바가 없다(無所有)'고 말하는 것을 일컬어 '손감변損
減邊'이라고 했음을 알아야 한다. 이와 같이 '진의이문'은 '양극단을 멀리
떠난 이문'에 수순해서 판단해야 한다.

또 그 대응하는 바대로 '증득證得'과 '교도敎導'의 두 종류 이문은 '불가
사의不可思議'와 '의취意趣'의 이문에 수순해서 판단해야 한다.[357]

다시 또 이 중에서 '진의이문'을 '양극단을 멀리 떠난 이문'에 수순해
서 판단하고 나서 곧장 마땅히 증득해야 할 바의 의미를 증득할 수 있
다.[358]

구체적인 설명은 그 논과 같다.

『잡집론』 제15권에서 여섯 가지 이취理趣를 설하는데, 『유가사지론』과
는 조금 다른 점이 있다.[359] 따라서 그 논에서는 말한다.

이취문이란 어떤 곳에서 여섯 가지 이취의 의미를 설한 것을 말한다.

---

357 증득이취證得理趣는 부사의이취不思議理趣에 수순해서 해석해야 하고, 교도이취敎導
理趣는 의요이취意樂理趣에 수순해서 해석해야 한다는 것이다.
358 이상은 『瑜伽師地論』 권64(T30, 655b12, 656c7~23)의 일부 문구를 발췌한 것이다.
359 이나바: 與瑜伽論及顯揚論, 少相違. 관공: 與瑜伽地論所說, 略有不同.
　이하의 『雜集論』 인용문의 취지는 '앞의 세 가지 이취理趣는 뒤의 세 가지 이취에
수순해서 해석해야 한다'는 것이고, 이는 앞서 인용되었던 『瑜伽師地論』과 『顯揚聖敎
論』에서 공통적으로 말하는 것이기도 하다. 그런데 『顯揚聖敎論』의 경우, 그것을 간
략한 문(略門)에서 간략히 표명하였다. 말하자면, '양극단을 떠나는 이취에 수순해서
진의이취를 해석하고, 부사의이취에 수순해서 증득이취를 해석하며, 의요이취에 수
순해서 교도이취를 해석한다'고 하는 간략한 진술만 있을 뿐, 그 밖의 자세한 설명은
없다. 따라서 『顯揚聖敎論』과 비교했을 때 별다른 상위점이 있는 것이 아니다. 다만,
직전 인용된 『瑜伽師地論』의 내용과 비교했을 때 어떤 차이점이 있음을 말한 듯하다.
따라서 이나바의 복원문 중 '及顯揚論'을 잉자로 간주하였다.

여섯 가지란 어떤 것들인가. 첫째는 진의이취眞義理趣, 둘째는 증득이취證得理趣, 셋째는 교도이취敎導理趣, 넷째는 이이변이취離二邊理趣, 다섯째는 부사의이취不思議理趣, 여섯째는 의요이취意樂理趣이다.

이와 같은 여섯 종류 중, 앞의 세 가지는 그 차례대로 뒤의 세 가지에 수순해서 판단해야 한다.

가령 『애미경』에서는, "부처님께서 비구들에게 말씀하셨다. 색에서 애미愛味함이 있고……이하 생략……"라고 하였다.[360] 여기에서는 '증익·손감의 양변을 멀리 떠난 이취'를 따라서 '진의이취'를 판단함을 나타낸 것이다. '애미가 있고(有味) 과환이 있으며(有患) 출리가 있다(有出離)'는 것은 손감변을 떠났음을 나타낸 것이고, '색에서(於色)' 내지는 '식에서(於識)'라고 한 것은 증익변을 떠났음을 나타낸 것이다. 염오와 청정은 오직 제온諸蘊에 의지할 뿐 아我에 의지하지 않음을 나타냈기 때문이다.

내지는 (그 경에서,) "비구들에게 말씀하셨다. 나는 자증自證하여 '이로 말미암아서 내지는 이미 무상정등보리를 깨달았음'을 알았다.[361]"라고 한 것은 부사의이취를 따라서 증득이취를 판단해야 함을 나타낸 것이다. 이것은 진증眞證이란 내적으로 자기에 의해 수용되는 것임을 나타냈기 때문이다.

이와 같은 일체의 경전이 모두 교도이취에 해당하니, 마땅히 의요이취에 수순해서 판단해야 한다. 말하자면 변지해야 할 사(所遍知事), 변지

---

[360] 『雜集論』에서 인용된 『愛味經』의 경문이 많이 생략되었기 때문에 그 경문의 취지를 정확하게 이해하기 어렵다. 단, 경문은 '진의眞義의 이취는 이이변離二邊의 이취에 수순해서 판단한다'는 것을 현시하는 경전적 전거로서 인용된 것이다. 이 경에서는 색色 등과 같은 것들에는 애미함이 있고(有味 : 탐착), 그로 인한 과환이 있고(有患), 또 그로부터의 출리가 있음(有出離)을 설한다.
[361] '궁극의 무상보리를 깨달았다'고 하는 것은 다른 이가 알 수 있는 것이 아니라 깨달은 자의 내적인 자증自證으로 알려진다는 것이다.

해야 할 의미(所遍知義), 변지遍知,³⁶² 변지의 과(遍知果), 그 (과를) 증수하는 의요(彼證受意樂)에 의지해서 이 경을 설한 것이다. '변지해야 할 사'란 색色 등을 말한다. '변지해야 할 의미'란 (색 등에서) 애미함 등이 있음을 말하니, 이 차별적 의미로 말미암아 색 등의 사물을 변지하기 때문이다.³⁶³ '변지'란 오취온五取蘊에 대해 이와 같은 삼전三轉을 따라서 여실하게 두루 아는 것을 말한다.³⁶⁴ '변지의 과'라는 것은 이 모든 천天의 세간으로부터 내지는 천·인을 아울러서 모두 해탈 내지는 극해탈極解脫을 얻는 것을 말한다. '그 (과를) 증수한다'는 것은, 말하자면 '나는 이미 무상정등보리를 깨달았다'는 것을 자증自證해서 아는 것이다.³⁶⁵

又瑜伽論六十四云。云何。¹⁾ 由遠離二邊理門。應隨決了。謂於依他起自性。或圓成實自性中。所有遍計所執自性妄執。當知名增益邊。於依他起自性。及圓成實自性中。謗其自相。言無所有。當知名損減邊。如是眞義理門。由遠離二邊理門。應隨決了。又如其所應。證得教導二種理門。由不可思議意趣理門。應隨決了。復次。此中。²⁾ 由遠離二邊理門。隨決了已。便能證得所應得義。具說如彼。雜集論第十五。說六理趣。與瑜伽論。及顯揚論。³⁾ 少

---

362 여기서 '변지遍知'라고 한 것은 구체적으로는 '변지인遍知因'에 해당한다. 그런데 오직 '변지'라고만 한 것은 과과를 증득하는 인因으로서의 지知 자체를 강조하였기 때문이다.
363 색 등에는 그것을 '애미함이 있고(有味), 그 애미로 인한 '과환이 있으며(有患), 또 그 과환으로부터 '출리함이 있는데(有出離), 이러한 애미와 과환과 출리를 일컬어 '변지해야 할 의미'라고 하였다. 말하자면 색 등에 있는 이러한 차별적 의미를 관함으로써 색 등의 사물에 대해 두루 알게 된다는 것이다.
364 '삼전三轉을 따라 두루 안다'는 것에 대해 여러 가지 해석이 있다. 원측은 「分別瑜伽品」의 '오의五義'를 설명하면서 다음과 같이 해석한다. "삼전이라 한 것은, 앞서 말했던 '두루 알아야 할 사'와 '두루 알아야 할 의미'와 '두루 앎'을 '삼전'이라 한 것이니, (이에 의해서) 오온을 세 번 관하기(觀度) 때문이다. 劃 또는 오온 중에서 세 번 관찰하기 때문에 '세 번의 굴림'이라 했을 수 있으니, 첫째는 애미 즉 집제를 관하는 것이고, 둘째는 과환過患 즉 고제를 관하는 것이며, 셋째는 출리出離 즉 멸제·도제를 관하는 것이다. 혹은 시전示轉과 권전勸轉과 증전證轉을 '삼전'이라 했을 수도 있다."
365 『雜集論』 권15(T31, 766c4).

相違。故彼論云。理趣門者。謂若處顯示六理趣義。何等爲六。一眞義理趣。
二證得理趣。三敎導理趣。四離二邊理趣。五不思議理趣。六意樂理趣。如
是六種。前三如其次第。應隨後三決了。如愛味經中。佛告諸比丘。比丘等。[4)]
於色有味。乃至廣說。此中。顯示由遠離增益損減二邊理趣。決了眞義理
趣。有味有患有出離者。顯離損減邊。於色乃至於識者。顯離增益邊。由顯
示染汚淸淨唯依諸蘊不依我故。乃至。告諸比丘。我自證知。由此故乃至已
證覺無上正等菩提者。顯由不思議理趣決了證得理趣。此顯眞證內自所受
故。如是一切經。皆是敎導理趣。應隨意樂理趣決了。依[5)]所遍知事。所遍
知義。遍知。遍知果。彼證受意樂。說此經。所遍知事者。謂色等。所遍知義
者。謂有味等。由此差別義。遍知色等事故。遍知者。謂於五取蘊。由如是
三轉。如實遍知。遍知果者。謂從此諸天世間。乃至幷天人。皆得解脫。乃
至極解脫。彼證受者。謂自證知我已證覺無上正等菩提。

---

1) ㉭『瑜伽師地論』권64(T30, 655b12)에 의거하여 '何' 뒤에 '眞義理門' 4자를 보입해
야 한다. 해당 번역문 역주 참조. 2) ㉭『瑜伽師地論』권64(T30, 656c22)에 의거하여
'中' 뒤에 '於眞義理門' 5자를 보입해야 한다. 3) ㉭ '及顯揚論' 4자는 잉문인 듯하다.
해당 번역문 역주 참조. 4) ㉭『雜集論』권15(T31, 766c8)에 따르면, '比丘等'은 잉자
다. 5) ㉭『雜集論』권15(T31, 766c16)에 '依' 앞에 '謂'가 있다.

ⓕ 유전流轉의 상

경 '유전'이란 이른바 삼세의 세 종류 유위상[366] 및 네 종류 연이다.

---

366 이나바의 복원문의 구결에는 "삼세와 세 종류 유위상 및……"이라 번역하였는데, 이
는 오역인 듯하다. 이곳에서는 '생生·주住·이異·멸滅'이라는 유위有爲의 사상四相
중에 '주住와 이異'를 하나로 합하여 '세 종류 유위상'이라 하였는데, 즉 생生상과 멸
상滅相과 주이상住異相이다. 이 세 종류 유위상은 각기 삼세에 의해 드러나기 때문에
"삼세의 세 종류 유위상"이라 한 것이다. 말하자면 미래세로부터 본래 없다가 생하고,
생하고 나면 과거세로 소멸하여 낙사하며, 현재세의 법은 주住·이異라는 두 가지 상
에 의해 현현되는 것이다.

·流轉者。所謂三世三有爲相。及四種緣。

석 여섯 번째는 유전의 상을 밝힌 것이다. 말하자면 유위제법의 삼세에 생生하고 주住하며 멸滅함으로 말미암아 세 종류 유위상과 네 종류 연이 있기 때문에 세간에서 유전하는 것이다.

『현양성교론』 제15권에서는 말한다. "전후로 상속하면서 전전하여 끊어지지 않고 항상 눈앞에 현전해 있어서 분명하게 볼 수 있고, 원인은 있어도 머물지 않으면서 다시 변이하는 것을 일컬어 '유전'이라 한다."[367]

네 종류 연과 삼세의 의미는 제3권에서 설한 것과 같음을 알아야 한다.[368]

『상속해탈경』에서 "'생生'이란 삼선三禪의 세 종류 유위상 및 네 종류 연을 말한다."[369]라고 하였고, 『심밀해탈경』에서 "'형상形相'이란 이른바 삼세의 세 종류 유위상, 네 종류 인연을 말한다."[370]라고 하였는데, 이는 번역가의 오류이다.[371]

釋曰。第六流轉相。謂於有爲諸法三世。由生住滅。有三有爲相。及四種緣

---

367 『顯揚聖教論』 권15(T31, 555a2).
368 이나바 : 應知, 四緣及三世義, 如第三卷. 관공 : 當知, 於三世中, 由三有爲相爲緣, 而有四緣及業生起.
　　두 판본이 완전히 다르다. 관공의 환역에는 "삼세 중에, 세 가지 유위상을 연으로 삼아서 사연四緣이 있고 및 업이 생기한다."라고 하였다.
369 『相續解脫如來所作隨順處了義經』 권1(T16, 719a5).
370 『深密解脫經』 권5(T16, 686a22).
371 『相續解脫經』에서 '생生'이라 한 것은 그 경에서 설했던 '팔행관찰八行觀察' 중의 여섯 번째이고, 『深密解脫經』에서 '형상形相'이라 한 것은 그 경에서 설했던 '팔종관八種觀' 중의 여섯 번째로서, 이는 모두 『解深密經』 경문에서 '유전流轉'이라고 했던 것에 해당한다. 원측은 여섯 번째 관觀의 명칭이 현저히 다르다는 점에서 번역가의 오류라고 판단한 듯하다. 또 『解深密經』의 "三世三有爲相及四緣"이라는 경문과 대조해 볼 때, 『相續解脫經』에서는 '三世'를 '三禪'이라 한 것 또한 번역상의 오류라고 할 수 있다.

故。流轉於世間。顯揚論第十五云。前後相續。展轉不斷。恒現在前。顯了可見。有因不住。而復變異。說名流轉。應知。四緣及三世義。如第三卷。相續經云。生者。謂三禪三有爲相及四緣。深密經云。形相者。所謂三世三有爲相四種因緣。是譯家謬。

⑨ 사종도리四種道理

ㄱ. 총괄해서 개수를 표시함

경 '도리'는 네 종류임을 알아야 한다.

道理者。當知四種。

석 이하는 일곱 번째로 네 종류 도리를 설명한 것이다. 이 중에서 세 가지로 나누었다. 처음은 총괄해서 개수를 표명한 것이다. 다음은 개수에 맞게 이름을 나열한 것이다. 마지막은 차례대로 따로 해석한 것이다.
이것은 처음에 해당한다.

釋曰。自下第七明四道理。於中開爲三種。初總標數。次依數列名。後次第別釋。是卽初也。

ㄴ. 개수에 맞춰 이름을 나열함

경 첫째는 관대도리, 둘째는 작용도리, 셋째는 증성도리, 넷째는 법이도리다.

一者觀待道理. 二者作用道理. 三者證成道理. 四者法爾道理.

석 두 번째는 개수에 맞게 이름을 나열한 것이다.
『상속해탈경』에서는 "'성成'은 네 종류이니,[372] 첫째는 이유성以有成이고 둘째는 소작사성所作事成이며 셋째는 조성助成이고 넷째는 법성法成이다."[373]라고 하였다. 『심밀해탈경』에서는 "'상응상相應相'이란 네 종류가 있음을 알아야 하니,[374] 상대상응相待相應과 능작소작상응能作所作相應과 생상응生相應과 법체상응法體相應이다."[375]라고 하였다.

釋曰. 第二依數列名. 相續經云. 成者四種. 一者以有成. 二者所作事成. 三者助成. 四者法成. 深密經云. 相應相者. 有四種應知. 相待相應. 能作所作相應. 生相應. 法體相應.

ㄷ. 차례대로 따로 해석함

ㄱ) 관대도리觀待道理

경 '관대도리'란, 말하자면 어떤 인因이나 연緣이 능히 제행을 생하고 또 수설隨說[376]을 일으킨다면, 이와 같은 것을 관대도리라고 이름한다.

---

[372] 『相續解脫經』에서 '성成'이라 한 것은 그 경에서 설했던 '팔행관찰八行觀察' 중의 일곱 번째로서, 이 『解深密經』에서 '도리道理'라고 했던 것에 해당한다.
[373] 『相續解脫如來所作隨順處了義經』 권1(T16, 719a6).
[374] 『深密解脫經』에서 '상응상相應相'이라 한 것은 그 경에서 설했던 '팔종관八種觀' 중의 일곱 번째로서, 이 『解深密經』에서 '도리道理'라고 했던 것에 해당한다.
[375] 『深密解脫經』 권5(T16, 686a23).
[376] 수설隨說 : 제행에 각기 이름(名)이 있고 이 이름이 어떤 상상을 불러일으키며, 이러한 이름과 상의 결합 관계에 수순해서 언설을 일으키는 것을 말한다.

觀待道理者。謂若因若緣。能生諸行。及起隨說。如是名爲觀待道理。

석 이하는 세 번째로 차례대로 따로 해석한 것이다. 이 중에서는 네 종류 도리에 의거해서 따로 해석했으니, (경문도) 네 종류로 나뉜다.

이것은 첫째로 관대도리를 해석한 것이다. 이 중에서 앞은 해석이고 나중은 결론이니, 뒤의 세 종류 도리도 역시 이와 같음을 알 수 있을 것이다.

(이것은 처음에 해당한다.) 말하자면 제행의 법은 모든 인因과 연緣을 관대하고 명名·구句·문文들을 관대해서 비로소 명료해지기 때문에 '명' 등을 '관대'라고 이름한다. 그러므로 『유가사지론』 중의 「성문지」에서 말한다.

간략하게 설하면 두 종류 관대가 있다. 첫째는 생기관대生起觀待이고, 둘째는 시설관대施設觀待이다.[377]

'생기관대'란, 말하자면 모든 인과 모든 연의 세력으로 말미암아 모든 온들을 생기하니, 이러한 온이 생기하는 데 반드시 모든 인과 모든 연을 관대해야 한다.

'시설관대'란, 말하자면 명신名身·구신句身·문신文身으로 말미암아 모든 온들을 시설하니, 이 온들을 시설하는 데 반드시 명·구·문들을 관대해야 한다.

이런 것을 일컬어 '온에 있어서의 생기관대와 시설관대'라고 이름한다. 이 생기관대와 시설관대가 제온을 생기하고 제온을 시설하니, (이것

---

[377] 제행의 발생과 언어적 시설에 필수적으로 요구되는 조건들을 '관대'라고 한다. 가령 제행이 생기기 위해서 여러 인과 연을 필요로 한다거나, 혹은 제행이 명료하게 드러나기 위해서는 그 각각의 것들에 고유한 이름(名) 등을 시설할 필요가 있다. 이처럼 제행의 생기와 언어적 시설에서 반드시 각각에 상대되는 조건들이 요구되는 것을 일컬어 '관대'라고 하며, 이것도 일종의 도리이기 때문에 '관대도리'라고 하였다.

을) '도리'라고 설한 것이다.[378·379]

구체적인 설명은 저 논과 같다.
『상속해탈경』과 『심밀해탈경』과 『현양성교론』도 이 경과 거의 동일하니, 따라서 여러 가지로 해석하지 않겠다.

釋曰。自下第三次第別釋。於中。依四道理別釋。開爲四種。是卽初釋觀待道理。於中。先釋後結。後三道理。亦爾可知。謂[1]諸行法者。觀待諸因緣。觀待名句文身。方顯了故。名等名觀待。是故瑜伽論中聲聞地云。謂略說有二種觀待。一生起觀待。二施設觀待。生起觀待者。謂由諸因諸緣勢力。生起諸蘊。此蘊生起。要當觀待諸因諸緣。施設觀待者。謂由名身句身文身。施設諸蘊。此蘊施設。要當觀待名句文身。是名於蘊生起觀待施設觀待。[觀待法者卽蘊施設道理]。[2] 具說如彼。相續經。深密經。及顯揚論。大同此經。故不多釋。

1) ㉠ '謂' 앞에 '此卽初也'를 보입해야 한다. 참고로 관공의 환역에 '此卽第一解釋'이 있다. 2) ㉠ '觀待法者卽蘊施設道理' 중에 많은 글자가 누락된 듯하다. 해당 번역문 역주 참조.

ㄴ) 작용도리作用道理

경 '작용도리'란, 말하자면 어떤 인因이나 연緣이 능히 제법을 획득하고,

---

378 이나바 : 觀待法者, 卽蘊施設道理. 관공 : 卽此生起觀待施設觀待, 生起諸蘊施設諸蘊, 說名道理.
　　이나바의 복원문은 의미가 통하지 않는다. 전후로 글자가 많이 누락된 듯하다. 『瑜伽師地論』 권25(T30, 419b14)의 원문은 "卽此生起觀待施設觀待. 生起諸蘊施設諸蘊. 說名道理瑜伽方便."이라고 되어 있고, 이는 관공의 환역과 일치한다. 따라서 이에 의거하여 번역하였다.
379 『瑜伽師地論』 권25 「聲聞地」(T30, 419b8).

혹은 능히 성변成辨**하며, 혹은 다시 생하고 나서 모든 업용**業用**을 짓는다면, 이와 같은 것을 작용도리라고 이름한다.**

> 作用道理者。謂若因若緣。能得諸法。或能成辨。或復生已作諸業用。如是 名爲作用道理。

석 두 번째는 작용도리를 해석한 것이다. 경문에 대해 각각의 설이 부동하다.

한편에서는 말한다. 〈육근이 육경을 알아차리는(見) 것을 '획득한다(得)'고 하였고, 네 가지 대종으로 만들어진 색을 '성변成辨'이라고 하였다. 제법이 생할 때는 각기 작용이 있는데, 비유하면 눈이 능히 색을 보고 내지는 의意가 능히 법을 요별하는 것과 같다.〉

한편에서는 말한다. 〈선행善行을 (닦아서) 열반을 획득하고 공덕의 원만을 성취하는 것이다. 보고 듣는 등을 '작용'이라고 이름한다. 그러므로 「성문지聲聞地」에서는 말한다. "제온諸蘊이 이미 생함에 자기의 연(自緣)으로 말미암기 때문에 자기의 작용이 있고 각각 차별된다. 비유하면 눈이 능히 색을 보고, 귀가 능히 소리를 들으며 내지는 의意가 능히 법을 요별하는 것과 같다. 색은 눈의 경계이고 눈의 영역(所行)이며, 소리는 귀의 경계이고 귀의 영역이며, 내지는 법은 '의'의 경계이고 '의'의 영역이다.[380] 혹은 다시 그 밖의 이와 같은 부류들은 그러그러한 법의 개별적 작용에서 (또한 이와 같음을 알아야 한다. 즉 이 제법의 개별적 작용에서의)[381] 모

---

[380] 이나바 : 色爲眼境. 爲眼所行. 聲爲耳境. 爲耳所行. 乃至法爲意境. 爲意所行. 관공 : 色爲眼境. 聲爲耳境. 如是乃至法爲意境.
　　이나바의 복원문에 '眼所行, 耳所行, 意所行' 등이 있고, 이는 『瑜伽師地論』 권25(T30, 419b19)와 같다. 그런데 '인식영역(所行)'은 '경계(境)'와 유사한 의미이므로 생략해도 무방하다.
[381] 『瑜伽師地論』 권25 「聲聞地」(T30, 419b21)에는 '用' 뒤에 "當知亦爾. 即此諸法各別作

든 도리의 유가방편(道理瑜伽方便)을 모두 '작용도리'라고 이름한다."⟩

釋曰。第二釋作用道理。於經文中。各說不同。一云。以六根見六境。是名爲得。四大種所造色。是名成辨。諸法生時。有各作用。譬如眼能見色。乃至意能執[1]法。一云。以善行得涅槃。成功德圓滿。見聞等名作用。是故聲聞地云。諸蘊生已。由自緣故。有自作用。各各差別。謂譬如[2]眼能見色。耳能聞聲。乃至意能了法。色爲眼境爲眼所行。聲爲耳境。爲耳所行。乃至法爲意境。爲意所行。或復所餘如是等類。於彼彼法別別作用。[3] 所有道理瑜伽方便。皆說名爲作用道理。

1) ㉠ '執'을 '了'로 수정해야 한다. 참고로 관공의 환역에는 '意能了法'으로 되어 있다. 2) ㉠『瑜伽師地論』권25「聲聞地」(T30, 419b17)에 '譬如'가 없다. 3) ㉠『瑜伽師地論』권25(T30, 419b21)에 의거해서 '用' 뒤에 "當知亦爾。即此諸法各別作用。"을 보입해야 한다. 해당 번역문 역주 참조.

ㄷ) 증성도리證成道理

(ㄱ) 첫 번째 문

경 증성도리란 어떤 인因이나 연緣이 능히 '성립되어야 할 바(所立)이자 설명된 바(所說)이며 표명되었던 바(所標)의 의미(義)'를 성립되도록 해서 (남들로 하여금) 바르게 깨우치도록 한다면, 이와 같은 것을 증성도리라고 이름한다.

用."이 있다. 만약 이 문구가 빠지면, 마지막의 결론인 "도리유가방편道理瑜伽方便을 모두 '작용도리'라고 이름한다."라는 주장은 이 직전의 '所餘如是等類'에 국한된 진술이 되고, 따라서 전체 문맥이 혼란스러워진다. 이곳의 취지는, 제온諸蘊을 비롯해서 그 밖의 유사한 부류를 포함하는 제법의 각각의 개별적 작용상에서 발견되는 도리들을 일컬어 '작용도리'라고 한다는 것이다. 따라서 '用' 뒤에 "當知亦爾。即此諸法各別作用."을 보입하였다.

證成道理者。謂若因若緣。能令所立所說所標義得成立。令正覺悟。如是名
爲證成道理。

[석] 이하는 세 번째로 증성도리를 해석한 것이다. 여기에서는 두 문으로 설하였다.[382]

이것은 처음에 해당한다.

(위의) 경문에 대해 두 가지 해석이 있다.

한편에서는 말한다.

"어떤 인과 연"이라고 한 것은 소립所立의 (종宗을 세웠을) 때에 관대觀待하는 이유(因)와 실례(喩)를 일컬어 '인'과 '연'이라고 한 것이다.[383]

"성립되어야 할 바(所立)"란, 소립의 종의宗義(주장)를 안립하는 것을 말한다.

"설명된 바(所說)"란, 능립能立(이유·실례)의 의미를 나타낸 것이다.[384]

---

382 이나바: 없음. 관공: 一先說對於此段經文之二種解釋, 二解釋證成道理.
　　이 문장 뒤에 두 종류 문을 밝히는 문구가 있었던 듯하다. 이나바의 복원문에는 없고, 관공의 환역은 원측 소의 전례에 준해 보면 다소 어색하다. 여기서부터는 증성도리證成道理를 두 문으로 해석하였다. 첫 번째 문(위의 경문)에서는 증성도리를 간략히 정의하였다. 두 번째 문(뒤의 경문)에서는 증성도리의 두 가지 경우, 즉 논리적으로 타당한(淸淨) 경우와 부당한(不淸淨) 경우를 자세히 설한 것이다. 이런 맥락에서 볼 때, 첫 번째 문과 두 번째 문은 '初略標'와 '後廣釋'인 듯하다.

383 이나바: 謂所立時, 觀待因喩, 是名因緣. 관공: 謂立宗時 凡是所觀待之因喩 皆名因緣.
　　밑줄 친 부분의 문장은 달라도 의미는 크게 다르지 않다. '소립所立'이란 입증되어야 할 바의 종(주장명제)을 가리킨다. 그 종(주장)을 안립했을 때 그것을 입증하기 위해 타당한 인因(이유)과 유喩(실례)가 제시된다. 그 인과 유는 그 입증되어야 할 '종'에 관대觀待하여 성립하는 것이기 때문에 "인因이나 연緣"이라 하였다는 것이다.

384 이나바: 標成立義. 관공: 卽是說明所立義之依據.
　　밑줄 친 문구는 달라도 그 의미는 유사하다. 이나바의 복원문에서 '成立'이라 한 것은 '능히 성립시키는(能立)' 인因(이유)과 유喩(실례)를 가리킨다. 한편, 관공의 환역에서 "所立義之依據"라고 한 것도 '성립되어야 할(所立)' 종의宗義를 '능히 성립시키는' 인과 유를 가리킨다. 그런데 한역 인명 논서에서는 '所立'에 대칭해서 '能立'이라 하기

"표명되었던 바의 의미를 성립되도록 해서(所標義得成立)"라 한 것은,[385] 앞서 말한 '성립되어야 할 바(宗義)'가 (성립할 수 있음을) 해석한 것이다.

"바르게 깨우치도록 한다면"이라 한 것은, 앞서 말한 '설명되었고 표명되었던 바의 의미(所說所標義)'가 (타인으로 하여금) 바르게 깨닫도록 함을 해석한 것이다.[386]

한편에서는 말한다.

"어떤 인과 연"이라 한 것은 삼량三量(현량·비량·성교량)을 말한다.
"성립되어야 할 바(所立)이자 설명되는 바(所說)이며 표명된 바(所標)의 의미(義)"라고 한 것은 하나의 종의宗義를 (가리킨다.)[387] 차별이 있다면,

---

때문에 이나바의 복원문에서 '成立'이라 한 것을 '能立'으로 수정하였다. 위의 해석에 따르면, 경문에서 "설명된 바(所說)"라고 한 것은 '성립되어야 할 바(所立)'의 주장을 '능히 성립시키는(能立)' 이유와 실례를 진술하는 것이다.

[385] 이나바 : ① 義得成立者, ② 釋上所立. 관공 : ① 言所標義得成立者, ② 卽是解釋先所立義獲得成立.
  전후 문맥상 관공의 환역이 바른 듯하다. 문장 ①은 여기서 해석하려는 경문을 든 것이기 때문에 "所標義得成立者"라고 해야 바르다. 문장 ②는 그 경문에 대한 해석이기 때문에 "앞의 所立의 義가 성립될 수 있음을 해석한 것이다."라고 하는 것이 바르다. 이러한 의미에 맞춰 이나바의 복원문을 보완하여, "所標義得成立者, 釋上所立得成立"으로 수정하였다.

[386] 이나바 : 令正覺悟者……令正覺悟. 관공 : 言令正覺悟者……能令他人生起正確覺悟云.
  경문에서 '바르게 깨닫도록 한다(令正覺悟)'고 한 것은, 아직 주장의 의미를 인정하지 않는 대론자로 하여금 그 의미를 깨닫도록 하는 것이다. 말하자면 합당한 이유와 실례를 통해서 주장의 의미를 성립시킴으로써 상대방으로 하여금 그 의미를 깨닫도록 하는 것이다. 따라서 관공의 환역에서처럼 '令' 뒤에 '他人'을 보입하였다.

[387] 이 해석에 따르면, 경문에서 '성립되어야 할 바(所立), 설명되는 바(所說), 표명되는 바(所標)'라고 한 것은 결국 하나의 종의宗義를 가리킨다. 그런데 경문에서 세 가지로 달리 표현한 이유는 이하에서 설명된다.

'능립能立의 삼량三量'에 관대해서 이것을 '성립되어야 할 바(所立)'라고 이름하였고,388 '능설能說의 교教'에 대응해서 이것을 '설명되는 바(所說)'라고 이름하였으며,389 자세한 해석(廣釋)에 대응해서 이것을 '표명되는 바(所標)'라고 이름하였다.390

저 인과 연이 '성립되어야 할 의미(所立義)'를 성립되도록 해서, 성립되어야 할 바의 '무상성無常性'에 대해 타인으로 하여금 바르게 깨닫도록 하는 것이다.391

「성문지」에서 말한다. "'증성도리'란, 말하자면 '일체의 온蘊이 모두 무상하고 여러 연들에 의해 생기며 고苦·공空·무아無我이다'라는 것은, 삼량으로 말미암아 (여실하게 관찰된 것이다.) 말자하면 지교량과 현량과 비량으로 도리를 증험證驗함으로 말미암아, 모든 지혜로운 자들은 마음으로 '일체의 온이 모두 무상한 성질, 여러 연으로 생하는 성질, 고

---

388 이 해석에 따르면, 종의宗義가 소립所立이라면 현량現量·비량比量·성교량聖教量 등 삼량三量은 능립能立이다. 이 점에서 이전의 해석과 차이가 있다. 이전의 해석에 따르면, 삼지작법三支作法 중의 인因과 유喩가 '능히 성립시키는 것(能立)'에 해당하고, 종의宗義는 그에 의해 '성립되는 것(所立)'이다.
389 종의宗義는 일차적으로는 언설로서의 교教에 의해 표현되는 것이다. 언어적 교설이 어떤 주장의 의미를 '능히 설하는 수단(能說)'이라면, 주장의 의미는 그 언어적 수단에 의해 '설해진 바(所說)'에 해당한다.
390 '종의宗義'가 간략히 '표명된 것(所標)'이라면, 그 표명된 종의를 성립시키기 위해서 자세한 해석(廣釋)의 문구들이 진술된다.
391 이나바: 彼因緣, 令成立所立義, 所立餘無常性, 令正覺悟. 관공: 由諸因緣, 使所立義得成立已, 能令他人, 於所立之無常義等, 正確覺悟者, [名爲令正覺悟.]
　　이나바의 복원문 중에 밑줄 친 부분의 의미가 통하지 않는다. 이것은 위의 경문에서 "바르게 깨닫도록 한다면(令正覺悟)"이라는 문구를 해석한 것이다. 그 의미를 설명하기 위해, 가령 불교도들의 입장에서 타他 종파의 사람들에게 '무상성無常性'이라는 주장을 세우는 경우를 예로 들 수 있다. 불교도가 제시한 근거(因·緣)들이 '성립되어야 할 바의 의미(所立義: 즉 無常性)'를 성립시킴으로써, 그 '무상성'이라는 주장의 의미를 타종의 사람으로 하여금 납득하게 해야 한다는 것이다. 이나바의 복원문에는 이와 같은 의미가 잘 드러나지 않는다. 따라서 밑줄 친 부분의 문구를 "於所立無常性, 令他生正覺悟."로 수정하였다.

통의 성질, 공한 성질, 무아의 성질이다'라고 바르게 집수執受하고 안치安置하며 성립시킨다. 이와 같은 것을 증성도리라고 이름한다."³⁹²

釋曰。自下第三釋證成道理。於中。依二門說。是卽初也。文有二釋。一云。若因若緣者。謂所立時觀待因喩。是名因緣。言所立者。安立所立宗義。言所說者。標成¹⁾立義。義²⁾得成立者。釋上所立。³⁾令正覺悟者。釋上所說及所標義。令⁴⁾正覺悟。一云。若因若緣者。三量也。所立所說所標義者。一義也。以有差別。觀待能立三量。是名所立。對能說教。是名所說。對廣釋。是名所標。彼因緣令成立所立義。所立餘無常性。⁵⁾令⁶⁾正覺悟。聲聞地云。證成道理者。謂一切蘊。皆是無常。衆緣所生。苦空無我。由三量故。⁷⁾謂由至敎量現量比量。證驗道理。證成道理。⁸⁾諸有智者。心正執受安置成立。謂一切蘊。皆無常性。衆緣生性。苦性空性。及無我性。如是等名證成道理。

1) ㉠ '成'은 '能'인 듯하다. 해당 번역문 역주 참조. 2) ㉠ '義' 앞에 '所標'를 보입해야 한다. 해당 번역문 역주 참조. 3) '立' 뒤에 '得成立'을 보입해야 한다. 해당 번역문 역주 참조. 4) ㉠ '令' 뒤에 '他人'을 보입해야 한다. 해당 번역문 역주 참조. 5) ㉠ '所立餘無常性'을 '於所立無常性'으로 수정해야 한다. 해당 번역문 역주 참조. 6) ㉠ '令' 뒤에 '他生'을 보입해야 한다. 해당 번역문 역주 참조. 7) ㉠『瑜伽師地論』권25(T30, 419b24)에 '故' 뒤에 '如實觀察'이 있다. 8) ㉠『瑜伽師地論』권25(T30, 419b26)에 '證成道理'가 없다.

(ㄴ) 두 번째 문³⁹³

㉠ 총괄해서 개수를 표시함

---

392 『瑜伽師地論』권25(T30, 419b23).
393 이하의 두 번째 문에서는 '이론적으로 증명되는 도리(證成道理)'와 관련해서, 논리적으로 정당한(淸淨) 경우의 다섯 가지 특징, 그리고 논리적으로 부당한(不淸淨) 경우의 일곱 가지 특징을 논하였다.

경 또 이 도리에 대략 두 종류가 있다.

又此道理。略有二種。

석 이하의 두 번째 문에서는 증성도리를 설명하였다. 이 중에 네 가지가 있다. 첫째는 총괄해서 개수를 표시한 것이다. 둘째는 개수에 맞게 이름을 나열한 것이다. 셋째는 상을 간략히 설명한 것이다. 넷째는 징문과 대답으로 자세히 설명한 것이다.
이것은 처음에 해당한다.

釋曰。自下第二門明證成道理。於中有四。一總標數。二依數列名。三略說相。四徵答廣說。此卽初也。

ⓛ 개수에 맞춰 이름을 나열함

경 첫째는 청정한 것이고, 둘째는 청정하지 않은 것이다.

一者淸淨。二者不淸淨。

석 두 번째는 개수에 맞게 이름을 나열한 것이다. 말하자면, 이유(因)가 (주장의) 의미(義)를 성립시키는 데 과실이 없기 때문에 '청정하다'고 이름하고, 과실이 있기 때문에 '청정하지 않다'고 이름한 것이다. 이하에서 자세하게 설명하겠다.

釋曰。第二依數列名。謂由因成義。無過失故。名爲淸淨。有過失故。名不淸淨。已下廣說。

ⓒ 상相을 간략히 설명함

경 다섯 가지 상相으로 인해 '청정하다'고 이름하고, 일곱 종류 상으로 인해 '청정하지 않다'고 이름한다."

由五種相。名爲淸淨。由七種相。名不淸淨。

석 세 번째는 (증성도리의) 상相을 간략히 설한 것이다. 다섯 종류의 상 및 일곱 종류의 상으로 말미암아 '청정하다'고 하거나 '청정하지 않다'고 한다.

(* 두 번째 문에서의 또 다른 구분)

혹은 (증성도리를 설한) 경문 중에서 이하의 두 번째 문을 나누어 두 종류로 만들 수도 있다. 처음은 간략히 설한 것이고, 뒤는 징문과 대답으로 자세히 설한 것이다. 처음의 (간략한 설명) 중에는 세 가지가 있다. 처음에는 총괄해서 개수를 표시하였고, 둘째로 개수에 맞춰 이름을 나열하였으며, 셋째로 상을 간략히 설하였다.[394]

釋曰。第三略說相。由五及七種相。名爲淸淨及不淸淨。或可文中。自下第

---

[394] 이 두 번째 분류에 따르면 과목의 차례는 다음과 같다.
  (ㄱ) 첫 번째 문
  (ㄴ) 두 번째 문
    ㉠ 간략히 설명함
      ① 총괄해서 개수를 표시함
      ② 개수에 맞게 이름을 나열함
      ③ 상을 간략히 설명함
    ㉡ 징문과 대답으로 자세히 설명함

二門。開爲二種。初略說。後徵答廣說。初中有三。一總標數。二依數列名。三略說相。

ⓔ 징문과 대답으로 자세히 설명함

① 청정淸淨에 대해 해석함

㉮ 징문

경 "어째서 다섯 종류 상으로 인해 청정하다고 합니까?"

云何由五種相。名爲淸淨。

석 이하는 두 번째(네 번째) 징문과 대답으로 자세히 설명한 것이다.[395] 이 중에 두 가지가 있다. 앞은 청정에 대해 해석한 것이고, 뒤는 불청정에 대해 해석한 것이다.
청정을 (해석하는) 가운데, 첫째는 징문이고 둘째는 대답이다.
이것은 징문에 해당한다.

釋曰。自下第二徵答廣說。於中有二。初釋淸淨。後釋不淸淨。於淸淨中。一徵。二答。是卽徵也。

---

[395] 이전의 원측의 해석에 따르면, 증성도리證成道理를 설한 곳에서 (ㄴ) 두 번째 문門을 다시 네 개의 하부 과목으로 나눌 수도 있고, 혹은 두 개의 세부 과목으로 나눌 수도 있다. 전자를 따르면, '징문과 대답으로 자세히 설명함'이라는 세부 과목은 네 번째에 해당하지만, 후자를 따르면 두 번째에 해당한다.

ㄴ 대답

ⓐ 다섯 가지 상을 해석함

ㄱ 다섯 가지 상을 바로 해석함

ㄴ 다섯 가지 상을 총괄해서 열거함

경 첫째는 현견으로 획득된 상이고, 둘째는 현견에 의거해서 획득된 상이며, 셋째는 자류의 실례에 의해 이끌려 나오는 상이고, 넷째는 완전하게 진실을 성취하는 상이며, 다섯째는 아주 청정한 언교에서 설해진 상이다.

一者現見所得相。二者依止現見所得相。三者自類譬喩所引相。四者圓成實相。五善淸淨言敎相。

석 두 번째는 여래께서 바로 답하신 것이다. 이 중에 두 가지가 있다. 처음은 다섯 가지 상을 해석한 것이고, 나중은 다섯 가지 상에 대해 결론 지은 것이다.

처음 부분에 두 가지가 있다. 첫째는 다섯 가지 상을 바로 해석한 것이다. 둘째는 숨겨진 비난을 거듭 해석한 것이다.

다섯 가지 상을 바로 해석하는 부분에 세 가지가 있다. 처음은 다섯 가지 상을 총괄해서 열거한 것이다. 다음은 차례대로 따로 해석한 것이다. 마지막은 총결지은 것이다.

이것은 처음에 해당한다.

釋曰。第二如來正答。於中有二。初釋五相。後結五相。初中有二。一正釋五相。二重釋伏難。正釋五相中有三種。初總列五相。次次第別釋。後總結。
此卽初也。

三 차례대로 따로 해석함

1 현견소득상現見所得相

가 간략히 설함

경 **현견으로 획득된 상이란,**

現見所得相者。

석 두 번째는 차례대로 따로 해석한 것이다. 이 중에 다섯 가지 상을 설함에 의해 (경문도) 다섯 종류로 나뉜다.

이것은 첫 번째로 현견으로 획득된 상에 대해 설명한 것이다. 이 중에 세 가지가 있다. 처음은 간략히 설한 것이고, 다음은 해석한 것이며, 마지막은 결론지은 것이다.

이것은 첫 번째 간략히 설한 것이다.

釋曰。第二次第別釋。於中。依說五相。開爲五種。是卽初明現見所得相。
於中有三。初略說。次釋。後結。是卽初略說也。

나 해석

경 말하자면 '일체의 행은 모두 무상성이고, 일체의 행은 모두 고성이며,

일체의 법은 모두 무아성이다', 이것은 세간현량으로 획득된 것이다.

> 謂一切行皆無常性。一切行皆是苦性。一切法皆無我性。此爲世間現量
> 所得。

[석] 이것은 두 번째로 (바로) 해석한 것이다. 경문 중에 두 가지로 나뉜다. 처음에 "일체의 행은 모두 무상성이고……"라고 한 것은 (해당하는) 사事를 밝히면서 바로 해석한 것이다.

"이것은 세간현량으로 획득된 것이다."라는 것은 구체적으로 '양량(인식 방법)'을 분별한 것이다. 이 경문의 의도를 설하자면, 오직 가설일 뿐인 세간현견량世間現見量은 아닌 것을 '현견량'이라 하였고,[396] '현견現見의 양량'이기 때문에 '현량'이라고 이름한다는 것이다. 말하자면 이 '거친 무상함(麤無常)'에 의거해서 '미세한 무상함(細無常)' 등을 추리해서 알기 때문에 '현량으로 획득된 것에 의지하는 상(依止現見所得相)'이라고 한 것이고, (이는 뒤에서 설명할 것이다.)[397]

(문) 그 체는 어떤 것인가?

(답) (여기서는) 우선 일정한 시기의 '거친 무상성'이라는 의미에 의거

---

396 이나바 : 非唯假設世間現見量, 爲現見量. 관공 : 世間觀察, 唯是現量而已.
　　이나바의 복원본에서 '非唯假設世間現見量'이라 한 것은 관공의 환역본에서 '世間觀察'이라 하였고, 이 문구의 의미가 상반된다. 원측 소의 본래 원문을 정확하게 추정할 수는 없지만, 경문과 대조할 때 전후 문맥상 관공의 환역이 더 명료한 듯하다. 이 경에서는 세상 사람들이 거친 무상성을 직접 목격하거나 고통을 직접 경험하는 등을 일컬어 세간현량이라 하였기 때문이다.
397 이나바 : 없음. 관공 : 下當宣說.
　　전후 문맥상 "뒤에서 설명하겠다.(下當宣說)"라는 주석 문구가 있어야 한다. 위의 경문에서 "이것은 세간현량으로 획득된 것이다."라고 한 것은 '現見所得相'을 자세히 해석한 것이고, '依止現見所得相'에 대한 자세한 해석은 뒤의 경문에서 진술되기 때문이다.

해서 무상성을 직접 목격하는 것(現見)을 '무상無常의 현량'이라고 이름하였다. 자기 몸의 갖가지 해롭고 괴로운 느낌을 경험하기 때문에 이것을 '고苦의 현량'이라고 이름하였다. 언설심구言說尋求에서 자재하지 못하기 때문에,[398] '무아'를 요지하는 것을 '무아無我의 현량'이라고 하였다. 이러한 것들은 문혜·사혜의 산란된 마음으로 분별하는 것이기 때문에 (진정한) 현량은 아니다. 이것은 '세간현견世間現見'이라고 설한다.

釋曰。是卽第二釋也。文中。開爲二種。初謂一切行皆無常性等。明事正釋。此爲世間現量所得者。具分別量。此中意說非唯假設世間現見量。爲現見量。現見量故。名爲現量。謂依此俇無常。比度細無常等。故名依止現量所得相。其體云何。且依一時俇無常義。現見無常性。名無常現量。見自身種種損惱受故。爲苦現量。於誹謗尋。[1] 無自在故知無我。是卽名爲無我現量。此等聞思慧散亂心分別。故非現量。此說世間現見。

1) ㉠ '誹謗尋'은 의미가 통하지 않는다. 해당 번역문 역주 참조.

그 밖의 해석은 다음과 같다.

"일체의 행은 모두 무상성이고"라는 것은 유위법을 총괄해서 포괄한다. "일체의 행은 다 고성이며"라는 것은 유루의 제행을 (가리킨다.) "일체의 법은 무아성이다."라는 것은 일체법을 포괄한 것이다. 이러한 것들을 삼법三法이라고 한다. 따라서 『유가사지론』 제15권에서는 말한다.

---

398 이나바: 於誹謗尋, 無自在故……. 관공: 言說尋求等中, 無自在故…….
　　이나바는 "誹謗尋에서 자재함이 없기 때문에"라고 하였는데, '誹謗尋'이라는 문구가 어색하고 그 용례도 거의 찾아볼 수 없다. 한편, 관공의 환역에서 "言說의 尋求 등에서 자재함이 없기 때문에"라고 하였는데, 이 문장의 의미가 좀 더 명료한 듯하다. 관공의 환역에 따르면, '무아현량無我現量'은 여전히 언어적 분별에서 자유롭지 못하기 때문에 세간현량의 범주에 속한다.

"결정된 것(決定)이란³⁹⁹ 예를 들면 '일체의 행은 모두 무상하고, 일체의 유루는 그 본성이 고이며, 일체의 제법은 모두 공·무아이다'라고 하는 것이다."⁴⁰⁰

이러한 무상無常 등의 종류는 두 가지 의미를 갖추고 있다. 첫째는 자상自相이니, 무상 등의 종류가 현량에 의해 획득되는 바의 하나하나의 상을 갖추고 있음을 말한다. 둘째는 총상總相이니,⁴⁰¹ 비유하면 실로 꽃들을 꿰는 것처럼 하나의 무상이라는 (의미는) 온蘊 등에 두루 관철되는 것과 같다. '고'와 '무아'도 또한 이와 같다. 지금 (위의 경에서 말한) '현량'이란 뒤의 총상에 의거해서 설한 것이다. 따라서 오직 가설로서 '세간현량'이라 이름한 것이지 진정한 현량은 아니다.⁴⁰²

---

399 이나바 : 於決定, 立爲不定. 관공 : 決定義者.
『瑜伽師地論』의 원문과 대조해 보면 이나바의 복원문과 일치하지만, 전후 문맥상 관공의 환역이 바르다. 위의 인용문은『瑜伽師地論』권15(T30, 358c13)의 "或於決定. 立爲不定. 如一切行皆是無常. 一切有漏皆性是苦. 一切諸法皆空無我. 而妄建立一分是常一分無常. 一分是苦一分非苦. 一分有我一分無我."라는 문장 중의 일부 문구를 발췌한 것이다. 그 논의 본래 취지는 다음과 같다. 〈'일체행은 무상하다'는 등은 결정決定된 이치임에도 불구하고 '일부는 그렇지만 일부는 그렇지 않다'는 식으로 '결정되지 않은 것(不定)'처럼 주장하는 것은 법상法相과는 어긋난다.〉 그런데 원측이 그 문장을 인용한 취지는 '일체행은 모두 무상하다'는 등의 세 가지 성질(三性)이 '결정된 이치'임을 말하려는 것이기 때문에, 그 취지에 맞춰 일부의 문구만 발췌하여 인용하였다. 그러한 인용 취지에 따를 때, 이나바의 복원문 중 '於決定立爲不定'이라 한 것을 '決定者'로 수정해야 한다.
400 『瑜伽師地論』권15(T30, 358c13).
401 이나바 : 二者總相. 관공 : 二者共相.
그 자체의 고유한 상을 '자상自相'이라 하고, 이와 대비해서 여럿에 공통적으로 관철되는 보편상을 '총상總相' 혹은 '공상共相'이라 한다.
402 이나바 : 故唯假設, 名世間現見,* 非正現量. 관공 : 故唯就觀察, 說名世間現量, 然非眞正現量.〔* 見은 量이다.〕
이전의 사례에서도 마찬가지로, 이나바의 복원문에서 '假設'이라 한 것은 관공의 환역에 '觀察'로 되어 있고, 두 문구가 의미상 서로 상충하지는 않는다. 위의 해석에 따르면, 무상無常·고苦·무아無我 등은 여러 법에 공통적으로 관철되는 총상總相(혹은 共相)으로 간주될 수 있다. 이와 같은 보편상은 의식意識의 언어적 분별에 의해 파악되는 것이지, 감각 기관에 의해 직접 지각되는 것이 아니다. 따라서 무상·고·무아 등

所餘釋云。一切行皆無常性者。總攝有爲。一切行皆是苦性者。有漏諸行。一切法皆無我性者。攝一切法。此等名三法。故瑜伽論第十五云。於決定立爲不定。$^{1)}$ 一$^{2)}$切行。皆是無常。一切有漏。皆性是苦。一切諸法。皆空性$^{3)}$無我性。$^{4)}$ 此無常等類。具有二義。一者自相。無常等類。具現量所得一一相。二者總相。譬如以糸綴花。以一無常。遍滿蘊等。苦及無我。亦復如是。今現量者。依後總相。故唯假設。名世間現見。$^{5)}$ 非正現量。

---

1) ㉠ '於決定立爲不定'은 '決定者'로 수정해야 한다. 해당 번역문 역주 참조. 2) ㉠ 『瑜伽師地論』 권15(T30, 358c14)에 의거해서 '一' 앞에 '如'를 보입해야 한다. 3) ㉠ 『瑜伽師地論』 권15(T30, 358c15)에 '性'이 없다. 4) ㉠ 『瑜伽師地論』 권15(T30, 358c15)에 '性'이 없다. 5) ㉠ '見'은 '量'인 듯하다.

『유가사지론』 제15권에 의하면, 진정한 현량(正現量)의 상相에 의거해서 '세간현량'이라고 이름한 것이다.^{403} 따라서 그 논에서는 말한다.

【문】 이와 같은 현량은 누구의 소유인가?

【답】 간략히 설하면 네 종류가 소유한다. 첫째는 색근현량色根現量이고, 둘째는 의수현량意受現量이며, 셋째는 세간현량世間現量이고, 넷째는 청정현량淸淨現量이다.

'색근현량'이란 다섯 가지 색근이 소행경계所行境界(인식 대상)를 (지각하는 것을) 말하니, 앞에서 설했던 현량의 체상과 같은 것이다.^{404}

의 총상을 파악하는 것을 진정한 현량이라 할 수는 없지만, 단지 무상함 등의 성질은 세상 사람들이 사물의 변화 등을 통해 직접 관찰함으로써 아는 것이기 때문에 '세간현량으로 획득된다'고 가설한 것이다.

403 이전의 해석에 따르면, 경문에서 '세간현량'이라 한 것은 세상 사람들이 직접 경험하고 관찰하는 것에 의거해서 가짜로 시설된 현량이지, 진정한 현량은 아니다. 이와는 달리, 이하의 『瑜伽師地論』 인용문에 따르면 '세간현량'이란 진정한 현량의 네 종류에 속하는 것이다.

404 첫 번째 색근현량色根現量이란 오근五根이 식識을 현행하여 오경五境을 직접 지각하는 것을 말하니, 이것은 일반적으로 말하는 현량의 자체상에 해당한다.

'의수현량'이란 모든 의근意根이 소행경계를 (받아들이는 것을) 말하니, 앞에서 설했던 현량의 체상과 같은 것이다.[405]

'세간현량'이란 두 종류를 총괄적으로 설해서 하나의 세간현량이라고 한 것이다.[406]

'청정현량'이란 모든 있는 바의 세간현량을 또한 청정한 현량이라고 이름한 것이다. 혹은 청정한 현량이지만 세간의 현량은 아닌 것이 있다. 말하자면 출세간의 지智는 소행경계에 대해 '유有'를 유라고 알고, '무無'를 무라고 알며 '위가 있는 것(有上)'을 '위가 있는 것'이라고 알고, '위가 없는 것(無上)'은 '위가 없는 것'이라고 아니, 이와 같은 종류를 일컬어 '세간과 공유하지 않는 청정한 현량(不共世間清淨現量)'이라고 이름한다.[407]

『현양성교론』 제11권에서도 또한 이와 같이 설한다.
『유가사지론』의 설명에 따르면, 무루가 아니기 때문에 '세간'이라고 이름하고, 현량이 아니기 때문에 또한 '세간'이라 설하기도 한다.

(문) 그렇다면 어떤 것을 현량의 성질이라 하는가?

(답) 대당 삼장의 설명에 따르면, 육식六識은 또한 모두 현량이 아니고, 산란된 지위의 오식五識과 동시의식同時意識(오식과 함께 일어난 의식)은 또한 현량이 아니다.[408] 선정의 마음(定心)은 모두 현량에 속하니, 진나陳那 논

---

405 의근意根에 의지하여 발생한 의식意識은 언어를 매개로 하여 대상의 보편상을 분별한다. 그런데 의근이 현재의 경계 자체를 직감적으로 받아들이는 경우는 '의수현량意受現量'이라 하며, 이것도 현량의 자체상에 해당한다.
406 이것은 별도의 현량이 아니라 이전의 색근현량과 의수현량 두 가지를 총칭해서 '세간현량'이라고 이름한 것이다.
407 『瑜伽師地論』 권15(T30, 357c19).
408 이나바 : 大唐三藏說, 六識皆亦非現見,* 散亂分位五識, 及同時意識, 亦非現見.* 定心皆攝現見. 관공 : 答. 玄奘阿闍黎說, 前五根識, 皆是現量. 散心位時, 五俱意識, 及第一刹那意識, 亦是現量. 定中獨頭意識, 唯是現量所攝云.〔* 見은 量이다.〕

사의 『집량론集量論』에서는 '선정의 마음은 모두 현량이다'라고 설하기 때문이다.

瑜伽論第十五卷。依止正現見[1]相。名世間現量。故彼論云。問。如是現量。誰所有耶。答。略說四種所有。一色根現量。二意受現量。三世間現量。四清淨現量。色根現量者。謂五色根所行境界。如先所說現量體相。意受現量者。謂諸意根所行境界。如先所說現量體相。世間現量者。謂卽二種總說。爲一世間現量。淸淨現量者。謂諸所有世間現量。亦得名爲淸淨現量。或有淸淨現量。非世間現量。謂出世智於所行境。有知爲有。無知爲無。有上知有上。無上知無上。如是等類。名不共世間淸淨現量。顯揚論第十一卷。亦如是說。依瑜伽說。非無漏故。亦名世間。非現見*故。亦說世間。若爾。何等爲現見*性。大唐三藏說。六識皆亦非現見。* 散亂分位五識。及同時意識。亦非現見。* 定心皆攝現見。* 陳那論師集量論說。定心皆現量故。

1) ㉯ '見'은 '量'인 듯하다. 이하 동일.

다 결론

　　두 판본의 밑줄 친 부분의 의미가 상반된다. 이나바의 복원문에 따르면, 여섯 가지 식識은 모두 현량이 아니니, 즉 산란된 지위의 오식五識 및 동시의식同時意識(五俱意識)이 또한 현량이 아니다. 관공의 환역에 따르면, 전前오식은 모두 현량이고, 산란된 지위의 오구의식五俱意識 및 첫 번째 찰나의 의식은 또한 현량이다. 관공의 환역은 현량의 일반적 정의와 일치하고, 이나바의 환역은 그 정의와는 어긋난다. 그런데 관공의 환역이 바르다고 확정할 수 없다. 전후 문맥상, 대당 삼장의 해석은 직전의 질문과 연결된다. 질문한 뜻을 살펴보면, 〈무루無漏가 아닌 것을 '세간(현량)'이라 하고 현량現量이 아닌 것을 '세간(현량)'이라 했다면, 도대체 어떤 것을 현량의 본성이라 말하는가.〉라는 것이다. 이에 대한 현장의 대답은 일반적인 현량의 정의와는 다른 내용이었을 수도 있다. 말하자면 산위散位의 오식 및 오구의식 등은 현량으로 간주되지만, 엄밀하게 말하면 오직 정위定位의 마음만 현량에 속한다고 답했을 수도 있다. 따라서 이나바의 복원문을 그대로 보존하였다.

경 이와 같은 종류를 일컬어 '현견으로 획득된 상'이라고 한다.

如是等類。是名現見所得相。

석 이것은 세 번째로 결론에 해당한다. 이미 해석을 끝냈다.

釋曰。是卽第三結。已釋訖。

2 의지현견소득상依止現見所得相

가 간략히 설함

경 현견으로 획득된 것에 의지하는 상이란

依止現見所得相者。

석 이하는 두 번째로 현견으로 획득된 것에 의지하는 상을 해석한 것이다. 이 중에 세 가지가 있다. 처음은 간략히 설한 것이고, 다음은 해석한 것이며, 마지막은 결론지은 것이다.
이것은 처음에 간략히 설한 것이다. 말하자면 거친 무상(麤無常)에 의거해서 매우 미세한 찰나의 무상 등을 능히 나타낸다는 것이다.[409]

---

[409] 가령 '모든 것은 무상하다'는 사실은, 꽃이 피고 지거나 사람이 태어나 늙어 죽는 것을 보면서 우리는 일정한 시기(一時)에 사물들의 무상성을 직접 경험함으로써 알게 된다. 이와 같은 사물의 무상성을 '거친 무상(麤無常)'이라 하는데, 이것은 '현견으로 획득된 상(現見所得相)'이다. 한편, 가령 '모든 것은 찰나멸한다'고 할 때, 이처럼 극히 미세한 찰나적 무상함(刹那無常)은 우리에게 직접 인식되는 것은 아니다. 그러나 거친 무상함이 직접 목격된다는 사실로부터 우리는 극히 미세한 찰나의 무상함도 반드시

釋曰。自下第二釋依止現見所得相。於中有三。初略說。次釋。後結。此卽
初略說。謂依俄無常。能顯甚細刹那無常等。

나 해석

ⓐ 현견으로 획득된 것에 의지하는 세 가지 성질을 밝힘

경 말하자면 일체행이 모두 찰나의 성질이고, 타세에도 존재하는 성질이며,[410] 청정한 업과 부정한 업의 상실되지 않는 성질이다.

謂一切行皆刹那性。他世有性。淨不淨業無失壞性。

석 이것은 두 번째로 해석에 해당한다. 이 중에 세 가지가 있다. 처음에는 '현견으로 획득된 것(現見所得)'에 의지하는 세 가지 성질을 밝힌 것이다. 다음의 "그것은(由彼)" 이하는 (그 세 가지 성질을) 획득할 수 있는 이유(因)가 있음을 밝힌 것이다. 마지막의 "이런 인연으로 말미암아" 이하는 도리에 의거해서 미세한 성질(細性)을 추리함을 밝힌 것이다.[411]

이것은 처음에 해당한다. 말하자면 현견으로 획득된 것에 의지하는 상

있다는 것을 추리해서 안다. 이와 같이 '현견으로 획득된 상'에 의거해서 추리되는 상을 일컬어 '현견으로 획득된 것에 의지하는 상(依止現見所得相)'이라 한다.
410 현재는 다른 세(他世)의 일들을 직접 목격할 수 없지만, 기존의 경험된 사실에 의거해서 '다른 세에도 업 갖가지 고락의 과보가 있음'을 추리해 볼 수 있다는 것이다.
411 이나바: 後由此因緣下, 明決定能成. 관공: 三由此因緣以下, 示由正理門, 比知極細. 이나바의 복원문에 오류가 있는 듯하다. "이런 인연으로 말미암아……" 이하에서는 '결정적으로 능히 성립함을 밝힌다(明決定能成)'고 하였는데, 이 말의 의미가 분명하지 않다. 뒤의 해당 경문하에서는 "세 번째는 도리에 의거해서 미세한 성질을 추리함을 밝힌 것이다.(第三明依道理比度細性)"라고 하였는데, 이는 관공의 환역과 일치한다. 따라서 여기서도 '明決定能成'을 '明依道理比度細性'으로 수정하였다.

에는 본래 세 종류가 있으니, 즉 일체행이 모두 찰나의 성질이고, 다른 세에도 존재하는 성질이며, 청정한 업과 부정한 업이 상실되지 않는 성질이라는 것이다.

이 경문의 뜻을 설하자면, 거친 무상 등으로 말미암아 이 세 가지 성질이 있음을 추리할 수 있다는 것이다.

釋曰。此卽第二釋也。於中有三。初明依止現見所得三性。次由彼下。明可得有因。後由此因緣下。明決定能成。[1] 此卽初也。謂於依止現見所得。自有三種。卽一切行。皆刹那性。他世有性。淨不淨業無失壞性。此中意說。由麁無常等。可爲比度有此三性。

---
1) ㉾ '明決定能成'은 오역인 듯하다. 해당 번역문 역주 참조.

b 획득할 수 있는 이유(因)를 밝힘

㉠ 찰나성刹那性의 이유

경 저 '능의能依의 거친 무상성'[412]을 현재 획득할 수 있기 때문이고,

由彼能依麁無常性。現可得故。

석 두 번째는 획득할 수 있는 이유가 있음을 밝힌 것이다. 이 중에서 세 가지 이유를 설하였으므로 세 종류로 나뉜다.

---

412 가령 일정한 시기(一期)의 나고 죽음 등과 같은 '거친 무상성(麁無常性)'은 반드시 '극히 미세한 찰나의 무상성(極細刹那無常性)'에 의지하고 있다. 거친 무상성이 '능히 의지하는 자(能依)'라면 미세한 찰나의 무상성은 '의지가 되는 것(所依)'에 해당한다. 따라서 '능의能依의 거친 무상성'이라 이름하였다. 『瑜伽論記』 권21(T42, 788c8) 참조.

이것은 처음에 해당한다. 말하자면 저 능의能依의 거친 무상성을 현재 획득할 수 있기 때문에, 결정코 '저 찰나 생멸을 갖춘 미세한 무상의 의미가 있다'고 추리할 수 있다. 이것은 곧 현량現量(직접 지각) 및 비량比量(추리)에 의해 생겨날 수 있다.[413]

釋曰。第二明可得有因。於中。依說三因。開爲三種。此卽初也。謂由彼能依麤無常性。現可得故。決定比度有彼具刹那生滅細無常義。是卽依現量及比量得生。

④ 타세유성他世有性의 이유

경 모든 유정들의 갖가지 차별이 종종의 업에 의지하는 것을 현재 획득할 수 있기 때문이며,

由諸有情種種差別。依種種業。現可得故。

석 두 번째는 '거친 고(麤苦)'에 의거해서 획득할 수 있는 상을 밝힌 것이다. 말하자면 현재세에 종종의 고가 있는 것은 바로 이전 세의 종종의 업에 의한 것임을 현재 획득할 수 있기 때문에, 결정코 '미래세에도 또한 고과苦果가 있다'고 추리할 수 있다는 것이다.[414]

---

[413] 직접 지각(現量)을 통해 '거친 무상성'을 알고, 이처럼 직접 지각된 '거친 무상성'에 의거해서 추리(比量)로써 '미세한 찰나의 무상성'을 알게 된다. 따라서 찰나의 무상성은 현량 및 비량으로 알려진다고 하였다.
[414] 경문에서 '모든 유정들의 갖가지 차별은 종종의 업에 의지해서 현재 획득된다'고 한 것은, 말하자면 유정들의 갖가지 차별적 고과苦果는 이전 세(前世)의 종종 업에 의해 초래된 것으로 현재세에 획득된다는 것이다. 이러한 현재세의 '거친 고(麤苦)'를 직접 경험함에 의해서, 다시 그러한 업과가 '다른 세(미래세)에도 있을 것임(他世有性)'을 추

釋曰。第二明依麤苦可得相。謂於現在世。有種種苦。是卽依前世種種業。現可得故。決定比度於當來世。亦有苦果。

ㄷ 업무실괴성業無失壞性의 이유

경 모든 유정들의 낙이나 고가 정업·부정업이 근거(依止)로 삼는 것을 현재 획득할 수 있기 때문이다.

由諸有情若樂若苦。淨不淨業。以爲依止。現可得故。

석 세 번째는 '거친 무아(麤無我)'에 의거해서 '미세한 무아(細無我)'를 알 수 있음을 나타낸 것이다. 말하자면 모든 유정들이 현재의 낙이나 고를 향수하는 것은 선업·불선업이 근거가 된다는 것을 보고서, 정업과 부정업은 결정코 '과를 이끌어 내고 실괴함이 없다'는 것을 알고 (또 이로 인해) '낙이나 고를 향수하는 아我란 없다'는 것을 알 수 있다.[415]

釋曰。第三顯依麤無我細無我。謂見諸有情。享受現在若樂若苦。善不善業。以爲依止。以淨不淨業。決定知引生果無失壞。知無我享受若樂若苦。

ㄷ 도리에 의해 미세한 성질을 추리함을 밝힘

리해 볼 수 있다.
[415] 현재의 고·낙이 모두 자기가 지은 정업淨業·부정업不淨業에 근거한다는 것은 현재 직접 보고 들을 수 있는데, 이러한 관찰에 의거해서 다음과 같은 도리를 추리해 볼 수 있다. 〈업의 과보는 무너지지 않고 계속된다. 이 세계에는 이러한 업의 연쇄적 인과만이 있는 것이지, 고락의 과보를 수용하는 '아'가 별도로 존재하는 것은 아니다.〉 이와 같이 아는 것을 일컬어 '미세한 무아를 추리하여 안다'고 하였다.

경 이런 인연으로 말미암아 **현견**되지 않는 것을 추리할 수 있는 것이다.

由此因緣。於不現見。可爲此度。

석 세 번째는 도리에 의해 세밀한 성질을 추리함(比度)을 밝힌 것이다. 말하자면 이전에 설했던 것과 같은 세 종류 인연으로 말미암아, 곧 저 거친 무상성으로써 매우 미세하여 알기 어려운 사실을 추리할 수 있다는 것이다.

釋曰。第三明依道理比度細性。謂由前說此三因緣。以彼麁無常性。可爲比度甚細難見事。

대 총결

경 이와 같은 종류를 일컬어 '**현견**으로 획득된 것에 의지하는 상'이라고 이름한다.

如是等類。是名依止現見所得相。

석 세 번째는 총결지은 것이니, 알 수 있을 것이다.

釋曰。第三總結。可知。

3 자류비유소인상自類譬喩所引相

가 간략히 설함

경 자류의 실례(譬喩)⁴¹⁶로 인용되는 상이란,

自類譬喩所引相者。

석 이하는 세 번째로 자류의 실례로 (인용되는) 상을 설명한 것이다. 이 중에 세 종류로 구분된다. 처음은 간략히 설한 것이고, 다음은 해석한 것이며, 마지막은 결론지은 것이다.
이것은 첫 번째로 실례(譬喩)에 대해 간략히 설한 것이다.⁴¹⁷

釋曰。自下第三明自類譬喩相。於中。分爲三種。初略說。次釋。後結。此卽初略說同法¹⁾喩。

1) ㉚ '同法'을 '譬'로 수정해야 한다. 해당 번역문 역주 참조.

---

416 실례(譬喩) : 인명因明에서 '유喩'는 인因(이유명제)과 종법宗法(주장명제의 술부) 간의 변충遍充 관계를 나타낸다. 가령 〈언어(聲)는 무상無常하다.〉라는 주장(宗)을 성립시키기 위해, 〈만들어진 성질(所作性)이기 때문이다.〉라는 이유(因)를 제시할 수 있다. 동법유란 '인因이 있는 곳에 반드시 종법이 있다'고 하는 긍정적 변충관계를 예시해 주는 실례를 말한다. 예를 들면 〈마치 항아리처럼.〉이라는 동법의 실례를 인용함으로써 '만들어진 성질이 있는 곳에는 반드시 무상함도 있다'고 하는 긍정적 변충관계를 보여 준다. 따라서 경문에서 '비유譬喩'라고 한 것을 '실례'로 번역하였다. 이하도 동일하다.

417 이나바의 복원문은 '此卽初略說同法喩'로 되어 있는데, 뒤의 '同法喩'라는 3자는 오해의 소지가 있다. 이 '同法喩'라는 단어는 '동품의 실례(譬喩)', 다시 말하면 위의 경문 중의 "자류의 실례(自類譬喩)"와 같은 의미로 이해될 수도 있다. 따라서 이나바의 복원문에서 "처음은 동법유를 간략히 설한 것이다.(初略說同法喩)"라고 한 듯하다. 그러나 원측 소에서 '同法喩'는 특별히 경문의 과목을 분류하는 용어로 쓰인다. 가령 경문을 '法'과 '喩'와 '合(同法喩)'이라는 세 가지 단락으로 구분할 때, '법'이란 해석의 대상이 되는 교법을 나타낸 문구이고, '유란 그 법과 유사한 비유를 드는 문구이며, '합'이란 직전의 비유와 이전의 교법을 결합시키는 문구를 가리킨다. 원측 소에서는 '合'과 '同法喩'를 혼용해서 사용한다. 따라서 이나바의 복원문 '此卽初略說同法喩'를 '此卽初略說譬喩'로 수정하거나, 혹은 전례에 준할 때 '此卽略說', '此卽初也'라고 하는 것이 더 자연스럽다.

나 해석

a 무상無常을 예시하는 실례

경 말하자면 내외의 모든 행취行聚 중에서 세간에 공통으로 알려지고 획득된 바의 '생사'를 인용해서 실례로 삼거나,

謂於內外諸行聚中。引諸世間共所了知所得生死。以爲譬喻。

석 두 번째는 바로 해석한 것이다. 여기서는 네 종류로 구분된다. 첫째로 무상의 실례를 밝혔고, 둘째로 고의 실례를 밝혔으며, 셋째로 무아의 실례를 밝혔고, 넷째로 쇠함과 성함의 실례를 밝혔다.

이것은 첫 번째로 무상의 실례를 밝힌 것이다.

"내외"란 유정과 비非유정에 의해서 내적·외적인 실례를 밝힌 것이다. (말하자면) 내외의 두 무리(聚) 가운데서 세간에 공통으로 알려지고 획득된 바의 '생사' 등의 사실을 인용하여, '미세한 무상' 등의 실례를 설하였기 때문이다.

혹은 거친 것과 미세한 것을 구분하지 않고 총괄적 실례를 설해도 되니, (가령) 『현양성교론』 제20권에서 '생멸'을 말하고 '생사'를 말하지 않은 것과 같다.[418]

---

[418] '무상성無常性'을 예시하는 유사한 실례로서 가령 '생사生死'와 같은 실례는 세상 사람들이 공통적으로 경험하는 '거친 무상함'에 해당한다. 그런데 『顯揚聖教論』 권20(T31, 582b25)에서는 '생사'를 예로 들지 않고 '생멸'을 예로 들었다. 이러한 '생멸'이란 거칠게 드러난 것도 있지만 극히 미세한 찰나적인 것도 있다. 그 논에서 '생사'라고 하지 않고 '생멸'이라 한 것은, 거친 무상과 미세한 무상을 구분하지 않았기 때문이다.

釋曰。第二明¹⁾正釋。於中。分爲四種。一明無常喩。二苦喩。三無我喩。四衰盛喩。此卽初明無常喩。內外者。約有淸非有情。明外內²⁾喩。於內外二聚中。知³⁾諸世間共所了知所得生死等事。說細無常等譬喩故。或可不分麁細。說總譬喩。顯揚論第二十。言生滅不言生死。

1) ㉓ 원측 소의 전례에 준할 때, '明'은 잉자인 듯하다.　2) ㉓ 경문에 준할 때, '外內'는 '內外'의 도치인 듯하다.　3) ㉓ 경문에 준할 때, '知'는 '引'인 듯하다.

b 고苦를 예시하는 실례

경 세간에 공통적으로 알려지고 획득된 바의 '생生' 등 종종의 고苦의 상을 인용해서 실례로 삼거나,

引諸世間共所了知所得生等種種苦相。以爲譬喩。

석 두 번째로 '고'의 실례를 밝힌다. 말하자면 세간의 '생生' 등의 팔고八苦의 자성을 인용해서 '고'의 실례로 삼는다.⁴¹⁹

釋曰。第二明苦喩。謂引世間生等八苦自性。以爲苦喩。

c 무아無我를 예시하는 실례

---

419 '여덟 가지 고(八苦)'란 생·노·병·사 등의 네 가지 고통에다 다시 애별리고愛別離苦·원증회고怨憎會苦·구부득고求不得苦·오음치성고五陰熾盛苦 등을 더한 것이다. 이러한 '거친 고(麤苦)'는 세간에 공통적으로 알려진 것이고, 이것을 유사한 실례로 삼아서 '미세한 고(細苦)'를 증명할 수 있다. 여기서 증명되는 바의 '미세한 고'란, 이전의 '현견으로 획득된 것에 의지하는 상(依止現見所得相)'의 세 종류 중의 하나인 "타세유성他世有性"을 가리킨다. 말하자면 현재 경험되는 '거친 고'를 유사한 실례로 들어서, '다른 세에서의 고과苦果의 실재성'을 미루어 추리할 수 있다.

경 세간에 공통적으로 알려지고 획득된 바의 부자재한 상을 인용해서 실례로 삼거나,

引諸世間共所了知所得不自在相。以爲譬喩。

석 세 번째는 무아의 실례를 밝힌 것이다. 문장 그대로 알 수 있을 것이다.[420]

釋曰。第三明無我喩。已釋訖。[1)]

1) ㉠ '已釋訖'을 '如文可知'로 수정해야 한다. 해당 번역문 역주 참조.

d 쇠衰와 성盛을 예시하는 실례

경 또 다시 외부에서 모든 세간에 공통으로 알려지고 획득된 바의 쇠함과 성함을 인용해서 실례로 삼는다.

又復於外引諸世間共所了知所得衰盛。以爲譬喩。

석 네 번째는 쇠함과 성함의 실례를 밝힌 것이다.

釋曰。第四明衰盛喩。

---

420 이나바 : 已釋訖. 관공 : 文易了知.
  이나바의 복원문에 오류가 있는 듯하다. 실례(譬喩)에 대한 해석은 뒤의 경문에서도 계속 이어지기 때문에 이곳에 "이미 해석을 마쳤다.(已釋訖)"라는 문구는 부적절하다. 이곳에 아마도 문장을 이해하기 쉬워서 해석을 생략했음을 나타내는 문구가 있었던 듯하다. 관공의 환역에서 '文易了知'라 했는데, 원측 소에서는 흔히 '如文可知'라고 한다.

다 결론

경 이와 같은 종류들을 '자류의 실례로 인용되는 상'이라고 이름함을 알아야 한다.

如是等類。當知是名自類譬喩所引相。

석 세 번째는 결론이다. 이미 해석을 마쳤다.[421]

釋曰。第三結也。已釋訖。

4 원성실상圓成實相

가 간략히 설함

경 완전하게 진실을 성취한 상이란,

圓成實相者。

석 이하는 네 번째로 완전하게 진실을 성취한 상을 밝힌 것이다. 여기에는 세 가지가 있으니, 처음에 간략히 설하였고, 다음에 해석하였으며, 마지막에 결론지었다.
　이것은 처음에 해당한다.

---

421 이나바 : 已釋訖. 관공 : 文易了知.
　　이상으로 '자류비유소인상'에 대한 해석이 끝났으므로 이나바의 복원문도 무방하고, 해당 경문에 대한 별다른 해석이 없으므로 관공의 환역도 무방하다.

釋曰。自下第四明圓成實相。於中有三。初略說。次釋。後結。此即初也。

나 해석

경 말하자면 곧 이와 같이 '현견으로 획득되는 상'이나 '현견으로 획득된 것에 의지하는 상'이나 '자류의 실례로 인용되는 상'들이 '성립되어야 할 것'을 결정코 능히 성립시킨다면,

謂卽如是現見所得相。若依止現見所得相。若自類譬喩所得相。於所成立。決定能成。

석 두 번째는 '완전하게 진실을 성취한 상'을 바로 해석한 것이다.
말하자면 현견으로 획득되는 상 및 현견으로 획득된 것에 의지하는 상, 그 실례 등이 결정적으로 종의宗義(주장의 의미)를 능히 성립시키기 때문에 '완전하게 진실을 성취함(圓成實)'이라고 이름한 것이다.
『현양성교론』 제20권에서는 '성취상成就相'이라고 하였다.[422]

釋曰。第二正釋圓成實相。謂依現見所得。及[1]彼譬喩。決定能成立宗義故。名圓成實。顯揚論第二十。說成就相。

---
1) ㉠ 경문과 대조할 때, '及' 뒤에 '依止現見所得相'이 누락된 듯하다. 참고로 관공의 환역에는 이 문구가 있다.

다 결론

---
[422] 『顯揚聖敎論』 권20(T31, 582b16~c22)에서는 "五種淸淨相者。一現量所得相。二依止現量所得相。三引自類譬喩相。四成就相。五善淸淨言敎相……卽現量所得相。及引自類譬喩相。此二於所成立一向決定故。當知卽名成就相。"이라고 하였다.

경 이것을 '완전하게 진실을 성취하는 상'이라고 이름함을 알아야 한다.

當知。是名圓成實相。

석 세 번째는 결론이다. 이미 해석을 마쳤다.[423]

釋曰。第三結也。已釋訖。

5 선청정언교상善淸淨言敎相

가 간략히 설함

경 아주 청정한 언교로 설해진 상이란,

善淸淨言敎相者。

석 이하는 다섯 번째로 '아주 청정한 언교로 설해진 상'을 밝힌 것이다. 여기에는 세 가지가 있으니, 처음은 간략히 설하였고, 다음은 해석이며, 마지막은 결론이다.
이것은 처음에 해당한다.

釋曰。自下第五明善淸淨言敎相。於中有三。初略說。次釋。後結。此卽初也。

---

[423] 이나바 : 已釋訖. 관공 : 文易了知.

나 해석

경 말하자면 일체지자에 의해 설해진 것으로서, 예를 들면 '열반은 궁극적으로 적정하다'라고 말한 것과 같다.

謂一切智者之所宣說。如言涅槃究竟寂靜。

석 두 번째는 해석이다.

釋曰。第二釋也。

다 결론

경 이와 같은 종류를 '아주 청정한 언교로 설해진 상'이라고 이름함을 알아야 한다.

如是等類。當知。是名善淸淨言敎相。

석 세 번째는 결론이다.

釋曰。第三結也。

三 총괄적 결론

경 선남자여, 그러므로 이 다섯 종류 상으로 말미암아 '청정한 도리를 잘 관찰한다'라고 이름한다. 청정한 것이기 때문에 마땅히 수습해야 한다.

善男子。是故由此五種相故。名善觀察淸淨道理。由淸淨故。應可修習。

[석] 세 번째는 총괄적 결론이다.

釋曰。第三總結。

[ㄴ] 숨겨진 비난을 거듭 해석함

[ㄱ] 질문

[경] 만수실리보살이 다시 부처님께 여쭈었다. "세존이시여, 일체지의 상은 몇 종류가 있다고 알아야 합니까?"

曼殊實利菩薩。復白佛言。世尊。一切智相者。當知有幾種。

[석] 이하는 두 번째로 숨겨진 비난(伏難)을 거듭 해석한 것이다. 말하자면 앞에서 다섯 번째로 '아주 청정한 언교의 상'을 밝힐 때 설했던 바의 "일체지자에 의해 설해진 것"이라 했는데, 아직 일체지一切智의 상에 몇 종류가 있는지 알지 못하기 때문에 지금 다시 거듭 설한 것이다.
이 중에 두 가지가 있으니, 첫째는 질문이고 둘째는 대답이다.
이것은 첫 번째로 일체지의 상에 대해 물은 것이다.

釋曰。自下第二重釋伏難。謂於上第五明善淸淨言教相時。所說一切智者之所宣說者。未了一切智相有幾種故。今復重說。於中有二。一問。二答。此卽初問一切智相。

■문 지금 (위의 경문에서) '일체지'에 대해 물었는데, 그 밖의 곳에서 설했던 일체종지一切種智와는 어떤 차별이 있는가?

■답 이 지역의 스님들의 (상전相傳하는) 해석에 따르면, 진여라는 소연에서 (생한) 지(眞如所緣智)를 '일체종지'라고 하고, 세속에 의지하는 지(依止世俗智)를 '일체지'라고 한다.[424] 진제의 『금광명기』에서 말한다.〈대승종에 의하면 공성을 소연으로 하는 지(空性所緣智)를 '일체종지'라고 이름하고, 소연을 완전하게 다 아는 것을 곧 '일체지一切智'라고 한다.[425] 소승에서 인정하는 의미는 앞의 모습과는 정반대임을 알아야 한다.[426]〉

또 『금광명경』 제1권에서 말한다.

일체종지는 근본이고
무량한 공덕으로 장엄된 것이네.[427]

진제의 『금광명기』에서 말한다.

---

[424] 이나바 : 眞如所緣智, 卽名一切種智. 世俗依止智, 卽名爲一切智. 관공 : 凡是緣眞如之智, 皆名一切智, 凡是緣世俗之智, 卽名一切種智云.
　　두 판본의 내용이 상반된다. 이나바의 복원문에 따르면, 이 지역의 논사들은 예로부터 진여를 반연하는 지智는 '일체종지'이고 세속을 반연하는 지는 '일체지'라고 해석하였다. 관공의 환역은 그와는 상반된다. 그런데 위와 같은 진술의 전거로서 인용되는 진제의 『金光明記』에서는 "공성을 소연으로 하는 지를 일체종지라고 이름한다.……"라고 하였다. 이에 준할 때, 이나바의 환역이 바른 듯하다.
[425] 이나바 : 具知所緣, 卽名爲一切智. 관공 : 緣心等之智, 卽名一切智.
　　두 판본의 밑줄 친 문구가 다르다. 어쨌든, 그것은 대승종大乘宗의 일체지一切智를 설명한 것이다. 대승종에 따르면, 세속의 사事들을 모두 다 자세히 아는 지혜를 일체지라고 한다. 이런 맥락에서, 이나바의 '具知所緣'이라는 문구를 "소연所緣을 완전히 아는 것"이라 번역하였다.
[426] 『俱舍論記』 권27(T41, 407a17)에 따르면, 소승小乘에서는 일체지一切智란 진리 자체를 증득한 지智를 말하고, 일체종지一切種智란 세속적 사(俗事)에 통달한 지를 말한다. 이는 대승의 정의와는 상반된다.
[427] 『金光明經』 권1(T16, 335b15).

"일체종지는 근본이고"라고 한 것은 앞서 지智가 생함을 밝힌 것이다. "무량한 공덕으로 장엄된 것이네."라고 한 것은 공덕이 생함을 밝힌 것이다.

'일체종지'란 공성空性의 혜慧로서, 공성의 혜에 의지해서 생한 지智이기 때문에 '종種'이라 한다. '일체'란 상응하는 지智이고 (이러한) '지'가 차별되어 또한 같지 않기 때문에 '일체'라고 한 것이다.[428]

소승종에 의하면, (일체종지란) '일체는 공성임을 아는 것(知一切空性)'이라고 설한다.[429] '공'은 일체의 근본根本이고 '일체'란 공의 지분支分이니, 근본은 불가득이기 때문에, 공의 지분과 상응하는 지知를 일컬어 '일체종'이라 한 것이다.[430] 지智는 지知와 상응하는데, 상응하는 지知의

---

428 이나바 : 言一切者, 與智相應……. 관공 : 言一切者, 是指相應之智…….
　　밑줄 친 문구가 조금 다르지만 공성의 지혜와 상응하는 모든 지智를 가리킨다는 점에서 의미상 차이는 없다. 이것은 '일체종지'라는 이름 중의 '일체'에 대해 설명한 것이다. '일체'란 상응하는 지智를 수식하는 말이고, 그 지의 차별이 여러 가지로 부동하기 때문에 '일체'라고 총칭했다는 것이다. 이런 맥락에서, 이나바의 '與智相應'을 '是相應智'로 수정하였다.

429 이나바 : 知一切空性. 관공 : 一切空性智.
　　이것은 소승종에서 말하는 '일체종지'를 설명한 문구다. 이나바의 복원문에 따르면, "일체가 공성이라고 아는 것"을 '일체종지'라고 말한다. 한편, 관공은 이것을 '一切空性智'라고 하였는데, 소승의 경론에서 이와 같은 명칭은 사용된 용례가 없기 때문에 취하지 않았다.

430 이나바 : 空者, 一切根本, 一切者, 空支分. 根本不可得故, 空支分相應知, 名一切種.
　　관공 : 其中空者, 是一切之根本. 言一切者, 是空之支分. 由於不是從根本得, 故於空立一切種名.
　　두 판본의 밑줄 친 문구의 의미가 상반된다. 우선, 관공의 환역에 따르면, '空'을 '一切種'이라 이름한 것이다. 이에 따르면, 일체종지란 '공성 자체를 반연하는 지(緣空性智)'에 해당한다. 그러나 이것은 진제의 기기 등에서 설했던 소승의 관점과는 다소 어긋난다. 진제에 따르면, 소승종에서는 세속의 일체법을 통달하는 지를 '일체종지'라 하고, 공성의 자체를 반연하는 지를 '일체지'라고 하며, 이는 대승종과는 상반된다. 한편, 이나바의 복원문에 따르면, 根本의 空은 不可得이기 때문에 그것에 대해 '안다(知)'고 말할 수 없다. 다만, 空의 支分을 '一切'라고 하고, 空의 支分에 해당하는 '一切와 상응하는 앎(知)'을 일컬어 '一切種'이라 한 것이다. 진제의 해석에 따르면, '일체가 공성임을 아는 것(知一切空性)'을 일컬어 일체종지라고 한다.

갖가지 상이 같지 않기 때문이다.[431]

問。今問一切智。於所餘說一切種智。有何差別。答。此地諸師釋說。眞如所緣智。卽名一切種智。世俗依止智。卽名爲一切智。眞諦金光明記云。依大乘宗。空性所緣智。卽名一切種智。具知所緣。卽名爲一切智。小乘所許義。應知違逆上相。又金光明經第一云。一切種智。而爲根本。無量功德之所莊嚴。眞諦記云。一切種智而爲根本者。明前智生。無量功德之所莊嚴者。明功德生。一切種智者。空性慧。依空性慧生智。故名爲種。言一切者。與智相應。而智差別。亦不同故。說爲一切。依小乘宗。說知一切空性。空者一切根本。一切者空支分。根本不可得故。空支分相應知。[1)] 名一切種。智與知相應。相應知中。種種相不同故。

---

1) ㉘ '支分相應知' 5자는 이나바 쇼쥬가 보완한 문구인 듯하다.

지금 지智에 두 종류(일체종지와 일체지)가 있다고 설하기는 했어도, 여러 설들이 각기 다르다.

독자부의 설에 따르면, '보특가라가 일체법을 아는 것'을 일체지라고 이름한다. 그러므로 『구사론』 중의 「파아품」에서 말한다.

(독자부:) 만약 '보특가라의 아체我體는 실유한다'고 별도로 건립하지 않는다면, 세존은 마땅히 일체지一切智가 아닐 것이다. 심과 심소는 능히 일체법을 알 수 없으니, 찰나찰나 달라지며 생멸하기 때문이다.[432]

---

431 이것은 '지智' 앞에 '일체종一切種'이라는 수식어가 붙은 이유를 설명한 것이다.
432 이는 독자부의 힐난을 진술한 것이다. 독자부에 따르면, 세존을 '일체지자一切智者'라고 할 때 '일체를 아는 주체'로서 보특가라의 아체我體가 있어야 한다. 만약 '아'는 없고 단지 심법·심소법만으로 안다고 한다면, 그 심·심소는 찰나생멸하면서 전후가 달라지고, 그것들의 인식도 또한 찰나생멸하면서 전후로 달라지기 때문이다. 따라서 독자부는 '일체를 아는 주체'로서의 '아'를 상정해야 한다고 말한다. 『俱舍論』 권29(T41,

유부종에 의하면 '상속相續(상속하는 오온)'에 의거해서 '일체지자一切智者'라고 설한 것이지, 아의 체가 있는 것은 아니다.[433] 따라서 『구사론』에서는 말한다.

(설일체유부:) 우리들은 '부처님께서 일체를 능히 단박에 두루 알 수 있기 때문에 일체지자一切智者라고 이름한다'고는 말하지 않았다.〔이 설에 의하면, 독자부는 '아我 등을 일체지자라고 이름힌다'고 말한 것이지, '아가 안다(我知)'고 말한 것은 아니다.〕 다만 상속相續하는 (온蘊에) 감당할 공능이 있기 때문에 (그렇게 말한 것이다.) 말하자면 '불佛'이라는 이름을 획득한 이는 '모든 온들의 상속'[434]에서 이와 같이 수승한 감당하는 공능을 성취하여, 문득 작의作意할 때 알고 싶어 하는 경계에서 전도 없는 지智가 일어나기 때문에 '일체지'라고 이름하였지, 일념에 능히 단박 (일체를) 두루 알 수 있다는 것은 아니다. 따라서 이에 대해 다음과 같은 게송이 있다.

상속하는 (오온)에 공능이 있기 때문에
마치 불이 일체를 삼키는 것 같으니,
이와 같은 일체지가
단박에 두루 알기 때문이 아니라네.

(독자부) '상속'에 의거해서 '일체법을 안다'고 설할 뿐 '아가 두루 아

443c5) 참조.
433 이하의 『俱舍論』의 인용문은 이전에 진술된 독자부의 힐난에 대해 유부有部가 반박한 것이다. 유부에 따르면, '상속相續'이란 한 개인을 구성하는 오온五蘊이 일정 기간 상속하는 것을 말하며, '아我'라는 실체를 상정하지 않고도 이러한 '오온의 상속'에 의거해서 '일체지자'의 의미를 설명할 수 있다.
434 '모든 온들의 상속'이란 부처님의 몸을 이루는 오온이 여러 찰나에 걸쳐(多時) 상속하는 것을 말한다.

는 것'은 아니라는 것을 어떻게 알 수 있는가?

(논주) 불세존은 삼세에 있다고 설하기 때문이다.

(독자부) 이는 어디에서 설한 것인가?

(논주) 예를 들면 어떤 게송에서 말한다.

과거의 모든 부처님과
미래의 모든 부처님과
현재의 모든 부처님은
모두 중생의 근심을 멸하시네.[435]

그대의 종(독자부)에서는 '오직 온蘊만이 삼세에 있고 삭취취數取趣는 그렇지 않다'고 인정한다.[436] 따라서 결정코 마땅히 이와 같이 ('상속에 의거해서 안다'고) 해야 한다.[437]

문 유부종에 의하면 '일체지'란 진실지眞實智(勝義智)와 세속지世俗智 중에 어떤 지에 의거해서 말한 것인가?

---

[435] 논주는 '단박에 두루 일체를 아는 것을 일체지라고 한다'는 주장을 반박하기 위해 예를 들어 경에서 '삼세의 각기 다른 부처님들이 존재하면서 중생의 근심을 멸하신다'는 게송을 인용하였다. 논주에 따르면, '단박에 두루 일체를 안다'면 삼세의 부처님들이 각기 존재하면서 중생의 근심을 멸하실 필요는 없을 것이다. 따라서 '일체지자'라는 말은 상속하는 오온에 의거해서 설한 것이지, 일체를 단박에 아는 '아의 체' 같은 것은 없다는 것이다.

[436] '삭취취數取趣'란 자주 왕래하며 모든 취趣를 취하는 것을 말하며, 흔히 '보특가라補特伽羅'라고 음역한다. 독자부에서는 오온만이 삼세에 실유하고, 가령 삭취취數取趣(我體)와 같은 것은 불가설법장不可說法藏에 속한다고 한다. 이 부파에서는 이른바 과거·현재·미래의 삼세법장三世法藏과 무위법장無爲法藏과 불가설법장을 세운다. 이 중에 다섯 번째 불가설법장이란 가령 '아我'와 같은 것을 말하며, 이는 유위의 삼세에 속한다거나 혹은 무위의 비세非世에 속한다고 말할 수 없으므로 '불가설'이라 한다. 『俱舍論記』 권29(T41, 440c8) 참조.

[437] 『俱舍論』 권29(T29, 155a5).

답 진실(승의)과 세속 양자의 소연에서 설하였기 때문에 '일체지'라고 이름한 것이다.[438] 그렇지 않으면, 이승二乘을 또한 '일체지'라고 이름해야 하기 때문이다.

경부종[439] 및 『구사론』 제27권에서는 지에 네 종류가 있다고 하였다. 첫째는 무사지無師智이고, 둘째는 일체지一切智이며, 셋째는 일체종지一切種智이고, 넷째는 무공용지無功用智이다.[440]

만약 따로 해석할 경우 이에 어떤 차별이 있는가. 한편에서는 말한다. 〈'일체지'란 승의勝義를 소연으로 삼는 지이고, '일체종지'란 사事를 소연으로 삼는 지이다.〉

대중부와 일설부와 계윤부는 다음과 같이 말한다.[441] "한 찰나의 마음으로 일체의 법을 알고, 한 찰나의 마음과 상응하는 반야로 일체의 법을 알며, 진지盡智와 무생지無生智가 항상 수전함을 알아야 한다."[442] 예를 들어 『이부종륜론』에서 설한 것과 같다.

今雖說智有二種。諸說各別不同。犢子部說。補特伽羅知一切法。名一切智。是故俱舍論中破我品云。若不別立補特伽羅我體實有。世尊應非一切

---

438 진실(승의)과 세속의 두 가지 소연경계를 모두 아는 지智를 '일체지一切智'라고 했다는 말이다.
439 이나바 : 經部宗, 及俱舍論二十七云……. 관공 : 契經言敎, 復次俱舍論中…….
 관공의 환역은 의미가 통하지 않고, 이나바의 복원문을 따랐다. 지금까지는 '일체지'를 자세히 해석하면서 대소승에서 말하는 일체지와 일체종지의 차이점을 논하였다. 이제는 '일체지'를 네 종류의 지로 구분하는 학설을 소개한 것으로, 경부종 및 『俱舍論』 중의 일부 논사의 학설인 듯하다.
440 『俱舍論』 권27(T29, 141b18) 참조.
441 이나바 : 大衆部, 一說部, 及雞胤部. 관공 : 大衆部, 及一說部, 慈氏部.
 밑줄 친 부분이 다르다. 이나바의 환역이 바르다. 『異部宗輪論』 권1(T49, 15b25)에 따르면, 대중부大衆部와 일설부一說部와 설출세부說出世部와 계윤부雞胤部 등 네 부파가 동일하게 설했다고 하였다.
442 『異部宗輪論』 권1(T49, 15c4).

智。無心心所能知一切法。利那利那異生滅故。依有部宗。許約相續。名一
切智者。非有我體。故俱舍云。我等不言佛於一切能頓遍知故名一切智者。
【若依此說。雖犢子部。說我等名一切智者。不說我知。】謂¹⁾約相續有堪能故。得²⁾
佛名。諸蘊相續。成就如是殊勝堪能。纔作意時。於所欲知境。無倒智起故。
名一切智。非於一念能頓遍知。故於此中有如是頌。由相續有能。如火食一
切。如是一切智。非由頓遍知。如何得知。約相續說。知一切法。非我遍知。
說佛世尊有三世故。於何處說。如有頌言。若過去諸佛。若未來諸佛。若
現在諸佛。皆滅衆生憂。汝宗唯許蘊有三世。非數取趣。故定應爾。問。依
有部宗。一切智者。於眞實及世俗智中。約何智說。答。於眞實及世俗兩者
所緣說。故名一切智。若不爾者。二乘亦當名一切智故。經部宗。及俱舍論
二十七云。智有四種。一無師智。二一切智。三一切種智。四無功用智。若
別釋者。於此等有何差別。一云。一切智者。勝義所緣。一切種智者。事所
緣智。大衆部。一說部。及雞胤部。作如是說。一刹那心了一切法。一刹那
心相應般若。知一切法。盡智。無生智。恒常隨轉。應知。如異部宗輪論說。

---
1) 廣『俱舍論』권29(T29, 155a6)에 '謂'가 '但'으로 되어 있다.　2) 廣『俱舍論』권29(T29, 155a6)에 '得' 앞에 '謂'가 있다.

이제 대승의 설에 의하면 각각의 설들이 다르다.
무성의『섭대승론석』제1권의 설명에 따르면, 이승은 일체지를 획득하여도 일체종지를 획득하지는 못한다. 따라서 그의 해석에서 말한다.

이와 같은 이교理教에 잘 통달하지 못하기 때문에 어떤 게송에서는 말한다.

저 상속에 감당할 공능이 있기 때문에
마치 불이 일체를 삼키는 것과 같음을 알라.

이와 같이 응당 일체지가 능히 일체를 짓고
일체를 안다고 인정해야 하네.

그러므로 이 아뢰야식에 대해 아는 자와 알지 못하는 자는 (각기) 일체지지一切智智를 증득하기가 쉽거나 증득하기가 어려운 것이다. 결정코 이 종宗에 의하면 다음과 같이 설한다. 〈'일체법은 무아다'라고 아는 것이 아니라면 '일체지'라고 이름한다. 그것은 일체지이라고는 해도 일체종지는 아니다.[443]〉[444]

자세하게 설하면 그 논과 같다.
이 설명에 따르면, '일체지'라는 것은 상이한 모습들(異相)의 일체법을 아는 (지智와) 알지 못하는 지를 포괄한다고 말해도 또한 어긋남이 없다.[445]
다시 이 설명에 따르면, '여래께서 한 찰나에 자성과 상응하는 법 등을 아신다'는 것을 인정한 것이니, 또한 대중부의 설과 거의 동일하다.[446] 차

---

443 이나바 : 非知一切法無我者, 名一切智. 彼雖一切智, 非一切種智. 관공 : 問. 非知一切法無我者, 名一切智耶. 答. 雖是一切智, 然非一切種智.
　　이나바의 복원문과는 달리 관공의 환역은 문답問答으로 되어 있다. 무성無性의 『攝大乘論釋』 권1(T31, 385c11)에 따르면, 이나바의 환역이 바르다. 그러나 문답으로 간주해도 전후 문장의 의미는 달라지지 않는다.
444 무성의 『攝大乘論釋』 권1(T31, 385c7).
445 이나바 : 若依此說, 一切智者, 說攝知不知異相一切法智, 亦無違逆. 관공 : 若依此釋, 則說一切智, 其相各異, 旣通達一切法. 又攝無分別智, 亦不相違.
　　두 판본의 문구가 많이 다르지만, 의미는 유사한 듯하다. 지금까지 '일체지'에 대한 여러 해석들을 검토해 본 결과, '일체지'라는 말에 포괄적 의미가 있다는 것이다. 말하자면 그것은 종종의 다른 모습들(異相)의 일체법을 아는 지智뿐만 아니라 또한 그러한 다른 모습들을 알지 못하는 지까지도 포괄한다. 여기서 '알지 못하는 지'라고 한 것은, 관공의 환역에 따르면, 무분별지無分別智를 가리킨다.
446 앞서 언급했듯, 대중부와 일설부와 계윤부 등은 일체지자一切智者에 대해 다음과 같이 말한다. "한 찰나의 마음으로 일체의 법을 알고, 한 찰나의 마음과 상응하는 반야

별이 있다면, 그 종에서는 사분四分의 뜻을 건립하지 않았다는 것이다.[447] 지금 『성유식론』에 '견見·상相을 제외하면 상相을 반연함이 없음' 등을 말할 수 있다고 하는 여러 학설이 있다.[448]

今依大乘說。各說不同。無性攝論釋第一卷說。雖二乘得一切智。非一切種智。故彼釋云。不善通達如是理教。故有頌言。由彼相續有堪能。當知如火食一切。如是應許一切智。能作一切知一切。是故於此阿賴耶識知不知者。易證難證一切智智。定依此宗。作如是說。非知一切法無我者。名一切智。彼雖一切智。非一切種智。廣說如彼。若依此說。一切智者。說攝知不知異相一切法智。亦無違逆。復依此說。許如來知。於一利那。自性相應法等。亦大同大衆部。有差別者。彼宗不立四分之義。今成唯識論。有若除見相無緣相等可說諸說。

로 일체의 법을 알며⋯⋯."
[447] 여래의 앎과 관련해서 대승의 유식종과 소승의 대중부의 학설은 대동소이하다. 다만, 유식종에서는 모든 앎을 '사분설四分說'로 설명한다는 점에서는 그 부파와 차이가 있다. '사분'이란 하나의 인식에 갖추어진 식의 네 가지 측면을 말한다. 우선 하나의 인식이 성립하려면 인식하는 작용(見分)과 인식되는 대상(相分) 간의 구분이 필요하고, 다시 그 대상을 인식한다는 사실을 스스로 알아차리는 작용이 있어야만 '무엇을 알았다'고 하는 것을 자각한다. 이처럼 인식 자체가 스스로의 앎을 확증하는 작용을 일컬어 자증분自證分이라 한다. 이것을 진나陳那의 삼분설三分說이라 한다. 그런데 다시 자증분의 작용을 한 번 더 확증 작용의 필요성을 인정하여 증자증분證自證分을 추가한 것이 호법護法의 사분설이다. 그는 자증분과 증자증분이 서로 확증하는 관계에 있기 때문에, 증자증분을 확증하는 더 이상의 무한 소급은 이루어지지 않는다고 보았다.
[448] 이나바: 今成唯識論。有若除見相無緣相等可說諸說. 관공: 此中是依成唯識論, 如此亦可說爲除見解外, 併無其他不同因由.
두 판본의 문구가 다르다. 이 문장은 일체지자一切智者인 여래如來의 앎(知)과 연관된 진술이다. 이나바의 복원문에서는 "지금 『成唯識論』에 '見相을 제외하면 相 등을 緣함이 없다고 말해도 된다'는 諸說이 있다."라고 하였다. 아마도 『成唯識論』에 '여래의 앎'에 대해 사분설四分說을 수용하는 대승의 여러 학설들에서 공통적으로 인정한 내용을 거론한 듯하다. 추측컨대, 여래의 앎도 하나의 인식인 한에서는 견분·상분의 인식 구조를 띠지만, '상을 반연함은 없다'고 하는 학설들이 있었다는 말인 듯하다. 한편, 관공의 환역은 전후 문맥상 의미가 명료하지 않기 때문에 취하지 않았다.

『대지도론』 제27권에는 두 논사의 학설이 있다. 한편에서는 '두 가지 지智에 차별이 없다'고 하고, 한편에서는 '차별이 있다'고 한다. 따라서 그 논에서는 말한다.

문 일체지와 일체종지는 어떤 차별이 있는가?

답 어떤 사람은 말한다. 〈차별이 없는데, 어떤 때는 일체지라고 하고 어떤 때는 일체종지라고 한다.〉 어떤 사람은 말한다. 〈총상總相을 아는 것은 일체지이고, 별상別相을 아는 것은 일체종지다. 인因은 일체지이고, 과果는 일체종지이다. 간략히 말하면 일체지라 하고, 자세히 말하면 일체종지라고 한다. 일체지란 일체법에서의 무명의 어둠을 총괄해서 깨뜨리는 것이고, 일체종지란 종종의 법문을 관하여 여러 무명들을 깨뜨리는 것이다.[449]〉……중간 생략……

다시 또 뒤의 품에서 부처님께서 스스로 설하시길, '일체지는 성문과 벽지불의 사事이고, 도지道智(도종지)는 보살의 사이며, 일체종지는 부처님의 사이다'라고 하셨다. 성문과 벽지불은 다만 총괄적인 일체지를 갖고 있지만 일체종지를 갖고 있지 않다. 다시 또 성문과 벽지불은 별상別相에 대해 분별이 있지만 모두 다 알지 못하기 때문에 총상總相을 (안다는 점에서 일체지라는) 이름을 받는다.[450] 부처님의 일체지와 일체종지는 다 진실한 것이지만, 성문과 벽지불의 (일체지 등은) 단지 이름만 있을 뿐이다.

---

449 이나바 : 一切智者, 總破一切法中無明闇. 一切種智者, 觀種種法門, 破諸無明. 관공 : 一切智者, 破於一切法普遍迷惑之無明. 一切種智者, 破於各種法分別尋思之無明.
　　위의 인용문은 『大智度論』 권27(T25, 259a2~4)에 해당하며, 이나바의 복원문과 일치한다. 이하의 환역에서도 상이점이 있지만, 모두 이나바의 복원문이 『大智度論』의 문장과 일치한다.

450 이나바 : 復次, 聲聞辟支佛, 雖於別相有分……. 관공 : 復次, 聲聞辟支佛, 雖於別相, 有分別尋思之行…….

🔷 일체지에 의해 알려지는 일체법이란 어떤 것인가?

🔶 십이입十二入(十二處)이다. 자세한 설명은 그 논과 같다.[451]

智度論第二十七。有二師說。一云。於二智無差別。一云。有差別。故彼論云。問曰。一切智。一切種智。有何差別。答曰。有人言。無差別。或時言一切智。或時言一切種智。有人言。總相是一切智。別相是一切種智。因是一切智。果是一切種智。略說一切智。廣說一切種智。一切智者。總破一切法中無明闇。一切種智者。觀種種法門。破諸無明。乃至廣說。復次後品中。佛自說。一切智是聲聞辟支佛事。道智是諸菩薩事。一切種智是佛事。聲聞辟支佛。但有總一切智。無有一切種智。復次。聲聞辟支佛。雖於別相有分。而不能盡知故。總相受名。佛一切智一切種智。皆是眞實。聲聞辟支佛。但有名字。問曰。何等是一切智所知一切法。答曰。十二入。廣說如彼。

다시 그 논에서는 말한다.

🔷 가령 부처님이 불도를 증득했을 때 도지道智로써 일체지와 일체종지를 구족할 수 있었는데, 지금은 어째서 '일체지로써 일체종지를 구족할 수 있다고 설하는가?[452]

🔶 부처님께서 도를 증득하셨을 때 도지로써 비록 일체지를 구족해서 획득하고 일체종지를 구족하였지만, 아직 일체종지를 쓰신 것은 아니다. 마치 대국의 왕이 즉위했을 때 경토境土의 보물 창고를 다 이미 획득하기는 했지만 다만 아직 열어서 쓰지 않은 것과 같다.

---

[451] 이상은 『大智度論』 권27(T25, 258c27), 같은 책 권27(T25, 259b20)의 일부 내용을 발췌한 것이다.
[452] 이나바: 今何以言, 以一切智得具足一切種智. 관공: 此中何故, 言具足一切智耶. 이나바의 복원문이 『大智度論』 권27(T25, 260b11)의 문구와 일치하고, 이를 따랐다.

경 "일체종지로 번뇌의 습기를 끊고자 한다면 마땅히 반야바라밀을 닦고 행해야 한다."

논 문 일심一心 중에서 일체지와 일체종지를 획득하여 일체의 번뇌의 습기를 끊는 것이라면, 지금 어째서 '일체지로써 구족해서 일체종지를 획득할 수 있고 일체종지로 번뇌의 습기를 끊는다'고 설하는가?

답 실은 일체를 일시에 획득하는 것이다. 이 경문에서는 사람들로 하여금 반야바라밀을 믿도록 하기 위해서 차례로 차별해서 설하였다. 중생들로 하여금 청정한 마음을 획득하게 하려고 했기 때문에 이와 같이 설한 것이다. 다시 또 일심 중에서 획득한다 해도 또한 처음과 중간과 마지막의 차례가 있는 것이니, 마치 일심에 세 가지 상이 있어서 생生은 주住의 인연이 되고 주는 멸滅의 인연이 되는 것과 같다.[453]

復次彼云。問曰。如佛得佛道時。以道智得具足一切智一切種智。今何以言。以一切智得具足一切種智。答曰。佛得道時。以道智雖具足得一切智。得具足一切種智。而未用一切種智。如大國王得位時。境土寶藏皆已得。但未開用。經曰。欲以一切種智斷煩惱習。當習行般若彼羅蜜。論曰。問曰。一心中得一切智一切種智。斷一切煩惱習。今云何言。以一切智具足得一切種智。以一切種智斷煩惱習。答曰。實一切一時得。此中爲令人信般若波羅蜜故。次第差別說。欲令衆生得淸淨心。是故如是說。復次。雖一心中得。亦有初中後次第。如一心有三相。生因緣住。住因緣滅。

『성유식론』에서 설한 것과는 서로 모순되니, 알 수 있을 것이다.

---

[453] 『大智度論』 권27(T25, 260b9).

『불지경』에서는 대원경지大圓鏡智[454]에 의거해서 일체지를 설명하는데, 일체의 시時에 일체의 법을 반연하기 때문에 (일체지라고 한다.) 구체적인 설명은 그 논과 같다.[455]

『유가사지론』 제38권에서는 '일체를 아는 지'이기 때문에 (일체지라고 한다.) 그러므로 그 논에서는 말한다.

일체의 계界와 일체의 사事와 일체의 품品과 일체의 시時에서 지智가 장애 없이 구르기 때문에 '일체지'라고 이름한 것이다.

'계'에는 두 종류가 있으니, 첫째는 세계이고 둘째는 유정계이다.

'사'에는 두 종류가 있으니, 첫째는 유위이고 둘째는 무위이다. 곧 이 유위와 무위의 두 종류 사의 한량없는 품들이 차별되므로 '일체의 품'이라고 한 것이다. 말하자면 자상自相들 상호 간에(展轉) 종류의 차별이 있기 때문이고, 공상共相들이 차별되기 때문이며, 인과가 차별되기 때문이고, 계와 취趣가 차별되기 때문이며, 선과 불선과 무기 등이 차별되기 때문이다.

'시'에는 세 종류가 있으니, 첫째는 과거이고 둘째는 미래이며 셋째는 현재이다.

곧 이와 같은 일체의 계와 일체의 사와 일체의 품과 일체의 시에 대해 여실하게 알기 때문에 '일체지'라고 이름한 것이다.[456]

---

454 대원경지大圓鏡智 : 깨달음을 이룬 자의 완전한 지혜가 마치 크고 원만한 거울이 온 세계를 두루 비추는 것과 같음을 비유한 것이다. 유식종에 의하면 전의轉依를 이루고 불과佛果를 획득했을 때 제8식과 제7식과 제6식과 전오식前五識이 각기 순서대로 대원경지大圓鏡智, 평등성지平等性智, 묘관찰지妙觀察智, 성소작지成所作智 등 네 종류 무루지無漏智로 전환된다고 한다.
455 자세한 것은 『佛地經論』 권3(T26, 302c12) 등 참조.
456 『瑜伽師地論』 권38(T30, 498c27).

『선계경』 제3권과 『지지경』 제3권에서도 또한 이와 같이 설한다.

지금 (설한 것은) 『대지도론』 제2권, 『증일아함경』 제46권과 『잡아함경』 제47권의 「방우품放牛品」[457]에서 열한 가지 법으로 일체지의 상을 설했던 것과 (같다.)

또 『대지도론』 제11권에서 '비둘기(鴿)가 극도의 오랜 시간을 거쳐서 성불할 수 있다'고 하는 등의 여러 설법을 설하는데, (이것도) 또한 일체지를 성취해서 본말에 대해 설할 수 있는 것이다.[458]

成唯識論。所說相違。可知。佛地論。約鏡智說一切智。於一切時。緣一切法故。其說如彼。瑜伽論第三十八說。於一切知智故。是故彼云。於一切界。一切事。一切品。一切時。智無礙轉。名一切智。界有二種。一者世界。二者有情界。事有二種。一者有爲。二者無爲。卽此有爲無爲二事無量品別。名一切品。謂自相展轉種類差別故。共相差別故。因果差別故。界趣差別故。善不善無記等差別故。時有三種。一過去。二未來。三現在。卽於如是一切界。一切事。一切品。一切時。如實知故。名一切智。善戒經第三。及地持經第三。亦如是說。今智度論第二。增一阿含第四十六。及雜阿含第四十七。放牛。以十一法。說一切智相。又智度論第十一說。鴿極長時。得成佛等諸說。亦成一切智可說本末。

三 대답

---

457 「방우품放牛品」: 『雜阿含經』 제47권과 『增一阿含經』 제46권 「放牛品」에 실려 있으며, 『放牛經』은 동본이역同本異譯의 별경別經이다.
458 이 논에 따르면, 부처님의 지혜에 비하면 가령 사리불 등은 일체지一切智가 아니다. 그러한 것을 보여 주는 하나의 사례로서 어떤 경전에 나온 일화를 들었다. 그에 따르면, 부처님의 지혜는 한 마리의 비둘기에 대해서도 극히 오랜 시간을 거치면서 과거와 현재와 미래에 일어나는 일들의 본말을 다 아신다. 자세한 것은 『大智度論』 권 11(T25, 138c18) 참조.

1 간략히 설함

경 부처님께서 만수실리보살에게 말씀하셨다. "선남자여, 대략 다섯 종류가 있다.

佛告曼殊室利菩薩曰。善男子。略有五種。

석 이하는 두 번째로 여래께서 바로 답하신 것이다. 이 중에 (세 가지가 있으니,) 처음은 간략히 설한 것이고, 다음은 해석한 것이며, 마지막은 결론지은 것이다.
이것은 처음에 총괄해서 개수를 표시하면서 간략히 답한 것이다.

釋曰。自下第二明如來正答。於中。初略說。次釋。後結。此卽初總標數略答。

2 해석

가 보문상普聞相

경 첫째, 만약 세간에 출현한다면, 일체지의 음성이 두루 들리지 않는 곳이 없다.

一者。若有出現世間。一切智聲。無不普聞。

석 두 번째는 차례로 해석한 것이다. 여기에서는 다섯 가지 상을 분별했으므로 해석에서도 다섯 종류로 나뉜다.

釋曰。第二次第釋。於中五相分別。於釋開爲五種。

이것은 첫 번째로 널리 들리는 모습을 밝힌 것이다. 따라서 『현양성교론』 제20권에서는 "만약 세간에 일체지자가 출현함이 있으면 바르고 진실한 성명聲名이 세계에 유포된다."[459]라고 하였다.

此卽初明普聞相。故顯揚論第二十云。若有出現世間一切智者。正實聲名。流布世界。

나 묘호대장부상妙好大丈夫相

경 둘째, 32종의 대장부의 상을 성취한다.

二者。成就三十二種大丈夫相。

석 두 번째는 오묘하고 잘 생긴 대장부의 상을 밝힌 것이다.
『대비바사론』 제177권에서는 말한다.

문 '상相'이란 어떤 의미인가?
답 '표치幖幟'라는 의미가 상의 의미고, '수승殊勝'의 의미가 상의 의미며, '상서祥瑞'의 의미가 상의 의미다.
문 어째서 대장부의 상은 오직 32종일 뿐 늘지도 않고 줄지도 않는가?
답 (어떤 이는 말한다.) 삼십이상三十二相으로 부처님 몸을 장엄하면

---

[459] 『顯揚聖教論』 권20(T31, 582c5).

세간에서 가장 수승하여 비할 바가 없다. 더 줄어들면 곧 모자람이 있게 되고, 더 늘면 또한 잡란되어서, 모두 수승하고 오묘한 것이 아니다. 따라서 (대장부의 상은) 오직 이만큼이라고 한 것이다. 마치 부처님의 설법은 늘거나 줄일 것이 없듯이, 부처님의 상도 이와 같아서 늘릴 만한 모자람은 없고 줄일 만한 과다함도 없기 때문이다.[460]

문 보살이 획득하는 삼십이상은 전륜왕의 상과는 어떤 차별이 있는가?

답 보살이 획득한 것에는 네 가지 사事의 뛰어남이 있으니, 첫째는 치성함, 둘째는 분명함, 셋째는 원만함, 넷째는 (상들이) 자리를 잘 잡음이다. 다시 다섯 가지 사의 뛰어남이 있으니, 첫째는 자리를 잘 잡았고, 둘째는 극히 단엄하며, 셋째는 문상文象이 깊고, 넷째는 뛰어난 지(勝智)에 수순하며, 다섯째는 이염離染에 수순하는 것이다.[461]

어째서 보살은 이런 상들로 몸을 장엄하는가?[462]
아뇩다라삼먁삼보리에 대해 '의지처인 법기(所依器)'를 짓고자 하였기 때문이다. 그 이유는 무엇인가. 수승한 공덕은 결정적으로 수승한 몸에 의지한다. 저 미래의 아뇩다라삼먁삼보리라는 대상(義)이 보살에게 말을 걸기를, "그대가 나로 하여금 몸 안에 존재하도록 하고자 한다면 먼저 너의 몸을 청정하고 수승해지도록 하고 여러 상호相好로써 그것을 장엄해야 한다. 그렇지 않으면 나도 또한 능히 그대의 몸에서 생겨날 수가

---

460 이상은 『大毘婆沙論』 권177(T27, 889a10) 이하의 내용을 발췌한 것이다.
461 이상은 『大毘婆沙論』 권177(T27, 889b24) 이하의 내용을 발췌한 것이다.
462 이 한 문장은 『大毘婆沙論』에 없다. 아마도 원측이 중간의 문장을 많이 생략하였기 때문에, 전후 문맥을 이어 주기 위해 임의로 보입한 듯하다. 이 문장을 제외하고 그 밖의 것은 모두 『大毘婆沙論』의 인용문이다.

없다."라고 한다. 비유하자면 어떤 사람이 왕녀王女를 아내로 맞이하여 집에 이르길 기다리고 있는데, 그녀가 비밀리에 사신을 보내면서 그에게 말하기를 '그대가 나로 하여금 집에 이르도록 하려면 먼저 지저분하고 더러운 것들을 씻어 내어 제거하고, 번개幡蓋[463]를 치고 향을 사르고 꽃을 뿌려서 갖가지로 장엄하면 내가 갈 수 있을 것이다. 그렇지 않으면 나 또한 그대의 집에 이를 수 없다'라고 하는 것과 같다. 그러므로 보살은 그 몸을 장엄하는 것이다.[464]

釋曰。第二明妙好大丈夫相。婆沙論百七十七云。問。相是何義。答。幖幟義是相義。殊勝義是相義。祥瑞義是相義。問。何故大丈夫相。唯三十二。不增不減耶。答。若三十二相。莊嚴佛身。則於世間最勝無比。若當減者。便爲闕少。若更增者。則亦雜亂。皆非殊妙。故唯爾所。如佛說法。不可增減。佛相亦爾。無減可增。無增可減故。問。菩薩所得三十二相。與輪王相。有何差別。答。菩薩所得有四事勝。一熾盛。二分明。三圓滿。四得處。復次。有五事勝。一得處。二極端嚴。三文象深。四隨順勝智。五隨順離染。何故菩薩以相。於身爲莊嚴耶。欲與阿耨多羅三藐三菩提。作所依器故。所以者何。殊勝功德。決定依止殊勝之身。彼未來阿耨多羅三藐三菩提義。語菩薩言。汝欲令我在身中者。先令汝身淸淨殊勝。以諸相好。而莊嚴之。若不爾者。我亦不能於汝身生。譬如有人。欲娉王女迎至室宅。彼密遣使。而語之言。汝欲令我至舍宅者。先應灑掃除去鄙穢。縣繒[1)]幡蓋。燒香散花。種種莊嚴。吾乃可往。若不爾者。我亦不能至汝舍宅。是故菩薩莊嚴其身。

---

1) ㉠『大毘婆沙論』권177(T27, 889b13)에 '繒'가 '繪'으로 되어 있다.

463 번개幡蓋 : 해나 비를 막기 위해 치는 산傘을 가리키는데, 나무껍질이나 잎사귀나 대나무 등을 엮어서 만든 번幡을 '번개'라고 한다.
464 이상은 『大毘婆沙論』 권177(T27, 889b4) 참조.

『대지도론』 제4권에서도 『대비바사론』과 거의 동일하게 설한다.

또 『대지도론』 제29권에서는 상의 비밀스런 의미를 설한다. 그 논에서는 말한다.

문 시방의 제불과 삼세의 제법은 모두 '무상無相'의 상相이다. 지금 어째서 삼십이상을 설하는가? 하나의 상도 오히려 실재가 아니거늘 어찌 하물며 32종인가?

답 불법에는 이제二諦가 있다. 첫째는 세제世諦이고, 둘째는 제일의제第一義諦이다. 세제를 따르기 때문에 삼십이상을 설한 것이고, 제일의 제를 따르기 때문에 '무상'이라 설한 것이다.

두 종류 도道가 있다. 첫째는 중생들로 하여금 복도福道를 닦게 하려는 것이고, 둘째는 혜도慧道를 (닦게 하려는 것이다.) 복도 때문에 삼십이상을 설한 것이고, 혜도 때문에 무상이라 설한 것이다.

생신生身 때문에 삼십이상을 설한 것이고, 법신法身 때문에 무상이라 설한 것이다. 불신佛身은 삼십이상과 팔십수형호八十隨形好[465]로써 스스로를 장엄하고, 법신은 십력十力·사무소외四無所畏·사무애지四無礙智·십팔불공법十八不共法 등 여러 공덕들로 장엄한다.

중생들은 두 종류 인연을 갖고 있다. 첫째는 복덕의 인연이고, 둘째는 지혜의 인연이다. 복덕의 인연을 가진 중생을 인도하려고 하였기 때문에 삼십이상을 지닌 몸을 쓴 것이고, 지혜의 인연을 가진 중생을 인도하려고 하였기 때문에 법신을 쓰는 것이다.

두 종류 중생이 있으니, 첫째는 제법이 가짜 이름(假名)임을 아는 자

---

[465] 팔십수형호八十隨形好 : 팔십종호八十種好 혹은 팔십수호八十隨好라고도 하며, 불보살의 몸에 구족되어 있는 수승한 용모 형상들 중에서 미세하고 은밀해서 알아보기 어려운 것을 뜻한다. 반면에 그 특징이 현저해서 알아보기 쉬운 것을 삼십이상三十二相이라 한다.

이고, 둘째는 이름(名字)에 집착하는 자이다. 이름에 집착하는 중생을 위해서 '무상'이라고 설하였고, 제법이 가짜 이름임을 아는 중생을 위해서 삼십이상을 설한 것이다.

다시 또 일체의 중생 가운데 가장 뛰어난 자(最勝)임을 나타내기 위해서 삼십이상을 나타내었지만, 무상의 법을 무너뜨리지 않는다.[466]

삼십이상에 대해 자세히 설명하자면, 예를 들어 '상'을 해석하는 중에 설한 것과 같으니, 알 수 있을 것이다.

智度論第四。大同婆沙。又智度論第二十九。說相密意。故彼論云。問曰。十方諸佛及三世諸法。皆無相相。今何以故。說三十二相。一相尙不實。何況三十二。答曰。佛法有二諦。一者世諦。二者第一義諦。世諦故。說三十二相。第一義諦故。說無相。有二種道。一者令衆生修福道。二者慧道。福道故。說三十二相。慧道故。說無相。爲生身故。說三十二相。爲法身故。說無相。佛身。以三十二相。八十隨形好。而自莊嚴。法身。以十力。四無所畏。四無礙智。十八不共法。諸功德莊嚴。衆生有二種因緣。一者福德因緣。二者智慧因緣。欲引導福德因緣衆生。故用三十二相身。欲以智慧因緣引導衆生。故用法身。有二種衆生。一者知諸法假名。二者著名字。爲著名字衆生。故說無相。爲知諸法假名衆生。故說三十二相。復次。爲一切衆生中顯最勝。故現三十二相。而不破無相法。廣說三十二相者。如釋相中說。可知。

다 구족십력상具足十力相

경 셋째, 십력을 구족하여 능히 모든 중생의 모든 의혹을 끊는다.

---

466 이상은 『大智度論』 권29(T25, 274a6~28) 참조.

三者。具足十力。能斷一切衆生一切疑惑。

석 세 번째는 십력十力⁴⁶⁷을 구족한 상을 밝힌 것이다.

釋曰。第三明具足十力相。

라 구족사무외상具足四無畏相

경 넷째, 사무소외를 구족하여 정법을 설하고, 일체의 다른 논에 굴복되지 않으면서 능히 일체의 삿된 논을 굴복시킨다.

四者。具足四無所畏。宣說正法。不爲一切他論所伏。而能摧伏一切邪論。

석 넷째는 사무외四無畏⁴⁶⁸를 구족한 상을 밝힌 것이다.

---

467 십력十力 : 부처님과 같이 실상을 터득한 '일체지자'에게 갖춰진 능력을 뜻하며, 부처님의 십팔불공법十八不共法 중의 열 가지에 해당하기도 한다. ① 어떤 것이 도리이고 도리가 아닌지 아는 힘(處非處智力), ② 업의 이숙에 대해 아는 힘(業異熟智力), ③ 정려와 해탈과 등지等持와 등지等至의 깊고 얕음에 대해 두루 아는 힘(靜慮解脫等持等至智力), ④ 모든 근의 우열을 아는 힘(根上下智力), ⑤ 중생들의 갖가지 승해를 아는 힘(種種勝解智力), ⑥ 갖가지 중생계를 아는 힘(種種界智力), ⑦ 모든 취에서 행이 도달하는 곳을 두루 아는 힘(遍趣行智力), ⑧ 과거세의 갖가지 일을 아는 힘(宿住隨念智力), ⑨ 태어날 곳과 죽을 곳을 아는 힘(死生智力), ⑩ 모든 번뇌가 다하여 여실하게 아는 힘(漏盡智力) 등이다.

468 사무외四無畏 : 불보살이 설법할 때 갖추는 '네 가지 두려움 없음'을 말한다. 첫째는 제법현등각무외諸法現等覺無畏이니, 제법에 대해 모두 깨달아 알아 정견에 머물면서 굽히지 않는 것을 말한다. 둘째는 일체누진지무외一切漏盡智無畏이니, 모든 번뇌를 끊어 없앴기 때문에 외도의 비난에 두려움이 없는 것이다. 셋째는 장법불허결정수기무외障法不虛決定授記無畏이니, 장애障礙의 법을 열어서 수행해서 어떤 비난에 부딪혀도 두려움이 없는 것이다. 넷째는 위증일체구족출도여성무외爲證一切具足出道如性無畏이니, 출리出離의 도를 설하면서 두려워하는 바가 없는 것이다.

이 경에서는 여래의 공덕을 46종으로 간략히 설하였고,『유가사지론』 제38권에서는 여래의 공덕을 140종으로 설하였으며,『무상의경』제2권에서는 여래의 공덕을 180종으로 설하였다. 구체적인 것은 '상'을 해석하는 중에 설한 것과 같으니, 알 수 있을 것이다.

釋曰。第四明具足四無畏相。此經略說如來功德四十六種。瑜伽論第三十八。說如來功德百四十種。無上依經第二。說功德百八十種。具如釋相中說。可知。

마 도과가득상道果可得相

경 다섯째, 선설법・비내야 안에서 팔지성도와 네 가지 사문과 등은 모두 현재 획득될 수 있는 것이다.

五者。於善說法毘柰耶中。八支聖道。四沙門等。皆現可得。

석 다섯 번째는 도과로서 획득될 수 있는 상을 밝힌 것이다. 말하자면 여래가 세상에 출현하여 법을 잘 설하였기 때문에 팔지성도와 그것이 현전한 네 가지 사문과沙門果[469] 및 스물일곱 가지 종종의 과들이 현재 획득될 수 있고, 만약 부처님이 출현하지 않았다면 일체가 현재 획득될 수 없다.
따라서『대지도론』제4권에서는 말한다.

---

[469] 네 가지 사문과沙門果 : 성문들이 성취한 4종류 과, 즉 예류과預流果・일래과一來果・불환과不還果・아라한과阿羅漢果를 말한다.

사람이 비록 복덕과 지혜가 있어도, 만약 부처님께서 세계에 출현하시지 않았다면 이 세계 안에서 과보를 받지만 능히 도를 증득하지 못한다. 부처님께서 세계에 출현하시면 능히 도를 획득하니, (이는 큰 이익이 된다.) 비유하면 사람이 비록 눈이 있어도 해가 나지 않았을 때는 보이는 것이 있을 수 없고 반드시 해가 밝아져야 보이는 것이 있을 수 있으니, '내게 눈이 있는데 해가 무슨 소용인가'라고 말하면 안 되는 것과 같다.

가령 부처님께서 설하신 것처럼, 내외의 인연이 능히 정견을 생하니, 첫째는 다른 이에게서 법을 듣는 것이고, 둘째는 내면에서 스스로 여법하게 사유하는 것이다. 복덕의 사事 때문에 능히 선심을 내고, 이근利根·지혜 때문에 능히 여법하게 사유한다. 그러므로 부처님으로부터 도度를 얻은 것임을 알 수 있다.[470]

구체적으로 설하면 그 논과 같다.
네 가지 사문과는 '상'을 해석하는 중에 설한 것과 같다.

釋曰。第五明道果可得相。謂如來出世。善說法故。八支聖道。彼現前四沙門果。及二十七等種種果。現可得。若佛不出。一切現不可得。故智度論第四卷云。人雖有福德智慧。若佛不出世。是世界中受報。不能得道。若佛出世。乃能得道。[1] 譬如人雖有目。日不出時。不能有所見。要須日明。得有所見。不得言我有眼何用日爲。如佛說。內外因緣。能生正見。一從他聞法。二內自如法思惟。福德事故。能生善心。利根智慧故。能如法思惟。以是故知從佛得度。具說如彼。四沙門果。如釋相中說。

---
1) ⓨ『大智度論』권4(T25, 94a2)에 '道' 뒤에 '是爲大益'이 있다.

470 『大智度論』권4(T25, 93c29).

3 결론

가 다섯 가지 상에 대해 따로 나누어 결론지음

경 이와 같이 태어나셨기 때문에, 상相을 (갖추셨기) 때문에, 의심의 그물을 끊어 주기 때문에, 다른 논에 굴복되지 않고 능히 다른 논을 굴복시키기 때문에, 성도와 사문과는 현재 획득될 수 있는 것이기 때문에,

如是生故。相故。斷疑網故。非他所伏。能伏他故。聖道沙門現可得故。

석 세 번째는 다섯 가지 상에 대해 결론지은 것이다. 이 중에 두 가지가 있다. 처음은 다섯 가지 상에 대해 따로 나누어 결론지은 것이다. 나중은 다섯 가지 상에 대해 총괄해서 결론지은 것이다.

釋曰。第三結五相。於中有二。初開結五相。後總結五相。

이것은 처음에 해당한다. 그 순서대로 다섯 가지 상과 합치된다.[471]
"이와 같이 태어나셨기 때문에"라고 한 것은 (앞의 경문에서) "만약 세간에 출현한다면"이라 한 것에 대해 설한 것이다. 『현양성교론』 제20권에서는 "이와 같이 출현하셨기 때문에"라고 하였고, 그 밖의 것은 이 경과 동일하다.[472]

---

[471] 지금까지 설했던 보문상普聞相, 묘호대장부상妙好大丈夫相 등 일체지一切智의 다섯 가지 상에 대해 그 차례대로 "태어나셨기 때문에, 상을 (갖추셨기) 때문에……"라고 따로 구분해서 결론지었다.
[472] 『顯揚聖教論』 권20(T31, 582c10)에서는 다섯 가지 상에 대해 "如是出現故。妙相故。斷疑故。立破故。道果故。"라고 결론지었다.

此卽初也。如次第可合五相。如是生者。說若有出現世間。顯揚論第二十。
言如是出現故。餘同此經。

내 다섯 가지 상에 대해 총괄해서 결론지음

경 이와 같은 다섯 종류를 일체지의 상이라고 이름한다는 것을 알아야
한다.

如是五種。當知名爲一切智相。

석 두 번째는 총괄해서 다섯 가지 상에 대해 결론지은 것이다.

釋曰。第二總結五相。

b 청정상에 대해 결론지음

경 선남자여, 이와 같은 증성도리는, 현량으로 인해서, 비량으로 인해서,
성교량으로 인해서, (즉) 다섯 종류 상으로 인해서 '청정'이라고 이름한다."

善男子。如是證成道理。由現量故。由比量故。由聖敎量故。由五種相。名
爲淸淨。

석 두 번째는 삼량에 의거해서 앞의 다섯 가지 상이 청정한 상이라고
함을 밝힌 것이다. 말하자면 (지금까지) 설했던 증성도리에서 '상'을 다섯
가지로 설하였는데, 이는 삼량에 속하는 것이다. 처음의 하나의 상은 현
량에 속하는 것이고, 다음의 세 가지 상은 비량에 속하는 것이며, 마지막

하나의 상은 성교량에 속하는 것이다.[473]

『유가사지론』 제78권과 『상속해탈경』에서도 또한 이 경과 동일하게 설한다.

『현양성교론』 제20권에서 앞의 다섯 가지 상을 설하면서 하나하나 서로 대응시킨다.[474] 따라서 그 논에서는 말한다. "이와 같은 증성도리에서는 현량에 의하기 때문에, 비량에 의하기 때문에, 비유(량에 의하기) 때문에, 성취된 것이기 때문에, 지교량 때문에, (즉) 이 다섯 가지 상으로 인해 '청정'이라고 이름한 것이다."[475] 『심밀해탈경』에서도 또한 이와 같이 설한다.

釋曰。第二明約三量。前五相爲淸淨相。謂於所說證成道理。說相爲五。是三量所攝。初一相現量所攝。次三相比量所攝。後一相聖教量所攝。瑜伽論第七十八。及相續經。亦同此經。顯揚論第二十卷。釋前五相一一相應。故彼論云。如是於證成道理中。由現量故。由比量故。譬喩故。成就故。至教量故。由此五相。名爲淸淨。深密經。亦說如是。

② 불청정不淸淨에 대해 해석함

---

473 이론적으로 증명된 도리(證成道理)가 타당한 것(淸淨)으로 간주되는 경우는 다섯 가지 상을 갖추어야 한다. 그중에 첫째 현견소득상見所得相이란 현량現量으로 파악된 것임을 말한다. 그다음의 의지현견소득상依止現見所得相, 자류비유소인상自類譬喩所引相, 원성실상圓成實相 등 세 가지는 모두 비량比量(추리)에 해당한다. 마지막 선청정언교상善淸淨言教相은 성교량聖敎量에 해당한다.
474 『顯揚聖教論』에서는 이 경에서 설했던 다섯 가지 상들을 각기 양量에 배대해서 따로따로 설하였다. 그 논에 따르면, 현견소득상見所得相이란 현량現量이고, 의지현견소득상依止現見所得相은 비량比量이며, 자류비유소인상自類譬喩所引相은 비유량譬喩量이고, 원성실상圓成實相은 성취成就이며, 선청정언교상善淸淨言教相은 지교량至敎量(성교량)에 해당한다.
475 『顯揚聖教論』 권20(T31, 582c12).

가 질문

경 "어째서 일곱 종류의 상을 청정하지 않다고 합니까?"

云何[1]七種相。名不情淨。

1) ㉠『解深密經』권5(T16, 710a2)에 '何' 뒤에 '由'가 있고, 교감주에 따르면 '由'가 없는 판본도 있다.

석 이하는 두 번째로 일곱 가지 청정하지 않은 상을 따로 해석한 것이다. 이 중에서 처음은 질문이고, 나중은 대답이다.
이것은 질문에 해당한다.

釋曰。自下第二別釋七不淸淨相。於中。初問。後答。此卽問也。

나 대답

a 총괄해서 표명함

경 첫째는 차여동류가득상, 둘째는 차여이류가득상, 셋째는 일체동류가득상, 넷째는 일체이류가득상, 다섯째는 이류비유소득상, 여섯째는 비원성실상, 일곱째는 비선청정언교상이다.

一者此餘同類可得相。二者此餘異類可得相。三者一切同類可得相。四者一切異類可得相。五者異類譬喩所得相。六者非圓成實相。七者非善淸淨言敎相。

석 두 번째는 여래의 정답을 밝힌 것이다. 이 중에서, 처음은 총괄해서 표명한 것이고, 나중은 자세하게 해석한 것이다.

이것은 총괄해서 표명한 것이다. 이러한 일곱 가지 상들은 과실이 있기 때문에 '청정하지 않다'고 한다.

『인명입정리론』에서 말한다.[476] "과실이 있는 인因에는 모두 열네 가지가 있으니, '사인似因'이라고 한다. 말하자면 불성과不成過는 네 가지가 있으니, 수일불성隨一不成 등이다. 부정과不定過는 여섯 가지가 있으니, 공부정共不定·불공부정不共不定 등이다. 상위과相違過는 네 가지가 있으니, 법자상상위인法自相相違因 등이다." 구체적으로 설하면 그 논과 같으니, 알 수 있을 것이다.

지금 (위의 경문에서) 설했던 일곱 가지 상 중에서 앞의 네 가지 상은 『인명입정리론』에서 설했던 여섯 가지 부정과 중에 앞의 다섯 가지에 해당하니,[477] 여섯 번째 상위결정은 (위 경문에서) 분별해 놓지 않았기 때문이다.

이제 먼저 『인명입정리론』에서 설한 부정과의 여섯 가지 상을 표명하고 나서, 그 후에 그 논과 이 경문을 서로 대응시켜 볼 수 있다.

---

[476] 인명因明에서는 오류를 지닌 인因을 열네 종류로 분류하였는데, 즉 사불성과四不成過, 육부정과六不定過, 사상위과四相違過이다. 이러한 열네 종류 인은 그럴듯하기는 해도 주장을 성립시키지 못하는 과실을 범하기 때문에 '사인似因'이라 한다. 위의 『解深密經』에서 설한 불청정不清淨의 상들은 그런 논리적 오류들과 연관되는데, 후대의 인명학의 오류론과 정확하게 일치하는 것은 아니다. 따라서 경문의 의미에 대해서도 여러 학자들의 해석이 분분하다.

[477] 위의 『解深密經』 경문에서 나열된 일곱 가지 불청정한 상들은 인명학에서 설한 부정과不定過와 연관된다. 부정과란 이유명제가 반드시 갖추어야 할 세 가지 조건 중에서 두 번째 동품정유성同品定有性이나 세 번째 이품편무성異品遍無性을 결여함으로써 생기는 것이다. 이러한 부정과는 여섯 종류로서, 공共과 불공不共과 동품일분전이품편전同品一分轉異品遍轉과 이품일분전동품편전異品一分轉同品遍轉과 구품일분전俱品一分轉과 상위결정相違決定 등을 말한다. 이하 원측의 해석에 따르면, 위의 경문 중의 앞의 네 가지 상이 저 논의 다섯 가지 부정과를 포섭한다는 해석도 있고, 앞의 다섯 가지 상이 다섯 가지 부정과를 포섭한다는 해석도 있다.

釋曰。第二明如來正答。於中。初總標。後明[1]釋。此卽總標。是等七相。有過失故。名不淸淨。入正理論云。有過失因。總有十四。說爲似因。謂不成有四。卽隨一不成等。不定有六。卽共不共等。相違有四。卽法自相相違因等。具說如彼可知。今所說七相中。前四相者。入正理論所說六不定中前五。第六相違決定。不分別故。今先標入正理論所說不定六相。而後彼論與此經文。可相對應。

1) ㉠ 원측 소의 전례에 준해 볼 때, '明'은 '廣'이나 '別'인 듯하다. 첫 번째 과목이 '總標'에 해당한다면 이 두 번째 과목은 '廣釋' 혹은 '別釋'에 해당한다.

『인명입정리론』에서는 말한다.

부정不定過에는 여섯 가지가 있다. 첫째는 공부정共不定이고, 둘째는 불공부정不共不定이며, 셋째는 동품[478]의 일부에 퍼져 있고 이품[479]에는 두루 퍼져 있는 것(同品一分轉異品遍轉)이고, 넷째는 이품의 일부에 퍼져 있고 동품에 두루 퍼져 있는 것(異品一分轉同品遍轉)이며, 다섯째는 두 품의 일부에 퍼져 있는 것(俱品一分轉)이고, 여섯째는 상위결정相違決定이다.
이 중에서 '공부정'이란 예를 들어 〈성(언어)은 영원하다(聲常). 헤아려지는 성질이기 때문이다(所量性故).〉라고 말하는 것과 같다.[480] 영원한

[478] 동품同品 : 인명因明의 논증식에서 일반적으로 주장명제(宗)의 술어(後陳)의 품류와 동일한 것을 동품이라 한다. 가령 '성(언어)은 영원하다(聲常)'라고 주장을 세울 때, '영원한 성질을 지닌 품류'가 동품이다. 가령 '허공'과 같은 것이 동품의 실례에 해당한다.
[479] 이품異品 : 인명의 논증식에서 일반적으로 주장명제의 술어의 품류와 상이한 것을 이품이라 한다. 가령 '성(언어)은 영원하다(聲常)'라고 주장을 세울 때, '영원하지 않은 품류'는 이품에 해당한다. 가령 '항아리(甁)'와 같은 것이 이품에 해당한다.
[480] 〈성(언어)은 영원하다(聲爲常)〉는 주장은 가령 '영원한 언어'를 인정했던 성론사聲論師가 그것을 인정하지 않는 불교도들에게 입론할 수 있다. 성론사들이 말하는 '성聲'이란 청각적 형태를 띠고 현현하거나 발생하는 '상주하는 언어'를 가리킨다.

(常) 품과 무상無常한 품이 모두 이 인을 공유하기 때문에 (주장의 진위를) 결정하지 못한다. 마치 항아리(瓶) 등처럼, 헤아려지는 성질이기 때문에, '성'은 무상한 것인가. (아니면) 마치 허공(空) 등처럼, 헤아려지는 성질이기 때문에, '성'은 영원한 것인가.[481]

'불공부정'이란 예를 들어 〈성(언어)은 영원하다(聲常). 들리는 성질이기 때문이다(所聞性故).〉라고 말하는 것과 같다. 영원한 품과 무상한 품은 모두 이 인과는 분리되어 있고 영원한 품과 무상한 품 외에 그 밖의 것은 존재하지 않기 때문에, 이는 유예시키는 인(猶豫因)이다. 이 '들리는 성질'은 어떤 것도 (결정하지 못하고) 유예시킨다.[482]

'동품의 일부에 퍼져 있고 이품에 두루 퍼져 있는 것(同品一分轉異品遍轉)'이란 예를 들어 〈성(언어)은 의식적인 노력 직후에 발현되는 것이 아니다(聲非勤勇無間所發). 무상한 성질이기 때문이다(無常性故).〉라고 하는

---

[481] 공부정과共不定過란 입론자가 제시했던 인저이 지나치게 포괄적이기 때문에 발생하는 오류이다. 말하자면 동품同品과 이품異品이 모두 그 인을 공유함으로 인해 입론자의 주장이 맞는지 틀리는지 결정하지 못하게 되는 것이다. 가령 〈성(언어)은 영원하다〉라는 주장을 성립시키기 위해서 〈헤아려지는 성질이기 때문이다(所量性故)〉라는 이유를 제시하는 경우, '헤아려지는 성질'이라는 것은 영원한(常) 동품뿐만 아니라 무상無常한 이품에서도 발견된다. 말하자면 '허공'과 같은 영원한 품류이든, '병'과 같은 무상한 품류이든, 모두 마음에 의해 헤아려지는 성질을 공유한다. 이처럼 동품과 이품이 모두 그 인의 성질을 공유하기 때문에, 마치 허공처럼 인식되는 성질이기 때문에 성은 영원한 것인지, 아니면 마치 병처럼 인식되는 성질이기 때문에 성은 무상한 것인지를 결정할 수 없다.

[482] 불공부정과不共不定過란 입론자가 제시했던 인저이 지나치게 협소하기 때문에 발생하는 오류이다. 말하자면 동품同品과 이품異品에 모두 이 인의 성질이 없기 때문에 입론자의 주장이 맞는지 틀리는지 결정하지 못하게 되는 것이다. 가령 〈성聲(언어)은 영원하다(常)〉라는 주장을 성립시키기 위해서, 〈들리는 성질이기 때문이다(所聞性故)〉라는 이유를 제시하는 경우, '들리는 성질'이란 오직 '성聲'에 고유한 성질이기 때문에 자기 이외의 모든 동품·이품 중에서 들리는 성질을 가진 유사한 실례를 찾을 수 없다. 이처럼 인의 범위가 너무 협소하여 오직 자기에게만 고유한 성질인 경우, 그 인이 주장을 지지해 주는 동일한 실례도 없지만 그렇다고 주장과 모순되는 실례도 없다. 따라서 그 인因은 주장이 맞는지 틀리는지를 결정하지 못하고 유예시키게 된다.

것이다.[483] 여기에서 〈의식적인 노력 직후에 발현되는 것이 아니다.〉라는 주장(宗)은 번개(電)나 허공 등을 그것의 동품으로 삼는데,[484] 이 '무상한 성질'이라는 (인[因]은) 번개 등에는 있고 허공 등에는 없다. 〈의식적인 노력 직후에 발현되는 것이 아니다.〉라는 주장은 항아리 등을 이품으로 삼게 되는데,[485] 그것들에는 두루 존재한다. 이 ('무상한 성질'이라는) 인은 번개나 병 등을 동법으로 삼게 되기 때문에 역시 (주장의 진위를) 결정하지 못한다.[486] 마치 병 등처럼, 무상하기 때문에, 그것은 의식적인 노력 직후에 발현되는 것인가. (아니면) 마치 번개 등처럼, 무상하기 때문에, 그것은 의식적인 노력 직후에 발현되는 것이 아닌가.

 '이품의 일부에 퍼져 있고 동품에 두루 퍼져 있는 것(異品一分轉同品遍轉)'이란, 예를 들어 입종하면서 〈성(언어)은 의식적인 노력 직후에 발현되는 것이다(聲是勤勇無間所發). 무상한 성질이기 때문이다(無常性故).〉라고 말하는 것과 같다. '의식적인 노력 직후에 발현된다'고 하는 주장은 항아리 등을 동품으로 삼는데, 그 '무상한 성질'이라는 (인[因]은) 이것들에 두루 존재한다. 번개나 허공 등을 이품으로 삼게 되는데, 그것의 일

---

[483] 〈성(언어)은 의식적인 노력 직후에 발현되는 것이 아니다(聲非勤勇無間所發)〉라는 주장은 가령 성생론聲生論의 논사가 성현론聲顯論의 논사에게 제시할 수 있다. 성생론에 따르면, '성聲(언어)'은 본래 없다가 지금 생하는 것이고(本無今生), 발성기관을 움직이는 것과 같은 의식적인 노력 직후에 현현하는 것이 아니다(非勤勇顯). 이와는 달리, 성현론에 따르면, 그것은 본래 있다가 지금 현현하는 것(本有今顯)이고, 의식적인 노력 직후에 현현한다(勤勇顯發). 따라서 성생론은 성현론에 대적해서 〈'성'은 의식적인 노력 직후에 발현되는 것이 아니다〉라는 주장을 세우고, 이를 입증하려 한다.
[484] 이 경우 동품同品이란 '의식적인 노력 직후에 발현되는 것이 아닌 성질'을 가진 것들을 말한다. 이런 것들로는 번개나 허공 등과 같은 것이 있다.
[485] '인위적인 노력 직후에 발현되지 않는 것'이 동품이라면, 이와는 반대로 인위적인 노력 직후에 발현되는 것들은 이품에 해당한다. 가령 누군가 의식적인 노력을 기울여서 항아리를 만드는 경우, 항아리는 최종적으로 그 작업이 종결된 직후에 그 완성된 형체가 현현된다. 따라서 '항아리'와 같은 것이 이품으로 제시될 수 있다.
[486] 종宗의 동품과 이품이 모두 인因의 동법同法이기 때문에 그 인은 주장의 진위를 결정하지 못한다.

부인 번개 등에는 이 ('무상한 성질'이라는) 인이 존재하지만 허공 등에는 존재하지 않는다. 그러므로 이전의 경우와 마찬가지로 역시 (주장의 진위를) 결정하지 못한다.[487]

'두 품의 일부에 퍼져 있는 것(倶品一分轉)'이란 예를 들어 〈성(언어)은 영원하다(聲常). 질애가 없기 때문이다(無質礙故).〉라고 말하는 것이다. 여기에서 '영원하다'는 주장은 허공이나 극미 등을 동품으로 삼는데, '질애가 없는 성질'이라는 (인因은) 허공 등에는 존재하지만 극미 등에는 존재하지 않는다. 항아리나 낙樂 등을 이품으로 삼게 되는데,[488] 낙 등에는 존재하지만 항아리 등에는 존재하지 않는다. 그러므로 이 ('질애가 없는 성질'이라는) 인은 낙이나 허공을 동법으로 삼기 때문에 역시 (주장의 진위를) 결정하지 못한다.

'상위결정相違決定'이란, 예를 들어 입종하면서 〈성(언어)은 무상하다(聲無常). 만들어진 성질이기 때문이다(所作性故). 마치 병 등처럼.〉이라 했다면, (다시 이에 대적해서) 〈성은 영원하다(聲常). 들리는 성질이기 때문이다(所聞性故). 마치 성성聲性[489]처럼.〉이라고 입종하는 것과 같다.

---

[487] 부정과 중 네 번째 '이품 일부에 퍼져 있고 동품에 두루 퍼져 있는 경우(異品一分轉同品遍轉)'에 생기는 오류는 이전의 세 번째 '동품 일부에 퍼져 있고 이품에 두루 퍼져 있는 경우(同品一分轉異品遍轉)'에 생기는 오류와 유사하다. 두 가지 경우는 모두 동품 중에 인의 성질을 가진 사례가 반드시 있어야 한다(同品定有性)는 조건을 만족시키지만, 이품 중에는 인의 성질을 가진 사례가 하나라도 있으면 안 된다(異品遍無性)는 조건을 결여하였다.

[488] 〈성(언어)은 영원하다. 질애가 없기 때문이다(無質等故).〉라는 주장은 특히 성론聲論이 승론勝論에게 입론하는 경우를 예로 든 것이다. 이 경우 극미나 허공처럼 상주한다고 여겨지는 것이 동품이 된다. 또 그 두 종파에서는 항아리(瓶)와 같은 사물뿐만 아니라 가령 각覺·낙樂·욕欲·진瞋 등과 같은 심心·심소心所는 영원하지 않다(非常)고 인정하므로, 그것들을 이품으로 제시할 수 있다.

[489] 성성聲性 : 성생론에서 말하는 언어의 한 측면을 가리킨다. 그들에 따르면, '언어(聲)'에서 음향音響과 능전能詮과 성성을 구분할 수 있다. 음향은 귀에 울리는 소리로서 그 자체가 무엇을 지시하지 못한다. 그 소리와 함께 발생해서 그 지시 작용을 하는 언어적 실체가 '능전'이다. 이 능전의 언어와는 별도로 하나하나의 능전마다 그것의 성性·

이 두 가지는 모두 유예시키는 인이기 때문에 둘 모두 (주장의 진위를) 결정하지 못한다.[490·491]

이상으로 『인명입정리론』에서 설했던 의미를 해석하였는데, 그 나머지는 번거롭기 때문에 지금은 설하지 않겠다.

入正理論云. 不定有六. 一共. 二不共. 三同品一分轉異品遍轉. 四異品一分轉同品遍轉. 五俱品一分轉. 六相違決定. 此中共者. 如言聲常. 所量性故. 常無常品. 皆共此因. 是故不定. 爲如瓶等. 所量性故. 聲是無常. 爲如空等. 所量性故. 聲是其常. 言不共者. 如說聲常. 所聞性故. 常無常品. 皆離此因. 常無常外餘非有故. 是猶豫因. 此所聞性. 其猶何等. 同品一分轉異品遍轉者. 如說聲非勤勇無間所發. 無常性故. 此中. 非勤勇無間所發宗. 以電空等爲其同品. 此無常性. 於電等有. 於空等無. 非勤勇無間所發宗. 以瓶等爲異品. 於彼遍有. 此因以電以瓶爲同法故. 亦是不定. 爲如瓶等. 無常性故. 彼是勤勇無間所發. 爲如電等. 無常性故. 彼非勤勇無間所發. 異品一分轉同品遍轉者. 如立宗言. 聲是勤勇無間所發. 無常性故. 勤勇無間所發宗. 以瓶等爲同品. 其無常性. 於此遍有. 以電空等爲異品. 於彼一分電等是有. 空等是無. 是故如前. 亦爲不定. 俱品一分轉者. 如說聲

유類가 상주하는데, 그것이 '성성'이다. 그것은 음향과 능전과 같은 '새로운 조건들이 갖추어졌을 때 비로소 들리는 것(新生緣具, 方始可聞)'이다. 성생론에서 바로 이 성성이 상주한다고 한다. 성생론자들은 그것을 '들리는 성질(所聞性)'이라는 음성학적 특징을 갖는 언어적 실체로 이해했다. 규기窺基의 『因明入正理論疏』 권2(T44, 126b10) 참조.

490 이것은 입론자와 대론자가 각기 인因의 세 가지 조건을 갖추는 '인'을 제시해서 각기 상반되는 주장을 성립시키는 경우를 말한다. 입론자와 대론자가 제시한 인 자체는 결함이 없지만 각기 결정적으로 정반대의 주장을 입증하고 있기 때문에, 그 인들은 상위결정相違決定의 오류를 범하게 된다.

491 이상은 『因明入正理論』 권1(T32, 11c17), 그리고 규기窺基의 『因明入正理論疏』 권2(T44, 123a28) 참조.

常。無質礙故。此中常宗。以虛空極微等爲同品。無質礙性。於虛空等有。
於極微等無。以瓶樂等爲異品。於樂等有。於瓶等無。是故此因。以樂以空
爲同法故。亦名不定。相違決定者。如立宗言。聲是無常。所作性故。譬如
瓶等。有立聲常。所聞性故。譬如聲性。此二皆是猶豫因故。俱名不定。釋
上來入正理論中所說義。所餘繁故今不說。

저 논(『인명입정리론』)과 이『해심밀경』의 문장을 대응시켜 보면, 이에 대해 두 가지 해석이 있다.[492]

---

[492] 이하에서『因明入正理論』에서 설한 여섯 가지 부정과 不定過, 그리고『解深密經』에서 설한 불청정 不淸淨의 일곱 가지 상相 간의 포섭 관계를 설명하였다. 이 중에 첫 번째 해석에 따르면,『解深密經』의 네 가지 상이『因明入正理論』의 다섯 가지 부정과를 포괄한다. 그런데 뒤의 두 번째 해석에 따르면, 이 경의 다섯 가지 상이 저 논의 다섯 가지 부정과를 포괄한다. 이 두 해석 간의 결정적 차이는 다섯 번째 '이류비유소득상異類譬喩所得相'에 대한 해석 때문에 생겨난다. 이 첫 번째 해석에서는 그 다섯 번째 부정과를 '동품의 일부에 존재하는 경우'와 '이품의 일부에 존재하는 경우'로 나누어 앞의 첫 번째 상과 두 번째 상에 각각 배대시켰다. 그런데 두 번째 해석에 따르면, 다섯 번째 상이 저 논에서 설한 다섯 번째 '동품·이품의 두 품 일부에 존재하는 경우(俱品一分轉)'에 해당하고, 나머지는 이전의 해석과 대부분 동일하다. 그 두 해석의 차이를 간략히 도시하면 다음과 같다.

〈도표 1〉 일곱 가지 불청정상不淸淨相과 다섯 가지 부정인不定因의 상호 포섭 관계

『解深密經』	『因明入正理論』	
	첫 번째 해석	두 번째 해석
① 此餘同類可得相	제3 同品一分轉異品遍轉, 제5 俱品一分轉中 同品一分轉	제3 同品一分轉異品遍轉
② 此餘異類可得相	제4 異品一分轉同品遍轉, 제5 俱品一分轉中 異品一分轉	제4 異品一分轉同品遍轉
③ 一切同類可得相	제1 共不定	제1 共不定
④ 一切異類可得相	제2 不共不定	제2 不共不定
⑤ 異類譬喩所得相	一云, 但有異喩無同喩. 一云, 此卽於喩有十種過失.	제5 俱品一分轉
⑥ 非圓成實相	以前過失, 所立宗義, 非圓成也.	
⑦ 非善淸淨言敎相	謂以非聖者言敎現成.	

(＊ 첫 번째 해석)
어떤 이는 말한다.

이 경에서 설한 네 가지는 그 논에서 설한 다섯 가지를 포괄한다.[493]
"차여동류가득상此餘同類可得相"으로써 그 논에서 설했던 세 번째의 상인 '동품의 일부에 퍼져 있고 이품에 두루 퍼져 있는 것' 및 다섯 번째의 상인 '두 품의 일부에 퍼져 있는 것' 중에서 '동품의 일부에 퍼져 있는 것'을 포괄한다.
"차여이류가득상此餘異類可得相"으로써 그 논에서 설했던 네 번째인 '이품의 일부에 퍼져 있고 동품에 두루 퍼져 있는 것' 및 다섯 번째인 '두 품 일부에 퍼져 있는 것' 중에 '이품의 일부에 퍼져 있는 것'을 포괄한다.
"일체동류가득상一切同類可得相"으로써 그 논에서 설했던 첫 번째인 '공부정共不定'을 포괄한다.
"일체이류가득상一切異類可得相"으로써 그 논에서 설했던 두 번째인 '불공부정不共不定'을 포괄한다.
이 해석에 의하면, "이류비유소득상異類譬喩所得相"에 대해 두 가지 해석이 있게 된다. 한편에서는 말한다. 〈단지 이류의 실례만 있고 동류의 실례는 없는 것이다. 예를 들면 '성(언어)은 영원하다. 만들어진 성질이기 때문이다'라고 하는 것과 같다.〉[494] 한편에서는 말한다. 〈이것은 실

---

493 이나바 : 以此所說四, 攝論所說五. 관공 : 以此經所說二種, 攝彼論所說三種.
이나바의 복원문이 바르다. 첫 번째 해석에 따르면, 『解深密經』에서 설했던 네 종류의 불청정한 상례이 『因明入正理論』에서 설했던 여섯 종류 부정과不定過 중 다섯 가지를 포괄하며, 오직 상위결정相違決定만 제외된다. 자세한 것은 앞의 각주에서 제시했던 도표 참조.
494 이 해석에 따르면, 경에서 설한 다섯 번째 상은 인因의 오류이기는 한데 부정과不定過가 아닌 상위인相違因 중의 하나에 해당한다. 가령 '만들어진 성질(所作性)'은 영원한(常) 동품同品에는 전혀 없고 오히려 무상無常한 이품異品에만 존재한다. 여기서 '만들어진 성질'이라는 '인'은 종宗의 법法(주장명제의 술부)과는 상위하기 때문에 오히려

례(喩)에서 열 종류 과실이 있는 것이다.〉⁴⁹⁵

 "비원성실상非圓成實相"이란 이전의 과실로 인해 '성립되어야 할 종의(所立宗義)'가 완전하게 성립되지 않는 것이다.

 "비선청정언교상非善淸淨言敎相"이란 성자의 언교가 아닌 것으로써 이루어진 것이다.⁴⁹⁶

彼論與此經文對應。則此有兩釋。有云。以此所說四。攝論¹⁾所說五。謂以此餘同類可得相。攝論*所說第三同品一分轉異品遍轉。及第五俱品一分轉中同品一分轉。以此餘異類可得相。說²⁾論所說第四異品一分轉同品遍轉。及第五俱品一分轉中異品一分轉。以一切同類可得相。說³⁾論所說第一共不定。以一切異類可得相。攝論*所說第二不共不定。依此釋者。異類譬喩所得相。有自兩釋。一云。但有異喩無同喩。如言聲是常。所作性故。一云。此卽於喩有十種過失。非圓成實相者。以前過失。所立宗義。非圓成也。非善淸淨言敎相者。謂以非聖者言敎現成。

---
1) ㉥ '攝論'은 5종種『攝論과 혼동될 소지가 있다. 따라서 '攝' 뒤에 '彼'를 보입해야 한다. 이하 동일. 2) ㉥ '說'은 '攝'으로 수정하고, 뒤에 '彼'를 보입해야 한다. 3) ㉥ '說'은 '攝'으로 수정하고, 뒤에 '彼'를 보입해야 한다.

(* 두 번째 해석)⁴⁹⁷

주장과는 상반되는 것을 성립시키게 된다. 이러한 오류를 지닌 상위인을 특히 법자상상위인法自相相違因이라 한다.
495 이 해석에 따르면, 경에서 설한 다섯 번째 상은 인因이 아니라 유喩(실례)의 오류를 가리킨다. 곧 인명因明의 삼십삼과三十三過 중에 열 가지 사유似喩에 해당한다.
496 이나바: 非善淸淨言敎相者, 謂以非聖者言敎現成. 관공: 非善淸淨言敎相者, 謂凡是由非聖敎量之所成立云.
  두 판본의 문구는 다르지만 의미는 유사하다. 경에서 '청정한 언교가 아닌 상'이라 한 것은 성전의 언어가 아닌 말, 즉 성교량聖敎量과는 배치되는 진술을 가리킨다.
497 이 두 번째 해석은『因明入正理論』에서 설했던 다섯 번째 구품일분전俱品一分轉을 경에서 설한 다섯 번째 이류비유소득상異類譬喩所得相에 배대시킨 점을 제외하면, 나머

어떤 이는 말한다.

경에서 설했던 다섯 가지 상 중에 첫 번째 상은 그 논(『인명입정리론』)에서 설했던 세 번째인 '동품의 일부에 퍼져 있고 이품에 두루 퍼져 있는 것'을 포괄한다.

경에서 설했던 두 번째 상은 그 논에서 설했던 네 번째인 '이품의 일부에 퍼져 있고 동품에 두루 퍼져 있는 것'을 포괄한다.

경에서 설했던 세 번째 상은 그 논에서 설했던 첫 번째인 '공부정共不定'을 포괄한다.

경에서 설했던 네 번째 상은 그 논에서 설했던 두 번째인 '불공부정不共不定'을 포괄한다.

경에서 설했던 다섯 번째 상은 그 논에서 설했던 다섯 번째인 '두 품의 일부에 퍼져 있는 것'을 포괄한다. 이 논사의 해석은 (다음과 같다.) 말하자면 '이류의 비유법譬喩法(이품의 실례) 일부에서 인因의 법이 획득될 수 있다'고 한 것은,[498] 마땅히 문장을 완전하게 갖추어서 '동품·이품의 비유법의 각각 일부에서 하나하나 인의 법이 획득될 수 있다'고 설했어야 하지만,[499] 이 경에서는 밀의를 생략하였기 때문에 다만 '이류의 실

지는 앞의 첫 번째 해석과 거의 동일하다.

[498] 이나바 : 謂於異類譬喩法, <u>因法少分所得</u>. 관공 : 謂異類譬喩法上<u>有少分, 因法可得</u>.
이나바의 복원문은 의미가 명료하지 않다. 관공의 환역에 의거해서 그것을 "謂於異類譬喩法少分, 因法可得."으로 수정하였다. 이것은 이류異類의 일부(少分) 사례들에 인因의 성질이 분포되어 있음을 말한다.

[499] 이나바 : 應全文說, ① 同異譬喩法, ② 一一因法一分所得. 관공 : 因此若完整而說, ① 應作異類譬喩法上, ② 各有一分, 因法可得.
이나바의 복원문과 관공의 환역이 모두 명료하지 않은 듯하다. 이 두 번째 해석에 따르면, 경에서 "이류의 실례에 의해 획득되는 상(異類譬喩所得相)"이라고 했던 것은, 인因의 성질이 "두 품(동품·이품)의 일부에 퍼져 있는 경우(俱品一分轉)"에 해당한다. 말하자면 경문의 의도는 동품·이품의 각기 일부(一分)의 사례들에 인因의 성질이 분포되어 있는 경우를 설하려는 것인데, 동품이라는 문구는 생략하고 '이품의 일부'라고

례에 의해 획득되는 상'이라고만 설하였다. 나머지 두 가지 상도 이전에 준해서 알 수 있다.

"차여동류가득상此餘同類可得相"이라 한 것에서, '이(此)'란 이 종(此宗)이고, '이외(餘)'란 '동류同類'이니,500 말하자면 이 종의 동류법에서 인因의 법이 일부 획득될 수 있다는 것이다. 문장을 완전하게 갖추어서 '동품의 일부에 퍼져 있고 이품에 두루 퍼져 있는 것(同品一分轉異品遍轉)'이라고 설했어야 하지만, 경에서 밀의를 생략하였기 때문에 단지 '동품의 일부에 퍼져 있는 상'만 설한 것이다.501

"차여이류가득상此餘異類可得相"이라 한 것에서, '이(此)'란 이 종(此宗)이고, '이외(餘)'란 '이류異類'이다. 말하자면 이 종의 이류법에서 인법이 일부 획득될 수 있다는 것이다.502 마땅히 문장을 완전하게 갖추어

만 했다는 것이다. 이러한 해석의 취지를 살리려면, 문장 ①은 이나바의 복원문처럼 "……同과 異의 譬喩法"이라고 해야 하고, 문장 ②는 관공의 환역처럼 "(同·異의 譬喩法의) 각기 일부에서 因法이 획득될 수 있다."라고 해야 한다. 이런 의미에 맞춰, 이나바의 복원문은 "應全文說, 同異譬喩法, 各各一分, 因法可得."으로 수정하였다.

500 이나바 : 此者此宗……. 관공 : 此字, 是指此經…….
  이나바의 복원문이 바른 듯하다. 경문에서 "이 이외의 동류(此餘同類)"라 한 것은, 이 종宗(주장명제)에서 거론된 법을 제외하고 그 밖의 종동품宗同品을 말한다. 동품의 실례를 제시할 때는 그 종에서 거론된 법을 제외한 그 밖의 동품을 일컬어 "이 이외의 동류"라고 한 것이다. 가령 "성(언어)은 무상하다(聲是無常)."라는 종을 세웠을 때, '성聲'을 제외하고 무상한 성질을 갖는 그 밖의 동품들을 가리킨다.
501 두 번째 논사의 해석에 따르면, 경에서 설했던 "이 이외의 동류에서 획득될 수 있는 상(此餘同類可得相)"이란 『因明入正理論』의 여섯 종류 부정과 不定過 중에 세 번째 "동품의 일부에 퍼져 있고 이품에 두루 퍼져 있는 것(同品一分轉異品遍轉)에 해당한다. 말하자면 동품의 일부와 이품 전체에 인因의 성질이 존재함으로 인해서 발생하는 논리적 오류를 가리킨다. 그런데 경에서는 동품과 이품 중에 '두루 퍼져 있는 상'은 생략하고 단지 '일부에 퍼져 있는 상'만 언급했다는 것이다. 이와 유사한 해석은 뒤의 "이 이외의 이류에서 획득될 수 있는 상(此餘異類可得相)"에서도 동일하게 적용된다.
502 이나바 : 此餘異類可得相者, ① 此者此宗, ② 餘者同類, 謂於此宗同類法……. 관공 : 此餘異類可得相之①此字, 是指此經. ② 餘子是異類, 謂與此經異類法中…….
  문장 ①의 경우, 이나바의 복원문이 바른 듯하다. 경전에서 "이 이외(此餘)"라 할 때, "이(此)"는 '이 종(此宗)'을 가리킨다. 그렇게 간주한 이유는 이전의 각주에서 말한 것과

서 '이품의 일부에 퍼져 있고 동품에 두루 퍼져 있는 것(異品一分轉同品遍轉)'이라 설했어야 하지만, 경에서는 생략하였기 때문에 다만 '이품의 일부에 퍼져 있는 상'만 설한 것이다. 이전과 마찬가지로 알 수 있을 것이다.[503]

有云。經所說五相中第一。攝論[1]所說第三同品一分轉異品遍轉。經所說第二相。攝論*所說第四異品一分轉同品遍轉。經所說第三相。攝論*所說第一共不定。經所說第四相。說[2]論所說第二不共不定。經所說第五相。攝論*所說第五俱品一分轉。此論師釋。謂於異類譬喻法。因法少分所得。[3] 應全文說。同異譬喻法。一一因法一分所得。[4] 此經有略密意故。但說異類譬喻所得相。所餘二相。如前可知。此餘同類可得相者。此者此宗。餘者同類。謂於此宗同類法。因法少分可得。應全文說。同品一分轉異品遍轉。經有略密意故。但說同品一分轉。此餘異類可得相者。此者此宗。餘者同[5]類。謂於此宗同[6]類法。因法少分可得。應全文說。異品一分轉同品遍轉。經文有略故。但說異品一分轉相。如前可知。

1) ㉠ '攝論'은 5종 『攝論』과 혼동될 소지가 있다. 따라서 '攝' 뒤에 '彼'를 보입해야 한다. 이하 동일. 2) ㉠ '說'은 '攝'으로 수정하고, 뒤에 '彼'를 보입해야 한다. 3) ㉠ '因法少分所得'은 '小分因法可得'으로 수정해야 한다. 해당 번역문 역주 참조. 4) ㉠ '一一因法一分所得'은 '各各一分因法可得'으로 수정해야 한다. 해당 번역문 역주 참

같다. 문장 ②의 경우, 이나바의 복원문은 이전의 '此餘同類'의 문구와 동일하므로 전후 문맥상 맞지 않다. 문장 ②는 '此餘異類'를 해석한 것이기 때문에 논리적으로 이전과 다른 내용이 진술되어야 한다. 따라서 관공의 환역을 취하였다. 다만, 관공의 환역에서 '此經'을 '此宗'으로 수정하여 "餘字是異類, 謂與此宗異類法."으로 간주하였다.

503 두 번째 논사의 해석에 따르면, 경에서 설했던 "차여이류가득상此餘異類可得相"이란 『因明入正理論』의 여섯 종류 부정과 不定過 중에 네 번째 "이품의 일부에 퍼져 있고 동품에 두루 퍼져 있는 것(異品一分轉同品遍轉)"에 해당한다. 말하자면 이품의 일부와 동품 전체에 인因의 성질이 존재함으로 인해서 생겨나는 논리적 오류를 말한다. 그런데 경에서는 동품과 이품 중에 '두루 퍼져 있는 경우(遍轉)'는 생략하고 단지 '일부에 퍼져 있는 경우(一分轉)'만 설했다는 것이다. 이와 유사한 해석은 앞의 "차여동류가득상此餘同類可得相"에서도 동일하게 적용된 바 있다.

조. 5) ㉢ '同'은 '異'인 듯하다. 해당 번역문 역주 참조. 6) ㉢ '同'은 '異'인 듯하다. 해당 번역문 역주 참조.

b 자세하게 해석함

ㄱ 세 번째 일체동류가득상一切同類可得相

경 일체법이 의식에 의해 인식되는 성질의 것이면, 이는 '일체동류가득상'이라고 이름한다.[504]

若一切法。意識所識性。是名一切同類可得相。

석 이하는 두 번째로 이전의 일곱 가지 상을 해석한 것이다.
이에 대해 각각의 설이 같지 않다.

(＊ 첫 번째 해석)[505]

---

504 경문이 지나치게 압축적이라서 그 의미를 정확하게 알기 어렵다. 이하의 원측의 해석에 따르면, 이것은 어떤 주장을 성립시키기 위해 지나치게 포괄적인 이유(因)를 제시하는 경우를 예시한 것이다. 위의 경문에서 "일체법이 의식에 의해 인식되는 성질의 것이면"이라 했는데, 이는 그러한 인(因)의 전형적 사례를 든 것이다. 말하자면 가령 "인식되는 성질(所識性)이기 때문이다."라는 이유명제를 제시했을 때, 주장명제에서 거론된 법 이외의 일체법이 모두 그 이유명제에서 제시된 성질을 공유하기 때문에 그 이유명제는 오류를 범한다.

505 'b 자세하게 해석함' 이하에는 ㄱ~ㄹ의 네 과목이 있다. 이 전체 경문들에 대해서는 여러 해석들이 있었던 듯한데, 이하에서 원측은 세 종류 해석을 소개하였다. 'b 자세하게 해석함' 이하에는 총 세 번에 걸쳐 "한편에서는 말한다(一云)."라는 문구가 등장하는데, 그것이 세 종류 해석이다. 우선, 원측은 그중의 첫 번째 해석에 의거해서 ㄱ~ㄹ에 해당하는 모든 경문을 해석하였다. 첫 번째 해석은 바로 뒤에서 "한편에서는 말한다." 이하의 문장이다. 이후로 별도의 언급이 없어도 모두 그 해석을 따른 것이다. 그리고 마지막 'ㄹ 다섯 번째 상과 일곱 번째 상을 모아서 해석함'이라는 과목의

한편에서는 말한다.

이 중에 네 가지가 있다. 첫째로 세 번째인 '일체동류가득상一切同類可得相'을 설명한 것이다. 둘째로 "만약 일체법의 상相" 이하는 네 번째인 '일체이류가득상一切異類可得相'을 설명한 것이다. 셋째로 "선남자여" 이하는 첫 번째 상과 두 번째 상과 여섯 번째 '비원성실상非圓成實相'을 총괄해서 설명한 것이다. 넷째로 만약 "이류의" 이하는 다섯 번째인 '이류비유소득상異類譬喩所得相' 및 일곱 번째인 '비선청정언교상非善清淨言敎相'을 설명한 것이다.

이것은 첫 번째로 '일체동류가득상'을 설명한 것이다.

(경문에서) "일체법"이라고 한 것은 입종立宗의 법法에 대해 상이하거나 유사한 모든 법들을 말한다.[506]

양量은 (다음과 같다.)[507] 우선 가령 입종하기를, 〈성(언어)은 영원하다(聲是常). 의식에 인식되는 성질이기 때문이다. 마치 허공 등처럼.〉이라 하는 것과 같다.

영원한 품과 무상한 품은 모두 이 인을 공유하니, 공유하기 때문에 (주

말미에 다시 두 번에 걸쳐 "한편에서는 말한다."라는 문구가 등장하는데, 이것이 그 밖의 두 종류 해석에 해당한다. 그런데 두 가지 해석은 첫 번째 해석과 대동소이하기 때문에 간략하게 그 차이점만 언급하였다.

506 이나바 : 一切法者, 於立宗法, 異似一切法. 관공 : 此中一切法者, 是指宗法以外, 一切喩法.
　두 역자의 문장은 다르지만 의미상 큰 차이는 없다. 말하자면 경문에서 '일체법'이라 한 것은 어떤 주장명제(宗)를 세우면서 언급되었던 법 이외의 일체법을 가리킨다. 가령 '성은 무상하다(聲無常)'라는 주장을 정립했을 때, '성聲'을 제외한 그 밖의 모든 법, 즉 '무상함'을 공유하지 않거나 혹은 공유하는 일체의 법들을 가리킨다.

507 이나바 : 量義者. 관공 : 量者.
　'量義者' 혹은 '量者'라 한 것은, 전후 문맥상 아마도 '量云' 혹은 '立量云'의 뜻인 듯하다. 이 문구는 어떤 논리적 오류를 가진 논증식이나 혹은 논리적 결함이 없는 논증식을 예시할 때 쓰인다. 여기서는 위의 경문에서 설했던 '일체동류가득상一切同類可得相'이 어떤 논리적 오류인지를 보여 주는 논증(立量)의 한 사례를 들어 보겠다는 의미로 쓰였다.

장의 진위를) 결정하지 못한다.[508] 마치 병瓶 등과 같이 인식되는 성질이기 때문에 성(언어)은 무상한 것인가, (아니면) 마치 허공 등과 같이 인식되는 성질이기 때문에 성은 영원한 것인가.

입종의 법에 대해 모든 그 밖의 것들이 인동품因同品이기 때문에 '일체동류가득상'이라고 이름한 것이다.[509]

이것은 『인명입정리론』에서 '공부정共不定'이라고 설했던 것에 해당한다. 논에서는 '헤아려지는 성질(所量性)'이라고 하였고, 지금 이 경에서는 '인식되는 성질(所識性)'이라고 했는데, 문구는 부동하지만 의미는 동일하다.[510]

釋曰。自下第二釋前七相。於中。各說不同。一云。於中有四。一明第三一切同類可得相。二若一切法相下。明第四一切異類可得相。三善男子下。總明第一第二相及第六非圓成實相。四若異類下。明第五異類譬喩所得相及第七非善淸淨言敎相。此卽初明一切同類可得相。一切法者。於立宗法。異似一切法。量義[1])者。且如立宗言。聲是常。意識所識性故。譬如空等。常無常品。皆共此因。爲共故不定。爲如瓶[2])等。所識性故。聲是無常。爲如空等。所識性故。聲是其常。於立宗法。諸餘因同品。故名一切同類可得相。此卽入正理論說共不定。論言所量性。今經說所識性。雖文不同。義卽一。

---

508 〈성은 영원하다(聲常)〉는 주장명제를 세울 때, 영원한 것(常)들은 종宗의 동품同品이고, 그와 상반되는 '무상한 것'들은 이품異品이다. 이 주장의 근거로서 〈의식에 의해 인식되는 성질이기 때문이다(意識所識性)〉라는 이유명제를 제시했는데, 이러한 '인식되는 성질(所識性)'은 무상한 동품과 영원한 이품이 모두 공유한다. 따라서 이유명제는 그 주장이 맞는지 혹은 정반대의 주장이 맞는지를 결정하지 못한다.
509 입종立宗할 때 거론했던 법 이외의 일체법이 인因의 성질을 공유하는 인동품因同品이기 때문에 "일체의 동류"라고 하였다는 것이다.
510 『因明入正理論』 권1(T32, 11c20)에서는 공부정共不定의 사례를 들면서 "如言聲常, 所量性故."라고 하였다. 그 논에서 "헤아려지는 성질이기 때문이다(所量性故)."라고 한 것과 이 경에서 "인식되는 성질이기 때문이다(所識性故)."라고 한 것은 동일한 의미로서, 공부정의 오류를 범하는 인因의 사례를 든 것이다.

1) ㉠ '義'는 잉자인 듯하다. 해당 번역문 역주 참조. 2) ㉠ 『韓國佛敎全書』(H1, 465b)에 '空'으로 되어 있는데, 이는 편찬 과정에서 생긴 오류다. 이나바의 판본에는 본래 '甁'으로 되어 있다.

ㄹ 네 번째 일체이류가득상一切異類可得相

경 만약 일체법의 상相·성性·업業·법法·인과因果의 이상異相들이 이와 같은 하나하나의 이상에 수순함으로 말미암아 결정적으로 상호 간에(展轉) 각각 이상이라면, 이것을 '일체이류가득상'이라고 이름한다.[511]

若一切法相性業法因果異相。由隨如是一一異相。決定展轉。各各異相。是名一切異類可得相。

석 두 번째는 네 번째인 '일체이류가득상'을 따로 해석한 것이다.
경문이 이해하기 어렵기 때문에, 먼저 상相·성性 등에 대해 분별하고, 다음에 그 뜻을 설명하겠다.
『상속해탈경』에서는 "다시 형형形·자성自性·업業·법法·인과因果의 이상"[512]이라고 하였고, 『심밀해탈경』에서는 "법상法相·체상體相·업業·법法·인과因果의 이상"[513]이라고 하였고, 나아가 자세히 설하였다.

---

[511] 이 경문이 난해해서 번역하기 어렵고, 이하에서 원측의 주석에서도 이 경문의 구조를 세분해서 해석하지는 않았다. 어쨌든 이것은 네 번째 일체이류가득상一切異類可得相을 설명한 것이고, 고래로 여러 주석가들이 공통적으로 '불공부정과不共不定過'로 간주한 듯하다. 그런데 이 과목의 후반부 주석에 따르면, 가령 『顯揚聖敎論』에도 위의 경문과 유사한 문장이 나타나는데, 첫 번째와 두 번째 상, 그리고 네 번째 상을 설한 것으로 보기도 한다.
[512] 『相續解脫如來所作隨順處了義經』 권1(T16, 719b10).
[513] 『深密解脫經』 권5(T16, 686c10).

釋曰。第二別釋第四一切異類可得相。經文難解故。先分別相性等。次將說義。相續經云。若復形自性業法因果異相。深密經云。謂法相體相業法因果異相。乃至廣說。

『유가사지론』 제15권에서 (경문에서 말한) 다섯 종류의 상을 포괄하는 것에 대해 설한다. 따라서 그 논에서는 설한다.

'비량比量'이란 사택思擇과 더불어 함께하는 '이미 생각했거나(已思) 응당 생각해야 할(應思)' 모든 경계를 말한다. 이에 다시 다섯 종류가 있다. 첫째는 상비량相比量이고, 둘째는 체비량體比量이며, 셋째는 업비량業比量이고, 넷째는 법비량法比量이며, 다섯째는 인과비량因果比量이다.

'상비량'이란, 소유한 형상(相狀)의 상호 결속(相屬)에 수순해서, 혹은 현재에 혹은 이전에 보았던 것을 통해 경계를 추리하는 것이다.[514] 예를 들면 깃발을 보았기 때문에 수레가 있음을 추리하여 알거나, 연기를 보았기 때문에 불이 있음을 추리하여 아는 것이다. 이와 같이 '왕'으로써 '나라가 (있음)'을 추리하여 알거나, '남편'으로써 '아내가 (있음)'을 추리하여 알거나, 소뿔 등으로써 소가 있음을 추리하여 아는 것이다.……중간 생략……

'체비량'이란 그 자체의 성질을 현견現見하였기 때문에 그 사물의 현견되지 않은 체까지 유추해 내는 것을 말한다. 혹은 일부의 자체를 현견하고서 나머지 부분을 유추하니, 예를 들면 현재의 것으로써 과거의 것을 유추하거나, 혹은 과거의 것으로써 미래의 것을 유추하거나, 혹은 현재의 비근한 사물(近事)로써 먼 것을 유추하거나, 혹은 현재의 것으로써

---

[514] 만약 A와 B 간에 상호 결속 관계가 있다면, 이미 보았거나 지금 보고 있는 A 혹은 B를 통해서 아직 보지 못한 B 혹은 A를 추리하여 안다. 가령 산에서 연기가 나는 것을 보고, 그곳에 불이 있음을 아는 것과 같다.

미래의 것을 유추하는 것이다.……중간 생략…….

'업비량'이란 작용을 통해서 업業의 소의所依를 추리하는 것이다. 예를 들면 멀리 있는 물체가 동요함이 없고 그 위에 새가 앉아 있는 것을 보았다면, 이러한 사실들을 통해서 이것이 그루터기임을 추리해서 안다. 만약 동요하는 등의 사물이 있었다면, 이것이 사람임을 추리하여 안다. 넓은 발자국이 머문 곳에서는 이것이 코끼리였음을 추리하여 안다. 몸을 끌고 다닌 곳에서는 이것이 뱀이었음을 추리하여 안다. 히잉 하는 소리를 들었다면 이것이 말임을 추리하여 안다. 으르렁하는 소리를 들었다면 이것이 사자임을 추리하여 안다. 음매 하는 소리를 들었다면 이것이 소임을 안다.……중간 생략…….

'법비량'이란 서로 인접하여 결속하는(相隣相屬) 법을 통해서 그 밖의 서로 인접하여 결속하여 법을 추리하는 것이다. 예를 들면 무상無常에 속하는 것이기 (때문에) 고苦가 있음을 추리하여 알고, 고에 속하는 것이기 때문에 공무아空無我임을 추리하여 아는 것이다. 생生에 속하기 때문에 노老라는 법이 있음을 추리하여 아는 것이다.……중간 생략…….

'인과비량'이란 인과를 통해 상호 간에(展轉) 서로를 추리하는 것을 말한다. 예를 들면 '감(行)'이 있음을 보고서 그 밖의 곳에 이를 것이라고 추리하거나, 그 밖의 곳에 이른 것을 보고서 이전에 '감'이 있었음을 추리하는 것이다. 만약 어떤 사람이 여법하게 왕을 섬기는 것을 보면, 그가 당래에 광대한 녹위祿位를 획득할 것임을 추리하여 알고, 광대한 녹위를 갖고 있음을 보면 이전에 이미 여법하게 왕을 섬겼음을 추리하여 아는 것이다. 만약 수도에 든 것을 보았다면 당래에 사문과를 증득할 것임을 추리하여 안다. 만약 사문과를 증득한 것을 보았다면 (이전에 이미) 수도에 들었음을 추리하여 안다.……이하 생략…….[515]

---

[515] 『瑜伽師地論』 권15(T30, 358a1).

자세한 것은 그 논과 같으니, 알 수 있을 것이다.
『현양성교론』 제11권에서도 또한 이와 같이 설한다.

瑜伽論第十五。說攝五種相。是故彼云。比量者。謂與思擇俱已思應思所有境界。此復五種。一相比量。二體比量。三業比量。四法比量。五因果比量。相比量者。謂隨所有相狀相屬。或由現在或先所見。推度境界。如見幢故。比知有車。由見烟故。比知有火。如是以王比國。以夫比妻。以角犎等。比知有牛。乃至廣說。體比量者。謂現見彼自體性故。比類彼物不現見體。或現見彼一分自體。比類餘分。如以現在。比類過去。或以過去。比類未來。或以現在近事比遠。或以現在。比於未來。乃至廣說。業比量者。謂以作用。比業所依。如見遠物。無有動搖。鳥居其上。由是等事。比知是杌。若有動搖等事。比知是人。廣跡住處。比知是象。曳身行處。比知是蛇。若聞嘶聲。比知是馬。若聞哮吼。比知師子。若聞咆勃。比知牛王。乃至廣說。法比量者。謂以相隣相屬之法。比餘相隣相屬之法。如屬無常。比知有苦。以屬苦故。比空無我。以屬生故。比有老法。乃至廣說。因果比量者。謂以因果展轉相比。如見有行。比至餘方。見至餘方。比先有行。若見有人如法事王。比知當獲廣大祿位。見大祿位。比知先已如法事王。若見修道。比知當獲沙門果證。若見有獲沙門果證。比知修道。乃至廣說。廣說如彼。可知。顯揚論第十一。亦說如是。

다음에는 (경문의) 의미를 설하겠다.

일체법의 상相·성性·업業 등으로써 하나하나 관대觀待해 보면 상호 간에(展轉) 같지 않으므로 이것을 "일체의 이류(一切異類)"라고 이름하였다. 또, 가령 성聲에는 '들리는 성질(所聞性)' 등이 있는데, 이것은 단지 '성'에만 있고 (그 밖의) 법에는 있지 않기 때문에 이것(들리는 성질)을 '인因'이라 이름할 수가 없다. '들리는 성질'이라는 인은 다만 입종의 법에만 있으니,

동유同喩에도 없고,^516 인의 이류異類에는 '들리는 것이 아닌 상(非所聞相)'이 있기 때문에,^517 '일체이류가득상'이라고 이름한 것이다.

이것은 『인명입정리론』에서 설한 '불공부정不共不定'에 해당한다. 따라서 『인명입정리론』에서는 말한다. "'불공부정'이란 예를 들어 〈성(언어)은 영원하다(聲常), 들리는 성질이기 때문이다(所聞性故).〉라고 하는 것과 같다. 영원한 품과 무상한 품이 모두 이 '인'과 분리되어 있고, 영원한 품과 무상한 품 이외에 그 밖의 것은 존재하지 않기 때문이다."^518

---

516 이나바 : ① 所聞性聲, 但有於立宗法, ② 非有於同喩. 관공 : ① 彼所聞聲, 唯是宗法上有, ② 無有同喩.
　문장 ① : 두 판본에서 '聲'을 '因'으로 수정해야 한다. 아마도 본래의 원측 소나 혹은 티베트어 번역본에 어떤 착오가 있었을 수 있다. 원측의 해석에 따르면, 네 번째 '일체이류가득상一切異類可得相'은 불공부정과不共不定過에 해당한다. 이것은 '인因'의 성질이 오직 주장명제의 주어에 해당하는 법에만 있고 그 외의 일체의 법에는 없는 경우를 말한다. 따라서 "'들리는 성질'이라는 인因은 (오직 입종의 법에만 있고,……)"라고 말해야 논리적으로 자연스럽다.
　문장 ② : 어느 쪽이 본래의 원측 소와 일치하는지는 단정할 수 없다. 이나바의 복원문에서는 "……동유에는 있지 않다(非有於同喩)"라고 하였고, 관공의 환역에서는 "……동유가 없다(無有同喩)"라고 하였다. '동유同喩에는 없다'고 할 때 '동유同喩'란 '종동품宗同品'을 가리키고, '동유同喩가 없다'고 할 때의 '동유'는 '인동품因同品'을 가리킨다. 이 두 가지 해석이 모두 가능하다. 말하자면, 불공부정이란 오직 자기에게만 고유한 성질을 인으로 제시하면, 종의 동품뿐만 아니라 종의 이품異品에도 그러한 인을 가진 사례가 전혀 없는 경우에 발생한다. 혹은 인의 동품은 존재하지 않고 단지 인의 이류異類들만 존재하는 경우라고 말할 수도 있다. 왜냐하면 자기 이외에는 인의 성질을 가진 것이 없기 때문이다.
517 이나바 : 因有異相, 非隨所聞相故, 名一切異類可得相. 관공 : 因之異類上, 有非所聞相, 故名一切異類可得相.
　이나바의 복원문은 의미가 명료하지 않다. 관공의 환역을 참조하여, 밑줄 친 문장의 취지를 다음과 같이 추정해 볼 수 있다. 〈불공부정과不共不定過의 경우, 일체법은 인因의 성질을 공유하지 않는 '인의 이류異類'로서 존재한다. 그런데 이러한 이류들에 가령 저 '들리는 성질(所聞)' 등과 같은 인因의 상은 없고 그 인에 수순하지 않는 상만 존재한다.〉 이런 취지에 맞춰서 이나바의 환역 중 '因有異相'을 '因之異類'로 수정하였다.
518 『因明入正理論』 권1(T32, 11c22).

次將說義。若一切法相性業等。由一一觀待展轉不同。名一切異類。且如於聲。有所聞性等。是但有於聲。非有於法故。此不可名因。所聞性聲。[1] 但有於立宗法。非有於同喩。因有異相。[2] 非隨所聞相故。名一切異類可得相。此卽入正理論說不共不定。故入正理論云。言不共者。如說聲常。所聞性故。常無常品。皆離此因。常無常外餘非有故。

---

1) ㉑ '聲'은 '因'인 듯하다. 해당 번역문 역주 참조. 2) ㉑ '因有異相'을 '因之異類'로 수정해야 한다. 해당 번역문 역주 참조.

ㄷ 첫 번째 상, 두 번째 상, 여섯 번째 비원성실상非圓成實相

ㅡ 세 종류 상을 하나로 모아서 설함

1 첫 번째 상과 비원성실상

가 첫 번째 차여동류가득상此餘同類可得相

경 선남자여, 차여동류가득상 및 실례 중에 일체의 이류의 상이 있다면,

善男子。若於此餘同類可得相及譬喩中。有一切異類相者。

석 세 번째로 첫 번째 상과 두 번째 상 및 여섯 번째의 비원성실상을 총괄해서 해석하였고,[519] 저 논(『인명입정리론』)에서 말한 '두 품의 일부에 퍼

---

519 이하 경문에서는 두 종류 그릇된 인因으로 말미암아 논증이 '완전하게 진실을 성취하지 못하는 상(非圓成實相)'을 설하였다. 먼저, 첫 번째 차여동류가득상此餘同類可得相으로 인해 비원성실상으로 되는 경우, 그리고 두 번째 차여이류가득상此餘異類可得相으로 인해 비원성실상으로 되는 경우를 차례로 설하였다.

져 있는 것(俱品一分轉)'도 총괄하였다.[520]

이 중에 두 가지가 있다. 처음에는 세 종류 상을 하나로 총괄해서 설한다. 나중의 "완전하게 성립된 진실이 아니기 때문에" 이하에서는 '수습해서는 안 된다'고 훈계한 것이다.

처음의 것에 두 가지가 있다. 첫째로 첫 번째 상 및 비원성실상을 해석한다. 둘째로 두 번째 상과 비원성실상을 해석한다.

처음의 것에 두 가지가 있다. 처음에는 첫 번째 상을 해석하였고, 나중에는 비원성실상을 해석하였다.

이것은 첫 번째 상인 '차여동류가득상此餘同類可得相'을 해석한 것이다.

"차여동류가득상"이라 한 것은 또한 문장을 완전하게 해서 말하면 '동품의 일부에 퍼져 있고 이품에 두루 퍼져 있는 것(同品一分轉異品遍轉)'이라고 해야 한다. 따라서 지금 "차여동류가득상"이라고 한 것은 '동품의 일부에 퍼져 있음'을 뜻하고, "및 실례 중에 일체의 이류의 상이 있다면"이라고 한 것은 '이품에 두루 퍼져 있음'을 뜻한다. 이런 의미 때문에, 이 경문은 『인명입정리론』에서 설했던 '동품의 일부에 퍼져 있고 이품에 두루 퍼져 있는 것' 및 '두 품의 일부에 퍼져 있는 것' 중의 '동품의 일부에 퍼져 있는 것'이라는 의미를 포괄하는 것이다.

이와 같이 이하에서도 '차여이류가득상此餘異類可得相'을 해석하였으니, 위와 반대로 생각하면 알 수 있을 것이다.[521]

---

[520] 이전에 언급했듯, 경에서 설했던 첫 번째 차여동류가득상此餘同類可得相과 두 번째 차여이류가득상此餘異類可得相은 그 차례대로 『인명입정리론因明入正理論』에서 설했던 제3의 동품일분전이품편전同品一分轉異品遍轉과 제4의 이품일분전동품편전異品一分轉同品編轉에 해당한다. 다만, 해석자의 관점에 따라서 그 논에서 설했던 제5의 구품일분전俱品一分轉을 동품일분전과 이품일분전으로 나누어 각기 첫 번째 상과 두 번째 상에 포함시키기도 한다. 이하의 경문에서도 그와 같이 설명했다는 것이다.

[521] 앞의 해석에 준하면, '이 이외의 이류에서 획득될 수 있는 상'은 이전과는 반대로 해석할 수 있다. 즉 저 『인명입정리론因明入正理論』에서 설했던 네 번째 '이품의 일부에 퍼져 있고 동품에 두루 퍼져 있는 것(異品一分轉同品遍轉)', 그리고 다섯 번째 '두 품의 일부에 퍼져

釋曰。第三攝[1]釋第一第二相及第六非圓成實相。攝*說論言俱品一分轉。
於中有二。初攝*說三種相爲一。後非圓成實故下。戒不應修習。初中有二。
一釋第一相及非圓成實相。二釋第二相及非圓成實相。一中有二。初釋第
一相。後釋非圓成實相。此卽釋第一相此餘同類可得相。此餘同類可得相。
亦應全文說。同品一分轉異品遍轉。故今此餘同類可得相者。同品一分轉
義。及譬喩中有一切異類相者。異品遍轉義。以是義故。此經文攝入正理論
所說同品一分轉異品遍轉。及俱品一分轉中同品一分轉義。如是下釋此餘
異類可得相。逆上可知。

1) ㉠ 원측 소의 전례에 준해 볼 때, '攝釋' 혹은 '攝說'이라는 표현은 어색하다. '攝'을 '總'으로 수정해야 한다. 이하 동일.

나 비원성실상

경 이런 인연들로 인해, 성립시켜야 할 바를 결정하지 못하기 때문에, 이것을 '비원성실상'이라고 이름한다.

由此因緣。於所成立。非決定故。是名非圓成實相。

석 두 번째는 비원성실상을 해석한 것이다. 말하자면 차여동류가득상은 곧 비원성실상이니, 결정적으로 입종立宗의 의미(義)를 성립시킬 수 없기 때문이다.

釋曰。第二釋非圓成實相。謂此餘同類可得相。是卽非圓成實相。決定不得
成立立宗義故。

있는 것(俱品一分轉)' 중에서 '이품의 일분에 퍼져 있는 것(異品一分轉)'을 포괄한다.

2 두 번째 상과 비원성실상

가 두 번째 차여이류가득상此餘異類可得相

경 또 차여이류가득상, 그리고 실례 중에 일체의 동류의 상이 있다면,

又於此餘異類可得相。及譬喩中有一切同類相者。

석 두 번째는 두 번째 상인 '차여이류가득상' 및 '비원성실상'을 해석한 것이다.

이것은 '차여이류가득상'을 해석한 것이다. 이것도 역시 문장을 완전하게 하여 설하면 '이품의 일부에 퍼져 있고 동품에 두루 퍼져 있는 것(異品一分轉同品遍轉)' 및 '두 품의 일부에 퍼져 있는 것(俱品一分轉)' 중에 '이품의 일부에 퍼져 있음'이라는 의미를 포괄하니, 이전에 준해서 알 수 있을 것이다.

釋曰。第二釋第二相此餘異類可得相。及非圓成實相。此卽釋此餘異類可得相。此亦應全文說攝異品一分轉同品遍轉。及俱品一分轉中。異品一分轉義。準前可知。

나 비원성실상

경 이런 인연으로 말미암아, 성립시켜야 할 바를 결정하지 못하기 때문에, 이것을 '비원성실상'이라고 이름한다.

由此因緣。於所成立。不決定故。是[1]名非圓成實相。

1) ㉠『解深密經』 권5(T16, 710a14)에 '是'가 '亦'으로 되어 있고, 교감주에 따르면 '是'로 된 곳도 있다.

석 두 번째는 '비원성실상'에 대해 해석한 것이니, 이전에 준해서 알 수 있을 것이다.

釋曰。第二釋非圓成實相。準前可知。

③ 수습해서는 안 된다고 훈계함

경 완전하게 진실을 성취하지 않기 때문에 청정한 도리를 잘 관찰한 것이 아니고, 청정하지 않기 때문에 수습해서는 안 된다.

非圓成實故。非善觀察清淨道理。不清淨故。不應修習。

석 두 번째는 수습해서는 안 된다고 훈계한 것이다.

釋曰。第二戒不應修習。

문 앞에서 설했던 도리에 의하면, 일체동류가득상一切同類可得相과 일체이류가득상一切異類可得相은 또한 비원성실상이다.[522] 그런데 어째서 경에

---

522 이나바: 一切同類可得相, 及一切異類可得相, 亦非圓成實. 관공: 則一切同類可得相, 亦非圓成實.
　이나바의 환역이 바르다. 위의 질문(문)의 의도는 다음과 같다. 〈일곱 가지 불청정상 중에 앞의 네 가지 상은 모두 부정인不定因의 일종으로 간주되었고, 이러한 인이 '소립所立의 종의宗義'를 능히 결정하지 못하는 것을 일컬어 '비원성실상'이라 한다. 그런데 위의 경문에서는 첫 번째와 두 번째 상과만 결부시켜 비원성실상이라 하였고,

서는 이와 같이 설하지 않았는가?

답 이치상 마땅히 이와 같이 (설해야 하지만), 생략했기 때문에 설하지 않은 것이다. 다시 이상의 경문이 앞의 다섯 가지를 전부 포괄해서 '비원성실상'을 설했다고 (볼 수도 있다.)[523] "차여동류가득상"이란 첫 번째 상을 설한 것이고, "및 실례 중에"라고 한 것은 다섯 번째 상을 설한 것이며, "일체의 이류가 있다면"이라 한 것은 네 번째 상을 설한 것이다.[524] "또 차여이류가득상"이란 두 번째 상을 설한 것이고, "및 실례 중에"라고 한 것은 다섯 번째 상을 재차 설한 것이며, "일체의 동류가 있다면"이라 한 것은 세 번째 상을 설한 것이다.[525] 이런 도리에 따르면, 앞의 다섯 가지에 의거해서 '비원성실상'을 설할 수 있다.

이와 같은 해석은, 이전에 청정한 상을 설할 때 '현견소득상現見所得相' 등의 세 가지 상을 설하여 '비원성실상'이라고 하는 것과 동일하다.[526]

問。依上所說道理者。一切同類可得相。及一切異類可得相。亦非圓成

세 번째 일체동류가득상一切同類可得相, 네 번째 일체이류가득상一切異類可得相을 언급하지는 않았다. 어째서인가.〉

[523] 첫 번째 해석에 따르면, 직전의 경문에서 단지 두 가지 상相만 '비원성실상'이라 하였고, 나머지 둘은 생략하고 설하지 않은 것이다. 그런데 이 두 번째 해석에 따르면, 직전의 경문을 세분해 보면 다섯 가지 상을 모두 포괄해서 '비원성실상'이라고 설한 것이다.

[524] 이전의 해석에 따르면, "선남자여, 차여동류가득상 및 실례 중에 일체의 이류의 상이 있다면"이라는 경문은 첫 번째의 차여동류가득상을 해석한 것이다. 그런데 이 해석에 따르면, 위의 경문에서는 두 종류 상을 설하고, 또 하나의 상의 일부를 설한 것이다.

[525] 이전의 해석에 따르면, "또 차여이류가득상, 그리고 실례 중에 일체의 동류의 상이 있다면"이라는 경문은 두 번째의 차여이류가득상을 해석한 것이다. 그런데 이 해석에 따르면, 위의 경문에서는 두 종류 상을 설하고, 또 재차 하나의 상의 일부를 설한 것이다.

[526] 원측의 해석에 따르면, 이 경에서 다섯 종류 청정한 상 중에 현견소득상現見所得相은 현량現量(직접 지각)에 해당하고, 의지현견소득상依止現見所得相과 자류비유소인상自類譬喩所引相은 비량比量(추리)에 해당한다. 말하자면 직접 지각된 사실이거나, 혹은 직접 지각된 사실에 의지하여 추리된 사실 등은 모두 '원성실상'이라고 말할 수 있다.

實。何以故。經不說如是。答。決定道理[1]不說者。略故不說。復此經文。全攝前五。能說非圓成實。若於此餘同類可得相者。說第一相。及譬喩中者。說第五相。有一切異類相者。說第四相。又於此餘異類可得相者。說第二相。及譬喩中者。再說第五相。有一切同類相者。說第三相。由此道理。約前五能說非圓成實。如是釋者。同前說淸淨相時。現見所得等三。說爲圓成實。

1) ㉯ '決定道理' 4자는 어색하다. 관공 역에 의거해서 '理應如此'로 수정해야 한다.

ㄹ 다섯 번째 상과 일곱 번째 상을 모아서 해석함

경 이류비유소인상이나 비선청정언교상이라면, 체성이 모두 청정하지 않음을 알아야 한다.

若異類譬喩所引相。若非善淸淨言敎相。當知。體性皆不淸淨。

석 네 번째는 다섯 번째 상과 일곱 번째 상을 모아서 해석한 것이다. "이류비유소인상異類譬喩所引相"이란 상위인相違因이니,[527] 예를 들어 입

---

527 이나바 : 異因. 관공 : 是不共因.
　　이나바와 관공의 환역을 모두 취하지 않았다. 전후 문맥상 '相違因'이 바른 듯하다. 이나바의 환역에 따르면, '異類譬喩所引相'도 인명因明에서 말하는 사인似因 중의 하나인데, 그러한 그릇된 인 중에는 '異因'이라는 명칭은 없다. 또 관공의 환역에서 '불공인不共因(不共不定因)'이라 한 것은 앞서 이미 네 번째 '一切異類加得相'에 배대해서 설명되었다. 따라서 이 네 번째 '異類譬喩所引相'은 이전의 부정과 不定過와는 구별되는 오류로 간주된다. 이하의 원측 소를 살펴보면, 이것을 상위인相違因의 일종으로 보거나, 혹은 10종의 사유似喩로 보는 해석 등이 있었다. 우선, 상위인으로 볼 경우, 특히 법자상상위인法自相相違因에 해당한다. 이것은 종宗의 법法(주장명제의 술부)과 상위하는 인因을 제시함으로써, '인'의 성질이 동품同品에는 전혀 없고 이품異品에만 있는 경우를 말한다. 이러한 법자상상위인의 전형적인 사례가 바로 〈성(언어)은 영원하다(聲常). 만들어진 것이기 때문이다(所作性故).〉라고 하는 경우다. 이때 '만들어진

종하면서 〈성(언어)은 영원하다(聲常). 만들어진 성질이기 때문이다(所作性故).〉라고 하는 것과 같다. 이 중에서는 허공 등을 동품同品으로 삼고 병 등을 이품異品으로 삼기 때문에, 이 ('만들어진 성질'이라는) 인因은 다만 이품에만 존재한다. 그러므로 "이류비유소인상"이라고 이름한 것이다. 혹은 실례에 열 종류 과실이 있는 것일 수도 있다.[528]

"비선청정언교상非善清淨言教相"이란 외도의 모든 삿된 교설을 말한다. 혹은 종宗(주장)과 인因(이유)과 유喻(실례)에 모두 과실이 있는 것이라 볼 수도 있다.

釋曰。第四攝[1]釋第五第七相。異類譬喻所引相者。異[2]因。如立宗言。聲常。所作性故。此中。以[3]空等爲同分。[4] 以瓶等爲異分[5]故。此因有但於異分。*是故名異類譬喻所引相。或可喻有十種過失。非善清淨言教相者。外諸邪說。或可於宗因喻。有諸過失。

---

1) ㉠ 원측 소의 전례에 준해 볼 때, '攝釋'의 '攝'은 '總'인 듯하다. 2) ㉠ '異'는 '相違'인 듯하다. 해당 번역문 역주 참조. 3) ㉠ '以' 뒤에 '虛'를 보입해야 한다. 4) ㉠ 인명因明에서 동일한 품류를 '同品'이라 한다. 따라서 '分'을 '品'으로 수정해야 한다. 5) ㉠ 인명因明에서 상이한 품류를 '異品'이라 한다. 따라서 '分'을 '品'으로 수정해야 한다. 이하 동일.

(* 두 번째 해석과 세 번째 해석)[529]

성질(所作性)'이라는 '인'은 영원한 동품에는 전혀 없고 오직 무상無常한 이품에만 존재하기 때문에 오히려 정반대의 주장을 성립시킨다.

528 이 해석에 따르면, '이류의 실례에 의해 이끌려 나온 상'은 인명因明의 삼십삼과三十三過 중에 열 종류 그릇된 실례(似喻)에 해당한다. 열 종류 그릇된 실례에는 다섯 종류의 그릇된 동법유(似同法喻)와 다섯 종류의 그릇된 이법유(似異法喻)가 있다. 이에 대한 자세한 설명은 『因明入正理論』 권1(T32, 12b1) 참조.

529 이상으로 'ⓑ 자세하게 해석함'이라는 과목이 종결되었다. 이 과목의 서두에서 이미 언급하였듯, 이 경문들에 대해서는 고래로 여러 가지 해석들이 있었던 듯한데, 원측 소에는 세 종류 해석이 소개된다. 지금까지는 그중에 첫 번째 해석에 의거해서 모든 경문의 해석을 끝마쳤고, 이제 마지막으로 나머지 두 종류의 해석을 간략히 소개한

한편에서는 말한다. 〈이와 같은 네 가지 상은 이전에 설한 것과 거의 동일한데, 차별이 있는 까닭은 (다음과 같다.) 네 가지 상이 '두 품의 일부에 펴져 있는 것'을 포함하는 것이 아니니, 다섯 번째 중의 '이류비유소인상異類譬喩所引相'이 바로 '두 품의 일부에 펴져 있는 것'이기 때문이다.[530] 나머지는 이전의 설명과 같다.〉

다. 대부분 이전과 동일하기 때문에 그 차이점을 언급하였다. 그런데 이 중에 앞의 두 가지 해석은, 이전의 '[a] 총괄해서 표명함'의 서두에서 『解深密經』의 일곱 가지 상과 『因明入正理論』의 다섯 가지 부정과不定過의 상호 포섭 관계를 논하면서 이미 언급했던 것이며, 해당 번역문의 역주에서 둘 간의 차이점을 도표로 정리한 바 있다.

[530] 이나바: 所以有差別者, ① 第四不攝俱品一分轉, ② 第四中異類譬喩所引相, 卽是俱品一分轉. 관공: 其有差別者, ① 亦唯第四相不攝俱品一分轉而已, ② 第五相中異類譬喩所引相者, 是俱品一分轉.
두 판본의 의미가 모두 명료하지 않다. 문장 ①은 두 판본에 모두 '第四'로 되어 있는데, 착오가 있는 듯하다. 전후의 논리적 흐름이 통하려면, '第四'를 '四' 혹은 '前四'로 수정해야 한다. 또 문장 ②는 관공의 환역과 같이 '第五'라고 한 것이 바르다.
이 문장은 이전의 첫 번째 해석과 이 두 번째 해석 간의 결정적 차이를 진술한 문장이다. 지금까지 첫 번째 해석에 의거해서 경문을 해석하였고, 이제 마지막으로 다른 두 가지 해석을 소개한다. 그중에, 먼저 진술된 이 두 번째 해석은 대부분 첫 번째 해석과 동일하지만, 『因明入正理論』의 제5 구품일분전俱品一分轉을 어떤 상相에 배대시키는가에서 결정적 차이가 생긴다. 이전의 해석에서는, 이 경의 네 가지 상相을 저 논의 다섯 가지 부정과不定過와 연관시켰기 때문에, 하나의 상에 하나의 부정과를 배정하고 나서, 다섯 번째 '구품일분전'의 경우는 둘로 구분해서 다시 첫 번째 상과 두 번째 상에 배정한다. 이와는 달리, 이 두 번째 해석에서는 앞의 네 가지 상이 저 논의 다섯 번째 구품일분전까지 포함하는 것이 아니라, 다섯 번째 상이 그것을 포함한다고 보았다. 그 차이를 도표로 나타내면 다음과 같다.

『解深密經』	『因明入正理論』	
	첫 번째 해석	두 번째 해석
① 此餘同類可得相	第3 同品一分轉異品遍轉, 第5 俱品一分轉 중의 同品一分轉	第3 同品一分轉異品遍轉
② 此餘異類可得相	第4 異品一分轉同品遍轉, 第5 俱品一分轉 중의 異品一分轉	第4 異品一分轉同品遍轉
③ 一切同類可得相	第1 共不定	第1 共不定
④ 一切異類可得相	第2 不共不定	第2 不共不定
⑤ 異類譬喩所得相	一云, 但有異喩無同喩. 一云, 此卽於喩有十種過失.	第5 俱品一分轉

한편에서는 말한다. 〈이와 같은 네 가지 상은 이전에 설한 것과 같다. (그런데) 차별이 있다면, '이류비유소인상'은 세 번째와 네 번째 상에서 능히 해명될 수 있다는 것이다.[531] 나머지는 이전과 동일하다.〉

(＊ 총평)[532]

이와 같이 비록 세 가지 설이 있기는 해도, 『현양성교론』 제20권과 『해심밀경』의 두 판본에 의거해서 말하자면, '이류비유소인상'이란 세 번째와 네 번째 상에서는 모두 '이류의 실례'라는 말이 없다.[533]

『유가사지론』 제78권과 『현양성교론』 제20권에서는 이름의 나열은 동일하지만 해석은 조금 차이가 난다.[534]

---

[531] 이 문장도 또한 이전의 첫 번째 해석과 이 세 번째 해석 간의 차이점을 간략히 언급한 것이다. 이전과 거의 대부분 동일한데, 『因明入正理論』의 제5 구품일분전俱品一分轉을 세 번째 상과 네 번째 상에 포함시킨다는 점에서 차이가 있다. 그 차이를 간략히 도시하면 다음과 같다.

『解深密經』	『因明入正理論』	
	첫 번째 해석	세 번째 해석
① 此餘同類可得相	제3 同品一分轉異品遍轉, 제5 俱品一分轉 중의 同品一分轉	제3 同品一分轉異品遍轉
② 此餘異類可得相	제4 異品一分轉同品遍轉, 제5 俱品一分轉 중의 異品一分轉	제4 異品一分轉同品遍轉
③ 一切同類可得相	제1 共不定	제1 共不定	제5 俱品一分轉
④ 一切異類可得相	제2 不共不定	제2 不共不定	
⑤ 異類譬喩所得相	一云, 但有異喩無同喩. 一云, 此卽於喩有十種過失.		

[532] 이상으로 긴 지면에 걸쳐 일곱 가지 불청정상不淸淨相을 해석하였고, 그에 대한 세 종류 해석을 소개하였다. 이하에서는 원측이 그 세 종류 해석을 총평하면서, 나름대로 문헌적 고증을 한 것이다.

[533] 이나바 : 異類譬喩所引相, 於第三第四中, 總無異類譬喩語. 관공 : 則異類譬喩所引相, 在第三第四以外, 無異類譬喩之辭故.
여기에서 원측은 직전의 세 번째 해석을 비판한 듯하다. 그 세 번째 해석에서는 "이류비유소인상異類譬喩所引相은 제3과 제4의 상에서 능히 해명될 수 있다."라고 했는데, 『解深密經』과 『顯揚聖敎論』의 설에 의하면 세 번째와 네 번째 상에는 모두 '이류비유異類譬喩'라는 말이 없으므로 별도의 다른 오류라고 말한 듯하다.

[534] 『顯揚聖敎論』 권20(T31, 582c14)에서는 일곱 가지 상의 명칭을 나열하면서 "七種不淸

《따라서『현양성교론』에서는 설한다. "상모相貌나 자체自體나 업業이나 법法이나 인因이나 과果 등이 동이同異의 상으로서, 혹은 (둘 중의) 일부가 서로 간에 동이의 상이라면 이를 '여분동이류소득상餘分同異類所得相'이라고 이름하고, 혹은 결정적으로 서로 이상異相이라면 이를 '일체이류소득상一切異類所得相'이라고 이름한다.[535]『현양성교론』에서는 또한 이와 같이 설하고, 이 이외의 모든 상들에 대해서는 이『해심밀경』과 동일하게 설한다. 이 해석에 의하면, (경문에서 설한) '상相·성性 등의 다섯 가지'는 또한 동이同異의 상 및 오로지 이상異相인 경우를 해석한 것이다.[536]》[537]

一云。如是四者。大同前說。所以有差別者。第[1)]四不攝俱品一分轉。第四[2)]

淨相者。一餘分同類所得相。二餘分異類所得相。三一切同類所得相。四一切異類所得相。五引異類譬喩相。六不成就相。七不清淨言敎相"이라고 하였는데, 이는『瑜伽師地論』제78권 및『解深密經』에서 설한 이름들과 거의 동일하다. 그러나 해석상에서 약간의 차이가 있다. 이하에서 그 다른 점을 지적하였다.

535 『顯揚聖敎論』권20(T31, 582c18)
536 『顯揚聖敎論』에서는 각각의 상을 해석하는 가운데 "若相貌若自體。若業若法。若因若果等。同異之相。ⓐ 或隨一分更互同異之相。是名餘分同異類所得相。ⓑ 或決定更互異相。是名一切異類所得相。"이라고 하였는데, 문장 ⓐ에서는 첫 번째 '餘分異類所得相'과 두 번째 '餘分異類所得相'을 통합해서 해석하였고, 문장 ⓑ에서 네 번째 '一切異類所得相'을 해석한 것이다. 그런데 이러한 해석은『瑜伽師地論』과『解深密經』과는 다소 차이가 있다. 두 경론에는 그와 유사하게 "若一切法。相性業法。因果異相。由隨如是一一異相。決定展轉各各異相。是名一切異類可得相"이라고 해석하였는데, 대부분 주석가들은 이 경문을 네 번째 '一切異類可得相'에 대한 해석으로 간주하였다. 그런데『顯揚聖敎論』의 해석에 따르자면, 경문에서 상相·성性·업業·법法·인과因果 등 다섯 가지를 언급한 것은 상동·이이의 상이 있는 경우 및 오로지 이상異相만 있는 경우를 모두 가리킨다고 볼 수도 있다는 것이다.
537 이나바:《① 故顯揚說, 若相貌若自體, 若業若法, 若因若果等, 同異之相, ⓐ 或隨一分更互同異之相, 是名餘分同異類所得相. ⓑ 或決定更互異相, 是名一切異類所得相. ② 顯揚論, 亦如是說, 此餘諸相, 同此經說. ③ 依此釋者, 相性等五, 亦解同異之相, 及一向異相.》관공:《① 如瑜伽地論云, 若一切法相性業法因果異相, 由隨如是一一異相, 決定展轉, 各各異相, 是名一切異類可得相. ② 顯揚聖敎論中, 亦如是說, 其餘諸相, 亦與此經所說相同. ③ 若與此釋結合, 亦可了知, 相性等五種, 一一異相, 皆是一向異相.》

中異類譬喩所引相。卽是俱品一分轉。餘如前說。一云。如是四者。等前說。
有差別者。異類[3]所引相。於第三第四能解。餘如前。如是雖有三說。依顯
揚論第二十及經二本說。異類譬喩所引相。於第三第四中。總無異類譬喩
語。瑜伽論第七十八。與顯揚論第二十。列名同。釋少異。《故顯揚說。若相
貌若自體。若業若法。若因若果等。同異之相。或隨一分更互同異之相。是
名餘分同異類所得相。或決定更互異相。是名一切異類所得相。顯揚論。亦
如是說。此餘諸相。同此經說。依此釋者。相性等五。亦解同異之相。及一
向異相。》[4]

1) ㉑ '第'는 잉자인 듯하다. 해당 번역문 역주 참조. 2) ㉑ '四'를 '五'로 수정해야 한다. 해당 번역문 역주 참조. 3) ㉑ '類' 뒤에 '譬喩'를 보입해야 한다. 4) ㉑《》안의 내용이 관공의 환역과 다르다. 자세한 것은 해당 번역문 역주 참조.

ㄹ) 법이도리法爾道理

경 '법이도리'란, 여래께서 세상에 나시든 세상에 나시지 않았든, 법성에 안주하고 법주와 법계(에 안주함을) 일컬어 '법이도리'라고 이름한다.[538]

> 두 판본 간에 많은 차이가 있다. 문장 ①의 경우, 이나바의 복원문에는 『顯揚聖教論』 권20(T31, 582c18)을 인용한 것으로 되어 있고, 관공의 환역에는 『瑜伽師地論』 권78(T30, 735b6)을 인용한 것으로 되어 있다. 우선, 이나바의 복원문처럼, 문장 ①에서 『顯揚聖教論』을 인용하고 나서 다시 문장 ②에서 "『현양성교론』에서도 또한 이와 같이 설한다(顯揚論亦如是說)."라고 하는 것은 형식적 측면에서는 어색하다. 그러나 전후 문맥상 이곳에서는 『顯揚聖教論』을 인용하는 것이 바르다. 『瑜伽師地論』 권78은 『解深密經』이 수록된 부분이기 때문에 경문과의 차이를 살펴보기 위해 그 논을 인용하지는 않았을 것이기 때문이다.
> 문장 ③은 『顯揚聖教論』(이나바) 혹은 『瑜伽師地論』(관공)의 인용문에 의거해서, 또 다른 해석의 가능성을 제시한 것이다. 이전과 같은 이유에서 이나바의 복원문을 취하였다. 이에 따르면, 『解深密經』에서는 '一切異類可得相'에 대해 "若一切法相性業法因果異相, 由隨如是一一異相, 決定展轉, 各各異相, 是名一切異類可得相"이라 해석했는데, 『顯揚聖教論』의 문장은 그와 유사하면서도 조금 차이가 있다. 그 차이에 관해서는 앞의 역주에서 다루었다.

538 경문의 번역이 역자마다 각기 다르다. 위의 번역은 이하의 『瑜伽師地論』의 해석에 준

法爾道理者。謂如來出世。若不出世。法性安住法住法界。是名法爾道理。

석 네 번째는 법이도리를 따로 해석한 것이다.
『유가사지론』제10권에서는 연기의 의미에 의거해서, 경문의 세 구句인 '법성法性'과 '법주法住'와 '법계法界'의 의미를 설명한다. 따라서 그 논에서는 말한다.

문 가령 세존께서는 말씀하시길, 〈이 모든 연기는 '아我'가 지은 것도 아니고 또한 그 밖의 것이 지은 것도 아니니, 그 이유는 무엇인가? 부처님께서 세상에 나시든 세상에 나시지 않았든, (이 연기는) 법성과 법주와 법계에 안주한다.〉라고 하였는데, 법성이란 무엇이고, 법주란 무엇이며, 법계란 무엇인가?

답 이 모든 연기가 무시이래로 이치로서 성취되어 있는 성질을 일컬어 '법성'이라고 이름한다. 성취된 성질과 같이 그대로 전도 없는 문구를 안립하는 것을 일컬어 '법주'라고 이름한다. 이 법주는 저 법성을 인因으로 삼고 있음으로 말미암아, 이로 인해 그것을 설하여 '법계'라고 이름한다.[539·540]

또 『유가사지론』 중의 「성문지」에서는 말한다.

'법이도리'란 (다음과 같다.) 어떤 인연으로 저 모든 온들은 이와 같은 종류이고, 모든 기세간들은 이와 같이 안포하는가? 어떤 인연으로 지地

한 것이다.
539 '법계法界'에서 '계界'란 '인因'의 뜻이다. 연으로 생기하는 모든 법들의 인因으로서 존재하는 근원적 토대를 말한다.
540 『瑜伽師地論』권10(T30, 327c21).

는 단단함(堅)을 상으로 삼고, 수水는 축축함(濕)을 상으로 삼으며, 화火는 따뜻함(煖)을 상으로 삼고, 풍風은 가볍게 움직임(輕動)을 상으로 삼는가? 어떤 인연으로 모든 온은 무상하고, 모든 법은 무아이며, 열반은 적정한가? 어떤 인연으로 색色은 변괴變壞의 상이고, 수受는 영납領納의 상이며, 상想은 등료等了의 상이고,[541] 행行은 조작造作의 상이며, 식識은 요별의 상인가?

저 제법의 본성이 응당 이러하고, 자성이 응당 이러하며, 법성이 응당 이러하니, 곧 이러한 '법이法爾(법의 본래 이러함)'를 설하여 '도리'라고 이름한 것이다.[542]

釋曰。第四別釋法爾道理。瑜伽第十。約緣起義。說經文三法性法住及法界義。故彼論云。問。如世尊言。是諸緣起。非我所作。亦非餘作。所以者何。若佛出世。若不出世。安住法性法住法界。云何法性。云何法住。云何法界。答。是諸緣起。無始時來。理成就性。是名法性。如成就性。以無顛倒文句安立。是名法住。由此法住。以彼法性爲因。是故說彼。名爲法界。又瑜伽中聲聞地云。法爾道理者。謂何因緣故。卽彼諸蘊。如是種類。諸器世間。如是安布。何因緣故。地堅爲相。水濕爲相。火煖爲相。風用輕動。以爲其相。何因緣故。諸蘊無常。諸法無我。涅槃寂靜。何因緣故。色變壞相。受領納相。想等了相。行造作相。識了別相。由彼諸法本性應爾。自性應爾。法性應爾。卽此法爾。說名道理。

---

541 『瑜伽師地論』「聲聞地」 중에서는 '상相'의 특징을 '등료상等了相'으로 정의하였는데, 같은 책 「攝決擇分」(T30, 594b16)에서는 "'등료상'이란 '공상共相'이고, 상相의 차별에 해당한다."라고 하였다. 오온五蘊 중의 '상想'은 심소법 중의 하나로서, 그 상의 작용은 제법의 공상을 아는 것이며, 곧 이때 '공상'은 그 법의 차별상이기도 하다.
542 『瑜伽師地論』 권25 「聲聞地」(T30, 419b29).

또 『잡집론』 제11권에서는 말한다.

📋 만약 제법에 대해 정근하면서 자세히 관찰하려 한다면, 몇 종류 도리로 말미암아 바르게 관찰할 수 있는가?

📋 네 종류 도리로 말미암으니, 관대도리觀待道理와 작용도리作用道理와 증성도리證成道理와 법이도리法爾道理를 말한다.

'관대도리'란 모든 행이 생할 때는 반드시 여러 연들을 기다리는 것을 말한다. 예를 들면 싹이 생할 때는 반드시 종자와 시절과 물과 밭 등의 연을 기다려야 하고, 모든 식識이 생할 때는 반드시 근根과 경境과 작의作意 등의 연을 기다리는 것처럼, 이와 같은 것들을 (관대도리라고 한다.)

'작용도리'란 이상異相의 모든 법의 개별적 작용을 말한다. 예를 들면 안근眼根 등은 안식眼識 등의 소의所依가 되는 작용을 하고, 색色 등의 경계는 안식 등의 소연所緣이 되는 작용을 하며, 안식 등의 모든 식들은 색 등을 요별하니, 금은金銀을 다루는 장인 등이 금은 등의 사물을 잘 다루어 만들어 내는 것처럼, 이러한 것에 비견되는 것을 (작용도리라고 한다.)

'증성도리'란 '성립시켜야 할 의미(所應成義)'를 증성證成하기 위해서 모든 양量(인식방법·수단)과 상위되지 않는 말을 서술하는 것을 말한다. '성립시켜야 할 의미'란 자체自體와 차별差別에 의해 포괄되었던 '성립시켜야 할 의미'를 말한다.[543] '모든 양과 상위되지 않는 말'이란 현량現量 등과 상위하지 않는 입종立宗 등의 언어를 말한다.[544]

---

[543] 주장의 의미(宗義)가 주술 관계를 이루는 하나의 명제로서 표현되는 것을 말한다. 하나의 명제에서 주부에 놓인 것을 자체自體(自性)라고 하고, 술부에 놓인 것을 차별差別이라 한다.
[544] 입종立宗을 위해서 진술되는 명제들이 직접 지각하거나 혹은 추론한 것 등에 어긋나지 않아야 함을 말한다.

'법이도리'란 시작 없는 때로부터 자상自相과 공상共相으로 주지住持되는 법들 안에 있는 바의 성취된 법성(成就法性)의 본래 그러함(法爾)을 말한다. 예를 들면 불은 능히 태우고, 물은 능히 문드러지게 하는 것처럼, 이와 같은 등의 제법의 성취된 법성의 본래 그러함을 말한다. 예를 들어 경에서 말하길, '눈이 비록 원만하고 깨끗하다 해도, 공하고 영원함이 없으며 내지는 무아다. 그 이유는 무엇인가? 그 자성이 본래 그러한 것이다.'[545]라고 하였다.

자세하게 분별하면 예를 들어 『잡집론』과 『유가사지론』과 『대승장엄경론』과 『현양성교론』에서 설한 것과 같으니, 알 수 있을 것이다.

又雜集論第十一云。問。若欲於諸法正勤審觀察。由幾種道理。能正觀察耶。答。由四種道理。謂觀待道理。作用道理。證成道理。法爾道理。觀待道理者。謂諸行生時。要待衆緣。如芽生時。要待種子時節水田等緣。諸識生時。要待根境作意等緣。如是等。作用道理者。謂異相諸法。各別作用。如眼根等。爲眼識等所依作用。色等境界。爲眼識等所緣作用。眼等諸識。了別色等。金銀匠等。善修造金銀等物。如是比。證成道理者。謂爲證成所應成義。宣說諸量不相違語。所應成義者。謂自體差別所攝所應成義。諸量不相違語者。謂現量等不相違立宗等言。法爾道理者。謂無始時來。於自相共相所住法中。所有成就法性法爾。如火能燒。水能爛。如是等諸法成就法性法爾。如經言。眼雖圓淨。空無有常。乃至無我。所以者何。其性法爾。若廣分別。如雜集論。瑜伽論。莊嚴經論。及顯揚論。可知。

ⓗ 총상總相과 별상別相

---

545 『雜集論』 권11(T31, 745b10).

경 '총·별'이란 먼저 총괄해서 한 구의 법을 설하고 나서, 이후의 모든 구들에 의해 차별시키고 분별해서 마침내 명료하게 하는 것이다.

> 總別者。謂先總說一句法已。後後諸句。差別分別。究竟顯了。

석 여덟 번째는 총상總相과 별상別相을 밝힌 것이다.[546]

『현양성교론』 제20권에서는 '간략함(略)과 자세함(廣)'이라고 하였다. 따라서 그 논에서는 "간략함과 자세함이란 먼저 한 구의 법을 설하고 나서 이후에 한량없는 구로 연속적으로 분별해서 명료하게 끝마치는 것이다."[547]라고 하였다.

또 『잡집론』 제15권에서 말한다. "'총별을 구분한 문'이란 어떤 곳(處)에서는 현시할 때, 먼저 한 구로 총괄해서 표시하고 나서, 그 후에 그 밖의 구로써 따로 해석한다."[548]

『대지도론』 제31권에서는 말한다. "총상이란 예를 들어 무상無常 등과 같은 것이다. 별상이란 제법이 모두 무상하다 해도 각기 별상이 있으니, 예를 들어 지地는 견고함(堅)의 상을 가지고 있고 수水는 축축함(濕)의 상을 가지고 있는 것과 같다."[549]

> 釋曰。第八明總別相。顯揚論第二十言略廣。故彼論云。略廣者。謂先說一句法。後後以無量句。展轉分別。顯了究竟。又雜集論第十五云。總別分門者。謂若處顯示。先以一句總標。後以餘句別釋。智度論第三十一云。

---

546 이상으로 보리분법의 행상行相을 '팔행관'으로 설명했는데, 이하는 그 여덟 번째에 해당한다.
547 『顯揚聖教論』 권20(T31, 583a1).
548 『雜集論』 권15(T31, 766a8).
549 『大智度論』 권31(T25, 293a27).

總相者。如無常等。別相者。諸法雖皆無常。而各有別相。如地爲堅相。水
爲濕相。

e) 자성상自性相

경 '자성상'이란, 말하자면 내가 설했던 바 '행상을 갖고 있고(有行) 소연을 갖고 있는(有緣)' 모든 능취能取의 보리분법이다.[550] 말하자면 염주念住 등, 이와 같은 것을 일컬어 그것의 자성상이라고 이름한다.

自性相者。謂我所說。有行有緣所有能取菩提分法。謂念住等。如是名爲彼
自性相。

석 (이전에) 설했던 본모本母의 열한 가지 상 중에 네 번째 상의 문을 이미 다 해석하였다.[551]

---

[550] '有行有緣所有能取菩提分法'이라는 경문의 번역이 역자마다 상이하다. 가령 이나바의 번역본에는 "有의 行과 有의 緣의 所有인 能取의 菩提分法이다."라고 되어 있는데, 밑줄 친 부분은 오역인 듯하다. 이 경문을 "행상을 갖고 있고(有行) 소연을 갖고 있는(有緣)"이라 번역해야 할 듯하다. 이 경문은 사념주四念住 등의 보리분법菩提分法의 자성을 서술한 것으로, 이전의 경문에서 설했던 세 번째 소연상所緣相과 네 번째 행상行相과 연관되는 문구다. 앞서 세 번째로 '보리분법의 소연상'에 대해 설하였고, 네 번째로 팔행관의 경계인 여러 가지 '행상'들을 설하였다. 지금은 그와 대응해서 다섯 번째로 '행상을 갖고 있고(有行) 소연을 갖고 있는(有緣)' 관행 그 자체를 설한 것이다. 말하자면 관행 그 자체가 자성상自性相에 해당한다면, 이전의 소연상과 행상들이 그러한 관觀의 경계에 해당한다. 사념주四念住 등의 삼십칠보리분법은 앞서 말한 경계들을 능히 파악하는(能取) 정신 활동이기 때문에 그것을 일컬어 "행상을 갖고 있고 소연을 갖고 있는 능취能取의 보리분법"이라 하였다.
[551] 지금까지 연속해서 삼장三藏 중의 본모本母(論)에 대한 자세한 설명이 이어지고 있다. 본모에 대해 총 열 가지 상相으로 설명하는데, 지금까지 차례대로 첫 번째 세속世俗의 상, 두 번째 승의勝義의 상, 세 번째 보리분법의 소연의 상, 그리고 네 번째 행상行相에 대해 설명하였다.

이 다섯 번째 상은 자성상을 밝힌 것이다. 말하자면 이전에 설했던 보리분법인 염주 등의 체는 능취能取이니,[552] 경계의 행상이 있고 소연이 있는 (능연能緣의 관행) 자체,[553] (즉) 염주 등의 삼십칠보리분법이 능취의 자성이라고 한다.

> 釋曰。所說本母十一相中。第四相門已釋訖。此第五相明自性相。謂前所說菩提分法念住等體能取。[緣有境行有所緣體。][1]念住等三十七菩提分。能取自性。
>
> 1) ㉠ '緣有境行有所緣體' 8자의 의미가 명료하지 않다. 해당 번역문 역주 참조.

f) 그것의 과의 상(彼果相)

경 '그것의 과의 상'이란, 말하자면 세간이나 출세간의 모든 번뇌의 단멸 및 (그에 의해) 이끌려 나온 바의 세간·출세간의 모든 과의 공덕들, 이와 같은 것을 일컬어 '그 과를 획득한 상'이라고 한다.

> 彼果相者。謂若世間若出世間諸煩惱斷。及所引發世出世間諸果功德。如

---

552 이나바 : 謂前所說, 菩提分法念住等體, 能取. 관공 : 謂如上所說, 菩提分法四念住等, 是能任持自性.
　　두 환역의 밑줄 친 부분이 다르고, 모두 문장이 어색하다. 어쨌든, 원측이 말하려는 것은 '사념주 등은 그 자체가 경문에서 설한 능취能取에 해당한다'는 것이다.
553 이나바 : 緣有境行有所緣體. 念住等三十七菩提分. 能取自性. 관공 : 緣境行相及能緣自體. 四念住等三十七菩提分法. 即是能取自性.
　　두 환역본의 밑줄 친 부분이 상이하고, 모두 전후 문맥상 어색하다. 밑줄 친 문구는 "有行有緣"이라는 경문을 해석한 것으로서 뒤의 '四念住' 등을 수식한다. 앞서 "有行有緣"을 "행상이 있고(有行) 소연이 있는(有緣)"이라 번역하였는데, 이 문구도 그와 상응하는 내용이어야 한다. 그것은 다음과 같이 추정해 볼 수 있다. 〈행상이 있고 소연이 있는 능연能緣으로서의 관행 자체, 즉 사념주 등의 삼십칠보리분법이 바로 '능취能取의 자성이다.〉

是名爲得彼果相。

석 여섯 번째는 그것(보리분법)의 과의 상을 해석한 것이다. 말하자면 세간도로 모든 번뇌를 항복시키고, 출세간도로 모든 번뇌를 영구히 끊어 버림으로써 획득된 열반 및 그것들에 의해서 이끌려 나온 바의 유위의 공덕들을 '과의 상'이라고 이름한다.

釋曰。第六釋彼果相。謂以世間道。降伏諸煩惱。以出世間道。永斷諸煩惱。所得涅槃。及依彼等所引發有爲功德。是名爲[1]果相。

1) ⓨ '爲' 뒤에 '彼'가 누락된 듯하다.

g) 그것을 영수하고 개시하는 상(彼領受開示相)

경 '그것을 영수하고 개시하는 상'이란, 말하자면 곧 그것을 해탈지로써 영수하고, 또 널리 남을 위해 선설하여 열어 보이는 것, 이와 같은 것을 일컬어 '그것을 영수하고 개시하는 상'이라고 한다.

彼領受開示相者。謂卽於彼。以解脫智。而領受之。及廣爲他宣說開示。如是名爲彼領受開示相。

석 일곱 번째는 그것(과의 공덕들)을 영수하고 개시하는 상에 대해 해석한 것이다. 말하자면 보리분법의 '번뇌를 끊은 지智'로써 유위·무위의 공덕을 영수하고 남들에게 열어 보이는 것이다.[554]

---

554 여기서 '번뇌를 끊은 지혜'라 한 것은 위의 경문에서 '해탈지解脫智'라고 한 것을 말한다. 즉 저 보리분법의 수행에서 번뇌를 바로 끊는 단계를 무간도無間道라고 하고, 번뇌를 끊은 직후에 지智가 생하는 것을 해탈도라고 한다. 이 보리분법의 지혜로써 그

釋曰。第七釋彼領受開示相。謂以菩提分法斷煩惱智。領受有爲無爲功德。爲他開示。

h) 그것을 장애하는 법의 상(彼障礙法相)

경 '그것을 장애하는 법의 상'이란, 말하자면 보리분법을 닦는 데 있어 능히 따라다니며 장애하는 모든 오염법을 일컬어 '그것을 장애하는 법의 상'이라고 한다.

彼障礙法相者。謂卽於修菩提分法。能隨障礙諸染汚法。是名彼障礙法相。

석 여덟 번째는 그것을 장애하는 법의 상을 해석한 것이다. 아집·법집 및 이장二障(번뇌장과 소지장)이다.

釋曰。第八釋彼障礙法相。我法執及二障。

i) 그것에 수순하는 법의 상(彼隨順法相)

경 '그것에 수순하는 법의 상'이란, 말하자면 그것(보리분법)에서 많이 '지어야 할 법'을 일컬어 '그것에 수순하는 법의 상'이라고 한다.

彼隨順法相者。謂卽於彼。多所作法。是名彼隨順法相。

석 아홉 번째는 그것에 수순하는 법의 상을 해석한 것이다.

과의 공덕들을 수용하고 개시한다는 것이다.

해탈분의 선근 등으로 삼십칠보리분법의 지어야 할 법(所作法)을 성취하는 것을 일컬어 '그것에 수순하는 법의 (상)'이라고 한 것이다.

釋曰。第九釋彼隨順法相。以解脫分善根等。成三十七菩提分所作法。是名彼隨順法。

j) 그것의 과환의 상(彼過患相)

경 '그것의 과환의 상'이란, 곧 그것의 모든 장애법의 모든 과실을 일컬어 '그것의 과환의 상'이라고 했음을 알아야 한다.

彼過患相者。當知。卽彼諸障礙法所有過失。是名彼過患相。

석 열 번째는 (보리분법을) 장애하는 법의 과환의 상을 해석한 것이다. 모든 취趣·생生에서 인발된 번뇌의 상이 능히 장애하는 것이다.[555]

釋曰。第十釋障礙法過患相。[諸趣生所引發煩惱相能障。][1]

1) ⓔ [ ]의 문구에 오탈자가 있는 듯하다. 해당 번역문 역주 참조.

k) 그것의 승리의 상(彼勝利相)

---

[555] 이나바 : 諸趣生所引發煩惱相, 能障. 관공 : 顯揚聖教論云, 此過患相者, 謂能障礙所有過失, 是名此過患相.
　　두 판본의 문구가 현저히 다르다. 우선, 이나바의 환역에 따르면 위의 경문은 "모든 趣生에서 인발된 바의 煩惱相이 능히 장애한다."는 것을 밝힌 것이다. 이는 경문과는 어긋난다. 경문에서는 '보리분법을 장애하는 법들의 과환의 상'을 설하고 있기 때문이다. 한편, 관공의 환역에 따르면, 이곳에서 『顯揚聖教』의 문장을 인용하여 "능히 장애하는 것(能障礙)의 모든 과실들을 말한다."라고 하였는데, 이것이 '장애법의 과환의 상'에 대한 해석으로서 더 적절하다.

경 '그것의 승리의 상'이란, 그것에 수순하는 법들의 모든 공덕을 일컬어 '그것의 승리의 상'이라 했음을 알아야 한다.

彼勝利相者。當知。卽彼諸隨順法所有功德。是名彼勝利相。

석 열한 번째는 수승한 이익의 상을 해석한 것이다.
『현양성교론』제20권에서는 '이것의 칭찬할 만한 상(此稱讚相)'이라 하였다.[556] "말하자면 수순하는 법의 모든 공덕을 일컬어 '이것의 칭찬할 만한 상'이라 한다."[557]

釋曰。第十一釋勝利相。顯揚論第二十。言此稱讚相。謂隨順法所有功德。是名此稱讚相。

나. 삼장의 불공다라니 不共陀羅尼를 설함

가) 설법을 청함

(가) 바른 해석을 청함

경 만수실리보살이 다시 부처님께 여쭈었다. "오직 원컨대, 세존이시여, 보살들을 위해서 계경·조복·본모가 외도들과 공유하지 않는 다라니의 의미를 간략히 설해 주십시오.

---

[556] 『顯揚聖教論』에서도 이『解深密經』과 마찬가지로 삼장三藏 중의 마달리가장摩怛履迦藏(本母)을 열한 종류 상相으로 설명하였다. 그중에 그 논에서 설한 '此稱讚相'은 이 경에서 설한 '彼勝利相'에 해당한다.
[557] 『顯揚聖教論』권20(T31, 583a16).

曼殊室利菩薩。復白佛言。唯願世尊。爲諸菩薩。略說契經調伏本母不共外
道陀羅尼義。

석 앞에서 네 번째 (과목을) 둘로 나누었는데, 처음은 삼장을 자세하게 해석한 것이고, 나중은 불공다라니의 의미를 해석하는 것이다. 이상으로 삼장에 대한 자세한 해석을 마쳤으므로, 이하에서는 두 번째로 불공다라니의 의미를 해석하겠다.

이 중에서 처음은 설법을 청하는 것이고, 나중은 바로 해석해 준 것이다.

법을 청하는 데 두 가지가 있다. 처음은 바른 해석을 청하는 것이고, 나중은 설법을 청한 의도를 밝힌 것이다.

이것은 바른 해석을 청한 것이다.

"다라니"란 염念·혜慧가 체이다.[558] 법을 청하기 전에 부처님께서 삼장을 자세히 해석해 주셨는데, 지금은 여래께서 삼장을 간략히 설해 주시길 청한다. 이로 말미암아서, 모든 보살들이 (여래께서) 심오한 밀의로 설했던 바를 망각하지 않고 추충신을 끊고서 무위를 획득하기만을 염하게 하려는 것이다. 외도들의 그릇된 설법과는 공유하지 않는(不共) 다라니이기 때문에 '불공다라니의 의미'라고 이름한 것이다.

어떤 다른 이는 해석한다. 〈인공·법공 두 가지 공의 이치를 따라서, 인·법 두 가지의 공을 아는 지智를 생하는 것이 곧 '불공다라니의 의미'이다.[559] 이것을 깨달았기(了悟) 때문에 여래가 설했던 법의 심오한 밀의에

---

558 위의 경문에서 설한 '다라니陀羅尼([S] dhāraṇī)'란 부처님의 수많은 교법들의 심오한 밀의를 총괄해서 거두고 있는 간략한 문구를 말한다. 이러한 다라니는 한량없는 법과 의미를 잊지 않고 간직하는 염念·혜慧의 힘을 본질로 하는 것이기 때문에 '염·혜를 체로 삼는다'고 하였다. 이 중에 '염'은 일찍이 수용했던 경계를 억지憶持하는 정신 작용이며, '혜'는 관관의 경계를 관찰하는 정신 작용이다.
559 이나바 : ① 由人法二空理, ② 人法二空生知, 是卽不共陀羅尼義. 관공 : ① 謂由補特

취입趣入할 수 있는 것이다.〉

『유가사지론』제85권에 따르면, 세 종류 의미를 설하기 때문에 '외도와는 공유하지 않는다'고 한다. 따라서 그 논에서 말한다. "다시 선설善說의 법과 율은 간략하게는 세 종류의 공유하지 않는 요소(支) 때문에 외도와는 공유하지 않으며, 선설의 범주(數)에 귀속된다. 첫째는 진실하고 궁극적인 해탈에 대해 설하였기 때문이고, 둘째는 그에 나아가는 방편에 대해 설하였기 때문이며, 셋째는 그에 나아가서 스스로 내면에서 증득되는 바에 대해 설하였기 때문이다."560 자세하게 설하면 그 논과 같다.

釋曰。上第四開爲二。初廣釋三藏。後釋不共陀羅尼義。上來廣釋三藏訖。自下第二釋不共陀羅尼義。於中。將初請法。後正釋。請法有二。初請正釋。後明請法意。是卽初請正釋。陀羅尼者。念慧1)體也。於請法前。佛廣釋三藏。今請如來略說三藏。由斯。諸菩薩。不忘甚深密意所說。念斷麁重身獲得無爲。不共外道邪說法陀羅尼故。名爲不共陀羅尼義。有餘釋云。由人法二空理。人法二空生知。是卽不共陀羅尼義。了悟是故。得入如來所說法甚深密意。瑜伽論第八十五。說三種義故。不共外道。是故彼云。復次。善說法律。略由三種不共支故。不共外道。墮善說數。一者宣說眞實究竟解脫故。二者宣說卽彼方便故。三者宣說卽彼自內所證故。廣說如彼。

---
1) ㉕ '慧' 뒤에 '爲'를 보입해야 한다.

伽羅及法二者, 皆空之理趣。 ② 生起了知補特伽羅及法二者皆空之智, 卽是不共陀羅尼義。
　문장 ①은 표현은 달라도 의미는 거의 동일하다.
　문장 ②의 경우, 밑줄 친 문장의 의미가 명료하지 않다. 한편, 관공의 환역본에는 "보특가라(人)와 法 두 가지가 모두 공함을 了知하는 智를 生起하는 것이 곧 不共陀羅尼의 의미다."라고 되어 있는데, 이에 준해서 번역하였다.
560 『瑜伽師地論』권85(T30, 773b10).

(나) 설법을 청한 뜻을 밝힘

경 이 불공다라니의 의미로 말미암아, 모든 보살로 하여금 여래께서 설하셨던 제법의 심오한 밀의에 들어가게 할 수 있습니다."

由此不共陀羅尼義。令諸菩薩得入來如所說諸法甚深密意。

석 두 번째는 법을 청했던 뜻을 밝힌 것이다. 이제 간략히 설법으로 말미암아 여래께서 설하셨던 법의 심오한 밀의에 들어가게 할 수 있다.

釋曰。第二明請法意。今由略說。令得入如來所說法甚深無作等[1]密意。

1) ㉠ 관공의 환역에 '無作等'이 없고, 또 '無作'은 '無爲'의 구역으로서 이곳에 놓이는 것은 어색하다. 따라서 잉자로 간주하였다.

나) 바로 해석함

(가) 잘 들으라고 하면서 설법을 허락함

㉮ 설법을 허락함

경 부처님께서 만수실리보살에게 말씀하셨다. "선남자여, 그대는 이제 잘 들어라. 내가 마땅히 그대를 위해 불공다라니의 의미를 간략히 설하여,

佛告曼殊室利菩薩曰。善男子。汝今諦聽。吾當爲汝。略說不共陀羅尼義。

석 이하는 두 번째로 여래께서 바로 답하신 것이다. 이 중에 두 가지

가 있다. 처음은 잘 들으라고 명하면서 설법을 허락한 것이다. 나중의 "선남자여" 이하는 청문에 의거해서 바로 답한 것이다.

처음에 두 가지가 있다. 처음은 설법을 허락했음을 밝힌 것이고, 나중은 설법의 이익을 밝힌 것이다.

이것은 처음에 해당한다.

釋曰。自下第二如來正答。於中有二。初勅聽許說。後善男子下。依問正釋。初中有二。初明許說。後明說法益。是卽初也。

㉡ 설법의 이익을 밝힘

경 모든 보살로 하여금 내가 설했던 밀의의 언어를 능히 잘 깨닫게 하리라.

令諸菩薩。於我所說密意言辭。能善悟入。

석 두 번째는 설법의 이익을 밝힌 것이다.

釋曰。第二明說法益。

(나) 질문에 의거해 바로 답함

㉮ 장행으로 설함

a. 해석

a) 진실한 의미를 밝힘

경 선남자여, 잡염법이든 청정법이든, 나는 설하기를 '일체가 모두 작용이 없고 또한 전혀 보특가라도 있지 않다'고 하였다. 일체의 종류는 소위所爲를 떠났기 때문에, 잡염법이 이전에 오염된 것으로서 나중에 청정해진 것은 아니고, 청정법이 나중에 청정해진 것으로서 이전에 오염된 것은 아니다.

善男子。若雜染法。若淸淨法。我說一切皆無作用。亦都無有補特伽羅。以一切種離所爲故。非雜染法先染後淨。非淸淨法後淨先染。

석 이하는 두 번째로 청문에 의거해서 바로 해석한 것이다. 이 중에 두 가지가 있다. 처음은 장행으로 설한 것이고, 나중은 게송으로 거듭 설한 것이다.

처음 것 중에 두 가지가 있다. 처음은 해석이고, 나중은 결론이다.

해석 중에 세 가지가 있다. 첫째로 진실한 의미를 밝혔다. 둘째로 "범부 이생들은" 이하는 잡염법을 집착하는 과실이 연이 된다는 것을 밝힌 것이다. 셋째로 "만약……있다면" 이하는 요해의 이익을 밝힌 것이다.

이것은 첫째로 진실한 의미를 밝힌 것이다.

釋曰。自下第二依問正釋。於中有二。初以長行說。後以頌重說。初中有二。初釋後結。釋中有三。一明眞實義。二凡夫異生下。明執雜染過失爲緣。三若有下。明了解益。是卽初明眞實義。

경문에 대해 두 가지 해설이 있다.
한편에서는 말한다.

"잡염법이든……전혀 보특가라도 있지 않다고 하였다."라고 한 것은 '유정공有情空(我空)'의 의미를 밝힌 것이다. 말하자면 가령 세존께서는,

'나는 잡염·청정의 일체법은 하나하나 상이해도 전혀 작용이 없음을 밝혔으니, 마치 색 등을 볼 때와 같이 보특가라에는 전혀 아我가 있을 수 없다'고 설하셨음을 밝힌 것이다. 혹은 '작용이 없다'는 것은 가령 승론종勝論宗에서 말하는 '법 이외의 실재의 작용(業)'이 따로 없다는 것이다.[561] 이와 같은 의미는 '유정공'의 의미에 해당한다.

"일체의 종류는 '소위所爲'를 떠났기 때문에"라고 한 것은 '법공法空'의 의미를 밝힌 것이다. 말하자면 일체법은 파악되는 것(所取)과 파악하는 자(能取)를 (상정하는) 희론의 소위所爲를 떠났기 때문이다.[562] 잡염법들은 이전에 오염된 것으로서 나중에 청정해진 것도 아니고, 청정법들은 나중에 청정해진 것으로서 이전에 오염된 것도 아니다. 그 이유는 무엇인가? 변계소집성遍計所執性의 잡염 및 청정의 모든 법들은 (집착하는) 마음을 따르면 비록 유有이지만 승의勝義에서는 유가 아니기 때문에, 먼저 오염된 것으로서 나중에 청정해진 것 등은 아니라는 것이다.[563]

---

[561] 이나바 : 或可無作用者, 如勝論宗, 離法外滅無. 관공 : 又皆無作用者, 如作遮止詞云, 除最勝語言之敎法外, 別無所有.
　　두 판본의 문장이 상이하고, 모두 의미가 명확하지 않다. 전후 문맥상 이곳에는 '작용이 없다(無作用)'는 경문에 대한 해석이 나와야 한다. 그런데 이나바의 복원문에서 "마치 勝論宗에서 법을 떠나서 그 외에 滅無라고 한 것과 같다."라고 한 것은 의미가 통하지 않는다. 승론勝論에서는 '작용(業)'이라는 범주가 별도로 실재한다고 주장했던 학파라는 점을 고려할 때, 이곳에서는 승론에서 말하는 '실재의 작용'을 부정한 것이라는 해석이 진술되어야 한다. 한편, 관공의 환역에 따르면, '작용이 없다(無作用)'는 말은 가령 부정하는 말(遮止詞)로서 '가장 수승한 언어의 교법을 제외하고 별도로 있는 바가 없음'을 표현한 것이다. 그런데 이것도 '유정공有情空'의 의미와는 그다지 부합하는 내용은 아니다. 따라서 이나바의 복원문 중에서 離法外滅無 중의 '滅無' 2자를 오역으로 간주하고, "법 이외의 실재의 작용은 따로 없다는 것이다."라고 번역하였다.

[562] 이나바 : 謂一切法, 離種種所取能取戱論所爲故. 관공 : ……戱論作用.
　　이나바의 환역에서 '戱論所爲'라 한 것은 관공의 환역에 '戱論作用'이라 되어 있다. 위의 문장은 "一切種離所爲"라는 경문을 해석한 것인데, 두 판본의 의미는 크게 다르지 않다. 요컨대, 일체법은 본래 능취能取와 소취所取를 전제하는 각종 희론의 대상이 아니라는 것이다.

[563] 이나바 : 先染後淨等. 관공 : 非先雜染後成淸淨.

문 경문에서는 '변계소집성'이라는 말을 설하지 않았는데, 어떻게 단지 변계소집성이라는 것을 알 수 있는가?[564]

답 앞에서 설한 '총상의 공(總相空)'에 의거해 보면, 단지 변계소집성을 설한 것이지 다른 두 가지 성질(의타기성과 원성실성)을 설한 것은 아니다. 따라서 이 경문에서 변계소집성을 설한 것임을 알 수 있다.

혹은 "일체의 종류가 소위所爲를 떠났기 때문에"라고 한 것은, 앞에서 설했던 잡염·청정의 제법이 아我·아소我所의 집착 등의 희론의 소위所爲를 떠났기 때문이라고 볼 수도 있다.

文有兩說。一云。若雜染法乃至都無有補特伽羅者。明有情空義。謂世尊說。我明雜染清淨一切法。雖一一相異。都無作用。如見色等。補特伽羅。都無有我。或可無作用者。[如勝論宗離法外滅無。][1] 如是等義。是卽有情空義。以一切種離所爲故者。明法空義。謂一切法。以離種種所取能取戲論所爲故。非雜染法先染後淨。非清淨法後淨先染。所以者何。遍計雜染清淨諸法。隨心無有。勝義非有故。先[2]染後[3]淨等。問。文中不說遍計性語。云何知但遍計性。答。依上說總相空。說但遍計非他二性。故知此經文說遍計性。或可以一切種離所爲故。上說雜染清淨諸法。離我我所執等戲論所爲故。

---

1) ㉲ [ ] 안의 문구에 오역이 있는 듯하다. 해당 번역문 역주 참조. 2) ㉲ 전후 문맥상 '先' 앞에 '非'를 보입해야 한다. 해당 번역문 역주 참조. 3) ㉲『韓國佛敎全書』의

경문과 대조할 때, 두 환역이 모두 결함이 있다. 전후 문맥상, 염정의 선후先後가 있는 것이 아님을 설하고 있기 때문에 관공의 환역처럼 '先' 앞에 '非'를 추가해서 "……인 것은 아니다."라고 해야 한다. 또 이나바의 환역처럼 '淨' 뒤에 '等'이라는 생략 표시를 넣어야 하는데, 이때 '等'이라는 말로써 '非後淨先染'을 생략한 것이다.

564 앞의 해석에 따르면, 청정법과 잡염법의 차이는 두루 집착하는 범부의 마음에서만 존재하는 것이고 승의勝義에서는 존재하지 않기 때문에 '변계소집성의 잡염·청정의 제법을 부정한 것'이라고 하였다. 따라서 경문에서 '변계소집성'이라는 문구가 없음에도 그렇게 해석하는 이유를 다시 질문한 것이다.

복원본에 '後'가 없으나 이나바의 원본에는 있다. 아마도 『韓國佛敎全書』 편찬 과정에서 누락된 듯하다.

한편에서는 말한다.

"잡염법이든 청정법이든"이라 한 것은 잡염·청정의 모든 법들을 총괄해서 표시한 것이다.
"나는 설하기를, 일체가 모두 작용이 없고"라고 한 것은 법무아를 나타낸 것이다.
"또한 전혀 보특가라도 있지 않다고 하였다."는 것은 인무아를 나타낸 것이다.
"일체의 종류가 '소위所爲'를 떠났기 때문에"라고 한 것은 두 종류 무아를 합해서 설한 것이다. 말하자면 잡염·청정의 모든 법들은 '파악되는 것(所取)'과 '파악하는 자(能取)'의 소위所爲를 떠났기 때문에, 먼저 오염되었다가 나중에 청정해지는 것 등은 아니다. 그러므로 『변중변론』 제3권에서는 "유정과 법은 둘 다 있지 않기 때문에, 그 잡염·청정의 성질도 또한 둘 다 있지 않다. 잡염과 청정의 의미를 둘 다 획득할 수 없기 때문이다."[565]라고 하였다. (여기서) '잡염'이란 고苦와 집集을 말하고, '청정'이란 멸滅과 도道를 말한다. 혹은 '잡염'은 변계소집성遍計所執性과 잡염품의 의타기성依他起性이고, '청정'은 청정품의 의타기성과 원성실성圓成實性이라 볼 수도 있다. 혹은 '잡염'은 번뇌煩惱·업業·생生이라는 세 종류 잡염이고, '청정'은 세간·출세간의 두 종류 청정이라고 볼 수도 있다.

---

565 『辯中邊論』 권3(T31, 475c2).

一云。若雜染法若清淨法者。總標雜染清淨諸法。我說一切皆無作用者。顯示法無我。亦都無有補特伽羅者。明人無我。以一切種離所爲故者。合說二無我。謂雜染清淨諸法。以離所取能取所爲故。非先染後淨。[1] 是故辯中邊論第三卷云。有情及法。俱非有故。彼染淨性。亦俱非有。以染淨義。俱不可得故。言雜染者。謂苦及集。言清淨者。謂滅及道。或可雜染遍計及雜染品依他。清淨清淨品依他。及圓成。或可雜染煩惱業生三種雜染。清淨世間出世間二種清淨。

1) ㉥ '淨' 뒤에 '等'을 보입해야 한다.

b) 잡염에 집착하는 과실을 연으로 삼음을 밝힘

경 범부 이생은 추중신麤重身에서 제법·보특가라의 자성과 차별에 집착한다. 수면隨眠과 망견妄見이 연이 되기 때문에 '아'와 '아소'를 계탁하고, 이 망견으로 인해 〈나는 본다, 나는 듣는다, 나는 냄새 맡는다, 나는 맛본다, 나는 감촉한다, 나는 안다, 나는 먹는다, 나는 짓는다, 나는 더럽다, 나는 깨끗하다〉고 말하며, 이와 같은 종류의 삿된 가행을 일으킨다.

凡夫異生。於麁重身。執著諸法補特伽羅自性差別。隨眠妄見。以爲緣故。計我我所。由此妄見。謂我見我聞。我齅[1]我嘗。我觸我知。我食我作。我染我淨。如是等類邪加行轉。

1) ㉥ 『解深密經』 권5(T16, 710b16)에 '齅'가 '嗅'로 되어 있고, 의미는 같다.

석 두 번째는 잡염에 집착하는 과실을 연으로 삼음을 밝힌 것이다.
 "범부 이생"이라 한 것은 미혹해서 집착하는 사람을 밝힌 것이다. '이생'이란 각기 다른 견見을 집착해서 생하였기 때문에 '이생'이라고 한다.
 "추중신麤重身"이라 한 것은 미혹의 경계를 밝힌 것이다. 유루의 오온

(신체)은 두 가지 장애(번뇌장과 소지장)에 의해 인발되고, 추중麤重이 따라 다니기 때문에,[566] '추중신'이라고 이름한다.

"제법·보특가라의 자성과 차별에 집착한다."라고 한 것은 두 가지 집착을 밝힌 것이다. 말하자면 추중신 상에서 법法의 자성과 차별에 대한 집착을 생기하고, 인人의 자성과 차별에 대한 집착을 생기하는 것을 말하니, 이것을 곧 아집·법집의 두 가지 집착이라고 이름한다.

"수면과 망견이 연이 되기 때문에"라고 했는데, '수면'은 종자種子의 다른 이름이니, '이취의 종자(二取種子)'[567]를 수면이라 이름한 것이다. 따라서 『성유식론』 제9권에서 말한다. "이취의 습기(二取習氣)를 그것(이취)의 수면이라고 이름한다. 유정을 따라다니면서(隨逐) 장식藏識에 잠복해 있거나(眠伏), 혹은 (유정을) 따라다니면서(隨) 과실을 늘리기(增) 때문에,[568] 수면이라고 이름한다. 즉 소지장·번뇌장의 종자를 말한다."[569] 이와 같은 집

---

[566] 이나바의 복원본에 '隨逐麤重'이라 되어 있는데, 이는 '麤重隨逐'으로 수정하였다. 위의 문장은 '추중신麤重身'을 해석한 것이다. 유루의 오온(신체)이 추중을 따라다니는 것이 아니라, 유루의 오온을 추중이 따라다닌다고 해야 한다.

[567] 이나바: 二取種子. 관공: 二執種子.
뒤의 『成唯識論』에서 말하듯, '수면'이란 '종자'를 뜻하기도 하며, 특히 이취의 종자(二取種子)를 가리킨다. 이때 '이취의 종자'란 이취습기二取習氣(等流習氣, 名言種子)라고도 한다. 제법이 현현할 때는 언제나 견분見分·상분相分, 명名·색色 등과 같은 능취能取(파악하는 주체)와 소취所取(파악되는 대상)의 이원적 구조를 띠는데, 이처럼 우리의 식識에 능취·소취의 상相과 같은 것을 변현해 내는 종자를 일컬어 이취습기 혹은 이취종자二取種子라고 한다. 뒤의 『成唯識論』 인용문에서는 이것이 곧 번뇌장과 소지장의 종자에 해당한다고 하였다. 말하자면, 실아實我에 집착함으로써 생겨난 온갖 심리적 번뇌들은 유정신有情身을 괴롭혀서 열반을 장애하기 때문에 번뇌장이라 하고, 실법實法에 집착함으로써 생겨난 온갖 이지적 번뇌들은 '알아야 할 경계(所知境)'를 알지 못하도록 은폐하기 때문에 소지장이라 한다. 그러한 두 가지 장애의 종자를 경문에서 '수면'이라 한 것이다.

[568] 여기에서 '수면隨眠'에 대한 두 가지 해석이 소개되었다. 전자에 따르면, '유정들을 뒤따라 다니면서(隨逐) 겉으로 드러나지 않고 제8아뢰야식 안에 잠복한다(眠伏)'는 의미에서 '隨眠'이라 한 것이다. 이에 비해, 후자에 따르면, '隨'의 의미는 이전과 같고 '眠'은 '과실過失을 많이 증가시킨다(增)'는 의미다.

[569] 『成唯識論』 권9(T31, 48c4).

제集諦에 관대하여 아집·법집 두 가지 집착을 논한 것이다.[570]

"아와 아소를 헤아리고"라는 것은 전세前世의 집적된 종자의 힘으로 인해 현세現世의 아와 아소를 헤아리는 것이다. 아와 아소를 헤아리기 때문에, '나는 본다'고 하거나 내지는 '나는 깨끗하다'고 하니, 이와 같은 종류는 삿된 분별을 내는 것이다.

> 釋曰。第二明執雜染過失爲緣。凡夫異生者。明迷執人。異生者。執別異見生。故名異生。麁重身者。明迷境界。有漏五蘊。依二障引發。隨逐麁重[1]故。名麁重身。執着諸法補特伽羅自性差別者。明二執。謂於麁重身。生法自性差別執着。生人自性差別執着。是卽名爲我法二執。隨眠妄見以爲緣故者。隨眠[2]種子異名。二取種子。名爲隨眠。故成唯識第九卷云。二取習氣。名彼隨眠。隨逐有情。眠伏藏識。或隨增過。故名隨眠。卽是所知煩惱障種。待如是集論我法二執。計我我所者。由前世集種子力。計現世我我所。計我我所。故名我見。乃至名我淨。如是等類。生邪分別。

1) ㉠ '隨逐麁重'은 '麁重隨逐'으로 수정해야 한다. 해당 번역문 역주 참조. 2) ㉠ '眠' 뒤에 '是'나 '卽是'를 보입해야 한다.

c) 요해의 이익을 밝힘

경 만약 어떤 이가 여실하게 이와 같음을 안다면, 곧 능히 추중의 몸을 영원히 끊고, '일체 번뇌가 머물지 않는, 가장 지극한 청정으로서 모든 희론을 떠난, 무위에 의지하여 가행이 없음'을 획득한다.

---

570 이나바 : 待如是集, 論我法二執. 관공 : 若望集諦, 則能遍熏我法二執云.
　　두 판본의 문장은 다르지만, 의미는 크게 다르지 않다. 원측의 해석에 따르면, 『성유식론成唯識論』의 설명은 집제集諦에 상대해서 아집·법집의 종자, 즉 아집·법집의 수면隨眠을 논한 것이다. 말하자면 집제에 해당하는 번뇌(漏)의 종자가 유정들을 뒤따라 다니면서 그 번뇌를 현행시키고, 다시 그 번뇌가 그 종자를 훈습함을 말한 것이다.

若有如實知如是者。便能永斷麁重之身。獲得一切煩惱不住。最極淸淨。離
諸戲論。無爲依止。無有加行。

석 세 번째는 요해의 이익을 밝힌 것이다.
"여실하게 (이와 같음을) 안다면"이란 앞에서 이미 설했던 것처럼 유정과 법 두 가지의 공함을 아는 것이다. 이공二空의 뜻을 여실하게 알기 때문에 이익을 획득하는 것이다.
"능히 추중의 몸을 영원히 끊고, 일체 번뇌가 머물지 않는 (……) 획득한다."라고 한 것은 그 차례대로 고苦의 적정, 번뇌의 적정에 상응한다.[571] 따라서 『유가사지론』에서는 말한다. 〈저 열반의 성품은 영원한 적정이니, 일체의 온갖 고가 결정코 적정해지기 때문이고, 일체의 번뇌가 결정코 적정해지기 때문임을 알아야 한다.〉[572] 또 『유가사지론』 제50권에서 말한다. 〈모든 미래의 후유後有의 온갖 고를 모두 다 영원히 끊기 때문에, 미래의 불생법不生法을 획득하기 때문에, 이것을 고의 적정이라고 한다. 일체의 번뇌를 모두 다 영원히 끊기 때문에, 필경의 불생법을 획득하기 때문에, 이것을 번뇌의 적정이라고 한다.〉[573]

釋曰。第三明了解益。如實知者。如上已說。知有情及法二空。二空義如實
知故。獲得利益。能永斷麁重之身一切煩惱不住者。如其次第。相應苦寂靜

---

[571] '추중신麁重身을 영원히 끊는다'는 것은 고과苦果로서의 오온의 몸이 영원히 소멸하여 더 이상 후유後有를 받지 않음을 뜻하고, '일체 번뇌가 머물지 않음을 획득한다'는 것은 모든 번뇌를 영원히 단멸하였음을 뜻한다. 따라서 그 차례대로 '고적정苦寂靜'과 '번뇌적정煩惱寂靜'과 상응한다고 하였다.
[572] 『瑜伽師地論』에는 이나바의 복원문과 일치하는 문장은 없다. 다만, 같은 책 권46(T 30, 544c25)에 "當知。涅槃其體寂靜。一切衆苦。畢竟息故。一切煩惱。究竟滅故。"라는 문구가 있고, 이는 관공의 환역과 일치한다.
[573] 『瑜伽師地論』 권50(T30, 576c11).

煩惱寂靜。故瑜伽論云。應知。彼涅槃性永寂靜。一切衆苦定寂靜故。一切
煩惱定寂靜故。又瑜伽論第五十云。所有當來後有衆苦。皆悉永斷。由得當
來不生法故。是名苦寂靜。一切煩惱。皆悉永斷。由得畢竟不生法故。是名
煩惱寂靜。

"가장 지극한 청정으로서 모든 희론을 떠난"이라 한 것은 열반의 전의轉依의 상相이다. 따라서 『유가사지론』 제80권에서 말한다. 〈문 무여의열반계에서 반열반하고 나서 획득되는 '전의'는 어떤 상이라고 말해야 합니까? 답 희론의 상이 없고, 또 아주 청정한 법계를 상으로 삼는다.〉[574] 또 『유가사지론』에서는 말하길, "열반의 상이란 적멸의 상이고 희론이 없는 상이니, 이는 오직 내면으로 증득된 상임을 알아야 한다."[575]라고 하였다.

"무위에 의지하여 가행이 없음을 획득한다."는 것은 무위법신無爲法身을 획득한 것을 말한다. 따라서 『현양성교론』 제20권에서 말한다. "무위법신에 의지하므로 비록 가행의 공용(의식적인 노력)은 없어도 본원本願의 힘에 이끌려 나오기 때문에 자유로이(任運) 일체의 여래가 짓는 불사를 일으키니, 비유하면 행자가 멸진정에서 일어나는 것과 같다."[576]

또 『유가사지론』 제80권에서 말한다.

문 무여의열반계에서는 영원히 장애가 없고, 마치 모든 여래가 일체의 장애를 떠나는 것처럼 아라한 등은 또한 이와 같은데, 어떤 인연으로 아라한 등은 여래와 똑같이 모든 불사를 짓지 않는 것인가.

답 저들은 닦아야 할 바의 본래의 홍원弘願을 결여하였기 때문이고,

---

574 『瑜伽師地論』 권80(T30, 748b10) 참조.
575 위의 문장은 『瑜伽師地論』 권65(T30, 662c23)에 "涅槃相者。謂寂滅相。無戲論相。當知。唯是內所證相。"이라고 되어 있다.
576 『顯揚聖敎論』 권20(T31, 581c5).

또 저러한 종류의 종성種性이 이러하기 때문이다. 아라한 등이 결정코 다시 (홍원을 닦으려는) 의요를 일으킴 없이 반열반한다. 그러므로 모든 불사를 지을 수가 없는 것이다.[577]

📖 이 무여의열반계에서는 모든 희론을 떠나고, 이런 인연으로 중수衆數[578]에 떨어지지 않는다. 어떻게 능히 (이 열반계에서) 일어나서 (홍원의 의요를) 현전시키겠는가?

📖 이전에 바른 홍원을 일으켰기 때문이고, 또 그와 유사한 도를 수습했던 세력 때문이다. 비유하면 멸진정에 바로 들어간 자가 비록 '나는 멸진정에서 마땅히 다시 나가겠다' 혹은 '나가고 나서 머물겠다'라는 생각(念)은 없지만, 이전 때의 가행의 힘으로 말미암아 다시 선정에서 나와서 유심행有心行에 의지해서 유행遊行을 일으키는 것이다. 여기서의 도리도 이와 같음을 알아야 한다.[579]

『금광명경』에서도 이 경과 동일하게 설한다.

最極淸淨離諸戱論者。涅槃轉依相。故瑜伽論第八十云。問。於無餘依涅槃界中。般涅槃已所得轉依。當言何相。答。無戱論相。又善淸淨法界爲相。又瑜伽論云。涅槃相者。[謂應知但寂靜相無戱論相自內證相。][1]） 獲得無爲依止無有加行者。獲得無爲法身。故顯揚論第二十云。依止無爲法身。雖無加行功用。由本願力之所引故。任運發起一切如來所作佛事。譬如行者。從滅定起。又瑜伽論第八十云。問。若無餘依涅槃界中。永無有障。如諸如來離一切障。阿羅漢等。亦復如是。何因緣故。阿羅漢等。不同如來作諸佛

---

577 『瑜伽師地論』 권80(T30, 748c11).
578 중수衆數 : 보특가라補特伽羅(Ⓢ pudgala)의 의역으로서 인人 혹은 중생衆生을 가리킨다.
579 『瑜伽師地論』 권80(T30, 748c27).

事。答。彼闕所修本弘願故。又彼種類種性爾故。阿羅漢等。決定無有還起意樂。而般涅槃。是故不能作諸佛事。問。若此界中。雜[2)]諸戲論。由此因緣。不墮衆數。云何復能起現在前。答。由先發起正弘願故。又由修習與彼相似道勢力故。譬如正入滅盡定者。雖無是念。我於滅定。當可還出。或出已住。然由先時加行力故。還從定出。依有心行。而起遊行。當知。此中道理亦爾。金光明經。義同此經。

---

1) ㉘ "謂應知但寂靜相。無戲論相。自內證相。"은 『瑜伽師地論』 권65(T30, 662c23)에 "謂寂滅相。無戲論相。當知唯是內所證相。"이라고 되어 있고, 이를 따랐다. 2) ㉘ 이나바의 복원본에 '雜'이 '離'로 되어 있다. 『韓國佛敎全書』 편찬 과정에서 오류가 생긴 듯하다.

b. 결론

경 선남자여, 이것을 일컬어 불공다라니의 의미를 간략히 설했다고 한다."

善男子。當知。是名略說不共陀羅尼義。

석 두 번째는 총괄적 결론이다. 이미 해석을 마쳤다.[580]

釋曰。第二總結。已釋訖。

㉴ 게송으로 거듭 설함

a. 게송을 설한 이유

---

580 이나바: 已釋訖. 관공: 文易了解.

경 이때 세존께서 이 의미를 거듭해서 펼치시려고 다시 게송을 설하셨다.

爾時。世尊欲重宣此義。復說頌曰。

석 이하는 두 번째로 게송으로 거듭 설한 것이다. 이 중에 두 가지가 있다. 처음은 게송을 설한 이유(由序)이고, 나중은 게송을 바로 설한 것이다. 이것은 처음에 해당한다.

釋曰。自下第二以頌重說。於中有二。初頌由序。後以頌正釋。[1] 是卽初也。

1) ㉠ '釋'은 '說'로 수정해야 한다.

b. 게송을 바로 설함

a) 모든 진실한 이치를 거듭 설함

경 일체의 잡염법과 청정법은
　　작용도 삭취취[581]도 모두 없으니,
　　내가 '소위를 떠났다'고 설하였으므로
　　오염도 청정도 선후가 있지 않네.

　　一切雜染淸淨法。皆無作用數取趣。
　　由我宣說離所爲。染汚淸淨非先後。

---

581 삭취취數取趣 : '보특가라補特伽羅(Ⓢ pudgala)'의 의역이다. 윤회의 주체를 가리키는 말로서, 외도들이 말하는 십육지견十六知見 중의 하나이며 곧 '아아'의 이명이다. 혹은 단순하게 '인人'의 의미로 쓰이기도 한다.

석 두 번째는 게송을 바로 설한 것이다. 이 중에 세 가지가 있으므로, 게송도 세 가지로 나뉜다. 처음의 게송은 모든 진실한 이치를 거듭 설한 것이다. 다음의 게송은 미혹해서 집착하는 과실을 연으로 삼는다는 것을 거듭 설한 것이다. 마지막의 게송은 요해의 이익을 거듭 설한 것이다.

이것은 처음에 해당한다. 게송 문구에 두 가지가 있다. 처음에 게송의 앞의 반 송으로 인공人空의 이치를 밝힌다. 나중에 게송의 뒤의 반 송으로 법공法空의 이치를 밝힌다.

어떤 이는 해석한다. 〈게송의 문구는 셋으로 구분된다. 처음의 한 구는 잡염법과 청정법을 총괄해서 설한 것이다. 다음의 한 구는 두 가지 공을 따로따로 해석한 것이다. 마지막의 두 구는 두 가지 공을 함께 설한 것이다.〉 가령 장행에서 이상과 같이 이미 설하였으니, 이치에 맞게 알아야 한다.

釋曰。第二以頌正釋。[1] 於中以有三。頌開爲三。初頌重說諸眞實理。次頌重說緣迷執失。後頌重說了解利益。是卽初也。文中有二。初頌初半明人空理。後頌後半明法空理。有餘釋云。頌文分三。初一句總說雜染淸淨法。次一句別釋二空。後二句俱說二空。如長行如上已說。如理應知。

---

1) ㉠ '釋'을 '說'로 수정해야 한다.

b) 미혹과 집착의 과실을 연으로 삼음을 거듭 설함

경 추중신에서 수면의 견을
  연으로 삼아 아와 아소를 헤아리고
  이로 인해 허망하게 '나는 본다'는 등
  '나는 먹는다, 나는 한다, 나는 더럽다, 깨끗하다'고 말하네.

於麁重身隨眠見。爲緣計我及我所。
由此妄謂我見等。我食我爲我染淨。

석 두 번째는 미혹하고 집착하는 과실을 연으로 삼음을 밝힌 것이다.

釋曰。第二明緣迷執失。

c) 요해의 이익을 거듭 설함

경 여실하게 이와 같음을 안다면
능히 영원히 추중신을 끊고
잡염·청정이 없고 희론도 없어
무위에 의지하여 가행이 없네.

若如實知如是者。乃能永斷麁重身。
得無染淨無戲論。無爲依止無加行。

석 세 번째는 요해의 이익을 밝힌 것이다. 장행으로 (해석했던) 것과 같다. 이 송문은 이미 해석하여 마쳤다.

釋曰。第三明了解益。如長行。此頌文已釋訖。

3) 수용신受用身의 상을 밝힘

(1) 수용신의 마음이 생기하는 상을 밝힘

① 수용신의 마음이 생기하는 상을 바로 해석함

가. 청문

경 이때 만수실리보살마하살이 다시 부처님께 여쭈었다. "세존이시여, 모든 여래의 마음이 생기하는 상을 어떻게 알아야 합니까?"

爾時。曼殊室利菩薩摩訶薩。復白佛言。世尊。云何應知諸如來心生起之相。

석 이하는 세 번째로 여래의 수용신受用身의 상을 설명한 것이다. 이 중에서 일곱 가지를 분별하였다. 첫째로 여래의 수용신의 마음이 생기하는 상을 밝힌다. 둘째로 여래의 소행所行과 경계境界의 차별상을 밝힌다. 셋째로 등정각等正覺을 이루는 등의 세 종류 무이無二의 상을 밝힌다. 넷째로 여래가 모든 유정의 부류에게 연緣이 되어 줌의 차별을 밝힌다.[582] 다섯째로 여래의 법신과 이승의 해탈신의 차별을 밝힌다. 여섯째로 여래와 보살의 위덕威德·주지住持에 의해 유정신有情身을 집지執持함을 밝힌다. 일곱째로 모든 정토와 예토에서 어떤 일을 획득하기 쉽고 어떤 일을 획득하기 어려운 상인지를 밝힌다.

처음의 것에 두 가지 있다. 처음에는 수용신의 마음이 생기하는 상을 바로 해석한다. 나중에는 화신이 유심인지 무심인지 밝힌다.

처음의 것은 네 가지로 나뉜다. 첫째는 청문이고, 둘째는 대답이며, 셋

---

582 이나바 : 四明如來諸有情類所緣差別. 관공 : 四明如來爲諸有情作緣之差別.
　　뒤의 해당 경문의 내용과 대조해 볼 때, 네 번째 단락에서는 여래의 화신과 중생들 간의 관계에서 전자가 후자에 대해 어떤 연緣이 되어 주는지를 사연설四緣說에 의거해서 설명한다. 이나바의 환역 문구는 그러한 의미가 잘 드러나지 않는다. 따라서 관공의 환역을 참조하여 번역하였다.

째는 힐난이고, 넷째는 해석이다.

이것은 처음에 수용신의 마음이 생기하는 상을 물은 것이다. 묻기를, 이 수용신에 대해 설명하자면 어떤 것이라고 알아야 하는가라고 하였다. 답하길, 다음에 화신이 유심인지 무심인지를 설하기 때문에 지금 마음의 (생기를) 설하였으니, 이는 곧 수용신을 설한 것임을 알아야 한다고 하였다.

釋曰. 自下第三明如來受[1]用身相. 於中分別七種. 一明如來受用身心生起之相. 二明如來所行境界差別之相. 三明等正覺等三無二相. 四明如來諸有情類所緣差別.[2] 五明如來法身二乘解脫身差別. 六明由如來菩薩威德住持執持有情身. 七明諸淨穢土中何事易得何事難得相. 初中有二. 初正釋受[*]用身心生起之相. 後明化身有心無心. 初開爲四. 一問. 二答. 三難. 四釋. 是卽初問受[*]用身心生起之相. 問. 是明受[*]用身. 云何應知. 答. 爲次說化有心無心故. 今說心應知是卽說受用身.

1) ㉠ 관공의 환역에 '受' 앞에 '圓滿'이 있다. 이하 동일. 2) ㉠ '四明如來諸有情類所緣差別'이라는 문구가 명료하지 않다. 해당 번역문 역주 참조.

나. 대답

경 부처님께서 만수실리보살에게 말씀하셨다. "선남자여, 대저 여래란 심의식의 생기에 의해 현현되는 것이 아니다. 그런데 모든 여래에게는 무가행의 심법이 생기함이 있으니, 이런 일은 마치 변화와 같음을 알아야 한다.

佛告曼殊室利菩薩曰. 善男子. 夫如來者. 非心意識生起所顯. 然諸如來. 有無加行心法生起. 當知. 此事猶如變化.

석 두 번째는 여래께서 바로 답하신 것이다. 경문에 두 가지가 있다.

처음은 여래에게는 심의식의 분별가행이 없음을 밝힌 것이다. 나중은 여래에게 무가행의 심법이 생기하는 일이 있음을 밝힌 것이다.

(◇ 여래에게 심의식의 분별가행이 없음을 밝힘)
'심의식心意識'의 뜻에 두 종류가 있으니, 유루와 무루다.

유루심에도 두 종류가 있다. 처음은 개별적 이름으로서 심·의·식이라고 하는 것이다. 제8식(아뢰야식)을 '심'이라 하고, 제7식(染汚意)을 '의'라고 하며, (그 밖의) 여섯 가지 식을 '식'이라 한다. 다음은 공통된 이름으로서 여덟 가지 모든 식들을 심의식이라 하는 것이다. 따라서『성유식론』제5권에서는 말한다.

> 박가범께서 경전 곳곳에서 심·의·식이라는 세 종류의 개별적 의미를 설하셨다. 집기集起하는 것을 심心이라 하고, 사량思量하는 것을 의意라고 하며, 요별了別하는 것을 식識이라 한다. 이것이 세 종류 개별적 의미다. 이와 같은 세 가지 의미는 비록 여덟 가지 식에 공통되지만, 뛰어나고 두드러진 점을 따라서 (이름한 것이다. 말하자면) 8식을 심이라 하니, 제법의 종자를 집적해서(集) 제법을 생기하기(起) 때문이다. 제7식을 의라고 하니, 장식藏識(제8아뢰야식) 등을 반연하여 항상 깊이 사량하면서 '아我' 등이라 여기기 때문이다. 그 밖의 여섯 가지 식을 식이라고 하니, 여섯 종류 개별적 경계에서 거칠게 작동하고 간간이 끊기면서 요별이 일어나기 때문이다. 예를 들어『입릉가경』의 가타에서 설한다.

> 장식藏識을 심心이라 설하고
> 사량思量의 성질을 의意라고 하며
> 경계의 상을 능히 요별하는 것을

식識이라 설하였네.[583]

또 『여래공덕장엄경』에서는 '여래의 무구식(如來無垢識)'을 설하고, 혹은 계경에서 '출세간의出世間意'를 설하며, 혹은 '심'이라는 이름을 일체의 지위에서 분별하여 설하기 때문에,[584] 불지佛地의 계위에서 또한 '식識' 등이라고 이름하기도 하였다.

이 경문의 뜻은, 유루의 분별인 심의식心意識에 의거해서 설하였기 때문에 '여래는 심의식으로 분별하는 것이 아니다'라고 말한 것이고, 무루의 심의식을 말한 것은 아니다.[585]

『법집경法集經』에서는 '심의식이란 분별심이다'라고 하였다.[586]

---

[583] 『成唯識論』 권5(T31, 24c9).
[584] 이나바 : 或心名一切位分別說, 故佛地位亦名識等. 관공 : 有經中云, 心者謂卽周遍尋思, 因此在佛地時, 亦有識等名.
　　두 판본의 밑줄 친 부분의 의미가 다르다. 이나바의 문장이 다소 어색하지만, 전후 문맥상 더 적절한 듯하다. 이곳에서는 몇 가지 사례를 들어서, 이전에 설했던 심心·의意·식識이라는 용어가 유루심有漏心뿐만 아니라 무루심無漏心에도 적용된다는 점을 보여 준다. 가령 어떤 경에서는 여래의 무구식無垢識을 설하고, 어떤 경에서는 출세간의 의意를 설하며, 또 심心은 인위因位와 과위果位를 포함한 일체위一切位에서 모두 사용되는 용어다. 따라서 불지佛地에서도 식識과 의意와 심心이라는 명칭이 사용된다는 것이다.
[585] 이나바 : 斯經意, ① 約有漏分別心意識說, ② 故說如來非以心意識分別, 非無漏心意識. 관공 : 此經, ① 是依有漏尋思之心意識爲緣而言, ② 故說夫如來者非心意識生起所顯, 非依無漏心意識而說.
　　두 판본의 밑줄 친 부분은 관공의 환역이 더 명료하다. 말하자면, 위의 경문에서는 ① 유루의 심의식에 초점을 맞춰서 ② "대저 여래(화신)란 심의식의 생기에 의해 현현되는 것이 아니다."라고 설한 것이다. 이는 여래의 화신이 무루의 마음에 의해 현현된 것임을 부정하는 말은 아니다.
[586] 이나바 : ① 攝法經說, ② 心意識者, 分別心也. 관공 : ① 如法集經云, ② 心意識者, 卽尋思心.
　　두 판본의 밑줄 친 부분이 다르다. 문장 ①의 경우, 원측 소에서 이나바의 '攝法經'은 거론된 전례가 없고 관공의 '法集經'은 인용 사례가 있기 때문에, 관공의 환역을 취하였다. 또 문장 ②의 경우, 그 『法集經』에서 이나바의 '分別心'은 '心·意·識'과 거의 동일한 의미로 쓰이지만 관공의 '尋思心'은 용례가 없기 때문에, 이나바의 환역을 취

또 『보리자량론』에서는 '모든 심의식은 상相을 취하는 분별이다'라고 하였다.

釋曰。第二如來正答。文中有二。初明如來無心意識分別加行。後明如來有無加行心法生起。心意識義。有其二種。有漏無漏。有漏心亦有二種。初以別名。名心意識。第八名心。第七名意。六識名識。後以通名一切八識。名心意識。故成唯識第五卷云。謂薄伽梵處處經中。說心意識三種別義。集起名心。思量名意。了別名識。是三別義。如是三義。雖通八識。而隨勝顯。第八名心。集諸法種。起諸法故。第七名意。緣藏識等。恒審思量爲我等故。餘六名識。於六別境。麁動間斷。了別轉故。如入楞伽他中說。藏識說名心。思量性名意。能了諸境相。是說名爲識。又如來功德莊嚴經。說如來無垢識。或契經說出世間意。或心名一切位分別說故。佛地位亦名識等。斯經意。約有漏分別心意識說。故說如來非以心意識分別。非無漏心意識。攝法[1]經說。心意識者。分別心也。又菩提資糧論。說諸心意識取相分別。

1) ㉠ '攝法'을 '法集'으로 수정해야 한다. 해당 번역문 역주 참조.

(◇ 여래에게 무가행無加行의 심법이 생기함을 밝힘)

"그런데 여래들에게는 무가행의 심법이 생기함이 있으니 (이는 마치 변화해 낸 것과 같음을 알아야 한다.)"라고 한 것은, 여래에게는 분별작의分別作意가 없다 해도 이전의 인위因位에서의 지혜의 힘으로 인해 무가행의 심법이 생기할 수 있는데, 이는 마치 변화와 같다는 것이다. 선정의

하였다. 가령 『法集經』 권3(T17, 626c19)에 "是一切法。以分別心故有。是故分別心及分別心所生法。皆悉捨離。"라고 하거나, 혹은 권4(T17, 629a26)에 "一切法無分別。以遠離心意識故……"라고 하거나, 혹은 권5(T17, 610b29)에 "所謂遠離一切所作分別心故而生。轉離一切心意意識身故而行寂靜……"이라는 등의 문구가 있는데, 이러한 사례들에서 '심의식'과 '분별심(허망분별)'이 거의 동의어처럼 사용된다.

힘으로 인해 마음을 뜻한 대로 현전시킬 수 있는 것이지, 작의의 분별로 인한 것은 아니다.

어떤 다른 이는 해석한다. 〈정정正定에 들 때 비록 작의는 없지만 선정에 들기 전의 작의의 힘으로 인해 변화를 나타내 보이는데, 이것도 또한 이와 같아서 인위因位에서의 지혜의 힘으로 인해 심법이 생기한다.〉

또 양梁『섭대승론석』에서 말한다. 〈세존께서 타인의 이익을 위하는 사업을 미래에 지을 것이고 이미 지었으며 현재에 짓고 있다 해도 삼세에서 작의하고 사량함이 없으니, 비록 작의함이 없어도 이익을 주는 사업을 성취한다. 비유하면 마니구슬과 하늘북이 작의함이 없이 해야 할 일을 성취하는 것과 같다.〉[587]

또 무성無性의『섭대승론석』제8권에서는 말한다.

(우선, 무분별지로 지어야 할 사업을 성취하는 것에 대해 설명하겠다.)
무분별지를 수행으로 성취한 불과佛果에는 이미 분별이 없는데 어떻게 유정에게 이익되는 사업을 지을 수 있는가.

논 마치 마니 구슬과 하늘 악기가
생각하지 않고도 자기 일을 이루듯
갖가지 불사를 성취함에
항상 생각을 떠나 있음도 이와 같네.

---

587 이나바의 복원문은 현존하는『梁攝論』(진제 역 세친의『攝大乘論釋』)의 문구와 일치하지 않는다. 같은 책 권14(T31, 260b4)에 원문으로 추정되는 문장이 있는데, 그것은 다음과 같다. "[釋曰.] 我已作他利益事. 正作當作. 於三世中. 並無作意思量. 雖不作意. 利益事如法得成. 譬如摩尼寶及天鼓. 無有作意. 而所作事成." 이 원문에 준해서, 이나바의 환역을 다음과 같이 수정·보완하였다. "雖世尊爲他利益事, 當作已作現作. 於三世中, 無作意思量, 雖無作意, 成利益事. 譬摩尼天鼓, 無有作意, 成所作事."

석 지금 이 게송에서는 저 마니 구슬과 하늘 악기의 두 가지 비유를 인용하여 획득한 바의 무분별지를 성립시키고 있다. 비록 분별이 없고 공용을 짓지도 않지만 갖가지 사업을 성취시킨다. 마치 여의주 및 하늘 악기가 비록 '내가 마땅히 빛을 놓으리라, 내가 마땅히 소리를 내리라'고 하는 생각은 없지만, 아울러 생각함이 없기 때문에 그럼에도 저 유정을 살리려는 복업福業과 의요意樂의 세력에 의해 부딪치거나 연주해 주길 기다리지 않고 갖가지 빛을 놓거나 갖가지 소리를 내는 것처럼, 불보살들의 무분별지도 이와 같음을 알아야 한다. 비록 분별을 떠났고 공용을 짓지 않지만 저 교화되는 바의 유정의 복력과 의요에 수순해서 갖가지의 이롭고 즐거운 사업을 현작現作해 내어 굴리는 것이다.[588]

당唐과 양梁의 세친『섭대승론석』에서도 이와 같이 설한다.

然諸如來有無加行心法生起[1]者。雖如來無分別作意。由前因位智力。有無加行心法生起。猶如變化。由定力故。於心如意現前。非由作意分別。有餘釋云。入正定時。雖無作意。由於入定前作意力。顯示變化。是亦如是。由因位智力。心法生起。又梁攝論釋云。雖世尊爲他利益事。當作已作現作。於三世中。無加行意。[2] 亦無加行[3] 成利益事。譬摩尼天鼓。無作意。成作事。[4] 又無性攝論釋第八卷云。無分別智修成佛果。旣無分別。云何能作利有情事。[5] [如末尼天樂。無思成自事。種種佛事成。常離思亦爾。][6] 釋曰。今此頌中。引彼末尼天樂兩喩。成立所得無分別智。雖無分別。不作功用。成種種事。如如意珠。及以天樂。雖無是念。我當放光。我當出聲。並無思故。然由生彼有情福業意樂勢力。不待擊奏。放種種光。出種種聲。諸佛菩薩無分別智。當知亦爾。雖離分別。不作功用。而能隨彼所化有情福力意

---

588 무성無性의『攝大乘論釋』권8(T31, 431c16).

樂。現作種種利樂事轉。唐及梁世親釋。亦如是說。

1) ㉠ 관공의 환역에 '起' 뒤에 '猶如變化'가 있다. 2) ㉠『攝大乘論釋』권14(T31, 260b4)에 의거해서 '加行意'를 '作意思量'으로 수정해야 한다. 해당 번역문 역주 참조. 3) ㉠『攝大乘論釋』권14(T31, 260b5)에 의거해서 '亦無加行'을 '雖不作意'로 수정해야 한다. 해당 번역문 역주 참조. 4) ㉠『攝大乘論釋』권14(T31, 260b5)에 의거해서 '無作意成作事'를 '無有作意成所作事'로 수정해야 한다. 해당 번역문 역주 참조. 5) ㉠『攝大乘論釋』권8(T31, 431c18)에 '事' 뒤에 '論曰'이 있고, 이를 따랐다. 6) ㉠『解深密經疏』(H1, 471b)에 '如末尼天樂無思成自事種種佛事成常離思亦爾'가 경문으로 편집되어 있는데, 이는 무성無性의『攝大乘論釋』의 본문이다.

다. 힐난

경 만수실리보살이 다시 부처님께 여쭈었다. "세존이시여, 만약 모든 여래 법신이 일체의 가행을 멀리 떠나 있다면, 이미 가행이 없는데 어떻게 심법이 생기함이 있겠습니까?"

曼殊室利菩薩。復白佛言。世尊。若諸如來法身。遠離一切加行。旣無加行。云何而有心法生起。

석 세 번째는 힐난이다.
"법신"이라 한 것에 대해 두 가지 해석이 있다.[589]
한편에서는 말한다. 〈'수용신'을 곧 법신이라 한 것이다. 이 수용법신은 가행하려는 작의作意가 없어도 마음이 생기하는데, (그렇다면) 어떻게 여래는 달라진 작의가 없는데도 수용신에 포섭되는 마음이 생기할 수 있는가?[590] 이런 이유로 이 청문을 하면서, '어떤 의미에서 작의가 작용함 없

---

589 이에 따르면, 이하에서 두 종류 해석이 나와야 하는데, 이나바와 관공의 환역본에 모두 하나만 소개되었다.
590 수용법신은 의도적으로 무엇을 하는 것이 아니기 때문에 작의作意에서 어떤 변화나 움직임이 없을 것이다. 그럼에도 어떻게 수용법신이 마음을 생기하는가를 물은 것이다.

이 마음이 생기하는가'라고 물은 것이다.〉

釋曰。第三難也。法身者。於中有兩釋。一云。受¹⁾用卽名法身。由斯。受*用法身。無加行意。²⁾ 而心生起。云何如來。無變異意。* 而受*用身所攝心生起。是故爲此請問。云何意*無作用而心生起問也。

1) ㉥ 관공의 환역본에 '受' 앞에 '圓滿'이 있다. 이하 동일.   2) ㉥ '意' 앞에 '作'을 보입해야 한다. 이하 동일.

라. 해석

가) 법을 바로 설함

경 부처님께서 만수실리보살에게 말씀하셨다. "선남자여, 이전에 수습했던 방편반야의 가행의 힘 때문에 마음이 생기함이 있다.

佛告曼殊室利菩薩曰。善男子。先所修習方便般若加行力故。有心生起。

석 네 번째는 바로 해석한 것이다. 이 중에 세 가지가 있다. 처음에 법을 바로 설하였고,⁵⁹¹ 다음에 비유를 들어 설하였으며, 마지막으로 비유와 법을 결합시켰다.

---

591 이나바 : 初正說義. 관공 : 一正示其義.
　　원측 소의 전례에 준할 때, 이나바의 복원문과 관공의 환역에서 '義'라고 한 것은 모두 '法'인 듯하다. 원측 소의 전례에 따르면, 가령 경에서 어떤 교법의 의미를 비유를 들어서 설명하는 경문을 분석해 보면 '法'과 '喩'와 '合'이라는 세 가지 과목으로 구분된다. 이 중에, 맨 먼저 설명의 대상이 되는 교법을 드는 문구는 '법'에 해당하고, 그와 유사한 비유를 드는 문구는 '유'에 해당하며, 마지막으로 앞의 비유를 이전의 교법에 적용시키는 문구는 '합'에 해당한다.

이것은 법을 바로 설한 것이다. 말하자면 십지十地에서는 반야의 가행의 힘 때문에,⁵⁹² 작의함이 없어도 마음이 생기함이 있다는 것이다. '가행'이란 인위因位의 가행지加行智(方便智)와 정지正智(正體智)와 후득지後得智 등 세 가지를 총괄해서 '가행'이라고 하였으니, 애써서 노력함이 있기 때문이다.

『상속해탈경』에서는 "본래 닦았던 바의 지혜가 생기하기 때문이다."⁵⁹³라고 하였고, 『심밀해탈경』에서는 "본래의 방편반야의 수행에 의해서 자연적으로 생한다."⁵⁹⁴라고 하였다.

釋曰。第四明¹⁾釋。於中有三。初正說義。²⁾ 次標喩說。後合喩義。* 是卽正說義。* 謂於十地。般若加行力故。無意。³⁾ 有心生起。言加行者。因位加行正智後得三。總名加行。有劬勞故。相續經云。本所修智慧起故。深密經云。依本方便般若修行。自然而生。

1) ㉠ '明'은 '正'인 듯하다. 2) ㉠ '義'를 '法'으로 수정해야 한다. 이하 동일. 해당 번역문 역주 참조. 3) ㉠ '無意'를 '雖無作意'로 수정해야 한다.

나) 비유를 들어 설함

(가) 무심수면위無心睡眠位의 비유

경 선남자여, 비유하면 무심수면에 바로 들어갔을 때 깨어남에 대해 가행

---

592 이나바 : 般若加行力故……. 관공 : 由般若及加行之力…….
　　이나바는 "般若의 加行의 힘 때문에"라고 하였고, 관공은 "般若 및 加行의 힘으로 말미암아"라고 하였는데, 전후 문맥상 이나바의 환역이 바르다. 뒤의 원측의 해석에 따르면, '가행'이란 세 종류 지智(반야)를 총칭하는 말이다.
593 『相續解脫如來所作隨順處了義經』 권1(T16, 719c24).
594 『深密解脫經』 권5(T16, 687b8).

을 짓지는 않지만 이전에 지었던 가행의 세력으로 말미암아 다시 깨어나는 것
과 같다.

> 善男子。譬如正入無心睡眠。非於覺悟而作加行。由先所作加行勢力。而復
> 覺悟。

석 두 번째는 비유를 들어 설명한 것이다. 이 중에서는 두 가지 비유
로 설하였다.[595]

이것은 첫 번째 비유에 해당한다. 예를 들어 무심수면위無心睡眠位에서
는 나중에 마땅히 깨어나겠다고 하면서 가행을 일으키지는 않지만, 이전
에 지었던 마음의 세력으로 인해서, (즉) 아직 수면에 들지 않은 이전의
'나는 나중에 일어날 것이다'라고 (생각한) 가행의 세력으로 말미암아 깨
어나는 마음이 생하는 것이다.[596]

> 釋曰。第二標喩說。於中。以二喩說。是卽初喩。謂如於無心睡眠位中。非
> 後當覺悟而作加行。由先所作心勢力故。由未睡眠前。我後當起。加行勢
> 力。覺悟心生。

(나) 멸진정滅盡定의 비유

---

[595] 이하에서는 극심한 수면睡眠이나 멸진정滅盡定처럼 어떤 마음의 활동이 정지된 상태
(無心位)에서 깨어나는 사례를 들어 여래가 작의作意함이 없이 해야 할 일을 성취할
수 있음을 설명하였다. 이하에서 예로 든 무심수면위無心睡眠位와 멸진정위滅盡定位
를 비롯해서 무심민절위無心悶絶位·무상정위無想定位·무상생위無想生位 등 다섯 종
류 무심의 상태를 일컬어 오위무심五位無心이라고 한다.
[596] 일상적 마음의 활동이 완전히 멈춘 극심한 수면 상태에서는 '나는 깨어날 것이다'라고
하는 생각을 일으킬 수 없지만, 극심한 수면에 빠지기 전에 마음속으로 다시 깨어날
것이라고 생각했었기 때문에 그러한 생각의 힘으로 다시 깨어난다는 것이다.

경 또 가령 바로 멸진정에 있으면서 '선정에서 일어나겠다'는 것에 가행을 짓지는 않지만 이전에 일으켰던 가행의 세력으로 인해 다시 선정에서 일어나는 것과 같다.

又如正在滅盡定中。非於起定而作加行。由先所作加行勢力。還從定起。

석 두 번째 비유를 밝힌 것이다. 비유하면 멸진정 중에 있을 때는 '선정에서 일어나겠다'고 생각하면서 가행을 짓는 것은 아니지만 이전에 지었던 마음의 세력으로 인해, 말하자면 아직 멸진정에 들지 않았던 이전의 '나는 나중에 일어날 것이다'라고 (생각했던) 가행의 세력으로 인해 선정에서 일어난다는 것이다.

예를 들어 『대비바사론』 제153권에서 말한다.

문 멸진정에 머물면서 얼마나 되는 시간을 보낼 수 있는가?
답 욕계 유정의 모든 근根의 대종大種은 단식段食[597]으로 인해 머무는 것으로서, 만약 오랫동안 선정에 머물게 되면, 선정에 있을 때는 몸이 손상됨이 없더라도 나중에 선정에서 나왔을 때는 몸이 곧장 허물어진다. 따라서 이 선정에 머무는 것은 단지 짧은 시간이고, 극히 길어 보았자 7주야晝夜를 넘을 수 없다. 단식이 다하였기 때문이다. 어떻게 그렇다는 것을 알 수 있는가? 예전에 (다음과 같은 이야기를) 들었다.

한 승가람에서 한 비구가 멸진정을 얻은 적이 있었다. 식사 때가 되

---

[597] 단식段食 : 식食(Ⓢ āhāra)이란 견인牽引, 장양長養, 지속持續을 뜻하는 말이다. 중생의 육신 혹은 성자의 법신을 견인하고 장양하여 존재하게 만드는 것을 말한다. 이러한 음식 중에는 육신肉身을 기르는 것과 지혜를 기르는 것으로 구분하기도 한다. 이 중에서 '단식段食'이란 향香·미味·촉觸 등의 색법으로 된 음식으로서, 몸의 제근諸根을 이익되게 하는 음식을 말한다.

면 옷을 입고 발우를 들고 식당에 도착하는데, 이 날은 건치犍稚[598]를 치는 것이 조금 늦었다. 그 비구는 정근하고 있었기 때문에 곧 이런 생각을 했다. '내가 어찌 헛되이 보내겠는가. 이 시간에 선을 닦지 않으면 끝내 후제後際[599]를 관하지 못할 것이다.' 곧 서원을 세우고 멸진정에 들어가면서 '건치를 치면 곧 나오리라'고 하였다. 이때 그 승가람에 재난의 일이 일어났고 모든 비구 등은 흩어져서 다른 곳으로 갔다. 3개월이 지나 재난의 일에서 비로소 풀려나서 비구들이 다시 승가람에 모여 들어 겨우 건치를 치게 되었다. 그 비구는 선정에서 나오자 곧 숨을 거두었다.

또 한 비구는 멸진정을 얻고서 항상 걸식했던 적이 있었다. 하루의 초분初分[600]에 옷을 입고 발우를 들고 막 마을에 도착하려 할 즈음 하늘에서 큰 비가 내렸다. 옷의 색이 바랠까 염려해서 잠시 멈추어 머물면서 곧 이런 생각을 했다. '내가 어찌 헛되이 보내겠는가. 이 시간에 선을 닦지 않으면 끝내 후제를 관하지 못할 것이다.' 곧 서원을 세우고서 멸진정에 들어가면서 '비가 그치게 되면 곧 나오리라'고 하였다. 어떤 이는 말하길 '이때 비가 반 달간 내렸다'고 하고, 어떤 이는 말하길 '한 달이 되어서야 비로소 그 비가 그쳤다'고 한다. 그는 선정에서 나오자 곧 숨을 거두었다.

이에 따를 때, 욕계에서 태어나서 만약 선정에 오래 머물러 있으면 선정에 있을 때는 몸이 손상됨이 없더라도 나중에 선정에서 나왔을 때는 몸이 곧장 허물어지기 때문에, 이 선정에 머무는 것은 마땅히 단지 짧은

---

[598] 건치犍稚([S] ghṇṭā): 건치犍稚라고도 한다. 시간을 알리는 기구로서 처음에는 나무로 만들었으나 후대에는 동으로 만들었다고 한다. 예를 들어 비구들이 포살할 때 도착해서 모이지 않고 좌선이나 행도를 그만두고 있을 때 부처님께서 '시간이 되었다(時至)'고 말씀하시면 건치를 치거나 혹은 북을 두드려서 대중들이 모이게 한다.
[599] 후제後際: 여기서는 생사의 끝, 즉 생사로부터의 해탈을 뜻한다.
[600] 초분初分: 하루를 아침에서 다음날 아침까지 초분·중분中分·후분後分 등 세 부분으로 나눌 때 초분은 아침에 해당한다.

시간이고 극히 길어 보았자 7주야를 넘길 수 없다는 것을 알 수 있다.

색계 유정의 모든 근의 대종은 단식으로 유지되는 것이 아니기 때문에 이 선정에 머물면서, 혹은 반겁半劫을 보내기도 하고, 혹은 1겁을 보내기도 하며, 혹은 다시 이를 넘을 수도 있다.

문 어떤 비구가 서원을 세우지 않고 멸진정에 들어갔다면 어떻게 (그 선정에서) 나올 수 있는가?

답 본래 그러하여(法爾) 나올 수 있는 것이니, 마치 유심정과 같다. 또 저 비구는 혹은 음식을 먹고 싶거나 혹은 대소변을 누고 싶은데, 그가 선정에 있으면 비록 손상을 입지 않지만 나오고 나면 곧 병환에 이르기 때문에, 이로 인해 반드시 선정에서 나와야 하는 것이다.[601]

釋曰。明第二喩。譬如在滅盡定中。非念從定起而作加行。由先所作心勢力故。謂由未入滅前我後當起。加行勢力。從定立。[1] 如婆沙論百五十三云。問。住滅盡定。得經幾時。答。欲界有情諸根大種。由段食住。若久在定。則在定時。身雖無損。後出定時。身便散壞。故住此定。但應少時。極久不得過七晝夜。段食盡故。云何知然。曾聞於一僧伽藍中。有一苾芻。得滅盡定。食時將至。著衣持鉢。詣食堂中。是日打揵稚少晩。彼苾芻。以精勤故。便作是念。我何爲空過。此時不修於善。遂不觀後際。則立誓願。入於滅定。乃至打揵稚當出。時彼僧伽藍。有離事起。諸苾芻等。散往他處。經於三月。難事方解。苾芻還集僧伽藍中。纔打揵稚。彼苾芻。從定而出。則便命終。復有一苾芻。得滅盡定。而常乞食。於日初分。著衣持鉢。方欲詣村。遇天大雨。恐壞衣色。少時停住。則作是念。我何爲空過。此時不修於善。遂不觀後際。則立誓願。入於滅定。乃至雨止當出。有說。爾時。雨經半月。有說。一月其雨方止。彼從定出。則便命終。由此故知生於欲界。若久在定。則在

---

601 『大毘婆沙論』권153(T27, 779c3).

定時。身雖無損。後出定時。身便散壞。故住此定。但應少時。極久不得過七晝夜。色界有情諸根大種。不由段食之所任持故。住此定。或經半劫。或經一劫。或復過此。問。若有苾芻。不立誓願。入滅盡定。云何當出。答。法爾應出。如有心定。又彼苾芻。或欲飲食。或欲便利。以彼在定。雖不爲損。出則致患故。由此因必應出定。

1) ㉭ '立'은 '起'인 듯하다.

또 『대지도론』 제99권에서 말한다.

🈷 보살들이 미묘한 삼매에 들어가면 누가 (그를 선정에서) 일어나게 할 수 있습니까?

🈸 행자가 처음 들어갈 때는 스스로 시한을 정한 후에 선정에 들며, 시간이 되면 그 마음이 자재하게 삼매에서 일어나는데, 비심悲心 때문에 각관覺觀[602]을 내는 것이다. 예를 들어 한 비구가 멸수정滅受定(멸진정)에 들어갈 때 스스로 기약하길 '건추[603] 소리를 들었을 때 일어날 것이다'라고 했는데, 이미 선정에 들고 나서 그때 승방僧坊에서 실수로 불이 났다. 모든 비구들이 황급해진 나머지 건치를 치지 않고 가 버렸다. 이때 열두 해가 지나고 나서 단월檀越들이 다시 화합하였고 여러 승려들이 승방을 일으키고자 하여 마침내 건치를 치게 되었다. (그 비구가) 건치 소리를 듣고 (선정에서) 일어나니, 곧 몸이 흩어져서 죽어 버렸다.[604]

又智度論九十九云。問曰。若諸菩薩。入微妙三昧中。誰能令起。答曰。行

---
602 각관覺觀 : 심사尋伺의 구역이다. '심尋'과 '사伺'는 대상을 거칠게 혹은 미세하게 분별한다는 점에서 차이가 있지만, 모두 사유(思) 작용을 가리킨다.
603 건추揵稚 : 앞의 역주 '건치揵稚[S] ghṇṭā' 참조.
604 『大智度論』 권99(T25, 750a9).

者初入時。自作限齊。然後入定。時至。其心自在。從三昧起。悲心故而生
覺觀。如一比丘。入滅受定時。自期聞揵椎時當起。旣入定已。時僧坊失火。
諸比丘惶懅。不打揵椎而去。爾時。過十二歲已。檀越更和合。衆僧欲起僧
坊。方打揵椎。聞揵椎聲起。卽身散而死。

다) 비유와 법을 결합시킴

경 마치 수면 및 멸진정에서 마음이 다시 생기하는 것처럼, 이와 같이 여래
께서 이전에 수습했던 방편반야의 가행의 힘으로 인해서 다시 심법이 생기함
이 있음을 알아야 한다."

如從睡眠。及滅盡定。心更生起。如是如來。由先修習方便般若加行力故。
當知。復有心法生起。

석 세 번째는 비유와 법을 결합시킨 것이다.[605]
마치 무심無心의 두 종류(무심수면과 멸진정)는 이전의 가행의 힘으로 말미
암아 나중에 마음이 생기하는 것처럼,[606] 비록 여래도 또한 가행을 짓지

---

605 이나바 : 第三合喩義. 관공 : 此卽第三喩義合說.
　　원측 소의 전례에 따르면, 직전의 비유를 이전의 교법과 결합시키는 것을 '合' 혹은
'法同喩'라고 한다. 이에 준해서, 이나바와 관공의 환역에서 '義'라고 한 것은 모두 '法'
으로 간주하였다.
606 이나바 : 如無心二. 由先加行力……. 관공 : 謂如有在無心睡眠之前. 曾作加行之力
…….
　　두 판본 중 밑줄 친 부분이 다르다. 이나바는 '무심의 두 종류'라고 하였고, 관공은
'무심수면'이라 하였는데, 전후 문맥상 전자가 바르다. 경문에서 "마치 수면 및 멸진정
에서……"라고 한 것은 직전에 설했던 무심수면無心隨眠과 멸진정滅盡定이라는 두 종
류 무심위無心位의 비유를 다시 이전의 교법에 적용시킨 것이다. 다시 말하면, 두 종
류 무심의 상태로부터 다시 마음이 생기할 수 있는 것처럼, 마찬가지로 여래도 일부
러 작의하지 않아도 마음을 생기할 수 있다는 것이다.

않는다 해도 이전의 인위因位에서의 가행의 힘으로 말미암아 마음이 생기함이 있다는 것이다.

따라서 『불지경론』 제4권에서 말한다.

다시 "(여래의 청정법계는) 일체지一切智로 변화해 낸 바의 '중생을 이롭게 하는 사업'을 포함한다."라고 한 것은, 청정한 법계가 일체의 수용·변화의 두 종류 신身으로 지은 바의 '유정을 이롭게 하는 (사업)'을 포함한다는 것이다.[607]

또 그 논에서 말한다.

여래에게는 비록 이와 같이 '나는 이러이러한 사업을 마땅히 지을 것이다, 짓지 않겠다'고 분별함은 없지만, 본원本願의 힘으로 이전에 발원했던 대로 일체를 능히 짓는다. 혹은 수면에 들고 혹은 멸진정에 들어서 비록 작의함이 없어도 (그 무심위에 들기 전에) 기약했던 바에 따라서 (수면에서) 깨어나고 선정에서 나오는 것이다.
예를 들면 『해혜경海慧經』에서는 설한다. "가령 모든 비구가 '종소리가 날 때까지'로 기약하고서 멸진정에 들어가는데, 종소리를 듣지 않았더라도 또한 분별 없이 기약했던 힘으로 말미암아 마땅히 때가 되면 선정에서 나오는 것과 같다."[608]

『불지경론』에서 인용했던 『해혜경』의 문장은 『대집경大集經』에서는 「해혜보살품海慧菩薩品 제5」라고 하였다. 따라서 그 경에서는 말한다.

---

[607] 『佛地經論』 권3(T26, 306b9).
[608] 『佛地經論』 권3(T26, 306b21).

선남자여, 비유하면 비구가 멸진정에 들려 할 때 먼저 서원을 세우기를 '나는 지금 선정에 들어가니 만약 건치가 울리면 마땅히 일어나서 나오리라'고 한다.

그런데 이 선정에서는 건치의 소리가 들리지 않으니, 원력으로 인해 건치 소리가 울릴 때 곧장 선정에서 나오는 것이다.[609]

釋曰。第三合喩義。[1] 如無心二。由先加行力。後心生起。雖非如來亦作加行。由先因位加行力。有心生起。故佛地論第四卷云。復次。含容一切智所變化利衆生事者。謂淨法界。含容一切受用變化二身所作利有情。又彼云。如來雖無如是分別。我於如是如是事業。當作不作。而本願力。一切能作。如先發願。或入睡眠。或入滅定。雖無作意。隨所要期。覺悟出定。如海慧經。作如是說。如諸苾芻。要期鐘聲。而入滅定。不聞鐘聲。亦無分別。由要期力。應時出定。佛地論中海慧經所引[2]文者。大集經中。海慧菩薩品第五也。故彼經云。善男子。譬如比丘。欲入滅定。先立誓願。我今入定。若揵椎鳴。乃當起出。而是定中。無揵椎音。以願力故。鳴揵椎時。則便出定。

1) ㉠ '義'는 '法'인 듯하다. 해당 번역문 역주 참조. 2) ㉠ '海慧經所引'은 '所引海慧經'으로 수정해야 한다.

② 화신이 유심有心인지 무심無心인지를 밝힘

가. 청문

[경] 만수실리보살이 다시 부처님께 여쭈었다. "세존이시여, 여래의 화신은 유심이라고 해야 합니까, 아니면 무심이라고 해야 합니까?"

---

609 『大方等大集經』 권11(T13, 67c8).

曼殊室利菩薩。復白佛言。世尊。如來化身。當言有心爲無心耶。

석 이하는 두 번째로 여래의 화신이 유심인지 무심인지를 밝힌 것이다. 이 중에 네 가지가 있다. 첫째는 청문이고, 둘째는 대답이며, 셋째는 징난이고, 넷째는 해석이다.

이것은 청문에 해당한다.

"화신"이란 타수용신과 변화신에 포섭되는 것이니, 똑같이 변화이기 때문이다.[610] 이와 같은 두 가지 신은 마땅히 유심이라고 해야 하는가, 아니면 무심이라고 해야 하는가?

釋曰。自下第二明如來化身有心無心。於中有四。一問。二答。三難。四釋。是卽問也。言化身者。他受用及變化身所攝。同變化故。如是二身。當言有心爲無心耶。

나. 간략히 답함

경 부처님께서 만수실리보살에게 말씀하셨다. "선남자여, 유심도 아니고 또한 무심도 아니다.

佛告曼殊室利菩薩曰。善男子。非是有心。亦非無心。

---

[610] 여래의 화신化身의 상에 대해서는 두 번째 대단大段에서 이미 상세히 설명한 바 있고, 지금 이 세 번째 대단에서는 수용신受用身의 상을 설명하고 있다. 그런데 이곳에서 다시 여래의 화신이 유심有心인지 무심無心인지를 묻고 답하는 것에 의문이 들 수 있다. 원측의 해석에 따르면, 위의 경문에서 "화신"이라 한 것은 타수용신他受用身 및 변화신變化身을 포함하는 말이다. 타수용신과 변화신은 모두 동일하게 변화로 지어낸 몸이기 때문에 '화신'이라 칭한 것이다.

석 두 번째는 여래의 간략한 대답이니, 유심이라고 말할 수도 없고 또한 무심이라고 말할 수도 없다는 것이다.

釋曰。第二如來略答。不可言有。亦不可言無。

다. 징난

경 어째서인가?

何以故。

석 세 번째는 이유를 따진 것이다. 유·무에 대해 말하기는 했지만, 아직 그 이유를 설한 것은 아니다.[611] 따라서 지금 따져 물은 것이다.

釋曰。第三難因。言有無者亦非說因。故今徵難。

라. 바로 해석함

경 자의自依의 마음은 없기 때문이고, 의타依他의 마음은 있기 때문이다."[612]

---

611 이나바 : 言有無者亦非說因. 관공 : 謂雖已蒙佛指出有無都不可說, 但未示其原因.
  이나바의 복원문은 의미가 명료하지 않다. 관공의 환역처럼, '비록 유·무에 대해 설할 수 없다고 하였어도 아직 그 이유를 말하지는 않았다'는 의미가 되어야 한다. 이에 준해서, 이나바의 환역을 '雖言有無而非說因'으로 간주하였다.
612 이 경문은 '여래의 화신은 유심有心인가 무심無心인가'라는 질문에 대한 대답이다. 이 경에 따르면, "자의심은 없고 의타심은 있기 때문에(無自依心有依他心故)" 여래의 화신은 유심이라고도 무심이라고도 할 수 없다. 법상학자들은 이 경문을 『佛地經論』이나 『成唯識論』 등의 해석에 준해서 이해하였다. 그 논들에 따르면, 여래의 화신 상에도 마치 무엇인가에 대해 성내거나 탐하는 등과 같이 능히 연려緣慮하는 마음의 작용

無自依心故。有依他心故。

석 네 번째는 여래께서 바로 해석하신 것이다.

"자의自依의 마음"이란 견분見分의 마음이니, 이는 스스로 연려緣慮하는 견분의 종자에 의지해서 생기하기 때문이다.[613]

"의타依他의 마음"이란 상분相分의 마음이니, 견분의 마음에 의지해서 생하는 것으로서, 연려하는 것이 아니기 때문이다.[614]

지금 대답의 의취를 설하자면, 견분의 진실한 마음은 없기 때문에 '자의의 마음은 없다'고 하였고, '타에 의지하는(依他)' 상분의 마음은 있기 때문에 '없다'고 말할 수도 없다는 것이다.

---

[613] 이나바 : 自依心者, 見分心也. 依自證分種子生故. 관공 : 自依心者, 指見分心. 是依自 己緣慮見分種子而生起故.
  밑줄 친 부분의 의미가 다르다. 이나바의 복원문은 교리적으로 맞지 않고, 관공의 환역 중에 '自己緣慮'는 '自緣慮'로 수정하였다. 이하『成唯識論』등의 해석에 따르면, 여래의 화신에는 마치 마음의 작용이 있는 것처럼 보이지만, 엄밀하게 말하면 실질적인 견분見分의 마음은 없고 단지 상분相分의 마음만 있다. 위의 문장은 '견분의 마음이 없다'고 한 이유를 설명한 것이다. 말하자면, 견분의 마음은 그 자체가 능히 연려緣慮하는 작용이고, 이러한 능연能緣의 마음은 '스스로 연려하는 견분의 종자(自緣慮見分種子)'로부터 생기하는 것이지 변화로 지어 내는 것이 아니다. 위의 경문에서 '자의 심이 없다'고 한 것은 바로 스스로 연려하는 실질적인 심·심소, 다시 말하면 견분의 마음이 없다는 것이다.

[614] 이나바 : 依他心者, 相分心也. 依見分心生, 非所緣故. 관공 : 依他心者, 指相分心. 是依見分心, 而得生起, 不作緣慮故.
  밑줄 친 부분의 의미가 상반되며, 관공의 환역이 바른 듯하다. 위의 문장은 경문에서 '의타의 마음은 있다'고 한 이유를 설명한 것이다. 이하의『成唯識論』의 해석에 따르면, 가령 여래의 화신 상에서 성내거나 탐하는 등의 마음이 나타나기도 하는데, 이것은 단지 교화되는 중생의 마음에 상분相分으로서 현현한 것이다. 이러한 상분으로서의 마음은 단지 타자의 마음에 인식 대상(所緣)으로 나타낸 상相일 뿐 능히 연려하는 마음(見分)의 작용이 있는 것이 아니다.

따라서 『성유식론』 제10권에서는 말한다.

변화신과 타수용신에는 비록 진실한 심心 및 심소心所는 없지만 화현해 낸 심·심소법은 있다. 무상각자無上覺者의 신통력은 헤아리기 어려운 것이기 때문에 능히 형질 없는 법도 화현해 낸다. 그렇지 않다면, 어떻게 여래께서 탐貪·진瞋 등을 나타내시겠는가. 오래전에 이미 끊었기 때문이다.[615] 어떻게 성문聲聞과 방생傍生(축생) 등이 여래의 마음을 알겠는가. 여래의 실재 마음(實心)은 등각보살조차 오히려 알지 못하기 때문이다.
이로 말미암아 경에서 설하기를, '한량없는 부류를 변화해 내어 모두 마음이 있도록 한다'고 하였다.【예를 들면 『열반경』 등의 설이다.】 또 설하기를, '여래의 성소작지成所作智는 삼업三業을 화작해 낸다'고 하였다.【예를 들면 『불지경』 등의 설이다.】 또 설하기를, '변화신에는 의타심依他心이 있다'고 하는데, 타자의 실재 마음에 의지해서 상분으로서 현현하기 때문이다.[616]【예를 들면 이 『해심밀경』 등의 설이다.】
비록 '변화신에는 근根·심心 등이 없다'고는 하지만, 그 밖의 것에 의거해서 말한 것이지 여래에 의거해서 말한 것은 아니다. 또 변화해 낸 색근·심·심소법에는 근 등의 작용이 없기 때문에 '있다'고 말하지 않은 것이다.[617]

『불지경론』 제7권에서도 이와 거의 동일하게 설하였다.

---

[615] 여래께서는 탐貪·진瞋 등의 번뇌를 이미 오래전에 끊었기 때문에 그러한 번뇌를 일으킬 리가 없고, 이는 다만 신통력으로 화현해 낸 마음의 상相이다.
[616] 여래의 화신에는 실제로 연려하는 마음의 작용은 없어도, 교화되는 대상에게는 마치 연려하는 것 같은 마음의 상相이 나타난다. 그러한 상분相分의 마음은 타자의 마음에 의지해서 현현된 것이다.
[617] 『成唯識論』 권10(T31, 58b7).

『상속해탈경』에서는 말한다. "'여래의 화신은 유심입니까, 무심입니까?' 부처님께서 문수사리에게 말씀하셨다. '무심이기도 하고 심이기도 하니, 자재하지 않거나 크게 자재하기 때문이다.'"[618]

『심밀해탈경』에서는 말한다. "'여래가 응화應化하여 지어 낸 화신은 유심입니까, 무심입니까?' 부처님께서 말씀하셨다. '유심이라고 말할 수도 있고 무심이라고 말할 수도 있다. 어째서인가? 자기 마음에서 자재함을 얻지 못하기 때문에 무심이라고 하고, 저 타자의 힘 때문에 유심이라고 한다.'"[619]

釋曰。第四如來正釋。自依心者。見分心也。依自證分[1]種子生故。依他心者。相分心也。依見分心生。非所[2]緣故。今答意說。謂無見分眞實心故。無自依心。有依他相分心故。不可言無。 故成唯識第十卷云。然變化身及他受用。雖無眞實心及心所。而有化現心心所法。無上覺者神力難思故。能化現無形質法。若不爾者。云何如來現貪瞋等。久已斷故。云何聲聞及傍生等。知如來心。如來實心。等覺菩薩。尙不知故。由此經說化無量類。皆令有心。【如涅槃經等說。】又說如來成所作智化作三業。【如佛地經等說。】又說變化有依他心。依他實心。相分現故。【如此經等說。】雖說變化無根心等。而依餘說。不依如來。又化色根心心所法。無根等用。故不說有。佛地論第七。大如是說。相續經云。如來化身爲有心爲無心耶。佛告文殊師利。無心。心不自在。大自在故。深密經云。如來應化所作化身。爲是有心。爲是無心。

---

618 『相續解脫如來所作隨順處了義經』 권1(T16, 719c28)에 "文殊師利白佛言。世尊。如來身爲有心。爲無心耶。佛告文殊師利。<u>無心心不自在大自在故</u>。"라고 되어 있다. 밑줄 친 경문의 의미가 명료하지 않다. 뒤의 『深密解脫經』이나 『解深密經』과 대조할 때, 이곳에서도 어떤 면에서는 무심無心이고 어떤 면에서는 유심有心이라고 하는 설법이 진술되어야 한다. 따라서 '無心心'을 '無心'과 '有心'으로 간주하였고, '不自在'와 '大自在'는 그 차례대로 그 이유를 진술한 것으로 간주하였다.
619 『深密解脫經』 권5(T16, 687b14).

佛言。得言有心。得言無心。何以故。以自心不得自在故言無心。彼他力故言有心。

1) ㉨ '證分'은 '緣慮見分'인 듯하다. 해당 번역문 역주 참조. 2) ㉮ '所'는 '緣'인 듯하다. 해당 번역문 역주 참조.

(2) 여래의 소행所行과 경계境界의 차별적 상을 밝힘

① 청문

경 만수실리보살이 다시 부처님께 여쭈었다. "세존이시여, 여래의 소행과 여래의 경계, 이 두 종류는 어떤 차별이 있습니까?"

曼殊室利菩薩。復白佛言。世尊。如來所行。如來境界。此之二種。有何差別。

석 이하는 두 번째로 여래의 소행과 경계의 차별적 모습을 밝힌 것이다. 이 중에 두 가지가 있다. 처음은 청문이고, 나중은 대답이다.
이것은 처음의 청문에 해당한다.

釋曰。自下第二明如來所行境界差別之相。於中有二。初問。後答。是卽初請問也。

② 대답

가. 해석

가) 소행을 해석함

경 부처님께서 만수실리보살에게 말씀하셨다. "선남자여, 여래의 소행(영역)이란 일체 종류의 여래가 공유하는 불가사의한 한량없는 공덕들로 장엄된 청정한 국토를 말한다.

佛告曼殊室利菩薩曰。善男子。如來所行。謂一切種如來共有不可思議無量功德衆所莊嚴淸淨佛土。

석 두 번째는 여래께서 바로 답하신 것이다. 이 중에 두 가지가 있다. 처음은 해석이고, 나중은 결론이다.

해석에서 두 가지로 구분된다. 처음은 소행을 해석한 것이고, 나중은 경계를 해석한 것이다.

이것은 첫 번째로 소행에 대해 해석한 것이다. 말하자면 모든 여래가 공유하는 불가사의한 힘(力)과 무외無畏 등의 한량없는 공덕들로 장엄된 청정한 불국토를 곧 '여래의 소행'이라 이름한다는 것이다. 이것은 곧 『불지경』에서 '열여덟 종류 원만圓滿의 장엄莊嚴을 갖추고 있다'고 설했던 것에 해당한다. 그러므로 『불지경』 등에서는 가장 수승한 빛을 발하는 칠보七寶의 장엄 등에 대해 자세하게 설한다.[620]

釋曰。第二如來正答。於中有二。初釋。後結。釋中分二。初釋所行。後釋境界。是卽初釋所行。謂諸如來共有不可思議力。及無畏等無量功德衆。所莊

---

[620] 『佛地經論』에서 설한 십팔원만장엄이란 정토淨土를 장엄하는 열여덟 가지 수승한 공덕을 말한다. 그에 따르면, 부처님의 정토는 열여덟 종류 원만한 사事들로 장엄되어 있다고 한다. 열여덟 종류란, 현색顯色(색깔), 형색形色(모양), 분량分量, 방소方所, 인因, 과果, 주인(主), 보익輔翼, 권속眷屬, 주지住持, 사업事業, 섭익攝益, 무외無畏, 주처住處, 길(路), 수레(乘), 문門, 의지依持 등이다. 이에 대해서는 이전의 『解深密經』 「序品」 중 '정토淨土의 십팔원만'을 해석하면서 『佛地經論』 등을 인용하여 자세히 설명한 바 있다.

嚴淸淨佛土。是卽名爲如來所行。是卽佛地經說具有十八圓滿莊嚴。是故
佛地經等。廣說最勝光曜七寶莊嚴等。

나) 경계를 해석함

(가) 총괄해서 개수를 표시함

경 여래의 경계란 일체 종류의 오계의 차별을 말한다.

如來境界。謂一切種五界差別。

석 두 번째는 여래의 경계에 대해 해석한 것이다. 이 중에 두 가지가
있다. 처음은 총괄해서 개수를 표시한 것이고, 나중에 개수에 의거해서
따로 해석한 것이다.
이것은 총괄해서 개수를 표시한 것이다.

釋曰。第二釋如來境界。於中有二。初總標數。後依數別釋。是卽總標數。

(나) 개수에 의거해서 따로 해석함

경 어떤 것이 오계인가? 첫째는 유정계이고, 둘째는 세계이며, 셋째는 법
계이고, 넷째는 조복계이며, 다섯째는 조복방편계이다.

何等爲五。一者有情界。二者世界。三者法界。四者調伏界。五者調伏方便界。

석 두 번째는 개수에 의거해서 따로 해석한 것이다.

이와 같은 다섯 종류 무량은 예를 들어『유가사지론』제46권에서 설한 것과 같음을 알아야 하니, 따라서 그 논에서는 말한다.

'유정계의 무량'이란 64종류의 모든 유정의 무리를 말하니, 이전의 의지意地에서 설했던 것과 같다.

'세계의 무량'이란 시방의 한량없는 세계에서 한량없는 명호가 (각기 차별되는 것을) 말하니, 가령 이와 같은 세계를 '삭가娑訶'[621]라고 이름하고, 이 세계의 범왕을 삭가의 주인(娑訶主)이라고 이름하는 것과 같다.

'법계의 무량'이란 선·불선·무기의 제법을 말하니, 이와 같은 부류의 차별적 도리가 한량없음을 알아야 한다.

'조복되는 계의 무량'이란, 혹은 한 종류의 조복되는 계가 있으니, 일체의 유정들로서 조복될 수 있는 자는 똑같은 하나의 부류이기 때문이다. 혹은 두 종류의 조복되는 계가 있으니, 첫째는 구박具縛이고, 둘째는 불구박不具縛이다.[622] 이와 같이 (혹은) 세 종류의 (조복되는 계가 있으니)……중간 생략……. (이와 같이 간략히 설하면) 품류의 차별은 55종류가 있고,[623] 상속·차별의 도리에 의하면 한량없음을 알아야 한다.[624]

---

621 삭가娑訶(⑤ sahā) : 수대隋代 이전에는 사바娑婆라고 음역했으며, 의역하면 감인堪忍·인토忍土 등이라고 한다. 이 세계의 중생은 열 가지 악惡에 놓여 있으면서 번뇌들을 감내하고 있기 때문에 이 땅을 '삭가'라고 하니, 즉 세존께서 교화하시는 세계를 말한다.

622 『瑜伽論記』권8(T42, 470b7)에 "첫째로 '구박'이란 모든 이생(범부)을 말하고, 둘째 '불구박'이란 모든 유학자를 말한다.(一者具縛謂諸異生。二不具縛謂諸有學者。)"라고 하였다. 이에 따르면, 두 종류의 '조복되는 계(所調伏界)'란 교화되는 대상을 범부와 성자로 구분하고, 성자 중에서 더 이상 배울 것이 없는 무학無學의 성자를 제외한 것이다.

623 이나바 : 如是有七種, 乃至品類差別有五十五. 관공 : 如是從或有三種所調伏界, 乃至如是略說品類差別有五十五…….

밑줄 친 부분이 다르다. 이나바의 복원문에서 "일곱 종류(七種)"라고 한 것은 "세 종류"의 오역인 듯하다. 『瑜伽師地論』권46(T30, 548a26~b13)에서는 '조복되는 계(所調

구체적으로 설하면 그 논과 같다. 다시 또 그 논에서는 말한다.

문 유정계의 무량과 조복되는 계의 무량은 어떤 차별이 있는가?
답 일체의 유정은 종성種性에 머물든 종성에 머물지 아니하든 차별을 두지 않고 총괄해서 '유정계의 무량'이라고 이름한다. 오직 종성에 머물면서 저 각각의 지위가 전환되는 것을 일컬어 '조복되는 계의 무량'이라고 이름한다.

'조복방편계의 무량'이란 무엇인가. 말하자면 이전에 설한 것처럼, 이 중에도 또한 한량없는 품류의 차별이 있음을 알아야 한다.

문 어째서 총괄해서 이 다섯 가지 무량을 이와 같은 차례로 설했는가?
답 모든 보살은 오로지 정진하면서 유정에게 이익 주는 일을 수습하기 때문에 맨 먼저 '유정계의 무량'을 설하였다. 이 모든 유정은 (각각의) 처소에 의지하면서 교화를 받아들일 수 있기 때문에 두 번째로 '세계의 무량'을 설하였다. 이 유정들은 저 각각의 세계에 있으면서 갖가지 법으로 인해 혹은 오염되거나 혹은 청정하다는 차별이 있을 수 있기 때문에 세 번째로 '법계의 무량'을 설하였다. 곧 이와 같은 유정계를 관해서, 모든 유정이 있고 감당할 바가 있으며, 큰 세력이 있고, 궁극적으로 온갖 고통에서 해탈할 능력이 있기 때문에 네 번째로 '조복되는 계의 무량'을 설하였다. 반드시 이와 같은 방편선교로 말미암아 유정들로 하여금 궁극적으로 해탈하도록 하기 때문에 다섯 번째로 '조복방편계의 무량'을 설하였다. 그러므로 설하기를, '보살은 이 다섯 종류 무량에서 능

伏界)'를 한 종류, 두 종류, 세 종류, 네 종류, 다섯 종류, 여섯 종류, 일곱 종류, 여덟 종류, 아홉 종류, 열 종류의 품류로 구분하여 열거하였는데, 그 모든 품류를 합하면 총 55품류가 된다. 원측 소에서는 그 논의 문장 중에 한 종류와 두 종류로 구분하는 경우만을 직접 인용하였고, 중간의 "乃至"라는 말로 중간의 많은 내용들을 생략하였다.
624 이상은 『瑜伽師地論』 권46(T30, 548a17) 참조.

히 일체의 선교의 작용을 일으킨다'고 한 것이다.[625]

『현양성교론』과『대승장엄경론』과『지지경』과『선계경』에서도 또한 이와 같이 설한다.

釋曰。第二依數別釋。如是五無量者。應知。如瑜伽論四十六說。故彼論云。有情界無量。謂六十四諸有情衆。如前意地。世界無量。謂於十方無量世界。無量名號[1] 如此世界。名曰索訶。此界梵王。名索訶主。法界無量。謂善不善無記諸法。差[2]別道理。應知無量。所調伏界無量。謂[3] 一切有情可調伏者。同一類故。或有二種所調伏界。一具縛。二不具縛。如是有七[4]種。乃至品[5]類差別有五十五。若依相續差別道理。當知無量。具說如彼。復次彼云。問。有情界無量。所調伏界無量。有何差別。答。一切有情。若住種性。不住種性。無有差別。總名有情界無量。唯住種性。彼彼位轉。乃得名爲所調伏界無量。調[6]伏方便界無量。謂如前說。當知。此中亦有無量品類差別。問。何故總說此五無量。如是次第。答。以諸菩薩。專精修習饒益有情。是故最初說有情界無量。是諸有情。依於處所。可得受化。是故第二說世界無量。是諸有情。在彼彼界。由種種法。或染或淨。差別可得。是故第三說法界無量。卽觀如是有情界中。有諸有情。有所堪任。有大勢力。堪能究竟解脫衆苦。是故第四說所調伏界無量。要由如是方便善巧。令諸有情究竟解脫。是故第五說調伏方便界無量。是故說言菩薩於此五種無量。能起一切善巧作用。顯揚論。莊嚴經論。持地經。及善戒經。亦如是說。

1) ㉎『瑜伽師地論』권46(T30, 548a20)에 의거해서 '號' 뒤에 '各各差別'을 보입해야 한다. 2) ㉎『瑜伽師地論』권46(T30, 548a22)에 의거해서 '差' 앞에 '如是等類'를 보입해야 한다. 3) ㉎『瑜伽師地論』권46(T30, 548a23)에 의거해서 '謂' 뒤에 '或有一種所調伏界'를 보입해야 한다. 4) ㉎ '七'은 '三'인 듯하다. 해당 번역문 역주 참조. 5)

---

625 『瑜伽師地論』권46(T30, 548b14).

㈎ 『瑜伽師地論』 권46(T30, 548a13)에 의거해서 '品' 앞에 '如是略說'을 보입해야 한다. 6) ㈎ 『瑜伽師地論』 권46(T30, 548b18)에 '謂' 앞에 '云何'가 있고, 이를 따랐다.

나. 결론

경 이와 같은 것을 두 종류 차별이라고 이름한 것이다.

如是名爲二種差別。

석 두 번째는 결론이다.

釋曰。第二結也。

(3) 등정각等正覺을 이루시는 등의 세 가지 무이無二의 상을 밝힘

① 청문

경 만수실리보살이 다시 부처님께 여쭈었다. "세존이시여, 여래께서는 등정각을 이루시고 정법륜을 굴리셨으며 대열반에 드셨으니, 이와 같은 세 종류를 어떤 모습이라고 알아야 합니까?"

曼殊室利菩薩。復白佛言。世尊。如來成等正覺。轉正法輪。入大涅槃。如是三種。當知何相。

석 이하는 세 번째로 등정각을 이루시는 등 세 가지 무이상을 밝힌 것이다. 이 중에 네 가지가 있다. 첫째는 청문이고, 둘째는 대답이며, 셋째는 징난이고, 넷째는 해석이다.
　이것은 첫 번째로 청문이니, '이와 같은 세 종류에 각기 어떤 상이 있는가' 하는 것이다.

釋曰。自下第三明成等正覺等三無二相。於中有四。一問。二答。三難。四釋。是卽初問。如是三種。各有何相。

② 대답

가. 총괄해서 표명함

경 부처님께서 만수실리보살에게 말씀하셨다. "선남자여, 이 세 가지는 모두 무이의 상임을 알아야 한다.

佛告曼殊室利菩薩曰。善男子。當知。此三皆無二相。

석 두 번째는 여래께서 바로 답하신 것이다. 이 중에 두 가지가 있다. 처음은 총괄해서 표명하며 답한 것이다. 나중은 따로 해석하면서 답한 것이다.
　이것은 첫 번째 간략한 대답이니, 이 세 가지가 모두 '무이의 상'이라는 것이다.

釋曰。第二如來正答。於中有二。初總標答。[1] 後別釋答。* 是卽初略[2]答。* 此三皆無二相。

---
1) ㉠ 원측 소의 전례에 준할 때, '答'을 삭제해야 자연스럽다. 이하 동일.　2) ㉠ '初略'은 '初總標' 혹은 '初也'인 듯하다.

나. 따로 해석함

경 등정각을 이룬 것도 아니고 등정각을 이루지 않은 것도 아니며, 정법륜을 굴린 것도 아니고 정법륜을 굴리지 않은 것도 아니며, 대열반에 든 것도 아니고 대열반에 들지 않은 것도 아니다.

謂非成等正覺。非不成等正覺。非轉正法輪。非不轉正法輪。非入大涅槃。非不入大涅槃。

석 두 번째는 따로따로 해석한 것이다. 세 종류는 무이의 상이기 때문에, 등정각을 이룬 것도 아니고 정법륜을 굴린 것도 아니며 대열반에 든 것도 아니지만, (또한 그러한) 세 종류가 아닌 것도 아니다.

문장은 달라도 의미는 동일하기 때문에, 『심밀해탈경』에서는 "보리를 증득하는 것도 아니고 보리를 증득하지 않는 것도 아니며……"[626]라고 하였고, 나머지 두 판본에서도 또한 '아니다(非)'라는 말을 설한다. 따라서 '아니다'라는 말에 의해 무이의 상을 설한 것이다.

釋曰。第二別釋。三種無二相故。非成等正覺。非轉正法輪。非入大涅槃。非[1)]不三種。文異義一故。深密經云。不證菩提。非不證菩提等。所餘二本。亦說非語。故由非語。說無二相。

1) ㉲ 전후 문맥상 '非' 앞에 '亦'이 누락된 듯하다.

③ 징난

---

626 『深密解脫經』 권5(T16, 687b29).

경 어째서인가?

何以故。

석 세 번째는 이유를 징난한 것이다. 비록 '무이'를 설했지만 해석하지는 않았기 때문에 따져 물은 것이다.

釋曰。第三明¹⁾因。雖說無二。未釋故難。
1) ㉠ 원측 소의 전례에 준할 때, '明'은 '徵'인 듯하다.

④ 해석

경 여래의 법신은 궁극적으로 청정하기 때문이고, 여래의 화신은 항상 시현하기 때문이다."

如來法身。究竟淨故。如來化身。常示現故

석 네 번째는 해석이다. 말하자면 진여법신은 청정하기 때문에 이런 세 가지 상이 없고, 화신은 근기에 맞춰 시현하기 때문에 세 가지 상이 없는 것도 아니다.

『상속해탈경』에서도 이와 동일하게 설한다.

『심밀해탈경』에서는 "응화신應化身은 시현하기 때문이다."[627]라고 하였는데, 화신을 '응화신'이라 이름한 것이다.[628] 그러므로『금강반야경론』제

---

[627]『深密解脫經』권5(T16, 687c3).
[628] 이나바 : 化身名應化. 관공 : 是說化身普遍化現.
　　전후 문맥상 이나바의 환역이 바른 듯하다. 이『解深密經』에서 '화신化身'이라 한 것

1권에서 말하길, "응화신은 진불眞佛이 아니고 또한 법을 설하는 자도 아니다."629라고 한 것이다.

【문】 자수용신自受用身과 타수용신他受用身은 이 세 가지 모습을 갖추고 있는가?

【답】 자수용신은 결정코 하나의 상을 갖추니, 말하자면 등정각을 이루는 상이다. 나머지 두 가지 상에 대해서는 두 가지 설이 있다. 한편에서는 말한다. 〈법륜을 굴리지도 않고 열반에 들지도 않는다. 대지에 머무는 보살(住大地菩薩)630은 보지도 않고 듣지도 않기 때문이고, 몸을 소멸시킨 무여열반(滅身無餘涅槃)을 증득하지도 않기 때문이다.〉 한편에서는 말한다. 〈두 가지 상을 갖추고 있다. (중생들에게) 법락을 보도록 하기 위해 법을 설하기 때문이고, 몸을 소멸시키지 않고도 멸滅(열반)을 증득하기 때문이다.〉 또 수용신은 세 가지 상을 갖추고 있다고 설해도 또한 어긋나는 것은 아니다. 예를 들어 '아미타불은 등정각을 이루고, 반열반에 들며, 보살을 관하여 왕자로 삼는다'631고 설하기 때문이다. 자세하게 분별하면, 예를 들

은 『深密解脫經』에서는 모두 '응화신應化身'이라 하였다. '응화신'이란 응화법신應化法身이라고도 하며, 부처가 중생을 구제하기 위해 중생의 근기에 따라 현현해 낸 몸을 말한다.

629 『金剛般若波羅密經論』권1(T25, 784b19).

630 대지에 머무는 보살(住大地菩薩) : 제8지 이상에 올라 의성신意成身을 받아서 자유자재로 변역생사變易生死하는 자를 '대지보살大地菩薩'이라고 한다. 『成唯識論述記』권8(T43, 536b29) 참조.

631 이나바 : 觀菩薩爲王子故. 관공 : 觀自在菩薩爲其補處故.
 이나바는 "菩薩을 觀하여 王子로 삼기 때문이다."라고 환역하였고, 관공은 "관자재보살을 그의 보처補處로 삼기 때문이다."라고 하였다. 전후 문맥상 의미가 상충되는 것은 아니다. 어쨌든 위의 문장은 수용신受用身이 세 가지 상相을 갖추는지의 여부를 논하는 중에, 특히 '정법륜을 굴리는 상을 갖춘다'고 말할 수 있는 논거를 든 것이다. 그 예로서 서방의 극락정토에 머무는 아미타불의 경우를 들었다. 이 아미타불은 도력이 높은 보살들에게 현현하는 부처님의 몸으로서, 보살들의 지위에 맞춰서 각기 그 몸을 현현시킨다. 또 서방의 정토에서 아미타불이 교주라고 한다면, 양옆에서 관음보살觀音菩薩과 대세지보살大勢至菩薩이 아미타불을 보조하면서 중생을 교화한다고 한다.

어 팔상八相으로 등정각 등에 대해 설한 것과 같음을 알아야 한다.

> 釋曰。第四釋也。謂眞如法身能淸淨故。無此三相。化身隨根示現故。非無三相。相續經。亦同此說。深密經云。應化身示現故。化身名應化。是故金剛般若經論第一卷云。應化非眞佛。亦非說法者。問。自他受用身。其此三相耶。答。自受用身。定具一相。謂¹⁾等正覺。於餘二相。有其兩說。一云。不轉法輪。不入涅槃。住大地菩薩。不見不得²⁾故。不證滅身無餘涅槃故。一云。具有二相。爲見法樂說法故。不滅身證滅故。又受³⁾用身。說具三相。亦不違逆。如說阿彌陀佛。成等正覺。入般涅槃。觀菩薩爲王子故。⁴⁾ 廣分別者。應知。如以八相。說等正覺。

1) ㉓ '謂' 뒤에 '成'이 누락된 듯하다. 2) ㉓ 관공의 환역에 의거하여 '得'을 '聞'으로 수정해야 한다. 3) ㉓ 관공의 환역에 '受' 앞에 '圓滿'이 있다. 4) ㉓ '觀菩薩爲王子故'는 관공의 환역에 '觀自在菩薩爲其補處故'라고 되어 있다. 해당 번역문 역주 참조.

(4) 여래가 모든 유정의 부류에게 연이 되어 줌의 차별을 밝힘

① 청문

경 만수실리보살이 다시 부처님께 여쭈었다. "세존이시여, 모든 유정의 부류는 단지 화신만을 보고 듣고 받들어 섬기면서 모든 공덕을 생하는데, 여래는 그에 대해 어떤 인연이 있습니까?"

> 曼殊室利菩薩。復白佛言。世尊。諸有情類。但於化身。見聞奉事。生諸功德。如來於彼。有何因緣。

석 이하는 네 번째로 여래가 모든 유정의 부류에게 연이 되어 줌의 차별을 밝힌 것이다.[632] 이 중에서 처음은 청문이고, 나중은 대답이다.

이것은 청문에 해당한다. 청문한 일에 대해 각각의 설들이 다르다.

한편에서는 말한다. 〈지금은 화신의 여래가 교화되는 유정에 대해 사연四緣 중에 어떤 인연이 있기에 모든 공덕을 생하는가를 물은 것이다.〉

한편에서는 말한다. 〈이것은 법신과 수용신의 두 종류 여래가 이와 같은 화신에 대해 어떤 인연이 있는가를 물은 것이다.[633]〉

한편에서는 말한다. 〈이것은 법신과 수용신의 두 종류 여래가 교화되는 유정에 대해 어떤 인연이 있어서 공덕들을 생하는가를 물은 것이다.〉

다음에 답하는 문장에 의하면, (위의 청문에는) 이러한 세 가지 의취가 있다.

釋曰。自下第四明如來諸有情類所緣差別。於中。初問後答。是卽問也。於

---

632 이나바 : 自下第四明如來諸有情類所緣差別. 관공 : 以下第四明如來爲諸有情作緣之差別.
  이나바의 복원문에 "이하는 네 번째로 如來의 諸有情의 類의 所緣의 差別을 밝힌 것이다."라고 했는데, 문장상으로는 본래의 의미가 잘 드러나지 않는다. 이에 비해 관공의 환역이 의미가 더 명료하다. 이하에서는 교화되는 중생들이 여래의 화신의 몸의 형태나 음성 등을 보거나 들을 때 여래의 화신은 사연四緣 중에서 어떤 연緣이 되는지를 설명한 것이다.

633 이나바 : 是問法身及受用身二種如來, 於如是化身, 有何因緣. 관공 : 此處是問, 法身及圓滿受用身二種如來化身, 於所化衆生, 作何因緣.
  밑줄 친 부분이 다른데, 다음의 경문 해석(② 대답)에 준해 보면 이나바의 문장이 바른 듯하다. 이나바에 따르면 "법신과 수용신이라는 두 종류 여래는 이와 같은 화신에 대해 어떤 인연(의 작용이) 있는가"를 물은 것이고, 관공에 따르면 "법신과 수용신이라는 두 종류 여래의 화신은 교화되는 중생에 대해 어떤 인연이 되는가"를 물은 것이다. 우선, 관공의 환역에서 "법신과 수용신이라는 두 종류 여래의 화신"이라는 문구 자체가 교리적으로 어긋나는데, 마치 법신과 수용신이 모두 화신의 범주에 속하는 것처럼 생각될 수 있다. 그러나 이전에 원측이 해석한 것처럼, 이 경에서 타수용신他受用身과 화신을 모두 '화신'이라 칭하였지만, 법신은 화신이 아니다. 또 뒤의 경문 해석(② 대답)하에 다시 세 종류 해석이 소개되었는데, 여기서 진술된 세 종류 해석과 차례대로 대응되며, 그중 두 번째 해석의 취지는 이나바의 환역과 일치한다.

請問事。各說不同。一云。今問化身如來。所化有情。於四緣中。有何因緣。生諸功德。一云。是問法身及受[1]用身二種如來。於如是化身。有何因緣。一云。是問法身及受*用身二種如來。於所化有情。有何因緣。生諸功德。依次答文。有此三意。

---
1) ㉠ 관공의 환역에 '受' 앞에 '圓滿'이 있다. 이하 동일.

② 대답

경 부처님께서 만수실리보살에게 말씀하셨다. "선남자여, 여래는 그의 증상연增上緣과 소연所緣이 되는 인연 때문이고, 또 저 화신은 여래의 힘에 의해 주지되는 것이기 때문이다.

佛告曼殊室利菩薩曰。善男子。如來是彼增上所緣之因緣故。又彼化身是如來力所住持故。

석 두 번째는 여래께서 바로 답하신 것이다. 이 대답에 대한 해석은 이전의 질문에 대한 세 가지 해석에 의거하므로 차례대로 또한 세 가지 해석이 있는 것이다.[634]

한편에서는 말한다.[635] 〈화신의 여래는 이와 같은 유정들에게 증상연增上緣과 소연연所緣緣이라는 두 가지 연이 되어 준다. 어째서인가? 모든 유정은 화신에 증상연과 소연연의 (작용이) 있으므로 공덕들을 생하는 것이다.[636] 인연因緣과 등무간연等無間緣이 되는 것은 아니니, 상이한 몸은 서

---
[634] 이전의 경문 해석에서는 여래에게 질문한 취지에 대해 세 종류의 해석을 소개하였기 때문에 그에 대응해서 여래가 대답한 취지에 대해서도 세 종류 해석이 있다는 것이다.
[635] 이 첫 번째 해석은 이전의 경문 해석(① 청문)하에서 진술된 첫 번째 해석과 상응한다.
[636] 여래의 화신 상의 색色·성聲 등은 중생의 마음에 대해 증상연增上緣(보조하는 연)이나

로 상대해서 인연이 되지 않기 때문이고,[637] 동등한 겁의 마음 등은 동시에 생기므로 등무간연은 아니기 때문이다.[638] 또 "저 화신은 여래의 힘에 의해 주지되는 것이기 때문이다."라고 한 것은, 화신이 유정의 공덕을 생기게 함을 거듭 설한 것이다. 따라서 두 가지 신身의 힘에 의해 주지되기 때문에 공덕들을 내는 것이다.〉

한편에서는 말한다. 〈이 대답의 의취를 설하자면, 법신과 수용신은 저 화신과 상대하여 보면, 법신의 힘과 수용신의 연의 힘으로 말미암는다.[639] (그 밖의) 두 가지 연으로 말미암은 것은 아니니, 화신은 유정이 아니기 때문이다.[640]〉

소연연所緣緣(인식대상)이 되어 주기 때문에 그것이 중생들에게 보이거나 들리거나 한다는 말이다.
637 네 가지 연 중에서 어떤 것을 발생시킨 직접적 원인을 '인연因緣'이라 하는데, 여래의 화신化身과 중생의 몸 간에는 그러한 '인연'의 관계가 성립하지 않는다. 중생의 식識에 여래의 색色·성聲 등이 현현했다면, 그것은 중생에 내재된 종자를 직접적 원인(因緣)으로 삼는 것이지, 여래의 화신이 직접적 원인이 되어 중생의 식을 발생시킨 것은 아니다.
638 시간적 전후의 관계에서 볼 때 이전 찰나의 마음이 다음 찰나의 마음에 대해 등질적으로 즉각 이어 주는 작용을 할 때 직전에 소멸한 전 찰나의 마음을 '등무간연等無間緣'이라고 한다. 그런데 화신의 마음과 중생의 마음이 만약 동시에 생기해 있다면, 전자가 후자에 대해 '등무간연'은 아니라는 것이다.
639 이나바 : 由法身力, 受用緣力, 非由二緣. 관공 : 法身爲增上緣, 圓滿受用身爲因緣, 非說作餘二緣.
　　이나바의 복원문은 의미가 명료하지 않고, 관공의 환역은 경문과 다소 어긋나는 것처럼 보인다. 위의 경문에서 '법신과 수용신은 증상연增上緣과 소연所緣이 된다'고 하였다. 이에 준해 보면, 법신과 수용신은 그 밖의 두 가지 연, 즉 인연因緣과 등무간연等無間緣은 아니다. 그런데 관공의 환역처럼 '법신은 증상연이고 수용신은 인연이다'라고 하면, 이는 경문의 진술과는 어긋나는 것처럼 보인다. 위의 경문에서 '인연'이라는 용어가 직접적·간접적 네 종류 연緣을 모두 총칭하는 말로 쓰이기도 하지만, 좁은 의미에서는 네 종류 연 중의 인연을 가리키며, 제법을 직접 발생시킨 실질적 원인에 해당한다. 한편, 이하에서 원측은 이 두 번째 논사의 해석을 평하면서, "'인연'이란 '생기生起하기' 때문에 의미상 인연이라 설한 것이지 실질적 인연은 아니다."라고 하였다. 이에 준해 보면, 관공의 환역도 의미상 어긋나는 것은 아니다.
640 문장의 정확한 의미를 알 수 없다. 아마도 여래의 화신은 유정신有情身이 아니기 때문에 법신 등이 사연 중의 인연因緣이 되는 경우는 없다는 의미인 듯하다.

이 해석에 의거해서 이 경문을 해석한다면, 법신과 수용신의 이와 같은 두 종류 여래는 증상연에 속하는 화신의 인연이다.[641] 이와 같은 두 종류 신의 힘으로 인해 화신이 생하기 때문이다. 또 저 화신은 저 두 여래의 힘에 의해 주지되기 때문에, 이와 같은 두 종류 신은 이와 같은 화신의 생인生因이자 지인持因이다. '인연'이라는 것은 '생기시키는 것(生起)'이기 때문에 의미상 인연이라 설한 것이지 실질적 인연은 아니다.

한편에서는 말한다. 〈법신과 수용신의 두 종류 여래는 이와 같은 교화되는 유정에 대해 증상연과 소연연이라는 두 종류 연이 되어 주기 때문에 공덕을 생하는 것이다. 이것은 '멀리 떨어진 연의 힘(長遠緣力)'으로 말미암아 '두 종류 여래가 모든 유정들의 공덕을 생한다'고 한 것이다.[642] 또 이와 같은 화신은 두 종류 여래의 힘에 의해 주지되기 때문이다.〉

이와 같이 비록 세 가지 설명이 있지만, 세 번째 설이 바르다. 경문과 서로 맞기 때문이다.

釋曰。第二如來正答。此答釋依前問三釋。次第亦有三釋。一云。化身如來。如是有情。有增上緣及所緣緣二緣。是何以故。諸有情。化身有增上緣及所緣緣。生諸功德。非因緣及等無間緣。異身相待。非因緣故。等劫心等。同時生故。非等無間故。又彼化身是如來力所住持故者。重說化身生有情功德。故二身力所住持。故生諸功德。一云。此答意說。法身及受[1]用身。待彼

---

641 이나바 : 法身及受用身如是二種如來, 增上緣所攝化因緣也. 관공 : 法身及圓滿受用身二種如來, 是化身之增上緣及因緣.
　　두 판본의 밑줄 친 부분이 다르다. 이나바의 복원문에 따르면, 법신과 수용신은 '화신의 인연(化因緣)'이기는 한데 이는 증상연에 속하는 것(增上緣所攝)이다. 관공의 환역에 따르면, 법신과 수용신은 화신에 대해 증상연과 인연이 되어 준다.
642 증상연增上緣 등과 같은 연緣과 그 연의 힘으로 획득되는 결과와의 관계가 직접적으로 곧바로 드러나지 않고 서로 간에 멀리 떨어져 있기 때문에 "멀리 떨어진 연의 힘"이라 하였다. 말하자면, 중생들이 생한 어떤 공덕들이 본래 여래의 화신의 힘에 의한 것이라 할 때, 이는 다소 멀리 떨어진 인과 과의 관계를 말한 것이다.

化身。由法身力。受用緣力。非由二緣。化非有情故。若依此釋。釋此文者。法身及受*用身。如是二種如來。增上緣所攝化因緣也。由如是二種身力。生化身故。又彼化身。彼二如來力所住持故。如是二身。如是化身生因持因也。言因緣者。生起故說義因緣。非實因緣。一云。法身及受*用身二種如來。於如是所化有情。有增上所緣二種緣。故生功德。明由此長遠緣力。二種如來。生諸有情功德。又如是化身。二如來力所住持故。如是雖有三說。第三爲正。文相應故。

1) ㉠ 관공의 환역에 '受' 앞에 '圓滿'이 있다. 이하 동일.

(5) 여래법신如來法身과 이승해탈신二乘解脫身의 차별을 밝힘

① 청문

[경] 만수실리보살이 다시 부처님께 여쭈었다. "세존이시여, 똑같이 가행함이 없는데, 어떤 인연 때문에 여래의 법신은 모든 유정을 위해서 큰 지혜의 빛을 놓고 또 무량한 화신의 영상을 내지만, 성문·독각의 해탈의 몸에는 이와 같은 일이 없습니까?"

曼殊室利菩薩。復白佛言。世尊。等無加行。何因緣故。如來法身。爲諸有情。放大智光。及出無量化身影像。聲聞獨覺解脫之身。無如是事。

[석] 이하는 다섯 번째로 여래의 법신과 이승의 해탈신의 차별을 설명한 것이다. 이 중에서 처음은 청문이고, 나중은 대답이다.
이것은 청문에 해당한다. 말하자면 부처님의 법신과 이승의 해탈신은 똑같이 가행과 해탈작의解脫作意가 없는데,643 어째서 여래의 법신은 네 가지 큰 지혜의 빛을 놓고 또 화신의 영상을 내지만 이승의 해탈신에는

이러한 일이 없는가 하는 것이다.

釋曰。自下第五明如來法身二乘解脫身差別。於中。初問後答。是卽問也。謂佛法身二乘解脫身。等無加行及解脫作意。何故如來法身。放四大智光。及出化影像。二乘解脫身。無如是事。

② 대답

가. 비유로 설함

가) 해와 달 비유

(가) 해와 달이 큰 광명을 방출함을 밝힘

경 부처님께서 만수실리보살에게 말씀하셨다. "선남자여, 비유하면 똑같이 가행함은 없는데 해와 달에서 나온 물·불의 두 종류 파지가보頗胝迦寶는 큰 광명을 놓지만 그 밖의 물·불의 파지가보는 그렇지 않은 것과 같다.

佛告曼殊室利菩薩曰。善男子。譬如等無加行。從日月輪。水火二種頗胝迦寶。放大光明。非餘水火頗胝迦寶。

---

643 이나바 : 謂佛法身二乘解脫身, 等無加行及解脫作意……. 관공 : 謂若佛法身與二乘解脫身, 皆有加行及解脫意, 皆無加行…….
　　전후 문맥상, 이나바의 복원문이 바른 듯하다. 이곳에서는 부처님의 법신과 이승의 해탈신은 '가행 및 작의가 없다'는 점에서는 동등한데, 어째서 전자는 교화의 대사大事를 성취하고 후자는 그렇지 않은지를 묻고 있다.

석 두 번째는 여래께서 바로 답하신 것이다. 이 중에 두 가지가 있다. 처음은 비유로 설한 것이고, 나중은 비유와 법을 결합시킨 것이다.

비유로 설하는 가운데 두 종류 비유를 설함으로써 두 종류 의미를 분별하였다.

이것은 첫 번째로 비유로 (설한 것이다.) 처음의 것에 두 가지가 있다. 처음은 해와 달이 큰 광명을 놓음을 밝힌 것이고, 나중은 두 가지 이유를 밝힌 것이다.

이것은 처음에 해당한다.

해와 달의 모습을 설하자면, 예를 들어 『구사론』 제11권에서 "해와 달은 소미로의 중턱(牛)에 있고, (그 직경은 각기) 51과 50이 된다."[644]라고 하였다. 장행에서 해석하였다.

> 해와 달의 직경은 몇 유선나(踰繕那)인가? 해는 51유선나이고, 달은 단지 50유선나이다.
>
> 해 아랫면의 파지가보는 화주(火珠)로 이루어진 것이고, 능히 뜨거워지고 능히 비춘다. 달 아랫면의 파지가보는 수주(水珠)로 이루어진 것이고, 능히 차가워지고 능히 비춘다.
>
> 해 등의 궁전에는 어떤 유정이 살고 있는가? 사대천왕(四大天王)이 거느리는 천중(天衆)[645]들이 살고 있다.[646]

자세하게 설하면 그 논과 같다.

『순정리론』 제31권에서도 『구사론』과 동일하게 설한다. 『대지도론』에서

---

644 『俱舍論』 권11(T29, 59a18).
645 '사대천왕이 거느리는 천중'이란 다문천(多聞天)·지국천(持國天)·증장천(增長天)·광목천(廣目天) 등의 천중을 가리킨다.
646 『俱舍論』 권11(T29, 59a27).

는 설하길, '해와 달의 (직경은 각기) 50유순과 50유순'이라고 하였다.
여기서의 뜻을 설하자면, 물 등의 파지가보는 비록 분별이 없지만 해와 달로부터는 큰 광명을 내고, 다른 보배로부터는 (그렇지) 않다는 것이다.

釋曰。第二如來正答。於中有二。初喩說。後合喩義。[1] 於喩說中。說二種喩。分別二種義。是卽初喩。初中有二。初明日月放大光明。後明二因。是卽初也。說日月相。如俱舍論第十一云。日月迷盧半五十一五十。長行釋云。日月徑量。幾踰繕那。日五十一。月唯五十。日輪下面頗胝迦寶。火珠所成。能熱能照。月輪下面頗胝迦寶。水珠所成。能冷能照。日等宮殿。何有情居。四大天王所部天衆。廣說如彼。順正理論第三十一。亦同俱舍。智度論說。日月五十五十由旬。此中意說。水等頗胝迦寶。雖無分別。從日月放大光明。非從餘寶。

---

1) ㉢ 원측 소의 전례에 준하면, 비유를 이전의 교법과 결합시킨 것이다. 따라서 '義'를 '法'으로 수정해야 한다.

(나) 광명을 내는 두 가지 이유를 밝힘

경 큰 위덕을 지닌 유정에 의해 주지되는 것이기 때문이고, 모든 유정들의 업의 증상된 힘 때문이다.

謂大威德有情所住持故。諸有情業增上力故。

석 두 번째는 두 가지 이유를 밝힌 것이다.
말하자면 해와 달의 보배로부터 큰 광명을 내는 것은 두 가지 이유 때문이다. 큰 위덕을 갖춘 일월천자日月天子에 의해 주지되기 때문이고, 모든 유정들의 공업共業의 힘에 의해 이루어진 것이기 때문이다. 이와 같이 법신은 또한 여래의 큰 위덕에 의해 주지되기 때문에, 또 유정들이 부처님을 뵌 공업에 의해 이루어진 것이기 때문에, 큰 지혜의 빛을 놓고 화신의 영상을 내는 것이다.

그 밖의 보배는 큰 위덕을 갖춘 이에 의해 주지되는 것이 아니기 때문에, 유정들의 공업의 힘에 의해 이루어진 것이 아니기 때문에, 큰 광명을 놓을 수가 없다. 이와 같이 이승의 해탈신은 또한 여래의 큰 힘에 의해 주지되는 것이 아니기 때문에, 유정들의 공업의 힘에 의해 이루어진 것이 아니기 때문에, 능히 큰 광명을 내거나 화신의 영상을 내지 못한다.

> 釋曰。第二明二種因。謂從日月寶。放大光明。由二種因。具大威德日月天子所住持故。一切有情共業力所成故。如是法身。亦具如來大威德所住持故。又有情見佛共業所成故。放大智光。出化影像。非所餘寶具大威德所住持故。非有情共業力所成故。不能放大光明。如是非二乘解脫身。亦具如來大力所住持故。非有情共業力所成故。不能放大光明出身影像。

나) 무늬 있는 마니구슬과 무늬 없는 마니구슬의 비유

경 또 저 능숙한 공업자가 무늬를 새긴 마니 보배구슬에서는 무늬의 영상이 나타나지만 그 밖의 무늬를 새기지 않은 것에서는 (나타나지 않는 것과) 같다.

> 又如從彼善工業者之所雕飾末尼寶珠。出印文像。不從所餘不雕飾者。

석 두 번째 비유를 밝힌 것이다. 말하자면 저 능숙한 공업자가 무늬를 새긴 마니 보배구슬로부터는 장엄된 형상이 나타나지만 그 밖의 무늬를 새기지 않은 것으로부터는 나타나지 않는 것과 같다.

釋曰。明第二喩。謂如從彼善工業者之所雕飾末尼寶珠。出莊嚴像。不從所
餘不雕飾者。

나. 비유와 법을 결합시킴

경 이와 같이 무량한 법계를 반연하는 방편반야로써 지극히 잘 수습하고
연마하여 집성된 여래의 법신은 이로부터 능히 큰 지혜의 광명을 놓고 또 갖
가지 화신의 영상을 내지만, 오직 저들의 해탈신으로부터 이와 같은 일이 있
는 것은 아니다.

如是緣於無量法界。方便般若。極善修習。磨瑩集成如來法身。從是能放大
智光明。及出種種化身影像。非唯從彼解脫之身有如斯事。

석 두 번째는 비유와 법을 결합시킨 것이다.
"한량없는 법계를 반연하는"이라 했는데, 진여법신은 무량한 법들의
인因이기 때문에 '법계'라고 한 것이다.
"방편반야"라고 했는데, 법계를 반연하는 지혜로 선善을 수습해서 능히
번뇌를 제거하고 법신을 비추기 때문에 '방편'이라 한 것이다.
이 경문의 뜻을 설하자면, 진여를 반연하는 방편의 반야로 지극히 잘
번뇌를 제거하고 육바라밀에 의해 법신을 이루어서 그 법신으로부터 지
혜의 광명을 놓고 화신의 영상을 내는 것이지, 인공人空을 통찰한 지혜의
해탈신으로부터 큰 광명을 놓거나 화신의 영상을 내는 것은 아니다.
『상속해탈경』에서는 말하길 "순전한 해탈신이 (그렇게 하는 것은) 아니
다."[647]라고 하였고,『심밀해탈경』에서는 "성문과 연각의 해탈의 몸은 능

---

[647] 『相續解脫如來所作隨順處了義經』 권1(T16, 720a22).

히 일체의 선근을 닦아 모으지 못하기 때문에 능히 (광명과 영상을) 내지 못한다."[648]라고 하였다.

釋曰。第二合喩義。[1] 緣於無量法界者。眞如法身。無量法因。故名法界。方便般若者。以緣法界智修習善。能除煩惱。照了法身。故名方便。此中意說。以緣眞如方便般若。極善除煩惱。由六波羅蜜現成法身。從彼法身。放智光明。出化影像。非從見人空智解脫身。放大光明。出化影像。相續經云。非純解脫身。深密經云。聲聞緣覺解脫之身。不能修集一切善根。故不能出。

1) ㉠ 원측 소의 전례에 준하면, '合喩義'는 '合' 혹은 '法同喩'라고 한다. 따라서 '義'를 '法'으로 수정해야 한다.

(6) 여래와 보살의 위덕주지威德住持로 유정의 몸을 집지함을 밝힘

① 청문

경 만수실리보살이 다시 부처님께 여쭈었다. "세존이시여, 가령 세존께서 설하시길, '여래와 보살의 위덕주지威德住持로써 모든 중생들로 하여금 욕계에서는 찰제리와 바라문 등의 대부귀의 가문에 태어나 사람의 몸과 재물이 원만하지 않음이 없도록 하고, 혹은 욕계천과 색계·무색계에서도 일체의 몸과 재보가 원만해지도록 할 수 있다'고 하셨습니다. 세존이시여, 여기에는 어떤 밀의가 있습니까?"

曼殊室利菩薩。復白佛言。世尊。如世尊說。如來菩薩威德住持。令諸衆生。於欲界中。生刹帝利婆羅門等大富貴家。人身財寶無不圓滿。或欲界天色

---

648 『深密解脫經』 권5(T16, 687c19).

無色界。一切身財圓滿可得。世尊。此中。有何密意。

석 이하는 여섯 번째로 여래와 보살의 위덕주지威德住持로써 유정의 몸을 집지한다는 것을 밝힌 것이다. 이 중에서 처음은 청문이고, 나중은 대답이다.

이것은 청문에 해당한다.

청문한 뜻에 대해, (어떤 이가 말한다.) 〈이 물음은 (다음과 같다.) 마땅히 말하길, '여래께서 설해 주었던 대로 십선업도十善業道나 삼승행三乘行 등을 수행하는 자는 몸과 재물의 원만함을 획득하지만, 설한 바를 거역하는 자들은 몸을 손상시키거나 비록 (이미) 획득했던 것도 (다시) 손상될 수 있다'고 했어야 한다. '몸의 원만을 획득한다'고 하면서 오직 한쪽만 설하였고, '손상되는 것'에 대해서는 설하지 않으니, 어떤 밀의가 있는 것인가.〉

그 밖의 해석에서 말한다. 〈어째서 모두 마음을 가진 자라면 자기 업력으로 인해 신체의 원만함을 획득할 텐데 계경에서는 '여래와 보살의 위덕주지로써 중생신의 원만을 획득한다'고 설하였는가. 어떤 밀의가 있는지를 아직 이해하지 못하였기 때문에 청문한 것이다.〉

釋曰。自下第六明由如來菩薩威德住持執持有情身。於中。初問後答。是卽問也。請問意者。[1] 是問應告。如如來說。若十善業道。若三乘行等修行者。得身財圓滿。於所說違逆者。損減身。雖有所得有所損。得身圓滿。說唯一分。不說損減。有何密意。有餘釋云。何齊有心者。由自業力得身圓滿。契經說。由如來菩薩威德住持得衆生身圓滿。有何密意。未了解故請問也。

1) ㉠ 관공의 환역에 '者' 뒤에 '有說'이 있다.

② 대답

가. 해석

가) 밀의로 설했던 것을 나타냄

경 부처님께서 만수실리보살에게 말씀하셨다. "선남자여, 여래와 보살의 위덕주지로써 도道이든 행行이든 모든 곳에서 능히 중생들로 하여금 몸과 재물이 모두 원만한 것을 획득하도록 한다는 것은, 곧 그 마땅한 바를 따라서 그를 위해 이러한 도와 이러한 행을 설해 준 것이다.[649]

佛告曼殊室利菩薩曰。善男子。如來菩薩威德住持。若道若行。於一切處。能令衆生獲得身財皆圓滿者。卽隨所應。爲彼宣說此道此行。

석 두 번째는 여래께서 바로 답하신 것이다. 이 중에 두 가지가 있으니, 처음은 해석이고, 나중은 결론이다.

해석 중에 두 가지가 있다. 처음은 밀의로 설했던 것을 나타낸 것이다. 나중의 "만약(若有)" 이하에서는 설해 준 것에 수순하는 행과 거역하는 행의 (손익을) 나타내면서 밀의를 바로 설한 것이다.

이것은 처음에 해당한다. 말하자면 불보살들의 대자비의 위덕주지로써 십선업도十善業道 및 삼승이 행할 바를 설해 주어 삼계의 유정들이 몸의 원만함을 획득하도록 한다는 것은, (부처님께서) 이러한 도와 이러한 행을 설하셨지만, 설했던 바를 (전혀) 거스르지 않는 것이 아니기 때문에 밀의로 (도와 행을) 설한 것이다.

---

[649] 여래와 보살들은 중생의 업도業道와 행行이 어떤 곳에서 태어나든 신체와 재물의 원만함을 획득하는 원인이 된다는 것을 잘 아시기 때문에, 중생을 위해서 그러한 원만을 획득하는 '도'와 '행'에 대해 설해 주신다. 이와 같은 이유에서 '여래와 보살의 위덕주지로써 몸과 재물 등의 원만을 획득한다'고 한 것이다.

釋曰。第二如來正答。於中有二。初釋後結。釋中有二。初標密意所說。後若有下。標於所說隨行違逆。正說密意。是卽初也。謂諸佛菩薩大慈悲威德住持。說十善業道。及三乘所行。三界有情得身圓滿。說此道此行。非於所說不違逆故。成密意所說。[1]

---

1) ㉥ '成密意所說'은 의미가 명료하지 않다. 관공의 환역에 '隱密言眞正修行'이라 되어 있다.

나) 설해 준 것에 수순하는 행과 거역하는 행을 밝힘

(가) 설한 것에 수순하는 행의 이익

경 만약 능히 이러한 도와 이러한 행을 바르게 수행하는 자가 있다면, 모든 곳에서 획득되는 몸과 재보가 원만하지 않음이 없을 것이다.

若有能於此道此行正修行者。於一切處。所獲身財。無不圓滿。

석 두 번째는 설해 준 것에 수순하는 행과 거역하는 행의 (손익을) 밝히면서 밀의를 바로 설한 것이다. 이 중에 두 가지가 있다. 처음에는 설해 준 것에 수순하는 행의 이익을 밝힌다. 나중에는 설해 준 것에 거역하는 행의 손실을 밝힌다.
이것은 처음에 해당한다. 경문은 쉽게 알 수 있을 것이다.

釋曰。第二明標於所說隨行違逆。正說密意。於中有二。初明於所說隨行利益。後明於所說違逆損失。是卽初也。文已釋訖。[1]

---

1) ㉥ '文已釋訖'은 관공의 환역에 '經文易知'라고 되어 있고, 이를 따랐다.

(나) 설한 것에 거역하는 행의 손실

경 만약 어떤 중생이 이러한 도와 행을 위배하고 가벼이 훼손시키며, 또 '나의 것(我所)'에 대해 괴롭히려는 마음 및 성내는 마음을 일으킨다면, 목숨을 마친 이후에 모든 곳에서 획득된 몸과 재물이 하열하지 않음이 없을 것이다.

若有衆生。於此道行。違背輕毁。又於我所。起損惱心及瞋恚心。命終已後。於一切處。所得身財。無不下劣。

석 두 번째는 설해 준 것에 거역하는 행의 손실을 밝힌 것이다.
만약 어떤 중생이 십선업도에서 퇴전하여 삼승행을 가벼이 훼손시키면서, 마치 제바提婆650처럼 부처님에게 괴롭히려는 마음을 일으키고 마치 앙굴央堀651처럼 부처님에게 성내는 마음을 일으킨다면, 모든 생에서 획득된 몸과 재보가 원만하지 않다.

釋曰。第二明於所說違逆損失。若有衆生。於十善業道退轉。於三乘行輕毁。如提婆。佛1)起損惱心。如央堀。佛*起瞋恚心。於一切生。所得身財不圓滿。

1) ㉠ '佛' 앞에 '於'를 보입해야 한다. 이하 동일.

---

650 제바提婆 : 부처님의 사촌으로서 부처님을 살해하려는 등의 오역죄를 지은 제바달다 提婆達多, 즉 '천수天授'를 가리킨다.
651 앙굴央堀 : 앙굴마라央掘摩羅(⑤ Aṅguli-mālya)를 가리킨다. 일찍이 마니발타라摩尼跋陀羅라는 삿된 스승을 섬겼는데, 후에 스승이 모함하여 그에게 능욕의 죄를 씌우고 그로 하여금 돌아다니면서 천 명을 죽여서 천 개의 손가락으로 꽃다발을 만들어 오라고 명령하였다. 999명을 살해하고 나중에 친어머니를 죽여서 천 개를 채우려 했다. 그때 부처님의 정법을 듣고 참회하여 불문에 입도해서 나중에 아라한과를 획득했다고 한다.

나. 결론

경 만수실리여, 이런 인연으로 말미암아, 여래와 보살들의 위덕주지로써 단지 능히 몸과 재물을 원만해지게 할 뿐만 아니라, 여래와 보살들의 주지위덕으로써 또한 중생의 몸과 재보를 하열해지게 할 수도 있음을 알아야 한다."

曼殊室利。由是因緣。當知。如來及諸菩薩威德住持。非但能令身財圓滿。如來菩薩住持威德。亦令衆生身財下劣。

석 두 번째는 결론이다. 이것은 수순하는 행의 이익과 거역하는 행의 손실에 대해 결론지은 것이다.
경문은 쉽게 알 수 있을 것이다.

釋曰。第二結也。是卽結說隨行利益。違逆損失。文已釋訖。[1]

---
1) 역 '文已釋訖'은 관공의 환역에 '經文易知'라고 되어 있고, 이를 따랐다.

(7) 정토淨土·예토穢土에서 획득하기 쉬운 사事와 어려운 사를 밝힘

① 청문

경 만수실리보살이 다시 부처님께 여쭈었다. "세존이시여, 모든 예토에서는 어떤 사事가 얻기 쉽고 어떤 사가 얻기 어려우며, 모든 정토에서는 어떤 사가 얻기 쉽고 어떤 사가 얻기 어렵습니까?"

曼殊室利菩薩。復白佛言。世尊。諸穢土中。何事易得。何事難得。諸淨土中。何事易得。何事難得。

석 이하는 일곱 번째로 모든 정토와 예토에서 어떤 사事가 얻기 쉽고 어떤 사가 얻기 어려운 모습인지를 밝힌 것이다. 이 중에서, 처음은 청문이고 나중은 대답이다.
이것은 처음에 청문한 것이니, '모든 정토와 예토에서 어떤 사가 얻기 어렵거나 쉬운가.'

釋曰。自下第七明諸淨穢土中何事易得何事難得相。於中。初問後答。是卽初問。諸淨穢土中。何事難易得。

② 대답

가. 예토의 사事를 밝힘

가) 개수를 들어 간략히 답함

경 부처님께서 만수실리보살에게 말씀하셨다. "선남자여, 모든 예토에서는 여덟 가지 사事는 얻기 쉽고 두 가지 사는 얻기 어렵다.

佛告曼殊室利菩薩曰。善男子。諸穢土中。八事易得。二事難得。

석 이하는 두 번째로 여래께서 바로 답하신 것이다. 이 중에 두 가지가 있다. 처음은 예토의 사事를 밝힌 것이고, 나중은 정토의 사를 밝힌 것이다.
예토의 사를 밝힌 곳에 두 종류가 있다. 처음은 개수를 들어 간략히 답한 것이고, 나중은 따로 해석한 것이다.
　이것은 간략한 대답에 해당한다.

　釋曰。自下第二如來正答。於中有二。初明穢土事。後明淨土事。明穢土事。自有二種。初擧數略答。後別釋。是卽略答。

나) 따로 해석함

(가) 획득하기 쉬운 여덟 가지 사

㉮ 징난

경 어떤 것들을 일컬어 '여덟 가지 사事는 얻기 쉽다'고 하는가?

　何等名爲八事易得。

석 두 번째는 따로따로 해석한 것이다. 이 중에 두 가지가 있다. 처음에는 여덟 가지 사事는 얻기 쉬움을 밝혔고, 나중에는 두 가지 사는 얻기 어려움을 밝힌다.
　이것은 첫 번째로 여덟 가지 사는 얻기 쉬움을 밝힌 것이다. 이 중에 (두 가지가 있으니), 처음은 징난이고, 나중은 대답이다.
　이것은 징난에 해당한다.

　釋曰。第二別釋。於中有二。初明八事易得。後明二事難得。是卽[1]明八事易得。於中。初難後答。是卽難也。

---
1) ㉕ '卽' 뒤에 '初'를 보입해야 한다.

㈏ 대답

경 첫째는 외도, 둘째는 고통이 있는 중생, 셋째는 종성種姓·가세家世의 흥함과 쇠함의 차별, 넷째는 모든 악행을 행하는 것, 다섯째는 시라를 훼범하는 것, 여섯째 악취, 일곱째 하승下乘, 여덟째 하열한 의요로 가행하는 보살이다.

一者外道。二者有苦衆生。三者種姓家世興衰差別。四者行諸惡行。五者毀犯尸羅。六者惡趣。七者下乘。八者下劣意樂加行菩薩。

석 두 번째는 여래께서 여덟 가지 얻기 쉬운 일들에 대해 답한 것이다. 말하자면 계를 바로 수지하지 않은 사람이 과실을 저지르는 것을 일컬어 '악행'이라고 하였다. 계를 수지한 자가 (지계의) 상속을 벗어나는 것을 일컬어 '시라를 훼범한다'고 하였다. 지전地前의 초발심을 일컬어 '하열한 의요'라고 하였다.
그 밖의 문장은 쉽게 알 수 있을 것이다.

釋曰。第二如來答八事易得。謂不正受戒人作過失。是名惡行。受持戒者。出於相續。是名毀犯尸羅。地前初發心。是名下劣意樂。餘文已釋訖。[1]

---
1) ㉠ '餘文已釋訖'은 관공의 환역에 '餘辭易知'로 되어 있고, 이를 따랐다.

(나) 획득하기 어려운 두 가지 사事

㉮ 징난

경 어떤 것들을 일컬어 '두 가지 사事는 얻기 어렵다'고 하는가?

何等名爲二事難得。

[석] 두 번째는 두 가지 사事는 얻기 어려움을 밝힌 것이다. 이 중에 (두 가지가 있으니), 처음은 징문이고, 나중은 대답이다.
이것은 징문이다.

釋曰。第二明二事難得。於中。初難後答。是卽難也。

㉔ 대답

[경] 첫째는 증상된 의요로 가행하는 보살들이 유행하고 집회하는 것, 둘째는 여래가 세상에 출현하는 것이다.

一者增上意樂加行菩薩之所遊集。二者如來出現于世。

[석] 두 번째는 여래께서 바로 답하신 것이다. 말하자면 초지初地 이상의 보살들이 유행하고 집회하는 것 및 여래가 항상 세상에 출현하시는 것은 심히 얻기 어려운 것이다.

釋曰。第二如來正答。謂初地上菩薩之所遊集。及如來常出現于世。甚爲難得。

나. 정토의 사事를 밝힘

[경] 만수실리여, 모든 정토에서는 앞의 것과는 상반되니, 여덟 가지 사事는 심히 얻기 어렵고 두 가지 사事는 얻기 쉽다는 것을 알아야 한다."

曼殊室利。諸淨土中。與上相違。當知。八事甚爲難得。二事易得。

석 두 번째로 정토에서는 여덟 가지 사를 얻기 어렵고 두 가지 사를 얻기 쉬우니, 이는 앞에서 (설했던 것과는) 상반된다는 것이다.
『상속해탈경』과 『섭대승론석』에서도 이 『해심밀경』과 동일하게 설한다.

釋曰。第二明淨土中。八事難得。二事易得。與上相違。文已釋訖。[1] 相續經及攝論釋。亦同此經。

1) ㉠ 전후 문맥상 '文已釋訖'은 잉문인 듯하다. 관공의 환역에는 이에 해당하는 문구가 없다.

문 모든 정토는 삼계에 속하는가?
답 삼계에 속하지 않는다. 따라서 이 『해심밀경』에서는 '뛰어난 출세간의 선근에 의해 일으켜진 것'이라고 하였다.[652]
또 『대지도론』 제38권에서는 말한다.

문 타방의 불국토에 태어나면 이는 욕계인가, 욕계가 아닌가?
답 타방의 불국토에서 잡되고 악하여 청정하지 않은 것은 욕계라고 이름하고, 청정한 것이라면 삼악도와 삼독이 없고 내지는 삼독이라는 이름조차 없으며 또한 이승이라는 이름도 없고 또한 여인도 없으며, 모든 사람들이 다 삼십이상三十二相을 갖고 있다. 한량없는 광명으로 늘 세간을 비추면서 일념에 한량없는 몸을 지어서 한량없는 항하사 같은 세계에 도달하고 한량없는 아승기의 중생을 제도하고서 다시 본래 자리로 돌아온다. 이와 같은 세계는 지상地上에 있기 때문에 색계라고 이름

---

652 이것은 「序品」에서 '박가범'이 머무는 정토의 원만함에 대해 설하면서 나온 문구다. 『解深密經』 권1 「序品」(T16, 688b10) 참조.

하지 않고, 욕망이 없기 때문에 욕계라고도 이름하지 않으며, 형색形色이 있기 때문에 무색계라고 이름하지도 않는다.[653]

또 『유가사지론』 제79권에서는 말한다.

📌 가령 다섯 종류의 무량, 즉 유정계의 무량 등을 설했는데, 그 일체의 세계는 마땅히 평등평등하다고 말해야 하는가, 아니면 차별이 있다고 해야 하는가?

📌 마땅히 차별이 있다고 말해야 한다. 그에 다시 두 종류가 있으니, 첫째는 청정한 것이고 둘째는 청정하지 않은 것이다. 청정한 세계에는 나락가나 방생이나 아귀가 있을 수 없고, 또한 욕계·색계·무색계도 없으며, 또한 고수苦受도 있을 수 없으니, 순전한 보살승菩薩僧들만 이 중에 머문다. 그러므로 '청정한 세계'라고 이름한 것이다. 이미 제3지에 들어간 보살은 원願의 자재한 힘으로 인해 그곳에서 생을 받는데, 이생異生 및 이생이 아닌 성문·독각 혹은 이생의 보살이 그곳에 태어나는 것은 있을 수 없다.

📌 만약 이생의 보살 및 이생이 아닌 성문·독각이 그곳에서 태어나는 것은 있을 수 없다면, 어떤 인연으로 보살교菩薩敎에서는 다음과 같이 설하는가? 〈보살 등이 마음(意)으로 그것을 원한다면 이와 같은 일체가 모두 왕생할 것이다.〉

📌 게으른 종류로서 아직 선근을 쌓지 못한, 교화되어야 할 중생을 교화하기 위해서 밀의로 이와 같이 설한 것이다. 그 이유는 무엇인가? 그는 이와 같이 권려를 받고서 이때 곧장 게으름을 버리고 선법善法 안에서 부지런히 가행을 닦아서 이로부터 점차로 그곳에서의 태어남을 감

---

653 『大智度論』 권38(T25, 340a11).

당하고 마땅히 법성을 증득하는 것이다. 이것을 일컬어 이 중에서의 밀의라고 하였음을 알아야 한다.[654]

問. 諸淨土. 三界所攝. 答. 非三界攝. 故此經云. 勝出世間善根所起. 又智度論三十八云. 問曰. 生他方佛國者. 爲是欲界. 非欲界. 答曰. 他方佛國. 雜惡不淨者. 則名欲界. 若淸淨者. 則無三惡道三毒. 乃至無三毒之名. 亦無二乘之名. 亦無女人. 一切人皆有三十二相. 無量光明. 常照世間. 一念之頃. 作無量身. 到無量如恒河沙等世界. 度無量阿僧祇衆生. 還來本處. 如是世界在地上故. 不名色界. 無欲故. 不名欲界. 有形色故. 不名無色界. 又瑜伽論七十九云. 問. 如說五種無量. 謂有情界無量等. 彼一切世界. 當言平等平等. 爲有差別. 答. 當言有差別. 彼復有二種. 一者淸淨. 二者不淸淨. 於淸淨世界中. 無那落迦傍生餓鬼可得. 亦無欲界色無色界. 亦無苦受可得. 純菩薩僧. 於中止住. 是故說名淸淨世界. 已入第三地菩薩. 由願自在力故. 於彼受生. 無有異生及非異生聲聞獨覺. 若異生菩薩. 得生於彼. 問. 若無異生菩薩及非異生聲聞獨覺得生彼者. 何因緣故. 菩薩敎中. 作如是說. 若菩薩等意願於彼. 如是一切. 皆當往生. 答. 爲化懈怠種類未集善根所化衆生故. 密意作如是說. 所以者何. 彼由如是蒙勸勵時. 便捨懈怠. 於善法中. 勤修加行. 從此漸漸堪於彼生. 當得法性. 應知. 是名此中密意.

🈯 정토에는 삼악도는 없는데, 이와 같은 천天·용龍 등이 실유하겠는가?

🈰 『불지경론』 제1권에 이러한 문답이 있다. 따라서 그 논에서 말한다. 〈어째서 정토는 삼계의 영역(所行)을 벗어난 곳인데, 천天 등이 있어서 권속으로 삼는다고 하는가? 천 등은 모두 삼계에 속하기 때문이다. (여래

---

654 『瑜伽師地論』 권79(T30, 736c21).

의) 청정한 식(淨識)이 이와 같이 섭수해서 변현해 내니, 정토를 장엄하기 위해서, 혹은 교화될 유정을 성숙시키기 위해서다. 혹은 모든 보살이 한량없는 천·용 등의 몸을 화작해 내니, (부처님을 공양하기 위해서다.) 혹은 스스로 몸을 변화시켜 천·용 등이 되어서 여래를 도우며 따르기 때문이다.〉[655] 구체적으로 설하면 그 논과 같다.

무성의 『섭대승론석』 제10권과 양梁 『섭대승론석』 제15권에서도 이와 같이 설한다.

🈯 만약 정토에 하열한 승乘이 없다면, 『대지도론』의 설과 어떻게 회통시켜 해석하겠는가? 어째서 그 논에서는〈청정한 불토가 있고 삼계를 벗어나 있으며 아라한 등도 이 땅에 태어난다〉[656]고 설하였는가?

🈯 이것은 부정종성不定種性의 성문들로 하여금 무학대승無學大乘에 발심하여 변화신變化身을 받아서 자재한 궁전에 머물면서 진실한 보살이 되게 하려는 것이다. 앞의 일에 (의거해서) 밀의로 '아라한 등이 정토에 태어난다'고 설하였지만 실제로 이승은 없다.

問。於淨土中。無三惡道。實有如是天龍等耶。佛地經論第一卷。有此問答。是故彼云。云何淨土。超過三界所行之處。而有天等。以爲眷屬。天等皆是三界攝故。淨識如是攝受變現。爲嚴淨土故。或爲成熟所化有情。或諸菩薩化作無量天龍等身[1]故。或自化身爲天龍等。翼從如來故。具說如彼。無性攝論釋第十卷。及梁攝論釋第十五。亦如是說。若[2]於淨土。無下劣乘。如何會釋智度論說。問。[3] 何以彼說。有淨佛土。出於三界。阿羅漢等。生於是土。答。是卽爲令不定種聲聞發心於無學大乘。受變化身。[4] 住自在宮殿。[5] 爲實菩薩。於前事。有密意說阿羅漢等生淨土。實無二乘。

---

655 이상은 『佛地經論』권1(T26, 294c25) 이하의 내용을 요약한 것이다.
656 『大智度論』권93(T25, 714a11) 참조.

1) ㉣『佛地經論』권1(T26, 295a1)에 '身' 뒤에 '住淨土中以供養佛'이 있고, 이 문구를 넣어야 문장의 의미가 완전해진다. 관공의 환역에는 그 문구와 상응하는 '以爲供養故' 5자가 있다. 2) ㉣ '若' 앞에 '問'이 누락된 듯하다. 3) ㉣ 전후 문맥상 '問'은 '若於淨土' 앞으로 옮겼다. 4) ㉣ '受變化身'은 관공의 환역에 '得轉依身'으로 되어 있다. 5) ㉣ '自在宮殿'은 관공의 환역에 '圓滿無量寶宮'으로 되어 있다.

문 그렇다면, 어째서『아미타경』에서는 '한량없고 끝없는 성문제자들이 있으니 모두 다 아라한이다'라고 설했는가?[657] 또 어째서『관경觀經』[658]에서는 '중품中品의 사람에게 세 종류가 있고, 저 국토에서 바야흐로 제4과(아라한과)를 얻는다'고 설했는가?

답 아미타불의 정토에는 두 가지가 있다. 첫째는 타수용토他受用土이고, 둘째는 변화토變化土이다. 따라서『대지도론』제32권에서 말한다. "석가문불釋迦文佛에게는 다시 청정한 세계가 있으니 마치 아미타의 국토와 같다. 아미타불에게도 역시 엄정嚴淨한 세계와 엄정하지 않은 세계가 있으니 마치 석가문불의 국토와 같다."[659] 이『해심밀경』에서는 타수용토에 의거해서 '하열한 승이 없다'고 하였다. 또 이 경에 의거해서『정토왕생론淨土往生論』에서는 "이승의 종성은 태어나지 않는다.(二乘種不生)"라고 설했다.[660]『아미타경』등에서는 화토化土(변화토)의 의미에 의거해서 '성문이 있

---

657 앞의 문답에서 '정토에는 실제로는 이승이 없다'고 하였는데, 이와는 달리 가령『阿彌陀經』권1(T12, 347b1)에서 아미타불의 정토에 대해 설하면서 "又舍利弗。彼佛有無量無邊聲聞弟子。皆阿羅漢。非是算數之所能知"라고 하였다.
658 이나바 : 又何以觀經説……. 관공 : 又顯示修行經亦云…….
　　관공의 환역에서 '顯示修行經'이라 한 경전은 현존하는 목록 중에서는 확인되지 않는다. 한편, 이나바의 복원문에서 '觀經'이란『觀無量壽經』을 가리키는 듯하다. 가령『觀無量壽佛經』권1(T12, 345b8)에는 부처님께서 '中品의 上生과 中生과 下生' 등의 세 품의 중생에 대해 설하면서, 이들은 서방극락정토에 태어나길 발원해서 정토에 태어나고, 아라한도阿羅漢道를 성취하는 데 드는 시간의 차이는 있지만 결국 모두 아라한과阿羅漢果(제4과)를 성취한다고 하였다.
659『大智度論』권32(T25, 302c6).
660 '왕생론往生論'은 정토론淨土論·왕생정토론往生淨土論·무량수경론無量壽經論 등 여러 이름으로 불리며, 이는 세친世親 보살이 짓고 보리유지菩提流支가 번역한『無量壽

다'고 설하였으니, 말하자면 저 여래의 본원本願의 힘 때문이다.[661] 또『대지도론』제93권에서는 말한다. "問 그렇다면 아미타불과 아촉불阿閦佛 등은 오탁五濁의 세상[662]에서는 태어나지 않는데, 어째서 또 삼승이 있겠는가? 答 모든 부처님들은 처음 발심했을 때 모든 부처님들이 삼승三乘으로써 중생들을 제도하시는 것을 보고, 스스로 서원을 내어 말하길 '나도 역시 삼승으로써 중생을 제도하겠다'고 한다."[663] 이런 도리에 따를 때 화신의 정토에는 마땅히 삼승이 있는 것이다.

問。若爾。何以阿彌陀經。說有無量無邊聲聞弟子。皆阿羅漢。又何以觀經[1]
說。中品人有三種。於彼土方得第四果。答。阿彌陀佛淨土有二。一他受用
土。二變化土。故智度論三十二云。釋迦文佛。更有清淨世界。如阿彌陀國。
阿彌陀佛。亦有嚴淨不嚴淨世界。如釋迦文佛國。此經說。約他受用土。無
下劣乘。又約此經。淨土往生論。說二乘種不生。阿彌陀經等。[說從化土
意有聲聞。][2] 謂彼如來本願力故。又智度論九十三云。問曰。若爾。阿彌陀
佛阿閦佛等。不於五濁世生。何以復有三乘。答曰。諸佛初發心時。見諸佛
以三乘度眾生。自發願言。我亦當以三乘度眾生。此理故。於化淨土。當有
三乘。

經優婆提舍願生偈』를 가리킨다. 가령 "이승의 종성은 태어나지 않는다.(二乘種不生)"
라는 문구는 그 논의 권1(T26, 231a14)에 나온 게송의 문구이다.
661 화토化土에 현현된 성문들은 여래의 본원本願의 힘으로 화현해 낸 것이라는 말이다.
662 오탁五濁의 세상 : 정법이 소멸하는 시기에는 다섯 가지가 혼탁해지는 것을 말한다.
첫째 '수명의 혼탁(壽濁)'이란 유정의 수명의 양이 감소하거나 장단이 일정하지 않은
것이다. 둘째 '겁의 혼탁(劫濁)'이란 삼재三災의 겁劫에 진입해서 많은 기근과 역병과
도병刀兵이 일어나는 것이다. 셋째 '견해의 혼탁(見濁)'이란 그릇된 오견五見이 더욱
치성해지는 것이고, 넷째 '번뇌의 혼탁(煩惱濁)'이란 오견을 제외한 그 밖의 번뇌들이
치성해진 것이다. 다섯째 '유정의 혼탁(有情濁)'이란 그릇된 행실을 하면서도 후대의
과보에서 두려움을 보지 못하거나 깨끗한 계를 받아들이지 않는 것 등을 말한다. 『瑜
伽師地論』권44(T30, 538a7) 참조.
663 『大智度論』권93(T25, 712a4).

1) ㉮ '觀經'은 관공의 환역에 '顯示修行經'이라 되어 있다. 2) ㉮ '說從化土意有聲聞'은 원측 소의 문체에 맞춰 '依化土義。說有聲聞'으로 수정해야 한다.

2. 의교봉지분依敎奉持分

1) 청문

경 이때 만수실리보살이 부처님께 말하였다. "세존이시여, 이 해심밀의 법문에서 이것을 어떤 가르침이라고 이름하고, 저희는 마땅히 어떻게 받들어 지녀야 합니까?"

爾時。曼殊室利菩薩。白佛言。世尊。於是解深密法門中。此名何敎。我當云何奉持。

석 이하는 두 번째로 의교봉지분依敎奉持分을 밝힌 것이다. 경문에 대해 본래 세 가지 해석이 있다.[664]

한편에서는 말한다. '이 경에 두 개의 분分이 있으니, 처음은 서분序分이고 나중은 성교정설분聖敎正說分이며, 세 번째의 의교봉지분은 없다. 이 해석에 의하면, 여덟 번째 품 중에 두 개의 분이 있으니, 처음은 문답정설분問答正說分이고, 나중은 의교봉지분이다.[665] 이상으로 문답정설분을 이

---

664 이나바 : 文中. 自有三釋. 관공 : 此段經文. 亦有兩種解釋.
　　이나바의 복원문이 바르다. 이하의 원측의 해석을 보면, 마지막 경문에 대해 세 종류 해석이 있다.

665 이나바 : 若依此釋. ① 七品中有二分. 初問答正說分. 後依敎奉持分. ② 上來已釋問答正說分訖. 自下第二明依敎奉持分. 관공 : 依此解釋. ① 則第八品. 只有一分. 卽問答正說分. ② 由於序品第一中. 已將敎起因緣分說畢.
　　이나바와 관공의 환역이 현저히 다르다. 전후 문맥상, 이나바의 문장 ① 중 '七'을 '第八'로 수정하면, 문장의 의미가 더 명료하다. 이 첫 번째 해석에 따르면, 삼분과경三分科經의 기준에서 볼 때 이 『解深密經』에는 서분序分(교기인연분敎起因緣分)과 성교정설분聖敎正說分은 있지만, 이 경 전체의 의교봉행분依敎奉行分에 해당하는 문구

미 다 해석하였고, 이하는 두 번째로 의교봉지분에 해당한다.

한편에서는 말한다. 이 경에는 세 개의 분이 있다. 처음의 한 품은 교기인연분敎起因緣分이고, 나머지 일곱 개의 품은 성교정설분이다. 세 번째 의교봉지분은 네 품의 끝에서 설한 것이니, 「무자성상품無自性相品」과 「분별유가품分別瑜伽品」과 「지바라밀다품地波羅蜜多品」과 「여래성소작사품如來成所作事品」이다.666 이상으로 앞의 세 품 중에 있는 의교봉지분을 이미 다 해석한 것이고, 지금은 네 번째인 「여래성소작사품」의 의교봉지분을 밝힌 것이다.

한편에서는 말한다. 처음의 두 개의 분에 대해서는 이전과 동일하게 해석한다. (그런데) 세 번째 의교봉지분은 분리되어 그 바깥에 있다.667 예를 들어 『심밀해탈경』에서 "문수사리법왕자보살마하살文殊師利法王子菩薩摩訶薩과 모든 천·인·아수라 대중들이 환희하며 받들어 행하였다."668

는 없다. 다만, 여덟 번째 「如來成所作事品」 자체가 문답정설분問答正說分과 의교봉지분依敎奉持分으로 구성되어 있고, 지금까지 이 품의 문답정설분을 모두 마쳤기 때문에 마지막으로 이 품의 의교봉지분을 설한 것이다.
666 이전의 해석에 따르면 『解深密經』 전체에 해당하는 의교봉지분은 없는 것이라면, 이와는 달리 두 번째 해석에 따르면 이 경의 의교봉지분은 네 개의 품 말미에서 반복해서 설한 것이다. 이 『解深密經』의 특징 중의 하나는 「無自性相品」과 「分別瑜伽品」과 「地波羅蜜多品」과 「如來成所作事品」의 말미에 모두 의교봉지분이 있다는 것이다.
667 이나바 : 離外有. 관공 : 是別有說明.
　이나바의 환역에서는 "(의교봉지분은) 별도로 그 바깥에 있다."라고 하였고, 관공의 환역에서는 "(의교봉지분에 대해) 별도로 설명한 것이 있다."라고 하였다. 이 세 번째 논사는 『解深密經』 전체의 의교봉지분에 대해서, 이전의 해석에서처럼 '본래 없다'거나 '이전의 네 개의 품에 흩어져 있다'고 하지 않고, '별도로 그 바깥에 있다'고 말한다. 예를 들면 이역본異譯本 『深密解脫經』 「聖者觀世自在菩薩問品」은 『解深密經』 「如來成所作事品」에 해당하고, 두 품의 의교봉지분의 경문은 유사하다. 그런데 『深密解脫經』의 맨 끝에 "文殊師利法王子菩薩摩訶薩. 及諸一切天人阿修羅大衆. 歡喜奉行."이라는 문구가 더 추가되어 있고, 이 문구는 다른 이역본 경전에는 없다. 세 번째 논사의 설명에 따르면, 그 마지막 짧은 문구가 『解深密經』 전체의 의교봉행분이었을 수도 있다.
668 『深密解脫經』 권5(T16, 688a24). 이것은 『深密解脫經』의 최후의 품인 「聖者文殊師利法王子菩薩問品」 중에서 마지막 끝에 나오는 문구다.

라고 한 것을 말한다. 그 밖의 (이역본) 경에는 이 문장이 빠져 있는데, 이는 범본이 같지 않았기 때문이거나, 혹은 번역자의 의취가 달랐기 때문이라 볼 수 있다.

이와 같이 비록 세 가지 해석이 있지만, 지금은 우선 두 번째에 의거하겠다. 이 의교봉지분에서 두 가지로 나뉘니, 처음은 질문이고 나중은 대답이다.

이것은 첫 번째로 성스런 가르침의 명칭, 교에 의지해서 받들어 지니는 법에 대해 물은 것이다.

釋曰。自下第二明依教奉持分。文中。自有三釋。一云。此經中有二分。初序分。後聖教正說分。無第三依教奉持分。若依此釋。七[1]品中。有二分。初問答正說分。後依教奉持分。上來已釋問答正說分訖。自下第二明依教奉持分。一云。此經中。有三分。初一品教起因緣分。餘七品聖教正說分。第三依教奉持分。四品末說。謂無自性相品。分別瑜伽品。地波羅蜜多品。及如來成所作事品。上來前三品中。已釋依教奉持分訖。今明第四如來成所作事依教奉持分。一云。初二分。同前兩釋。第三依教奉持分。離外有。如深密經說。文殊師利法王子菩薩摩訶薩。及諸一切天人阿修羅大衆。歡喜奉行。餘經闕文。梵本不同故。或可譯家意別故。如是雖有三釋。今且依第二。此分中分二。初問後答。是卽初問聖教名及依教奉持法。

1) ㉘ '七'은 '第八'의 오기인 듯하다. 해당 번역문 역주 참조.

2) 대답

(1) 교의 명칭을 밝히면서 대중들에게 봉지하라고 권함

경 부처님께서 만수실리보살에게 말씀하셨다. "선남자여, 이것을 일컬어 '여래가 지어야 할 사업을 성취하는 것에 대한 요의의 가르침(如來成所作事了義之敎)'이라고 이름하니, 이 '여래가 지어야 할 사업을 성취하는 것에 대한 요의의 가르침'을 그대들은 마땅히 받들어 지녀야 한다."

佛告曼殊室利菩薩摩訶薩曰。善男子。此名如來成所作事了義之敎。於此如來成所作事了義之敎。汝當奉持。

석 두 번째는 여래께서 바로 답하신 것이다. 이 중에 두 가지가 있다. 처음은 교의 명칭을 표명하면서 따르는 대중들에게 받들어 지니라고 권한 것이다. 나중은 교법을 들은 이익에 대해 밝힌 것이다.
이것은 처음에 해당한다.

釋曰。第二如來正答。於中有二。初標敎名。隨衆勸奉持。後明聞法益。是卽初也。

(2) 교법을 들음으로써 얻는 이익을 밝힘

경 이 '여래가 지어야 할 사업을 성취하는 것에 대한 요의의 가르침'을 설했을 때, 큰 모임 중에 있던 칠만 오천의 보살마하살들이 다 원만법신의 증각證覺을 획득하였다.

說是如來成所作事了義敎時。於大會中。有七十五千菩薩摩訶薩。皆得圓滿法身證覺。

석 두 번째는 교법을 들은 이익에 대해 밝힌 것이다.

말하자면 큰 모임 중에 있던 칠십오천 보살들이 법을 듣고서 제10지의 인因으로서의 원만법신을 증득한 것이고, 아직은 등각等覺을 잘 현전시킨 과果로서의 원만법신을 증득한 것은 아니다.[669] 타수용토는 등보리等菩提(등각)를 현현하는 의지처는 아니기 때문이다.

나머지 두 판본에서는 '칠만 오천 보살들이 만족법신滿足法身을 증득하였다'고 하였다.[670]

釋曰。第二明聞法益。謂於大會中。七十五千菩薩聞法。得第十地因圓滿法身。未善現等覺得果圓滿法身。他受用土。非現等菩提依處故。餘二本云。七萬五千菩薩得滿足法身。

『해심밀경소』 제10권을 끝냄.

解深密經疏卷第十終。

---

[669] 이나바 : 未善現等覺得果圓滿法身. 관공 : 尚未獲得微妙正遍覺果圓滿法身.
    이나바의 문장이 완전하지 않다. 관공의 환역을 참조하여, '未得善現等覺果圓滿法身'으로 수정하였다.
[670] 『深密解脫經』 권5(T16, 688a23)에서는 "七萬五千菩薩得滿足法身"이라고 하였고, 『相續解脫如來所作隨順處了義經』 권1(T16, 720b16)에서는 "七萬五千菩薩得分別滿足法身三昧"라고 하였다.

환역자 후기[671]

원측의 이 소疏는 방대하고도 정밀하여 예로부터 이 땅에 전해져 법의 이익이 널리 미쳤다. 오직 세태의 인심이 점차 경박해져서 이것을 알지 못하고 이것을 돌아보지 않음으로 인해 이윽고 흩어지게 된 것이다. 그래서 말권末卷은 오래전에 없어졌고 앞의 아홉 권 중에도 산실된 것이 있으니, 참으로 천추千秋의 유감遺憾이라 하겠다. 그런데 다행히도 대번국大蕃國의 삼장 사문 법성法成[672]이 명을 받들어 역출해 냈던 한 본이 지금까지 온전히 남아 있으니, 이에 이 본에 의거해서 다시 원래대로 빠진 곳을 보완하였다. 오직 학문이 얕아서 이 작업을 감당하지 못한 데다가 또 때마침 전란을 당하여 사변들이 일어난 시기라 어려움이 많았다. 여윈 몸을 채찍질하며 수년을 거쳐서 초역을 완성했지만 단지 일에 쫓기다 보니 오랫동안 상자에 넣어 두고 관심을 가질 겨를이 없었다. 내학한 이타오티엔(易陶天) 군이 정성 들여 함께 자세히 교정하고서야 비로소 재차 간행하

---

671 이하의 글은 이나바의 복원본 『解深密經疏』 권10의 끝에 덧붙어 있는 이나바 쇼쥬의 후기後記다.
672 법성法成(T Chos-grub) : 당대唐代의 역경승으로서, 토번吐蕃(西藏) 사람이다. 많은 한문 불전을 서장어西藏語로 번역하였고, 토번 및 당시 하서河西 지역의 불교에 많은 공헌을 하였다.

게 되었다(重行將出). 매주에 한 차례씩 서장본과 한역본을 대조하여 조사하면서 교감한 지 또 2년의 시간이 지나서 그 노력이 차차 마무리되었다. 아울러 책을 출판하여 세상에 공개하고자 한다. 참으로 금세부터라도 그 전모를 다시 볼 수 있게 된 것을 기쁘게 생각한다. 그러나 또한 참으로 이 졸문이 사주沙州 성자聖者[673]의 대업을 손상시켰을까 봐 두렵기도 하다. 엎드려 바라건대, 세상의 고승과 석학들이 이를 바로잡아 주었으면 한다.

圓測此疏。博大精微。夙傳斯土。法益廣被。唯因世態人心。漸趣澆薄。不此之知。不此之顧。尋致散逸。故末卷久亡。而前九間佚。固千秋遺憾。然猶幸大蕃國三藏沙門法成。奉詔翻出一本。迄今全存。爰依此本。復原補遺。唯因淺學。不堪斯業。且時丁戰亂。事際多艱。鞭策瘦軀。歷經數載。草譯雖成。但因事所奪。久置篋底。無暇過問。得來學易陶天君。允共審校。始重行將出。每週一次。藏漢對勘。閱時又屆二年。厥功差竣。幷擬付梓公世。固竊慶自今世。得重睹其全。然亦誠恐。拙文有損。沙州聖者鴻業。伏願世之高僧碩學。有以正之。

---

[673] 사주沙州 성자聖者 : 이 『解深密經疏』를 서장어로 번역했던 법성法成을 가리킨다. '사주'란 지금의 돈황敦煌의 옛 이름이고, 이곳은 법성이 유년기를 보낸 곳이다.

찾아보기

가기사교可記事敎 / 215
가행정加行定 / 138
강위强威 / 85
거친 무상성(麤無常性) / 253
건척乾陟(⑤ Kaṇṭhaka) / 95
건치揵稚(⑤ ghṇṭā) / 366
견도見道 / 147
견도見道의 삼심三心 / 148
견도見道의 십육심十六心 / 148
경수보살敬首菩薩 / 54
계戒 / 115
계경契經 / 109, 113, 122, 123
계경마달리가契經摩呾理迦 / 118
계경본모契經本母 / 121
고변지苦遍知 / 141
고苦의 변지遍知 / 142
고행변苦行邊 / 219
고행상苦行相 / 96
공부정共不定 / 293, 294
공부정과共不定過 / 295
관대도리觀待道理 / 230, 231, 327
광명상光明想 / 102
교도이취敎導理趣 / 202, 204, 214, 226
구박具縛 / 380
구시성拘尸城 / 100
구시성拘尸城의 역사生處力士生處 / 99
구족사무외상具足四無畏相 / 286

구족십력상具足十力相 / 285
궤칙원만軌則圓滿 / 170
극히 미세한 찰나의 무상성(極細刹那無常性) / 253
근가행도近加行道 / 150, 151
근본업도根本業道 / 161
근본정根本定 / 139

낙변樂邊 / 219
논다소작법論多所作法 / 121
논부論負 / 121
논의論依 / 121
논의論議 / 118, 119
논장엄論莊嚴 / 121
논처論處 / 121
논처소論處所 / 121
논체성論體性 / 121
논출리論出離 / 121
능작소작상응能作所作相應 / 231

다타아가도多陀阿伽度(⑤ tathāgata) / 46
단집斷集 / 146
대모니大牟尼 / 71
대법對法 / 109, 121

대원경지大圓鏡智 / 278
도과가득상道果可得相 / 287
도리진실道理眞實 / 207
도사다천都史多天 / 82, 83
도생률의道生律儀 / 165
도솔궁兜率宮 / 80
도솔타천兜率陀天 / 81, 82
도지道智 / 275, 276
동품의 일부에 퍼져 있고 이품에 두루 퍼져 있는 것(同品一分轉異品遍轉) / 295
두 품의 일부에 퍼져 있는 것(俱品一分轉) / 297, 316
등료상等了相 / 326

마달리가(Ⓢ mātṛkā) / 118, 119
만수실리曼殊室利(Ⓢ Mañjuśrī) / 54
만유시리보살滿濡尸利菩薩 / 55
만유시리보살滿柔尸利菩薩 / 55
멸滅 / 68, 72
멸수정滅受定 / 368
멸진정滅盡定 / 364~366
묘길상보살妙吉祥菩薩 / 55
묘덕보살妙德菩薩 / 55
묘행妙行 / 161
묘호대장부상妙好大丈夫相 / 281
무루율의無漏律儀 / 164
무범자성無犯自性 / 174
무생지無生智 / 153
무집수無執受 / 164
무학도無學道 / 153
묵치기默置記 / 195

문수사리동진보살文殊師利童眞菩薩 / 55
문수사리법왕자보살文殊師利法王子菩薩 / 54
문수사리보살文殊師利菩薩 / 54
문혜聞慧 / 136
미니국彌尼國 / 95

반문기反問記 / 195
번뇌장정지소행진실煩惱障淨智所行眞實 / 207
범지梵志 / 85
법계法界 / 325, 379
법비량法比量 / 309
법상본모法相本母 / 121
법성法性 / 325
법성法成 / 231
법신法身 / 51, 56~58, 61, 64, 70, 71, 361, 391, 392
법이도리法爾道理 / 230, 324, 325, 327
법주法住 / 325
법집法執 / 135
법체상응法體相應 / 231
변화토變化土 / 413
별의의취別義意趣 / 204
별해율의別解律儀 / 161, 180
별해탈別解脫 / 158, 159, 166, 168
별해탈률의別解脫律儀 / 116, 159, 166
보수보살普首菩薩 / 54
복법伏法 / 121
본모本母 / 118, 122, 184
부사의이취不思議理趣 / 204, 226

부수보살溥首菩薩 / 54
부정과不定過 / 293, 294
분별기分別記 / 195
불가기사不可記事 / 222
불가기사교不可記事教 / 216
불가사의不可思議 / 222
불가사의이취不可思議理趣 / 202, 219
불공다라니不共陀羅尼 / 335
불공부정不共不定 / 293, 294
불공부정과不共不定過 / 295
불구박不具縛 / 380
불요의교不了義教 / 215
비내야毘奈耶 / 117
비내야장毘奈耶藏 / 127
비량比量 / 309
비밀결택秘密決擇 / 199
비선청정언교상非善淸淨言教相 / 292, 301, 306, 319, 320
비원성실상非圓成實相 / 292, 301, 306, 313, 315, 316
비유譬喻 / 257

사교事教 / 214
사무외四無畏 / 286
사방四謗 / 61
사종기四種記 / 195
사종도리四種道理 / 230
사중四衆 / 131
사혜思慧 / 138
삭가素訶(S saha) / 380
삭취취數取趣 / 270

삼무등三無等 / 50
삼십이상三十二相 / 281, 282, 284, 285
삼장三藏 / 109, 114, 123
상견도相見道 / 147
상대상응相待相應 / 231
상비량相比量 / 309
상위결정相違決定 / 297
상위인相違因 / 319
상응상相應相 / 231
상차별교想差別教 / 214
상호相好 / 282
색근현량色根現量 / 248
생기관대生起觀待 / 232
생기사生起事 / 129
생상응生相應 / 231
석범釋梵 / 85
선청정언교상善淸淨言教相 / 263
설자사說者事 / 130
성등정각상成等正覺相 / 97
성만成滿 / 56, 58
성만법신成滿法身 / 58
성문변聲聞邊 / 219
성성聲性 / 297
성소작사품成所作事品 / 49
성소작지成所作智 / 110
성취成就 / 58
성취상成就相 / 262
성판成辦 / 58
세간진실世間眞實 / 206
세간현량世間現量 / 245, 248
세계世界 / 379
세속지世俗智 / 270
소달람장素呾纜藏 / 127
소발타라蘇跋陀羅 / 100

소설사所說事 / 130
소작사성所作事成 / 231
소지장정지소행진실所知障淨智所行眞實 / 207
속제교俗諦敎 / 215
손감변損減邊 / 218, 225
수궤칙사受軌則事 / 169
수다라修多羅 / 114
수도修道 / 146, 149, 150
수면隨眠 / 345
수법數法 / 221
수순타승사隨順他勝事 / 171
수순훼범사隨順毁犯事 / 173
수심전隨心轉의 율의 / 165
수욕상受欲相 / 92
수용사受用事 / 129
수용신受用身 / 353, 354, 361, 391, 392
수위의受威儀 / 170
수지법受持法 / 170
순결택분順決擇分 / 111, 141, 142
순해탈분順解脫分 / 111, 139
승의제교勝義諦敎 / 215
시라尸羅 / 115, 117, 160
시설관대施設觀待 / 232
시입열반상示入涅槃相 / 99
식識 / 356, 357
실례(譬喩) / 257
심心 / 356, 357
심의식心意識 / 356, 357
십력十力 / 286
십사무기十四無記 / 222
십이분교十二分敎 / 127

아비달마阿毘達磨 / 119, 121
아비달마장阿毘達磨藏 / 127
아집我執 / 135
안립진실安立眞實 / 208
안주사安住事 / 130
야수타라耶輸陀羅(S Yaśodharā) / 93
업도業道 / 161
업무실괴성業無失壞性 / 255
업비량業比量 / 309
여래如來 / 46~48
여래경계如來境界 / 379
여래법신如來法身 / 393
여래소행如來所行 / 378
여래의 무구식(如來無垢識) / 357
여래의 소행所行과 경계境界 / 377
여래의 언음言音 / 113
여분동이류소득상餘分同異類所得相 / 323
역사생처力士生處 / 99
연생緣生 / 134
염정사染淨事 / 130
영향影響 / 55
예토穢土 / 405
오온五蘊 / 132
오파제삭鄔波第鑠 / 120
외도변外道邊 / 218
요의교了義敎 / 215
원가행도遠加行道 / 150, 151
원성실상圓成實相 / 261
유喩 / 257
유범자성有犯自性 / 173
유수보살濡首菩薩 / 54
유정계有情界 / 379

유정사有情事 / 129
유집수有執受 / 163
율의律儀 / 117, 161, 177
은밀隱密 / 197, 199
은밀교隱密教 / 215
응화법신應化法身 / 387
응화신應化身 / 387
의意 / 356, 357
의수현량意受現量 / 248
의요이취意樂理趣 / 203, 223, 226
의지현견소득상依止現見所得相 / 251
의취이취意趣理趣 / 202
이계離繫 / 67
이류비유소득상異類譬喻所得相 / 292, 300, 306
이류비유소인상異類譬喻所引相 / 319~322
이승해탈신二乘解脫身 / 393
이유성以有成 / 231
이이변이취離二邊理趣 / 202, 203, 218, 224, 226
이취理趣 / 201, 225
이품의 일부에 퍼져 있고 동품에 두루 퍼져 있는 것(異品一分轉同品遍轉) / 296, 316
인과비량因果比量 / 309
일생보처一生補處 / 96
일체동류가득상一切同類可得相 / 292, 300, 305, 306
일체이류가득상一切異類可得相 / 292, 300, 308, 312
일체이류소득상一切異類所得相 / 323
일체종지一切種智 / 266, 271, 272, 275, 276
일체지一切智 / 265, 266, 268, 271~273,
275, 276, 278, 279
일체지자一切智者 / 269
일체지지一切智智 / 273
일향기一向記 / 195
입태상入胎相 / 84

자류비유소인상自類譬喻所引相 / 256
자수용신自受用身 / 387
자종관찰교自宗觀察教 / 214
작용도리作用道理 / 230, 233, 327
잡염품雜染品 / 132
장대상長大相 / 91
전법륜상轉法輪相 / 99
전의轉依 / 57, 58, 64
정려율의靜慮律儀 / 164, 165
정생률의定生律儀 / 165
정생무표定生無表 / 164
정토淨土 / 409
조복調伏 / 109, 113, 115, 122, 158
조복계調伏界 / 379
조복방편계調伏方便界 / 379
조복본모調伏本母 / 121
조성助成 / 231
주천상住天相 / 80
주태상住胎相 / 88
중국中國 / 81
중야中夜 / 81
중회사衆會事 / 130
증득이취證得理趣 / 202, 204, 209, 226
증멸證滅 / 146
증성도리證成道理 / 230, 235, 239, 240,

327
증익변增益邊 / 218, 225
진견도眞見道 / 147
진실지眞實智 / 270
진여법신眞如法身 / 62
진의이문眞義理門 / 224
진의이취眞義理趣 / 202, 203, 205, 226
진지盡智 / 153
집장執杖 / 93

차별사差別事 / 130
차여동류가득상此餘同類可得相 / 292, 300, 303, 313, 314
차여이류가득상此餘異類可得相 / 292, 300, 303, 314, 316
차익車匿([S] Chandaka) / 94, 95
찰나성刹那性 / 253
처중행處中行 / 103
청량淸凉 / 160
청정품淸淨品 / 136
청정현량淸淨現量 / 248
체비량體比量 / 309
최후유보살最後有菩薩 / 83
출가상出家相 / 93
출세간의出世間意 / 357

타세유성他世有性 / 254

타수용신他受用身 / 387
타수용토他受用土 / 413
타승他勝 / 171, 172
타승처법他勝處法 / 171
타종관찰교他宗觀察敎 / 214
탄생상誕生相 / 89
택멸擇滅 / 66~68
통법通法 / 122

팔십수형호八十隨形好 / 284
팔중八衆 / 131
팔행관八行觀 / 191, 192
평가評家 / 68

해탈신解脫身 / 64~66, 71
현견소득상現見所得相 / 244
현료顯了 / 197, 200
현료교顯了敎 / 215
화신化身 / 73, 75~79, 371, 372, 386, 390~392
후기後起 / 161

32종의 대장부의 상(三十二種大丈夫相) / 281

한글본 한국불교전서

신·라·출·간·본

신라1 인왕경소
원측 | 백진순 옮김 | 신국판 | 800쪽 | 35,000원

신라2 범망경술기
승장 | 한명숙 옮김 | 신국판 | 620쪽 | 28,000원

신라3 대승기신론내의약탐기
태현 | 박인석 옮김 | 신국판 | 248쪽 | 15,000원

신라4 해심밀경소 제1 서품
원측 | 백진순 옮김 | 신국판 | 448쪽 | 24,000원

신라5 해심밀경소 제2 승의제상품
원측 | 백진순 옮김 | 신국판 | 508쪽 | 26,000원

신라6 해심밀경소 제3 심의식상품 제4 일체법상품
원측 | 백진순 옮김 | 신국판 | 332쪽 | 20,000원

신라7 해심밀경소 제5 무자성상품
원측 | 백진순 옮김 | 신국판 | 536쪽 | 27,000원

신라8 해심밀경소 제6 분별유가품 상
원측 | 백진순 옮김 | 신국판 | 480쪽 | 25,000원

신라9 해심밀경소 제6 분별유가품 하
원측 | 백진순 옮김 | 신국판 | 340쪽 | 20,000원

신라10 해심밀경소 제7 지바라밀다품
원측 | 백진순 옮김 | 신국판 | 568쪽 | 28,000원

신라11 해심밀경소 제8 여래성소작사품
원측 | 백진순 옮김 | 신국판 | 434쪽 | 24,000원

신라12 무량수경연의술문찬
경흥 | 한명숙 옮김 | 신국판 | 800쪽 | 35,000원

신라13 범망경보살계본사기 상권
원효 | 한명숙 옮김 | 신국판 | 272쪽 | 17,000원

신라14 화엄일승성불묘의
견등 | 김천학 옮김 | 신국판 | 264쪽 | 15,000원

신라15 범망경고적기
태현 | 한명숙 옮김 | 신국판 | 612쪽 | 28,000원

신라16 금강삼매경론
원효 | 김호귀 옮김 | 신국판 | 666쪽 | 32,000원

신라17 대승기신론소기회본
원효 | 은정희 옮김 | 신국판 | 536쪽 | 27,000원

신라18 미륵상생경종요 외
원효 | 성재헌 외 옮김 | 신국판 | 420쪽 | 22,000원

신라19 대혜도경종요 외
원효 | 성재헌 외 옮김 | 신국판 | 256쪽 | 15,000원

신라20 열반종요
원효 | 이평래 옮김 | 신국판 | 272쪽 | 16,000원

신라21 이장의
원효 | 안성두 옮김 | 신국판 | 256쪽 | 15,000원

신라22 본업경소 하권 외
원효 | 최원섭·이정희 옮김 | 신국판 | 368쪽 | 22,000원

신라23 중변분별론소 제3권 외
원효 | 박인성 외 옮김 | 신국판 | 288쪽 | 17,000원

신라24 지범요기조람집
원효·진원 | 한명숙 옮김 | 신국판 | 310쪽 | 19,000원

신라25 집일 금광명경소
원효 | 한명숙 옮김 | 신국판 | 636쪽 | 31,000원

신라26 복원본 무량수경술의기
의적 | 한명숙 옮김 | 신국판 | 500쪽 | 25,000원

신라27 보살계본소
의적 | 한명숙 옮김 | 신국판 | 534쪽 | 27,000원

고·려·출·간·본

고려1 일승법계도원통기
균여 | 최연식 옮김 | 신국판 | 216쪽 | 12,000원

고려2 원감국사집
충지 | 이상현 옮김 | 신국판 | 480쪽 | 25,000원

고려3 자비도량참법집해
조구 | 성재헌 옮김 | 신국판 | 696쪽 | 30,000원

고려4 천태사교의
제관 | 최기표 옮김 | 4X6판 | 168쪽 | 10,000원

고려5 대각국사집
의천 | 이상현 옮김 | 신국판 | 752쪽 | 32,000원

고려6 법계도기총수록
저자 미상 | 해주 옮김 | 신국판 | 628쪽 | 30,000원

고려7 보제존자삼종가
고봉 법장 | 하혜정 옮김 | 4X6판 | 216쪽 | 12,000원

고려8 석가여래행적송·천태말학운묵화상경책
운묵 무기 | 김성옥·박인석 옮김 | 신국판 | 424쪽 | 24,000원

고려9 법화영험전
요원 | 오지연 옮김 | 신국판 | 264쪽 | 17,000원

고려10 남명천화상송증도가사실
□련 | 성재헌 옮김 | 신국판 | 418쪽 | 23,000원

고려11 백운화상어록
백운 경한 | 조영미 옮김 | 신국판 | 348쪽 | 21,000원

고려12 선문염송 염송설화 회본 1
혜심·각운 | 김영욱 옮김 | 신국판 | 724쪽 | 33,000원

고려13 선문염송 염송설화 회본 2
혜심·각운 | 김영욱 옮김 | 신국판 | 670쪽 | 32,000원

조·선·출·간·본

조선1 작법귀감
백파 긍선 | 김두재 옮김 | 신국판 | 336쪽 | 18,000원

조선2 정토보서
백암 성총 | 김종진 옮김 | 4X6판 | 224쪽 | 12,000원

조선3 백암정토찬
백암 성총 | 김종진 옮김 | 4X6판 | 156쪽 | 9,000원

조선4 일본표해록
풍계 현정 | 김상현 옮김 | 4X6판 | 180쪽 | 10,000원

조선5 기암집
기암 법견 | 이상현 옮김 | 신국판 | 320쪽 | 18,000원

조선6 운봉선사심성론
운봉 대지 | 이종수 옮김 | 4X6판 | 200쪽 | 12,000원

조선7 추파집·추파수간
추파 홍유 | 하혜정 옮김 | 신국판 | 340쪽 | 20,000원

조선8 침굉집
침굉 현변 | 이상현 옮김 | 신국판 | 300쪽 | 17,000원

조선9 염불보권문
명연 | 정우영·김종진 옮김 | 신국판 | 224쪽 | 13,000원

조선10 천지명양수륙재의범음산보집
해동사문 지환 | 김두재 옮김 | 신국판 | 636쪽 | 28,000원

조선11 삼봉집
화악 지탁 | 김재희 옮김 | 신국판 | 260쪽 | 15,000원

조선12 선문수경
백파 긍선 | 신규탁 옮김 | 신국판 | 180쪽 | 12,000원

조선13 선문사변만어
초의 의순 | 김영욱 옮김 | 4X6판 | 192쪽 | 11,000원

조선14 부휴당대사집
부휴 선수 | 이상현 옮김 | 신국판 | 376쪽 | 22,000원

조선15 무경집
무경 자수 | 김재희 옮김 | 신국판 | 516쪽 | 26,000원

| 조선 16 | 무경실중어록
무경 자수 | 성재헌 옮김 | 신국판 | 340쪽 | 20,000원

| 조선 17 | 불조진심선격초
무경 자수 | 성재헌 옮김 | 신국판 | 168쪽 | 11,000원

| 조선 18 | 선학입문
김대현 | 성재헌 옮김 | 신국판 | 240쪽 | 14,000원

| 조선 19 | 사명당대사집
사명 유정 | 이상현 옮김 | 신국판 | 508쪽 | 26,000원

| 조선 20 | 송운대사분충서난록
신유한 엮음 | 이상현 옮김 | 신국판 | 324쪽 | 20,000원

| 조선 21 | 의룡집
의룡 체훈 | 김석군 옮김 | 신국판 | 296쪽 | 17,000원

| 조선 22 | 응운공여대사유망록
응운 공여 | 이대형 옮김 | 신국판 | 350쪽 | 20,000원

| 조선 23 | 사경지험기
백암 성총 | 성재헌 옮김 | 신국판 | 248쪽 | 15,000원

| 조선 24 | 무용당유고
무용 수연 | 이상현 옮김 | 신국판 | 292쪽 | 17,000원

| 조선 25 | 설담집
설담 자우 | 윤찬호 옮김 | 신국판 | 200쪽 | 13,000원

| 조선 26 | 동사열전
범해 각안 | 김두재 옮김 | 신국판 | 652쪽 | 30,000원

| 조선 27 | 청허당집
청허 휴정 | 이상현 옮김 | 신국판 | 964쪽 | 47,000원

| 조선 28 | 대각등계집
백곡 처능 | 임재완 옮김 | 신국판 | 408쪽 | 23,000원

| 조선 29 | 반야바라밀다심경략소연주기회편
석실 명안 엮음 | 강찬국 옮김 | 신국판 | 296쪽 | 17,000원

| 조선 30 | 허정집
허정 법종 | 성재헌 옮김 | 신국판 | 488쪽 | 25,000원

| 조선 31 | 호은집
호은 유기 | 김종진 옮김 | 신국판 | 264쪽 | 16,000원

| 조선 32 | 월성집
월성 비은 | 이대형 옮김 | 4X6판 | 172쪽 | 11,000원

| 조선 33 | 아암유집
아암 혜장 | 김두재 옮김 | 신국판 | 208쪽 | 13,000원

| 조선 34 | 경허집
경허 성우 | 이상하 옮김 | 신국판 | 572쪽 | 28,000원

| 조선 35 | 송계대선사문집·상월대사시집
송계 나식·상월 새봉 | 김종진·박재금 옮김 | 신국판 | 440쪽 | 24,000원

| 조선 36 | 선문오종강요·환성시집
환성 지안 | 성재헌 옮김 | 신국판 | 296쪽 | 17,000원

| 조선 37 | 역산집
영허 선영 | 공근식 옮김 | 신국판 | 368쪽 | 22,000원

| 조선 38 | 함허당득통화상어록
득통 기화 | 박해당 옮김 | 신국판 | 300쪽 | 18,000원

| 조선 39 | 가산고
월하 계오 | 성재헌 옮김 | 신국판 | 446쪽 | 24,000원

| 조선 40 | 선원제전집도서과평
설암 추붕 | 이정희 옮김 | 신국판 | 338쪽 | 20,000원

| 조선 41 | 함홍당집
함홍 치능 | 성재헌 옮김 | 신국판 | 348쪽 | 21,000원

| 조선 42 | 백암집
백임 성총 | 유호선 옮김 | 신국판 | 544쪽 | 27,000원

| 조선 43 | 동계집
동계 경일 | 김승호 옮김 | 신국판 | 380쪽 | 22,000원

| 조선 44 | 용암당유고·괄허집
용암 체조·괄허 취여 | 김종진 옮김 | 신국판 | 404쪽 | 23,000원

| 조선 45 | 운곡집·허백집
운곡 충휘·허백 명조 | 김재희·김두재 옮김 | 신국판 | 514쪽 | 26,000원

| 조선 46 | 용담집·극암집
용담 조관·극암 사성 | 성재헌·이대형 옮김 | 신국판 | 520쪽 | 26,000원

| 조선 47 | 경암집
경암 응윤 | 김재희 옮김 | 신국판 | 300쪽 | 18,000원

| 조선 48 | 석문상의초 외
벽암 각성 외 | 김두재 옮김 | 신국판 | 338쪽 | 20,000원

| 조선 49 | 월파집 · 해붕집
월파 태율 · 해붕 전령 | 이상현 · 김두재 옮김 | 신국판 | 562쪽 | 28,000원

| 조선 50 | 몽암대사문집
몽암 기영 | 이상현 옮김 | 신국판 | 348쪽 | 21,000원

| 조선 51 | 징월대사시집
징월 정훈 | 김재희 옮김 | 신국판 | 272쪽 | 16,000원

| 조선 52 | 통록촬요
엮은이 미상 | 성재헌 옮김 | 신국판 | 508쪽 | 26,000원

| 조선 53 | 충허대사유집
충허 지책 | 성재헌 옮김 | 신국판 | 296쪽 | 18,000원

| 조선 54 | 백열록
금명 보정 | 김종진 옮김 | 신국판 | 364쪽 | 22,000원

| 조선 55 | 조계고승전
금명 보정 | 김용태 · 김호귀 옮김 | 신국판 | 384쪽 | 22,000원

| 조선 56 | 범해선사시집
범해 각안 | 김재희 옮김 | 신국판 | 402쪽 | 23,000원

| 조선 57 | 범해선사문집
범해 각안 | 김재희 옮김 | 신국판 | 208쪽 | 13,000원

| 조선 58 | 연담대사임하록
연담 유일 | 하혜정 옮김 | 신국판 | 772쪽 | 34,000원

| 조선 59 | 풍계집
풍계 명찰 | 김두재 옮김 | 신국판 | 438쪽 | 24,000원

| 조선 60 | 혼원집 · 초엄유고
혼원 세환 · 초엄 복초 | 윤찬호 옮김 | 신국판 | 332쪽 | 20,000원

| 조선 61 | 청주집
환공 치조 | 성재헌 옮김 | 신국판 | 416쪽 | 23,000원

| 조선 62 | 대동영선
금명 보정 | 이상하 옮김 | 신국판 | 556쪽 | 28,000원

| 조선 63 | 현정론 · 유석질의론
득통 기화 · 지은이 미상 | 박해당 옮김 | 신국판 | 288쪽 | 17,000원

| 조선 64 | 월봉집
월봉 책헌 | 이종수 옮김 | 신국판 | 232쪽 | 14,000원

| 조선 65 | 정토감주
허주 덕진 | 김석군 옮김 | 신국판 | 382쪽 | 22,000원

| 조선 66 | 다송문고
금명 보정 | 이대형 옮김 | 신국판 | 874쪽 | 41,000원

| 조선 67 | 소요당집 · 취미대사시집
소요 태능 · 취미 수초 | 이상현 옮김 | 신국판 | 500쪽 | 25,000원

| 조선 68 | 선원소류 · 선문재정록
설두 유형 · 진하 축원 | 조영미 옮김 | 신국판 | 284쪽 | 17,000원

| 조선 69 | 치문경훈주 상권
백암 성총 | 선암 옮김 | 신국판 | 348쪽 | 21,000원

| 조선 70 | 치문경훈주 중권
백암 성총 | 선암 옮김 | 신국판 | 304쪽 | 19,000원

| 조선 71 | 치문경훈주 하권
백암 성총 | 선암 옮김 | 신국판 | 322쪽 | 20,000원

| 조선 72 | 월저당대사집
월저 도안 | 김두재 옮김 | 신국판 | 504쪽 | 26,000원

※ 한글본 한국불교전서는 계속 출간됩니다.

원측 圓測
(613~696)

스님의 휘諱는 문아文雅이고 자字는 원측圓測이며, 신라 국왕의 자손이다. 3세에 출가해서 15세(627)에 입당하였다. 처음에는 경사京師의 법상法常과 승변僧辯 등에게 강론을 들으면서 중국 구舊유식의 주요 경론들을 배웠다. 정관 연간正觀年間(627~649)에 대종문황제大宗文皇帝가 도첩을 내려 승려로 삼았다. 장안의 원법사元法寺에 머물면서 『비담론毘曇論』, 『성실론成實論』, 『구사론俱舍論』, 『대비바사론大毘婆沙論』 등 고금의 장소章疏를 열람하였다. 현장玄奘이 귀국한 이후에는 『유가사지론瑜伽師地論』, 『성유식론成唯識論』 등을 통해 신新유식에도 두루 통달하였다. 서명사西明寺의 대덕이 된 이후부터 본격적 저술 활동에 들어가서 『성유식론소成唯識論疏』, 『해심밀경소解深密經疏』, 『인왕경소仁王經疏』 및 『관소연론觀所緣論』, 『반야심경般若心經』, 『무량의경無量義經』 등의 소疏를 찬술하였다. 지금은 『인왕경소』 3권과 『반야바라밀다심경찬般若波羅蜜多心經贊』 1권, 그리고 『해심밀경소』 10권만 전해진다. 말년에 역경에 종사하다 낙양洛陽의 불수기사佛授記寺에서 84세로 생을 마감하였다. 후대에 중국 법상종法相宗의 양대 산맥 중 하나인 서명파西明派를 탄생시킨 장본인으로 추앙받았다.

옮긴이 백진순

이화여자대학교 사회학과와 동 대학원 철학과 석사과정을 거쳐, 연세대학교 대학원 철학과에서 『성유식론成唯識論』의 가설假說(upacāra)에 대한 연구』로 박사학위를 받았다. 현재는 동국대학교 불교학술원 조교수로 재직 중이다. 주로 중국 법상종의 유식 사상에 대한 논문들을 발표하였고, 역주서로 『인왕경소』, 『해심밀경소 제1 서품』, 『해심밀경소 제2 승의제상품』, 『해심밀경소 제3 심의식상품·제4 일체법상품』, 『해심밀경소 제5 무자성상품』, 『해심밀경소 제6 분별유가품 상』, 『해심밀경소 제6 분별유가품 하』, 『해심밀경소 제7 지바라밀다품』 등이 있으며, 공저로 『인물로 보는 한국의 불교 사상』 등이 있다.

증의
박인석(동국대학교 불교학술원 조교수)